OSHO

TANTRISCHE TRANSFORMATION

V E R L A G

Die Vorgabe zu diesem Buch ist das gesprochene Wort Oshos. Seine „Talks", über Sarahas „Lied an den König" aus dem Stegreif vor einer großen Zuhörerschaft in der Osho Commune in Poona gehalten, wurden vom Tonband übersetzt.
Die Redaktion der deutschen Übersetzung folgt der englischen Buchausgabe und gibt, wie diese, so genau wie möglich den spontanen Redefluß Oshos wieder.

Titel der Originalausgabe
The Tantra Vision, Vol. 2

1. Auflage 1995
© Copyright, auch der Übersetzung:
Osho International Foundation, Zürich
Übersetzung: Swami Satyananda, Ma Gitama
Umschlaggestaltung: Vision Creativ Design, München
Foto und Illustration: © Osho International Foundation, Zürich
Druck: Wiener Verlag, Himberg/ Österreich
Printed in Austria

INHALT

Das vorliegende Buch ist der zweite Teil der zweibändigen Reihe über „Das Lied des Königs" von Saraha, einem buddhistischen Tantriker, der vor über 2000 Jahren in Indien lebte. Saraha, Berater des Königs, wird buddhistischer Mönch, trifft dann aber auf eine mysteriöse Pfeilmacherin, die ihn mit dem „wirklichen Leben" in Berührung bringt.

Wir danken Swami Dhyan Agata und Ma Prem Preyas, daß sie die Veröffentlichung diese Buches ermöglichten

KAPITEL 1

Die tantrische Landkarte

NACH DEN WONNEN DES KÜSSENS
VERZEHREN SICH DIE VERBLENDETEN

Nach den Wonnen des Küssens
Verzehren sich die Verblendeten
Und erklären sie zur letzten Wirklichkeit.
Gleich einem Manne, der das Haus verläßt und,
Schon auf der Schwelle, die Frau noch einmal bittet,
Ihm Sinnesfreuden zu verheißen.

Daß sich im Haus der Leere Bio-Kräfte rühren,
Hat mannigfach zu künstlichen Vergnügungen geführt.
Yogis von diesem Schlag werden vom Leid verfolgt,
Fielen sie doch, verführt zu Lastern,
Von himmlischen Höhen.

Gleich dem Brahmanen, der Reis und Butter
Als Brandopfer den Flammen übergibt,
Und sich aus Himmelsräumen ein Gefäß für Nektar formt,
Und dies aus Wunschdenken für höchste Wonne hält,
Der kann den höchsten Gipfel nicht erreichen.

So handeln auch gewisse Leute,
Die die innere Glut entfachen
Und sie dann hoch zum Scheitelchakra leiten,
Den Gaumenzapfen mit der Zunge streichelnd,
Als sei's ein Koitus, und somit das, was fesselt,
Mit dem verwechseln, was befreit –
Und sich stolz Yogis nennen.

*T*antra ist Freiheit: Freiheit von allen geistigen Konstruktionen, Freiheit von allen Spielereien des Verstandes, Freiheit von allen Strukturen; Freiheit vom anderen. Tantra ist ein Freiraum, in dem du sein kannst, so wie du bist. Tantra ist Befreiung.

Tantra ist keine Religion im üblichen Sinn – denn auch Religion ist eine Spielerei des Verstandes; Religion drängt dir ein Muster auf. Ein Christ hat ein bestimmtes Muster, der Hindu hat eins und auch der Moslem. Religion drängt dir einen bestimmten Stil auf, eine Disziplin. Tantra befreit dich von allen Disziplinen.

Wenn es keine Disziplin gibt, keine aufgezwungene Ordnung, dann entsteht in dir eine völlig andere Ordnung. Es ist eine Ordnung, die Laotse *Tao* nennt und Buddha *Dharma*. Diese Ordnung kommt nicht von dir, sie widerfährt dir. Tantra schafft in dir nur den Raum, in dem sie sich ereignen kann. Tantra lädt diese Ordnung nicht ein, es wartet nicht einmal auf sie. Tantra bereitet den Boden vor, das ist alles. Und wenn der Freiraum geschaffen ist, dann ergießt sich das All in ihn.

Ich habe eine sehr schöne, eine uralte Geschichte gehört...

Auf dem Land hatte es seit langer Zeit nicht geregnet. Alles war ausgedörrt. Schließlich beschlossen die Leute, den Regenmacher zu holen. Eine Abordnung machte sich auf den Weg in die weitentfernte Stadt, wo der Regenmacher lebte, und die Abgesandten baten ihn dringend darum, so schnell wie möglich zu kommen und Regen für ihre ausgedörrten Felder zu machen. Der Regenmacher, ein weiser alter Mann, sagte zu, allerdings unter der Bedingung, daß man ihm eine kleine Hütte irgendwo draußen auf dem Lande gäbe. Dort wollte er sich für drei Tage zurückziehen. Essen und Trinken brauche er nicht. Nach drei Tagen wolle er sehen, was er machen könne. Seine Bedingungen wurden erfüllt. Am Abend des dritten Tages goß es in Strömen und eine begeisterte Menschenmenge pilgerte zur Hütte des Regenmachers. „Wie hast du das bloß gemacht?" wollten die Leute wissen. „Sag es uns."

„Es war ganz einfach", antwortete der Regenmacher. „Drei Tage lang habe ich nur mich selbst in Ordnung gebracht. Denn ich weiß: wenn in mir alles in Ordnung ist, dann ist auch die ganze Welt in Ordnung, und die Dürre muß dem Regen weichen."

Tantra sagt: Wenn du in Ordnung bist, dann ist die ganze Welt für dich in Ordnung. Wenn du ausgeglichen bist, dann ist die ganze Existenz in Harmonie für dich. Und wenn in dir keine Ordnung ist, dann ist auch die ganze Welt in Unordnung. Und die Ordnung darf nicht falsch sein, sie darf nicht erzwungen sein. Wenn du dir eine Ordnung aufzwingst, spaltest du nur dein Wesen, und tief in deinem Inneren existiert die Unordnung weiter.

Du kannst es beobachten: wenn du viel Wut in dir hast, kannst du zwar deinen Zorn in den Griff kriegen, du kannst ihn tief in dein Unterbewußtsein verdrängen, aber er wird dadurch nicht verschwinden. Vielleicht wirst du deine Wut vollkommen aus deinem Bewußtsein verbannen, aber sie existiert – und du weißt, daß es sie gibt. Deine Wut rumort im Untergrund, sie sitzt unsichtbar im dunklen Keller deines Wesens, aber sie existiert. Du kannst auf ihr drauf sitzen und freundlich lächeln, aber du weißt, daß die Wut in jedem Moment losbrechen kann. Und dein Lächeln kann nicht vom Herzen kommen, und dein Lächeln kann nicht echt sein, und dein Lächeln wird weiter nichts sein, als ein Zwang, den du dir selbst antust. Ein Mensch, der sich eine Ordnung von außen aufzwingt, verharrt im Zustand der Unordnung. Tantra sagt, daß es eine andere Art von Ordnung gibt: du zwingst dir nicht irgendeine Ordnung auf; du zwingst dir nicht irgendeine Disziplin auf; du läßt einfach alle Strukturen los und wirst natürlich und spontan.

Es ist der größte Schritt, den man vom Menschen verlangen kann. Man braucht viel Mut dazu, denn die Gesellschaft wird dich dafür hassen. Sie wird ganz und gar dagegen sein. Die Gesellschaft will eine gewisse Ordnung. Wenn du dich nach der Gesellschaft richtest, dann wird sie zufrieden mit dir sein. Wenn du aber hier und da ein bißchen vom Pfad der Ordnung abweichst, dann wird die Gesellschaft sehr wütend, und der Mob rast.

Tantra ist eine Rebellion.

Ich nenne Tantra nicht revolutionär, denn es ist nicht politisch. Und ich nenne es nicht revolutionär, weil es die Welt nicht verändern will; es ist keine Strategie zur Veränderung von Staat und Gesellschaft. Tantra ist rebellisch, es ist eine Rebellion des Individuums. Ein einzelner Mensch löst sich von den Strukturen und entkommt der Sklaverei. Aber in dem Moment, wo du der Sklaverei entschlüpfst, erlebst du eine völlig andere Art der Existenz, eine Existenz, die du noch nie gespürt hast – es ist so, als ob du mit einer Binde vor den Augen gelebt hättest, und plötzlich fällt die Binde ab, du öffnest die Augen, und du kannst eine total andere Welt sehen.

Diese Augenbinde ist das, was ihr euren Verstand nennt; eure Gedanken, eure Vorurteile, eure Kenntnisse, eure Heiligen Schriften – all das fügt sich zusammen zu einer dicken Augenbinde. Sie halten euch im Dunkeln, sie machen euch dumpf, sie hindern euch daran, lebendig zu sein.

Tantra möchte, daß du lebendig bist – so lebendig wie die Bäume, so lebendig wie die Flüsse, so lebendig wie die Sonne und der Mond. Das ist dein Geburtsrecht. Wenn du deine Lebendigkeit verlierst, gewinnst du nichts; du verlierst alles. Und wenn du alles opferst, damit du lebendig sein kannst, verlierst du in Wahrheit nichts.

Ein einziger Moment der Freiheit ist ein ganzes Leben wert, und ein langes Leben von hundert Jahren unter dem Sklavenjoch ist ein vergeudetes Leben.

Wer in der Welt des Tantra leben will, braucht Mut, denn

Tantra ist abenteuerlich. Bis jetzt ist es nur ein paar Menschen gelungen, diesen Pfad einzuschlagen. Aber die Zukunft ist hoffnungsvoll. Tantra wird immer wichtiger werden. Die Menschen beginnen zu begreifen, was Sklaverei bedeutet. Und die Menschen verstehen allmählich auch, daß keine politische Revolution sich je als revolutionär erwiesen hat.

Alle politischen Revolutionen verwandeln sich am Ende in Anti-Revolutionen. Sobald die Revolutionäre an der Macht sind, werden sie Anti-Revolutionäre. Macht ist anti-revolutionär, das ist der innere Mechanismus der Macht. Gib irgend jemandem die Macht, und schon wird er anti-revolutionär. Macht schafft sich ihre eigene Welt. Es hat viele Revolutionen in der Welt gegeben, und alle sind gescheitert, total gescheitert – keine einzige Revolution hat irgendetwas erreicht. Aber jetzt endlich wird das den Menschen bewußt.

Tantra bietet eine andere Perspektive. Es ist nicht revolutionär, es ist rebellisch. Rebellion ist individuell. Du kannst alleine rebellieren, du brauchst dafür keine Partei zu gründen. Du kannst alleine rebellieren, ganz für dich allein. Merkt euch, Rebellion bedeutet nicht Kampf gegen die Gesellschaft, sie geht einfach über die Gesellschaft hinaus. Rebellion ist nicht anti-sozial, sie ist asozial. Sie hat mit der Gesellschaft nichts zu tun. Sie ist nicht gegen Sklaverei – sie ist für die Freiheit, für die Freiheit, so zu sein, wie du bist.

Schau dir dein Leben einmal an. Bist du ein freier Mensch? Du bist es nicht: tausend Fesseln halten dich gefangen. Du willst sie nicht sehen – sie sind dir sehr peinlich, du magst sie nicht wahrhaben, denn das tut weh, aber es ändert die Situation nicht: du bist ein Sklave. Wenn du in die Welt des Tantra eintreten willst, mußt du die Tatsache deiner Unfreiheit anerkennen. Sie sitzt sehr tief. Sie muß überwunden werden, und wenn du sehen kannst, daß du unfrei bist, dann fällt es dir leichter, deine Unfreiheit abzuschütteln.

Höre auf damit, dir etwas vorzumachen, höre auf, dich zu trösten, höre auf damit, dir ständig einzureden „Es ist doch alles okay!" Es ist nicht so; nichts ist okay, dein ganzes Leben ist nichts weiter als ein Alptraum. Schaue es dir doch mal genau an! Es gibt keine Poesie und keinen Gesang und keinen Tanz und keine Liebe und kein Gebet. Es gibt keine Ekstase. Freude? – ist nur ein Wort im Wörterbuch. Seligkeit? – ja, du hast davon gehört, aber du hast keine Ahnung davon. Gott? – in den Tempeln, in der Kirche. Ja, die Leute reden von ihm, aber wer von Gott redet, weiß nicht, wovon er redet. Und diejenigen, die von ihm hören, wissen ebensowenig. Alles Schöne scheint bedeutungslos, und alles, was keine Bedeutung hat, erscheint als sehr, sehr wichtig. Der Mensch ist ständig damit beschäftigt, Geld zu scheffeln, und er bildet sich ein, daß er etwas äußerst Wichtiges tut. Die Dummheit der Menschen kennt keine Grenzen.

Hüte dich davor. Sie kann dein Leben zerstören. Sie zerstört seit ewigen Zeiten das Leben von Millionen von Menschen .Sei wachsam – das ist die einzige Möglichkeit, aus der Dummheit herauszukommen.

Bevor wir uns den heutigen Sutras zuwenden, müssen wir etwas von der tantrischen Landkarte des inneren Bewußtseins verstehen. Ich habe euch schon einiges davon berichtet, aber ihr müßt noch etwas mehr davon wissen.

Erstens: Tantra sagt, daß kein Mann nur Mann ist und keine Frau nur Frau. Jeder Mann ist beides – Mann und Frau. Und mit der Frau ist es genauso – sie ist Frau und Mann. Eva ist in Adam, und Adam ist in Eva.

Tatsächlich ist niemand nur Adam, und niemand ist nur Eva: wir sind alle Adam-Evas. Das ist eine der größten Einsichten, die es je gegeben hat. Die moderne Tiefenpsychologie hat es auch erkannt. Sie hat den Begriff Bi-Sexualität geprägt. Aber Tantra weiß es schon seit mindestens fünftausend Jahren und hat es seither gepredigt. Es ist eine der größten Entdeckungen der Welt, denn mit diesem Verständnis kannst du nach innen gehen, ohne dieses Verständnis kannst du nicht nach innen gehen. Warum verliebt sich ein Mann in eine Frau? Weil er eine Frau in sich trägt. Wäre das nicht so, dann würde er sich nicht verlieben. Und warum verliebst du dich in eine ganz bestimmte Frau? Es gibt Tausende von Frauen. Warum wird eine bestimmte Frau plötzlich so überaus wichtig für dich? Es ist so, als wären mit einem mal alle anderen Frauen aus der Welt verschwunden und nur diese eine existierte noch. Warum? Warum zieht dich nur dieser eine ganz bestimmte Mann an? Warum diese Liebe auf den ersten Blick?

Tantra sagt: du trägst das Bild einer Frau in dir, du trägst das Bild eines Mannes in dir. Jeder Mann hat eine Frau in sich, und jede Frau hat einen Mann in sich. Sobald jemand deinem inneren Bild entspricht, verliebst du dich – das versteht man unter Liebe. Ihr versteht es nicht. Ihr zieht ratlos die Schultern hoch und sagt: „Es ist eben einfach passiert." Aber es gibt da einen ganz subtilen Mechanismus. Warum passierte es gerade mit dieser Frau? Warum nicht mit einer anderen? Weil das Bild in dir nur auf diese eine Frau paßte, deshalb. Die äußere Frau entspricht irgendwie dem Bild deiner inneren Frau. Irgend etwas paßt da zusammen, und du fühlst, „das ist meine Frau" oder „das ist mein Mann". Dieses Gefühl ist das, was man unter Liebe versteht. Aber die äußere Frau wird dich nicht erfüllen, denn keine äußere Frau entspricht letztlich vollkommen deiner inneren Frau.

Die Realität ist einfach nicht so. Vielleicht paßt sie ein bißchen – es gibt eine gewisse Faszination, eine Anziehungskraft, aber das wird früher oder später nachlassen. Schon bald wirst du feststellen, daß es tausend Dinge gibt, die dir an der Frau nicht gefallen. Es ist nur eine Frage der Zeit, bis du das herausfindest.

Am Anfang bist du ganz vernarrt. Die Ähnlichkeit mit dem Bild, das du in dir trägst, überwältigt dich. Aber ganz allmählich wirst du tausend Dinge entdecken – Kleinigkeiten im Alltag, die nicht passen, und du wirst erkennen, daß ihr einander fremd seid. Ja, du liebst sie immer noch, aber die

Liebe ist keine Leidenschaft mehr; diese romantische Vorstellung verschwindet. Und auch die Frau wird sehen, daß du zwar immer noch anziehend bist, aber daß deine Totalität nachgelassen hat. So kommt es, daß jeder Ehemann seine Frau verändern und daß jede Ehefrau ihren Mann ummodeln will. Was wollen sie eigentlich damit erreichen? Warum? Warum will die Ehefrau ständig ihren Mann umkrempeln? Wozu eigentlich? Kaum hat sie sich in ihn verliebt, schon fängt sie an, ihn zu ändern. Kaum sind ihr die Unterschiede bewußt geworden, will sie sie auch schon beseitigen. Sie möchte einfach ein paar störende Brocken von dem Mann absäbeln, damit er dann vollkommen ihrer Idealvorstellung entspricht. Und der Mann versucht das gleiche – nicht so heftig, nicht so stur wie die Frau, denn gewöhnlich gibt der Ehemann schneller auf – die Frau gibt die Hoffnung nicht so schnell auf.

Die Frau denkt: „Heute oder morgen oder übermorgen – irgendwann – werde ich ihn verändern…" Es dauert fast zwanzig, fünfundzwanzig Jahre, bis du endlich die Tatsache begreifst, daß du den anderen nicht ändern kannst. Mit fünfzig, wenn die Frau ihre Wechseljahre schon hinter sich hat und der Mann auch, wenn sie beide wirklich alt werden, erst dann geht ihnen langsam auf, daß sich nichts verändert hat. Sie haben sich die größte Mühe gegeben, sie haben alles versucht… aber die Frau ist so, wie sie immer war, und der Mann ist auch unverändert. Keiner kann den anderen ändern. Das ist eine der wichtigsten Erfahrungen im Leben und eine große Einsicht.

Deshalb werden die Leute im Alter toleranter: sie wissen, daß nichts getan werden kann. Deshalb werden alte Leute liebenswürdiger: sie wissen, daß die Dinge sind, wie sie sind. Deshalb werden alte Leute verständnisvoller. Junge Leute sind wütend und uneinsichtig. Sie wollen alles umkrempeln. Sie wollen die Welt verändern, damit sie ihren Idealen entspricht. Sie kämpfen tapfer dafür, aber vergebens. Veränderung hat es nie gegeben. Es kann sie nicht geben – es liegt nicht in der Natur der Dinge. Der äußere Mann kann niemals deinem inneren Mann entsprechen, und die äußere Frau kann niemals haargenau so sein wie deine innere Frau. Deshalb bringt Liebe nicht nur Vergnügen, sondern auch Schmerz. Liebe bringt Freude und Traurigkeit, und die Traurigkeit ist viel größer als die Freude.

Was schlägt Tantra vor? Was muß getan werden?

Tantra sagt: Es ist unmöglich, das Glück draußen zu finden; du mußt nach innen gehen. Du mußt deine innere Frau oder deinen inneren Mann finden und die sexuelle Verschmelzung in deinem Inneren suchen. Diese Erkenntnis ist eine wichtige Errungenschaft. Wie kann das geschehen? Versuch, die innere Landkarte des Tantra zu verstehen. Ich sprach von sieben Chakras der Tantra Yoga Physiologie. Im Mann ist das *muladhar* männlich und *swadhistan* weiblich. In der Frau ist das *muladhar* weiblich und *swadhistan* männlich, und so weiter und so fort. In den sieben Chakras ist die Dualität bis hinauf ins sechste Chakra vorhanden; das siebte Chakra ist nicht-dual. Die Vereinigungen finden in dir statt: *muladhar* und *swadhistan* vermählen sich. *Manipura-anahata* müssen sich vermählen. *Visuddha-ajna* müssen sich vermählen.

Wenn deine Energie nach außen geht, brauchst du außen eine Frau, eine äußere Frau. Einen Augenblick lang gewinnst du einen Einblick, nur für einen Moment, denn der Koitus mit der äußeren Frau kann nicht dauerhaft sein – er kann nur momentan sein. Für einen einzigen Augenblick nur kannst du dich in dem anderen verlieren. Dann wirst du wieder auf dich zurückgeworfen, mit Macht auf dich zurückgeworfen. So kommt es, daß nach jedem Liebesakt eine gewisse Frustration einsetzt: du hast wieder versagt, es war nicht so, wie du es dir gewünscht hattest. Ja, du hast einen Höhepunkt erreicht, aber bevor es dir überhaupt bewußt wurde, hatte schon der Niedergang, der Absturz begonnen. Bevor du den Gipfel erreicht hattest... das Tal. Bevor du dem Mann oder

der Frau begegnet bist... und schon die Trennung. Die Scheidung kommt schon mit der Hochzeit – so schnell, daß es frustrierend ist. Alle Liebenden sind frustrierte Leute. Sie erwarten viel, sie hoffen trotz all ihrer Erfahrung. Sie hoffen und hoffen, aber nichts hilft – du kannst die Gesetze der Realität nicht abschaffen. Du mußt vielmehr diese Gesetze verstehen. Die äußere Vereinigung kann nur momentan sein, aber die innere Vereinigung kann eine Ewigkeit dauern. Und je höher du steigst, desto ewiger kann die Vereinigung werden.

Das erste, *muladhar* ist im Mann männlich. Tantra rät dir: erinnere dich an deine innere Frau sogar dann, wenn du dich mit der äußeren Frau vereinigst. Mache Liebe mit der äußeren Frau und denke dabei an die innere. Richte deine Bewußtheit nach innen und vergesse die äußere Frau vollkommen. Im Augenblick des Orgasmus vergesse den Mann oder die Frau vollkommen. Schließe deine Augen, sei innen und mache eine Meditation daraus. Verpasse die günstige Gelegenheit nicht, wenn die Energie erwacht. Das ist der Augenblick für die Begegnung – für eine Reise nach innen. Normalerweise ist es schwer, nach innen zu schauen. Aber im Liebesmoment ist eine Lücke, und du bist nicht mehr so, wie du sonst bist. In einem Liebesmoment bist du ein Maximum. Wenn der Orgasmus kommt, pulsiert deine ganze körperliche Kraft in einem Tanz; jede Zelle, jede Faser deines Körpers tanzt in einem Rhythmus, in einer Harmonie, die du im normalen Leben nicht kennst. Das ist der Augenblick: dieser Augenblick der Harmonie – nutze ihn als ein Tor nach innen. Wenn du Liebe machst, werde meditativ, schaue nach innen.

In diesem Augenblick öffnet sich eine Tür. Das ist die Tantra-Erfahrung. Eine Tür öffnet sich in diesem Augenblick, und Tantra sagt, daß du nur deshalb glücklich bist, weil sich diese Tür geöffnet hat und dir deine innere Glückseligkeit zuströmt. Das Glück kommt nicht von der äußeren Frau. Es kommt nicht von dem äußeren Mann; es kommt von deinem innersten Kern. Das Äußere ist nur ein Vorwand.

Tantra sagt nicht, daß man sündigt, wenn man mit der äußeren Frau oder dem äußeren Mann schläft, es sagt nur, daß dieser Akt nicht sehr weit führt. Es verurteilt ihn nicht, es akzeptiert seine Natürlichkeit. Aber es sagt auch, daß du dich von dieser Liebeswelle tief nach innen tragen lassen kannst. In diesem Augenblick höchster Erregung scheint die Schwerkraft aufgehoben: du kannst fliegen. Der Pfeil kann den Bogen zum Ziel führen. Du kannst ein Saraha werden.

Wenn du beim Liebesakt meditativ wirst, wenn du still wirst, wenn du deine Augen schließt und nach innen schaust, wenn du die äußere Frau oder den äußeren Mann vergißt – dann geschieht es. Das *muladhar*, dein männliches inneres Zentrum, bewegt sich auf das weibliche Zentrum zu (das weibliche Zentrum ist *swadhistan*) – und dann kommt es zu einem inneren Liebesakt.

Manchmal ereignet es sich und du merkst es gar nicht. Viele Sannyasins haben mir Briefe geschrieben...

Ich habe sie nie beantwortet, weil es nicht möglich war, zu antworten, aber jetzt kann ich antworten, denn jetzt werdet ihr mich verstehen können.

Ein Sannyasin schreibt mir immer wieder, und er wundert sich wahrscheinlich, warum ich nicht antworte...

Bisher kanntet ihr die innere Tantra-Landkarte nicht. Jetzt werde ich sie euch geben. Der Sannyasin schreibt, daß er ständig das Gefühl hat, sich in einem Orgasmus aufzulösen, wenn er mir zuhört. Sein ganzer Körper fängt an zu pulsieren, und es fühlt sich für ihn so an, als ob er mit einer Frau schlafe. Natürlich ist er ganz verwirrt. Er sitzt in der *Lecture* und dann hört er nicht mehr so recht zu und verliert den Faden, vergißt, was ich gerade gesagt habe... die Erregung, das Glück ist so überwältigend, daß es ihm angst und bange wird: Was ist los? Was passiert da in ihm?

Ganz einfach: *Muladhar* vereinigt sich mit *swadhistan*, dein männliches Zentrum vereinigt sich mit deinem weiblichen Zentrum. Du erfährst das Glück, das sich einstellt, wenn du in Meditation gehst, wenn du ins Gebet gehst. Dies ist der Mechanismus deiner inneren Lebensfreude. Und in dem Augenblick, da sich *muladhar* und *swadhistan* vereinigen, wird die Energie freigesetzt. Wenn du deine Frau liebst, wird Energie freigesetzt, und so ist es auch, wenn sich *muladhar* und *swadhistan* vereinigen: Energie wird freigesetzt, und diese Energie trifft auf das höhere Zentrum, *manipura*.

Manipura ist männlich, *anahata* ist weiblich. Wenn du dich auf die erste Vereinigung zwischen deiner inneren Frau und deinem inneren Mann eingestimmt hast, wird sich eines Tages, ganz plötzlich die zweite Vereinigung ereignen. Du brauchst gar nichts dafür zu tun – es ist einfach so, daß die Energie, die bei der ersten Begegnung freigesetzt wurde, nun die Voraussetzung für die zweite Vereinigung schafft. Und die Energie, die bei der zweiten Vereinigung erwacht, löst die dritte aus.

Die dritte Vereinigung ist die zwischen *visuddha* und *ajna*. Und wenn sich die dritte Begegnung ereignet, wird die Energie für die vierte geschaffen, die keine Begegnung ist, keine Vereinigung, sondern Einheit. *Sahasrar* ist allein. Es gibt kein Männlich-Weiblich mehr. Adam und Eva sind ineinander aufgegangen und verschwunden – vollständig, total. Der Mann ist zur Frau geworden, die Frau zum Mann, alles Trennende ist verschwunden. Das ist die absolute, die ewige Vereinigung. Die Hindus nennen es *satchitananda*. Und Jesus nennt es „Das Reich Gottes"

Tatsächlich hat die Zahl sieben in allen Religionen Bedeutung. Sieben Tage sind symbolisch, und der siebente Tag ist der Feiertag, der *holiday*, der heilige Tag. Sechs Tage lang hat Gott gearbeitet, am siebten ruhte er sich aus. An sechs Chakras mußt du arbeiten, das siebte Chakra ist der Zustand großer Ruhe, äußerster Ruhe, absoluter Entspannung – du bist „nach Hause gekommen". Mit dem siebten Chakra verschwindest du als Teil der Dualität.

Alle Polaritäten verschwinden, alle Unterscheidungen

verschwinden. Die Nacht ist nicht mehr die Nacht, und der Tag ist nicht mehr der Tag. Sommer ist nicht mehr Sommer, und Winter ist nicht mehr Winter. Materie ist nicht mehr Materie, und Geist ist nicht mehr Geist – du bist darüber hinausgegangen. Das ist der transzendentale Bereich, den Buddha *nirvana* nennt. Diese drei inneren Begegnungen und die Errungenschaft der vierten haben auch eine andere Dimension. Ich habe oft zu euch von den vier Zuständen gesprochen: Schlaf, Traum Aufwachen, *Turiya*. *Turiya* bedeutet „das Vierte", „das Jenseitige". Diese sieben Chakras und unsere Arbeit mit ihnen korrespondieren auch mit diesen vier Zuständen.

Die erste Vereinigung, diejenige zwischen *muladhar* und *swadhistan* ist wie im Schlaf. Die Vereinigung ereignet sich, aber du kriegst das gar nicht so richtig mit. Du genießt sie, du fühlst, wie eine wunderbare Frische in dir aufsteigt. Du fühlst dich sehr ausgeruht, wie nach einem tiefen Schlaf. Aber du kannst nichts genaues wahrnehmen – es ist sehr dunkel. Der Mann und die Frau in dir sind sich begegnet, aber es war eine Vereinigung im Unbewußten. Die Vereinigung hat nicht im hellen Tageslicht stattgefunden, sondern in dunkler Nacht. Ja, du spürst ihre Auswirkungen, du nimmst plötzlich eine neue Energie in dir wahr, eine Strahlkraft, ein Glühen. Du hast eine Aura. Und es mag sogar sein, daß die Menschen in deiner Umgebung eine gewisse Präsenz an dir wahrnehmen, eine „vibe", eine Schwingung. Aber du selbst weißt nicht genau, was los ist. Deshalb ist die erste Vereinigung wie im Schlaf.

Die zweite Vereinigung ist wie ein Traum – wenn *manipura* und *anahata* sich begegnen, ist deine Vereinigung mit der inneren Frau so, als wäret ihr euch im Traum begegnet. Ja, du kannst dich ein bißchen daran erinnern, etwa so, wie du dich am Morgen an den Traum erinnern kannst, den du in der Nacht hattest – hier ein bißchen, da ein bißchen, einige Lichtblicke; vielleicht hast du etwas vergessen, vielleicht hast du alles vergessen – dennoch kannst du dich irgendwie erinnern. Die zweite Vereinigung ist wie ein Traum. Es ist dir bewußt, daß sie stattfand. Langsam dämmert dir, daß irgendwas passiert, langsam wird dir bewußt, daß du dich veränderst, daß eine Transformation im Gange ist, daß du nicht mehr derselbe Mensch bist, der du vorher warst. Und bei der zweiten Vereinigung wird dir langsam bewußt werden, daß dein Interesse an der äußeren Frau nachläßt. Dein Interesse an dem äußeren Mann ist nicht mehr so hitzig, wie es vorher war.

Veränderung gibt es auch bei der ersten Vereinigung, aber sie wird dir nicht bewußt. Bei der ersten Vereinigung mag dir auffallen, daß du nicht mehr an deiner Frau interessiert bist, aber du kannst nicht verstehen, daß du an überhaupt keiner Frau mehr interessiert bist. Du denkst vielleicht, daß deine Frau dich langweilt und daß du mit einer anderen Frau glücklicher sein könntest; ein bißchen Veränderung täte gut, ein anderes Klima, eine andere Frau mit anderen Qualitäten. Es ist nur eine Vermutung. Bei der zweiten Vereinigung fühlst du, daß du nicht mehr an der Frau oder dem Mann interessiert bist, daß dein Interesse sich nach innen richtet. Mit der dritten Vereinigung wirst du vollkommen bewußt. Es ist so, als ob du aufwachst.

Visuddha begegnet *ajna*... du wirst absolut bewußt, die Vereinigung ereignet sich im Tageslicht. Oder du kannst es auch so sagen: die erste Vereinigung ereignet sich in dunkler Mitternacht; die zweite Vereinigung findet im Morgengrauen statt, wenn die Nacht dem Tag weicht.

Die dritte Vereinigung findet mittags statt – du bist hellwach, alles ist klar. Jetzt weißt du, daß du mit der äußeren Frau durch bist. Das bedeutet nicht, daß du deine Frau oder deinen Ehemann verläßt, es bedeutet lediglich, daß die Faszination nicht mehr da ist; du hast Mitgefühl. Natürlich ist die Frau, die dir bis hierher geholfen hat, ein guter Freund, der Mann, der dich bis hierher begleitet hat, ist ein Freund; du bist dankbar. Jetzt seid ihr einander dankbar und mitfühlend. So ist es immer, wenn das Verstehen kommt – es führt zum Mitgefühl. Wenn du aber deine Frau verläßt und im Busch verschwindest, dann zeigt das einfach nur, daß du grausam bist und kein Mitgefühl empfinden kannst. Deine Flucht kommt aus dem Nicht-Verstehen, sie kann nicht aus dem Verständnis kommen. Wenn du verstehst, bist du auch mitfühlend.

Das erste, was Buddha zu seinen Jüngern sagte, als er erleuchtet wurde, war: „Ich möchte zu Yashodhara gehen und mit ihr sprechen" …seiner Frau.

Ananda war ganz verwirrt. Er sagte: „Was soll denn das? Warum willst du zum Palast zurückkehren und mit deiner Frau sprechen? Du hast sie verlassen, und zwölf Jahre sind seither vergangen." Natürlich war Ananda auch deshalb verwirrt, weil er sich nicht erklären konnte, warum ein Buddha an seine Frau denken sollte. Für Buddhas gehört sich sowas nicht. Als die anderen Jünger gegangen waren, sagte Ananda zu Buddha: „Das ist nicht gut. Was sollen denn die Leute denken?"

Buddha sagte: „Was die Leute denken werden? Ich muß Yashodhara sagen, daß ich ihr dankbar bin. Ich muß ihr für all die Hilfe danken, die sie mir gegeben hat. Und ich muß ihr ein wenig von dem vermitteln, was mir widerfahren ist – das ist das mindeste, was ich ihr schulde. Ich muß sie sehen." Er ging zum Palast. Er sah seine Frau.

Und Yashodhara war außer sich vor Wut. Dieser Mann war eines Nachts einfach verschwunden, ohne ihr auch nur ein einziges Wort zu sagen. Jetzt sagte sie zu Buddha: „Warum hast du mir nicht vertraut? Du hättest mir sagen können, daß du fortgehen wolltest. Ich wäre die letzte gewesen, die dich daran gehindert hätte. Hättest du mir nicht wenigstens so viel vertrauen können?" Und sie weinte. Zwölf Jahre aufgestauter Zorn! Und dieser Mann hatte mitten in der Nacht die Flucht ergriffen, wie ein Dieb. Ganz plötzlich, ohne sie auch nur zu warnen.

Buddha entschuldigte sich und sagte: „Ich habe aus Unwissenheit gehandelt. Ich war ignorant. Ich war nicht bewußt. Aber jetzt bin ich bewußt und ich verstehe – deshalb bin ich zurückgekommen. Du hast mir so entscheidend geholfen. Bitte vergiß die alten Geschichten. Es hat doch keinen Zweck, über ,vergossene Milch‘ zu jammern. Schau mich an. Etwas Großes ist mir widerfahren. Ich bin ,nach Hause gekommen‘. Und als es geschehen war, fühlte ich mich in deiner Schuld und deshalb wollte ich zu dir kommen und dich Anteil nehmen lassen an dem, was mit mir geschehen ist."

Wut und Empörung verschwanden, Yashodhara schaute Buddha mit Tränen in den Augen an. „Ja, dieser Mann hatte sich wirklich vollkommen verändert." Das war nicht mehr der Mann, den sie gekannt hatte. Er war nicht der, der er früher gewesen war, überhaupt nicht; er sah aus wie eine Lichtgestalt... Sie konnte die Aura fast sehen, das Licht um ihn. Und er war so friedlich und still; es schien ihr, als sei er kaum noch existent. Seine Gegenwart war beinahe wie eine Abwesenheit. Und plötzlich, ganz gegen ihre Absicht, vergaß sie sich, fiel ihm zu Füßen und bat ihn darum, sie als seine Jüngerin einzuweihen.

Mit der Erkenntnis kommt immer das Mitgefühl. Deshalb sage ich meinen Sannyasins auch nicht, daß sie ihre Familien verlassen sollen. Bleibt bei ihnen.

Rabindranath hat ein Gedicht über diese Begebenheit geschrieben, als Buddha zu seiner Frau kam. Danach hat Yashodhara zu Buddha gesagt: „Was immer dir auch widerfahren sein mag – und ich sehe, daß etwas mit dir geschehen ist, ich weiß nur nicht was – sage mir nur das eine: konntest du es nicht hier zu Hause erfahren?" Und Buddha konnte nicht mit Nein antworten. Es war möglich, hier in diesem Haus zur Erleuchtung zu kommen. Jetzt wußte er es. Erleuchtung hängt nicht vom Ort ab, sie hat nichts zu tun mit Wald oder mit Stadt, mit Familie oder mit Ashram, sie hat etwas mit deinem innersten Kern zu tun. Erleuchtung ist überall möglich. Zuerst bemerkst du, daß dein Interesse am anderen nachläßt. Dieser Eindruck ist noch verschwommen, düster – so, als wenn du durch ein dunkel getöntes Glas oder durch einen dichten Morgennebel schaust. Dann, bei der zweiten Vereinigung, werden die Dinge ein bißchen klarer, so wie im Traum. Der Nebel hat etwas nachgelassen.

Bei der dritten Vereinigung wirst du hellwach. Es ist geschehen: die innere Frau hat sich mit dem inneren Mann vereinigt. Die Bio-Polarität ist nicht mehr da, du bist plötzlich eine Einheit. Die Schizophrenie ist verschwunden, du bist nicht mehr gespalten. Mit dieser Integration wirst du zum Individuum. Vorher bist du kein Individuum, du bist eine Menschenmenge: du bist ein Mob, du bist viele Menschen, du bist multi-psychisch. Plötzlich fügt sich alles in dir zur Ordnung. Das ist es, was diese alte Geschichte uns sagen will.

Der Regenmacher hat um drei Tage gebeten...

Wenn ihr euch gelegentlich in diese kleinen Geschichten vertieft, werdet ihr verwundert sein; ihre Symbole sind großartig. Der Mann hatte darum gebeten, drei Tage in Stille zu meditieren. Warum drei Tage? Das sind die drei Phasen: im Schlaf, im Traum, im Wachzustand, er wollte sich in Ordnung bringen. Zuerst ereignet es sich im Schlaf, dann ereignet es sich im Traum, dann ereignet es sich im Wachzustand. Und wenn du in Ordnung bist, dann ist die ganze Existenz in Ordnung. Wenn du ein Individuum geworden bist – wenn deine innere Spaltung verschwunden ist und du eine Einheit geworden bist – dann hat sich alles zusammengefügt. Es mag paradox erscheinen, aber es muß gesagt werden: das Individuelle ist das Allumfassende. Wenn du individuell geworden bist, erkennst du plötzlich, daß du universal bist. Bisher hast du geglaubt, du seist von der Existenz getrennt. Jetzt kannst du das nicht mehr denken.

Adam und Eva sind ineinander aufgegangen. Das ist das Ziel, das jeder Mensch auf die eine oder andere Weise erreichen will. Die Wissenschaft des Tantra ist der sicherste Weg dorthin. Das ist das Ziel.

Noch ein paar andere Dinge:

Ich habe eben gesagt, daß *muladhar* entspannt werden muß, nur dann kann die Energie innerlich nach oben gehen. Und „innen" und „nach oben" bedeuten hier dasselbe; auch „außen" und „nach unten" bedeuten dasselbe. Energie kann nur nach innen und nach oben fließen, wenn *muladhar* entspannt ist. Zunächst mußt du also *muladhar* entspannen.

Euer Sex-Zentrum ist ständig stark verspannt. Die Gesellschaft sorgt dafür, daß ihr nie eure Sexualität vergeßt. Sie hat dafür gesorgt, daß ihr von eurer Sexualität besessen seid, und deshalb verkrampft ihr euer Sex-Zentrum. Das könnt ihr ohne weiteres beobachten. Ständig verspannt ihr euer Geschlechtsorgan, so als ob ihr Angst davor hättet, daß irgendwas schief gehen könnte, wenn ihr euch entspannt. Eure ganze Erziehung hat euch verklemmt gemacht. Entspannt euer Geschlechtsorgan. Laßt es in Ruhe. Habt keine Angst: Angst erzeugt Spannung. Laßt eure Angst los. Sex ist schön; er ist keine Sünde; er ist eine Tugend.

Wenn ihr euch erst einmal vorstellen könnt, daß Sex eine Tugend ist, dann werdet ihr auch entspannen können. Ich habe schon früher darüber gesprochen, wie *muladhar* entspannt werden kann. Und ich habe darüber gesprochen, wie *swadhistan* entspannt wird; es ist das Todes-Zentrum. Fürchtet euch nicht vor dem Tod. Das sind die beiden Ängste, die die Menschheit beherrschen: die Angst vor dem Sex und die Angst vor dem Tod. Beide Ängste sind gefährlich; sie haben euer inneres Wachstum verhindert. Laßt diese beiden Ängste los.

Das dritte Chakra ist *manipura*; es ist mit negativen Gefühlen aufgeladen. Deshalb bekommst du Magenbeschwerden – wenn du aufgeregt bist, wird das *manipura* sofort in Mitleidenschaft gezogen. In allen Sprachen der Welt gibt es sinngemäß einen Ausspruch wie: „Ich finde das zum Kotzen." Das ist tatsächlich so. Wenn dir irgendwas auf den Magen schlägt, wird dir übel; du möchtest dich übergeben. Manchmal passiert es wirklich – ein psychologisches Erbrechen. Irgend jemand hat etwas zu dir gesagt, und es schlägt dir auf den Magen; und plötzlich wird dir schlecht, du kotzt und danach fühlst du dich sehr entspannt. Im Yoga gibt es dafür Methoden. Der Yogi trinkt am Morgen eine Menge Wasser – einen ganzen Eimer voll Wasser mit Salz, und lauwarm muß es sein – und dann kotzt er es wieder aus. Das ist gut für die Entspannung des *manipura*. Es ist eine wunderbare Methode, ein fabelhafter Reinigungsprozeß.

Ihr werdet überrascht sein: viele moderne Therapien haben jetzt auch entdeckt, daß Erbrechen gut ist. Die Aktionsanalyse hat die Tatsache erkannt, daß Kotzen hilft. Die Primärtherapie hat erkannt, daß Kotzen hilft. Es entspannt das *manipura*. Tantra und Yoga wußten das schon immer.

Negative Gefühle: Wut, Haß, Eifersucht und so weiter und so fort – alles wurde unterdrückt; dein *manipura* ist zu stark belastet. Diese unterdrückten Gefühle hindern die Energie daran, nach oben zu fließen; diese unterdrückten Gefühle sind wie ein Felsbrocken: dein Fluß ist blockiert. Encounter, Gestalt und ähnliche Therapien wirken alle, ohne es zu wissen, auf *manipura* ein. Sie wollen deine Wut provozieren, sie versuchen, deine Eifersucht zu provozieren, deine Gier; sie provozieren deine Aggression, deine Gewalttätigkeit, so daß sie hervorsprudeln, hochkommen. Die Gesellschaft hat vor allem eines mit dir gemacht: sie hat dich dazu erzogen, alles zu unterdrücken, was negativ ist, und alles, was positiv ist, vorzutäuschen. Beides ist gefährlich. Das Positive vorzutäuschen ist verlogen – Heuchelei; und das Negative zu unterdrücken ist gefährlich; es ist giftig, es vergiftet dein ganzes System.

Tantra sagt: Drücke das Negative aus und lasse das Positive gewähren. Wenn Zorn aufsteigt, unterdrücke ihn nicht; wenn Aggressionen kommen, unterdrücke sie nicht. Tantra sagt nicht: geh los und töte jemanden. Aber Tantra sagt, daß es tausendundeine Möglichkeit gibt, unterdrückte Gefühle auszudrücken. Du kannst in den Garten gehen und Holz hacken. Habt ihr mal Holzfäller beobachtet? Sie wirken ausgeglichener als andere Menschen. Habt ihr Jäger beobachtet? Jäger sind sehr brave Leute. Sie haben einen schmutzigen Beruf, aber sie sind gute Leute. Irgendwas passiert mit ihnen, wenn sie jagen. Wenn sie Tiere töten, verflüchtigt sich ihre Wut, ihre Aggressionen verschwinden. Die sogenannten „Gewaltlosen" sind die häßlichsten Leute auf der Welt. Sie sind keine guten Menschen, denn sie hocken auf einem Vulkan. Du kannst dich mit ihnen nicht wohlfühlen. Irgendwas Gefährliches geht von ihnen aus. Du kannst es fühlen, es ist greifbar; es dringt ihnen aus den Poren.

Man kann auch in den Wald gehen und schreien und brüllen – Primärtherapie ist weiter nichts als Schrei-Therapie, Koller-Therapie. Und Encounter, Gestalt und Primärtherapie sind ungeheuer nützlich für die Entspannung von *manipura*.

Wenn *manipura* entspannt ist, kommt es zu einem Ausgleich zwischen dem Negativen und dem Positiven. Und wenn das Negative und das Positive ausgeglichen sind, ist das Tor offen – die Energie kann höher steigen. *Manipura* ist männlich. Wenn *manipura* blockiert ist, kann die Energie nicht nach oben steigen. *Manipura* muß entspannt werden.

Polarity Balancing kann sehr hilfreich sein, wenn es darum geht, ein Gleichgewicht zwischen dem Negativen und dem Positiven herzustellen. Deshalb lasse ich hier in diesem Ashram alle möglichen Methoden aus der ganzen Welt zu. Alles, was nützlich ist, muß genutzt werden, denn die Menschen sind so stark geschädigt, daß alle Hilfsquellen angezapft werden sollten. Vielleicht versteht ihr gar nicht, warum ich euch alle möglichen Methoden zur Verfügung stelle: Yoga, Tantra, Tao, Sufi, jainistische, buddhistische, hinduistische; Gestalt, Psychodrama, Encounter, Primärtherapie, Polarity Balancing, Rolfing, Structural Integration – warum ich euch all das verfügbar mache. Das hat es noch nie gegeben, daß all diese Dinge in einem Ashram des Ostens praktiziert werden.

Aber es gibt einen Grund dafür. Der Mensch ist so sehr verunstaltet worden, daß alle Hilfsquellen angezapft werden sollten. Wenn der Mensch nicht untergehen soll, muß Hilfe aus allen möglichen Quellen geschöpft werden.

Das vierte Chakra ist *anahata*... Zweifel ist das Problem des vierten Chakras. Wenn du ein mißtrauischer Mensch bist, kann sich dein viertes Chakra nicht öffnen. Vertrauen öffnet es. Alles, was Zweifel weckt, zerstört dein Herz. Das ist das Herz-Chakra: *anahata*. Logik, Haarspalterei, Diskutierfreude, zu viel Rationalität, zu viel Aristoteles in dir zerstören *anahata*. Philosophien und Skepsis zerstören *anahata*.

Wenn du *anahata* öffnen willst, mußt du vertrauensvoller werden. Poesie ist dabei hilfreicher als Philosophie, und Intuition ist besser als Argumentation, und Fühlen ist besser als Denken. Du mußt vom Zweifel zum Vertrauen gehen, nur dann kann sich *anahata* öffnen, nur dann kann dein *anahata* die männliche Energie vom *manipura* empfangen. *Anahata* ist weiblich. Durch Zweifel trocknet es aus, kann es die männliche Energie nicht empfangen. Im Vertrauen öffnet es sich, mit Vertrauen ergießt sich Feuchtigkeit in das Chakra, und es kann die Penetration der männlichen Energie zulassen. Dann das fünfte: *visuddha*... Mangel an Kreativität; Nachahmung, Nachplappern und Nachäffen – all dies ist schädlich.

Erst kürzlich habe ich eine kleine Anekdote gelesen:
Ein Kind wird in der Klasse gefragt: „Zehn Äffchen sitzen auf einem Zaun. Eins springt ab. Wieviel Äffchen bleiben auf dem Zaun?"
Und das Kind sagt: „Keins!"
Und das Kind sagt: „Äffchen sind Äffchen."
Wenn eins springt, springen alle.

Visuddha wird durch Nachäffen zerstört. Sei kein Nachäffer, sei keine Kopie. Versuche nicht, ein Buddha zu sein und versuche nicht, ein Jesus zu sein. Hüte dich vor Büchern wie Thomas à Kempis „Nachahmung Christi" Nimm dich in acht! Nachahmung bringt dich nicht weiter. *Visuddha* wird durch Mangel an Kreativität und durch Beschränktheit zerstört. Und *visuddha* wird gefördert durch Kreativität, Ausdruck, durch einen eigenen Lebensstil, durch den Mut, sein „eigenes Ding zu machen". Kunst, Gesang, Musik, Tanz, Erfindungsreichtum – all das ist nützlich. Sei einfallsreich – was immer du auch tust, sei originell. Versuche, einzigartig zu sein, schreibe deine eigene Handschrift. Auch wenn du nur den Fußboden schrubbst, kannst du originell sein. Und wenn du kochst, kannst du auf deine eigene Art kochen.

Du kannst Kreativität in alles einbringen, was du tust. Das sollte immer so sein. Je kreativer, desto besser – *visuddha* öffnet sich. Und nur wenn *visuddha* sich öffnet, kann die Energie ins *ajna* fließen, das Dritte Auge, das sechste Zentrum.

Das ist der Prozeß. Zuerst reinigst du jedes Zentrum. Hüte dich vor allem, was dem Zentrum schadet, und unterstütze es, so daß es natürlich funktionieren kann. Blockaden werden beseitigt... die Energie strömt.

Jenseits des sechsten ist *sahasrar, turiya,* der Lotus mit den tausend Blütenblättern. Du blühst. Ja, genau das passiert mit dir. Der Mensch ist wie ein Baum: *muladhar* ist die Wurzel, und *sahasrar* ist die Blüte. Die Blume blüht auf. Dein Duft verströmt in alle Winde. Das ist das einzige Gebet; das ist die einzige Opfergabe zu Füßen des Göttlichen. Geborgte Blumen taugen nichts, gestohlene Blumen von den Bäumen taugen nichts; du selbst mußt aufblühen und deine Blüten darbringen.

Nun die Sutras. Die erste Sutra:

Nach den Wonnen des Küssens
Verzehren sich die Verblendeten
Und erklären sie zur letzten Wirklichkeit.
Gleich einem Manne, der das Haus verläßt und,
Schon auf der Schwelle,
Die Frau noch einmal bittet,
Ihm Sinnesfreuden zu verheißen.

Küssen ist symbolisch – symbolisch für jede Vereinigung zwischen Yin und Yang, zwischen männlich und weiblich, zwischen Shiva und Shakti. Auch wenn du eine Frau nur bei der Hand hältst, ist das Küssen: eure Hände küssen sich. Oder du berührst ihre Lippen mit deinen Lippen – das ist Küssen; oder eure Sex-Organe verschmelzen – auch das ist ein Kuß.

Im Tantra ist also der Kuß symbolisch für alle Vereinigungen gegensätzlicher Pole. Es kann vorkommen, daß du eine Frau nur mit deinem Blick küßt. Wenn sich eure Blicke treffen und berühren – ist das ein Kuß. Die Verschmelzung hat sich ereignet.

Nach den Wonnen des Küssens
Verzehren sich die Verblendeten
Und erklären sie zur letzten Wirklichkeit.

Saraha sagt, daß die Verblendeten – Menschen, die sich überhaupt nicht bewußt sind, was sie tun – niemals aufhören, sich nach dem anderen Menschen zu sehnen, nach ihm zu dürsten: der Mann nach der Frau, die Frau nach dem Mann. Sie sind ständig in ihrer Sehnsucht nach dem anderen gefangen. Aber die Vereinigung kommt nie zustande. Es ist absurd: du sehnst und sehnst dich, du dürstest und dürstest, und nichts als Frust kommt dabei heraus. Saraha sagt, daß dies nicht die wahre, die letztendlich wahre Vereinigung ist. Die wahre, die höchste Vereinigung ereignet sich im *sahasrar*. Wenn es einmal geschehen ist, dann hat es sich ein für allemal ereignet. Dies ist die wirkliche Vereinigung. Während die andere, die sich außen abspielt, unwirklich ist, momentan, flüchtig, nur eine Ablenkung.

Sie ist…

Gleich einem Manne, der das Haus verläßt und,
Schon auf der Schwelle,

Die Frau noch einmal bittet,
Ihm Sinnesfreuden zu verheißen.

Ein wunderschönes Lächeln. Saraha sagt, wenn man die
Hand einer äußeren Frau hält, während die innere Frau darauf wartet, für immer und ewig die deine zu sein, dann ist
das...

Gleich einem Manne, der das Haus verläßt und,
Schon auf der Schwelle,
Die Frau noch einmal bittet,
Ihm Sinnesfreuden zu verheißen.

Zunächst: der sein Haus verläßt... Du verläßt dein Haus,
deinen innersten Kern, auf der Suche nach einer äußeren
Frau... und dabei ist die Frau in deinem Inneren. Du wirst
sie verfehlen, wohin du auch immer gehst. Du kannst um die
ganze Welt jetten und überall den Frauen oder den Männern
nachjagen. Es ist eine Fata Morgana, die Jagd nach dem
Regenbogen – deine Hände greifen ins Leere. Die Frau ist
drinnen... und du verläßt das Haus.

Und dann schon auf der Schwelle...

Auch das ist symbolisch. Du stehst immer auf der Schwelle,
bist deinen Sinnen verhaftet – *sie* sind die Schwelle, die
Türen. Augen sind Türen, Hände sind Türen, Geschlechts-
organe sind Türen, Ohren sind Türen – sie alle sind Türen.
Wir stehen immer auf der Schwelle der Türen. Mit den
Augen sehen, mit den Ohren hören, mit den Händen berühren wollen, der Mensch bleibt ständig an der Schwelle
und weiß nicht, wie er ins Haus gelangen kann. Und dann
diese Absurdität: du hast keine Ahnung, was Liebe ist, und
du willst, daß die Frau dir Sinnesfreuden verheißt.
Du denkst, ihre Erfahrung könnte dich glücklich machen.

Du verwechselst die Speisekarte mit dem Essen.

Saraha sagt, daß du erst dein inneres Zentrum verläßt – also auf der Schwelle stehst – und dann von anderen erwartest, dir Glückseligkeit zu geben, dich lebendig zu machen, dir Freude zu verheißen, dir Gott zu zeigen. Dabei wartet Gott die ganze Zeit in deinem Inneren auf dich. Er wohnt in dir... und du bittest andere. Und glaubst du wirklich, daß du zur Erkenntnis gelangst, wenn du auf andere Leute hörst?

Daß sich im Haus der Leere Bio-Kräfte rühren,
Hat mannigfach zu künstlichen Vergnügungen geführt.
Yogis von diesem Schlag werden vom Leid verfolgt,
Fielen sie doch, verführt zu Lastern,
Von himmlischen Höhen.

Zunächst: Sex ist nicht das letztmögliche Glück, sondern nur der Anfang, das Alpha, das ABC; Sex ist nicht das Omega. Sex ist nicht die letzte Wahrheit, er ist nicht die absolute Seligkeit, er ist von alledem nur ein Echo; *sahasrar* ist weit entfernt. Wenn dein Sex-Zentrum sich ein bißchen glücklich fühlt, dann ist das nur ein fernes Echo von *sahasrar*. Je näher du *sahasrar* kommst, desto größer das Glück.

Wenn du von *muladhar* zu *swadhistan* weitergehst, fühlst du dich glücklicher... Die erste Vereinigung zwischen *muladhar* und *swadhistan,* ist voller Glück. Und die zweite ist dann noch freudvoller.

Dann die dritte Vereinigung... du kannst nicht glauben, daß es noch größere Freuden geben kann – aber es ist möglich, denn du bist noch nicht angekommen, das *sahasrar* ist nicht mehr weit entfernt, aber du bist noch nicht ganz dort. *Sahasrar* ist einfach unglaublich. Die Glückseligkeit ist so überwältigend, daß du darin verschwindest – es gibt nur noch Seligkeit. Die Glückseligkeit ist so stark, daß du nicht mehr sagen kannst „Ich bin glücklich", du weißt einfach, daß du Glückseligkeit bist.

Auf der siebten bist du nur noch vibrierende Freude. Das ist ganz natürlich. Das Glück ereignet sich im *sahasrar*, und dann muß es sechs Schichten durchdringen – dabei geht viel verloren. Am Ende ist es nur noch ein Echo. Pass auf, halte das Echo nicht für das Wahre. Ja, ein bißchen Realität steckt auch im Echo, es ist wie ein unsichtbarer Faden. Versuche, den Faden der Realität zu finden, ergreife ihn und ziehe dich daran nach innen.

Daß sich im Haus der Leere Bio-Kräfte rühren,
Hat mannigfach zu künstlichen Vergnügungen geführt.

Und weil wir irrtümlich glauben, daß Sex das allerhöchste Vergnügen ist, sind so viele künstliche Dinge sehr wichtig geworden. Geld ist sehr wichtig geworden, weil man für Geld alles kaufen kann – du kannst Sex kaufen... Macht ist wichtig geworden, denn wenn du mächtig bist, kannst du so viel Sex haben wie du willst. Ein armer Mann kann sich das nicht leisten.

Könige hatten früher Tausende von Frauen – selbst noch in diesem Jahrhundert hatte der Nizam von Haiderabad 500 Ehefrauen. Natürlich kann einer mit Macht so viel Sex haben, wie er will. Und wegen diesem Wahn, daß Sex die höchste Wahrheit ist, sind Tausende von anderen Problemen aufgetaucht: Geld, Macht, Prestige.

Daß sich im Haus der Leere Bio-Kräfte rühren...

Es ist nur Einbildung; es ist reine Einbildung, wenn du glaubst, das sei Vergnügen. Es ist eine Selbst-Hypnose, eine Selbst-Täuschung. Und wenn du dich erst mal selbst hypnotisierst, dann sieht es wie Vergnügen aus. Stell dir vor: du hältst die Hand einer Frau... und du fühlst dich so angetörnt! Es ist weiter nichts als Selbst-Hypnose, weiter nichts als eine Vorstellung im Kopf.

Aufgrund dieser Vorstellung erwacht deine Bioenergie. Manchmal kommt die Erregung schon, wenn du ein Bild im *Playboy* anschaust – da ist überhaupt niemand, nur Linien und Farben – und schon bist du erregt. Manchmal genügt eine Idee im Kopf, um deine Bioenergie auf Touren zu bringen. Die Energie folgt der Einbildung.

Daß sich im Haus der Leere Bio-Kräfte rühren…

Du kannst Träume erfinden; du kannst Träume auf die leere Leinwand projizieren.

…hat mannigfach zu künstlichen Vergnügungen geführt.

Wenn ihr euch die Pathologie des Menschen anschaut, werdet ihr euch wundern. Ihr werdet es nicht für möglich halten, was für Ideen die Leute haben. Da ist zum Beispiel einer, der kann nur mit seiner Frau schlafen, wenn er sich vorher Pornografie angeschaut hat – das Wirkliche scheint weniger wirklich zu sein als das Unwirkliche. Er kann sich nur am Nicht-Realen hochziehen. Ist es euch in eurem Leben nicht immer wieder aufgefallen, daß das Reale weniger aufregend erscheint als das Nicht-Reale?

Hier sitzt zum Beispiel Rushma vor mir. Sie ist aus Nairobi hergekommen. Neulich fragte sie mich: „Osho, was ist los mit mir? In Nairobi träume ich von dir, habe ständig Phantasien. Und nun komme ich von so weit her zu dir, und mein Herz schlägt überhaupt nicht mehr so hoch. Was ist passiert?" Gar nichts ist passiert, außer daß wir die Einbildung mehr lieben als das Reale. Das Unwirkliche ist realer geworden. Deshalb hast du in Nairobi „deinen" Osho – das ist deine Einbildung. Ich selber habe gar nichts damit zu tun – es ist deine Vorstellung. Aber wenn du hierher kommst, sind deine

Phantasien plötzlich nicht mehr relevant. Du kommst hierher mit einem Traum in deinem Kopf. Meine Realität zerstört den Traum.

Achtet darauf, daß ihr euer Bewußtsein von der Einbildung zur Wirklichkeit bringt. Hört nur auf das Reale. Nur wenn ihr sehr, sehr wach seid könnt ihr der Falle der Einbildung entkommen.

Die Einbildung kann aus vielerlei Gründen sehr befriedigend sein: man hat sie im Griff. Du kannst Oshos Nase so lang haben wie du willst – in deiner Einbildung. Du kannst glauben, was immer du glauben willst. Keiner kann dich daran hindern, keiner kann in das Reich deiner Einbildung eindringen; du bist total frei. Du kannst mich porträtieren, wie du willst, du kannst über mich denken, was du willst, du kannst Erwartungen haben... du kannst aus mir machen was du willst – du bist frei; das Ego fühlt sich dabei sehr gut.

So kommt es, daß ein Meister nach seinem Tode mehr Jünger hat als zu seinen Lebzeiten. Mit einem toten Meister fühlen sich die Jünger vollkommen sicher; mit einem lebenden Meister geraten sie in Schwierigkeiten. Buddha hatte nie so viele Jünger wie heutzutage, 2500 Jahre nach seinem Tod. Jesus hatte nur zwölf Jünger – heute gehört ihm die halbe Welt. Seht euch die Wirkung eines Meisters an, den es nicht mehr gibt: jetzt habt ihr Jesus in der Hand – ihr könnt mit ihm machen, was ihr wollt. Er lebt nicht mehr. Er kann eure Träume und Phantasien nicht zerstören.

Wenn die sogenannten Christen dem lebenden Jesus begegnet wären, dann hätten ihre Herzen sofort aufgehört, höher zu schlagen. Warum? Weil sie nicht mehr an ihre Einbildungen glauben könnten. Und Jesus ist ein richtiger Mann. Sie wären ihm in einer Kneipe begegnet, er hätte mit Freunden getrunken und den neuesten Klatsch besprochen. Das sieht „dem einzigen Sohn Gottes" nicht ähnlich, es sieht sehr gewöhnlich aus. Vielleicht ist er ja doch nur der Sohn vom Schreiner Joseph?! Aber wenn Jesus nicht mehr lebt, dann kann er sich nicht mehr in deine Phantasien einmischen. Dann kannst du dir dein eigenes Bild von ihm machen und so viel über ihn phantasieren, wie du willst.

Wenn man weit weg ist, dann ist es leichter – die Einbildung ist überwältigend. Je näher du mir kommst, desto weniger Macht wird deine Einbildung haben. Und du wirst mich niemals erkennen können, wenn du dich nicht von deinen Phantasien über mich trennst.

Dasselbe gilt auch für alle Vergnügungen.

Daß sich im Haus der Leere Bio-Kräfte rühren,
Hat mannigfach zu künstlichen Vergnügungen geführt.
Yogis von diesem Schlag werden von Leid geschlagen,
Fielen sie doch, verführt zu Lastern,
Von himmlischen Höhen.

Wenn du zu viel phantasierst, verlierst du deine himmlische Dimension. Einbildung ist *samsara*, Einbildung ist dein Traum. Wenn du zu viel träumst, verlierst du deine himmlische Dimension, büßt du deine Göttlichkeit ein, bist du kein bewußtes Wesen.

Die Einbildung ist stärker als du, sie drückt dich nieder; du verlierst dich in einer Phantasie. Du kannst beim Phantasieren bewußtlos werden und dir einbilden, das sei ein *samadhi*. Es gibt Leute, die in Ohnmacht fallen und glauben, daß sie im Zustand des *samadhi* sind – Buddha hat solche *samadhis* „falsche *samadhis*" genannt. Auch Saraha sagt: es ist ein falsches *samadhi*.

Wenn du über Gott phantasierst, an deiner Einbildung festhältst, deine Einbildung mehr und mehr festigst, immer mehr in Phantasien schwelgst, wirst du schließlich bewußtlos werden, wirst du jegliches Bewußtsein verlieren; du wirst in einer wunderbaren, selbstfabrizierten Traumwelt leben. Aber das heißt, von himmlischen Höhen zu fallen.

Und Saraha sagt, daß dies das einzige Laster ist: aus der

Reinheit deiner Bewußtheit abzustürzen. Was meint er mit diesem Raum, den er „himmlische Höhe" nennt? Es ist ein Raum ohne Träume. Träume sind die Welt; wenn du nicht träumst, bist du im *nirvana*.

Gleich dem Brahmanen, der Reis und Butter
Als Brandopfer den Flammen übergibt,
Und sich aus Himmelsräumen
Ein Gefäß für Nektar formt,
Und dies aus Wunschdenken für höchste Wonne hält…

In Indien machen die Brahmanen sogenannte *yagnas*. Sie bringen Reis und Butter und werfen es ins Feuer, in das lodernde Feuer, und sie bilden sich ein, daß diese Opfergabe zu Gott geht. Wenn du mit anderen an einem Feuer sitzt, viele Tage lang fastest, gewisse Rituale ausführst, gewisse Mantras, gewisse heilige Verse wiederholst, kannst du einen Zustand der Selbst-Hypnose schaffen. Du kannst dir selber was vormachen und glauben, daß du so Gott erreichst.

Saraha sagt: wer wirklich in Gott eingehen will, muß seine innere Flamme anfachen – die äußere Flamme wird nichts nützen. Und diejenigen, die wirklich zur Erleuchtung kommen wollen, müssen die Saat ihrer Wünsche verbrennen – Reis verbrennen nützt nichts. Und diejenigen, die wirklich erleuchtet werden wollen, müssen ihr Ego verbrennen – Butter verbrennen nützt nichts. Butter ist nur der wichtigste Teil der Milch, der reinste Teil der Milch. So ist das Ego der reinste Traum; es ist *ghee*, gereinigte Butter. *Ghee* als Opfergabe zu verbrennen, ist eine vergebliche Mühe. Du mußt deine eigene innere Flamme entfachen.

Und wenn sexuelle Energie nach oben fließt, verwandelt sie sich in eine Flamme. Sie wird zur Flamme. Sie ist Feuer! Sogar wenn sie nach außen geht, ist sie immer noch stark genug, um Leben zu erzeugen. Sexenergie ist das rätselhafteste Phänomen, das es gibt. Sexenergie gebiert Leben.

Leben ist Feuer: es ist eine Funktion des Feuers. Ohne Feuer könnte Leben nicht existieren. Ohne die Sonne gäbe es keine Bäume, keine Menschen, keine Vögel, keine Tiere. Verwandeltes Sonnenfeuer ist es, woraus Leben entsteht. Während du mit einer Frau Liebe machst, geht das Feuer nach außen.

Wenn du nach innen gehst, geht auch das Feuer nach innen. Und wenn du die Saat deiner Wünsche, die Saat deiner Gedanken, die Saat deines Ehrgeizes, die Saat deiner Gier in dein inneres Feuer wirfst, verbrennen sie. Und am Ende wirfst du dein Ego – deinen reinsten Traum – ins Feuer, und auch das verbrennt. Das ist das wahre *yagna*, das wahre Ritual, das wahre Opfer.

Gleich dem Brahmanen, der Reis und Butter
Als Brandopfer den Flammen übergibt,
Und sich aus Himmelsräumen ein Gefäß für Nektar formt,
Und dies aus Wunschdenken für höchste Wonne hält,
Der kann den höchsten Gipfel nicht erreichen.

Und in seinem Wunschdenken glaubt er, daß dies der höchste Gipfel sei. Der Mann, der mit einer Frau schläft und glaubt, er habe den höchsten Gipfel erreicht, wirft seine Opfergaben ins äußere Feuer. Er schleudert seine Energie nach außen.

Und auch die Frau ist auf diesem Irrweg, wenn sie glaubt, ihr Liebesakt habe etwas mit Liebe zu tun und sie könnte in diese großartige Dimension von Glückseligkeit und Gnade eintreten, einfach nur dadurch, daß sie mit einem Mann schläft und ihr Feuer nach außen schleudert.

Das Feuer muß nach innen gehen, dann gibt es dir neues Leben und verjüngt dich.

So handeln auch gewisse Leute,
Die die innere Glut entfachen

Und sie dann hoch zum Scheitelchakra leiten,
Den Gaumenzapfen mit der Zunge streichelnd,
Als sei's ein Koitus, und somit das, was fesselt,
Mit dem verwechseln, was befreit –
Und sich stolz Yogis nennen.

Und etwas ganz Wichtiges: vergeßt nicht, was ich euch gesagt habe, als ich euch die innere Landkarte des Tantra erklärte – das *visuddha*, das fünfte Chakra, ist in der Kehle. *Visuddha*, das Hals-Chakra, ist der letzte Punkt, von dem man noch abstürzen kann. Bis hinauf zu diesem Punkt besteht immer die Möglichkeit, daß du wieder zurückfällst.

Wenn du erst einmal das sechste Chakra – das Dritte Auge – erreicht hast, kannst du nicht mehr zurückfallen. Du hast den Punkt überschritten, von dem aus man noch umkehren kann. Der Punkt ohne Wiederkehr ist das Dritte Auge. Wenn du im Dritten Auge-Zentrum stirbst, wirst du im Dritten Auge-Zentrum wiedergeboren. Wenn du im *sahasrar* stirbst, wirst du nicht mehr wiedergeboren. Aber wenn du im *visuddha* stirbst, rutschst du zum ersten Chakra zurück, zum *muladhar*. Im nächsten Leben mußt du vom *muladhar* wieder von vorne anfangen.

Bis zum fünften gibt es also keine Gewißheit; Verheißung ja – aber keine Gewißheit. Bis zum fünften kannst du jederzeit zurückfallen. Und in Indien sind immer wieder viele Leute zurückgefallen, weil das geschieht, was dieses Sutra besagt:

So handeln auch gewisse Leute,
Die die innere Glut entfachen
Und sie dann hoch zum Scheitelchakra leiten …

Du kannst innere Glut erzeugen. Die Flamme geht nach oben und erreicht die Kehle. Dann kommt die große Versuchung, die Kehle mit der Zunge zu kitzeln. Hüte dich davor.

In Indien haben sie erstaunliche Techniken entwickelt; sie haben die Zungenwurzel angeschnitten, damit die Zunge länger wird und weiter in den Rachen hineinreichen kann – noch heute kann man viele Yogis finden, die das machen. Die Zunge kann nach hinten gekrümmt werden und das fünfte Chakra kitzeln. Dieses Kitzeln ist wie eine Selbstbefriedigung, denn die Sexenergie ist zum fünften Chakra aufgestiegen.

Wie ich euch schon gesagt habe, ist das fünfte Chakra, *visuddha*, männlich. Wenn die männliche Energie zum Hals aufsteigt, wird die Kehle geradezu zum Geschlechtsorgan, allerdings dem Geschlechtsorgan überlegen und viel feiner. Nur ein bißchen kitzeln mit der Zunge, und schon kommt das große Vergnügen. Aber es ist wie Masturbation, und wenn du erst mal damit anfängst... Und es ist sehr, sehr genußvoll. Sex ist nichts dagegen – vergeßt das nicht – verglichen damit ist Sex gar nichts. Mit deiner eigenen Zunge kitzeln... und was für ein Genuß! Im Yoga gibt es also Methoden...

Saraha gibt den ganz eindeutigen Rat, daß kein Tantriker das tun sollte. Es ist eine Täuschung und ein großes Scheitern, denn die Energie ist zum fünften Chakra aufgestiegen, und jetzt kommt der Wunsch auf, es zu kitzeln – das ist der letzte Wunsch. Wenn du bewußt bleiben kannst, und wenn du dich über diesen Wunsch hinwegsetzen kannst, dann dringst du zum sechsten Zentrum, *ajna,* vor. Sonst fällst du zurück. Das ist die letzte Versuchung.

Tatsächlich ist dies im Tantra das gleiche, wie die Versuchung, der Jesus ausgesetzt war, als der Teufel ihn verführen wollte, oder die Versuchung, der Buddha ausgesetzt war, als Mara kam und ihn verführen wollte. Es ist die letzte Versuchung, der letzte Versuch deiner von Wünschen geblendeten Vorstellungswelt, der letzte Versuch deiner Traumwelt, der letzte Versuch deines Egos, bevor es sich total auflöst.

Das Ego macht eine letzte Anstrengung, dich in Versuchung zu führen. Und die Versuchung ist wirklich groß: es ist sehr schwer, ihr zu widerstehen. Es ist so unglaublich genußvoll, viel aufregender als das sexuelle Vergnügen. Wenn Leute sagen, das sexuelle Vergnügen sei der Gipfel, was soll man dann erst über dieses Vergnügen sagen? Und hier geht überhaupt keine Energie mehr verloren.

Beim Sex verlierst du Energie, fühlst du dich frustriert, müde, schwach. Aber wenn du deine Sexenergie kitzelst, sobald sie zur Kehle aufgestiegen ist, dann gibt es überhaupt keinen Energieverlust mehr. Und du kannst den ganzen Tag lang weiterkitzeln. Das ist das, was Delgado bei seinen Versuchen mit Ratten mit Hilfe mechanischer Geräte erreicht hat.

So handeln auch gewisse Leute,
Die die innere Glut entfachen
Und sie dann hoch zum Scheitelchakra leiten,
Den Gaumenzapfen mit der Zunge streichelnd,
Als sei's ein Koitus…

Auch das ist wieder *samsara*… ein Rückfall ins *samsara*.

… und somit das, was fesselt,
Mit dem verwechseln, was befreit –
Und sich stolz Yogis nennen…

Aber er ist kein Yogi – er hat es nicht geschafft. Tatsächlich wäre *yogabrasha* die richtige Bezeichnung für ihn: „einer, der vom Yoga abgestürzt ist".

Das fünfte Zentrum ist das gefährlichste. Du kannst kein anderes Zentrum kitzeln – das ist die Gefahr. Du kannst *swadhistan* nicht kitzeln, du kannst *manipura* nicht kitzeln, du kannst *anahata* nicht kitzeln. Sie sind außer Reichweite; es gibt keine Möglichkeit, an sie heranzukommen und sie zu kitzeln. Du kannst das Dritte Auge nicht kitzeln.

Der einzige Punkt, der gekitzelt werden kann, ist *visuddha*, dein Hals-Chakra, denn das kannst du erreichen. Der Mund ist offen – das Zentrum bietet sich an. Und es ist ganz einfach, deine Zunge nach hinten zu wölben und es zu kitzeln.

In Yoga-Schriften kann man lesen, daß das etwas Großartiges ist. Das ist es nicht. Hütet euch.

So also sieht die innere Landkarte der Tantra-Alchemie aus. Die Energie kann jederzeit weiter aufsteigen, ihr müßt nur ein bißchen Meditation in euer Liebesspiel bringen, ein wenig Versenkung.

Merkt euch: Tantra ist nicht gegen Sex.

Das muß immer wieder betont werden. Es ist absolut dafür, aber nicht nur. Im Tantra ist Sex die erste Sprosse der Leiter, der siebensprossigen Leiter. Der Mensch ist die Leiter. Die erste Sprosse ist Sex und die siebte Sprosse ist *sahasrar – samadhi*. Auf der ersten Sprosse bist du dem *samsara*, der Welt verhaftet, und die siebte Sprosse führt dich ins *nirvana*, ins Jenseits. Bleibst du auf der ersten Sprosse, dann drehst du dich wieder und wieder im Kreis von Geburt und Tod; eine ewige Wiederholung. Mit der siebten Sprosse gehst du ins Jenseits, über Geburt und Tod hinaus.

Das ewige Leben gehört dir… das Reich Gottes.

FREIHEIT
IST DAS
HÖHERE GUT

FRAGEN UND ANTWORTEN

Die Liebe in mir hängt von der äußeren Welt ab.
Gleichzeitig höre ich, was du über innere Ganzheit
sagst. Was passiert mit der Liebe, wenn es nichts und
niemanden gibt, der sie erkennt und genießt?
Was bist du – ohne Jünger?

Zunächst einmal: Es gibt zwei Arten von Liebe.

C.S. Lewis unterscheidet diese zwei Arten von Liebe folgendermaßen: „Mangel-Liebe" und „Geschenk-Liebe". Auch Abraham Maslow unterscheidet zwei Arten von Liebe. Die erste nennt er „Bedürftigkeits-Liebe", und die zweite nennt er „Seins-Liebe". Die Unterscheidung ist bedeutsam und muß verstanden werden.

Die „Bedürftigkeits-Liebe" hängt von dem anderen ab; sie ist unreife Liebe. Tatsächlich ist es gar keine Liebe – sie ist ein Mangel. Du benutzt den anderen, du benutzt den anderen als Mittel. Du beutest aus, du manipulierst, du dominierst. Der andere wird abgewertet, der andere wird fast zerstört. Und der andere macht genau das gleiche. Er versucht dich zu manipulieren, dich zu beherrschen, dich zu besitzen, dich zu benutzen. Es ist sehr lieblos, einen anderen Menschen zu benutzen. Es sieht nur nach Liebe aus; es ist Falschgeld. Aber das ist es, was fast neunundneunzig Prozent aller Menschen passiert, denn das erste, was du über die Liebe lernst, wird dir in der Kindheit beigebracht.

Das Kind wird geboren, es ist von der Mutter abhängig. Seine Liebe zur Mutter ist „Bedürftigkeits-Liebe": Es braucht die Mutter, es kann ohne die Mutter nicht überleben. Es liebt die Mutter, weil die Mutter sein Leben ist. Tatsächlich gibt es gar keine Liebe; das Neugeborene wird alle Frauen lieben; wer immer es beschützen wird, wer immer ihm helfen wird zu überleben, wer immer seine Bedürfnissse befriedigen wird – das Kind wird diesen Menschen lieben.

Die Mutter ist eine Art Nahrung, die das Kind aufnimmt. Es ist nicht nur Milch, was es von der Mutter bekommt, es ist auch Liebe – auch sie ist ein Bedürfnis. Millionen von Menschen bleiben ihr ganzes Leben lang kindisch; sie werden einfach nicht erwachsen. Sie wachsen nur, was ihr Alter angeht, aber geistig wachsen sie nicht. Ihre Psychologie bleibt die eines Jugendlichen, unreif. Sie brauchen ständig Liebe. Sie hungern nach Liebe wie nach Nahrung.

Der Mensch wird in dem Moment erwachsen, da er anfängt zu lieben, anstatt nur nach Liebe zu dürsten. Er fließt über vor Liebe, er teilt, er gibt. Der Akzent verschiebt sich völlig. Bei der ersten, der Bedürftigkeits-Liebe, liegt der Akzent darauf, mehr zu bekommen. Bei der zweiten, der Geschenk-Liebe, liegt der Akzent darauf, zu geben, mehr zu geben, und ohne Bedingungen zu geben. Das geschieht, wenn du wächst, wenn du erwachsen wirst.

Ein reifer Mensch gibt. Nur ein reifer Mensch kann sie geben, denn nur ein reifer Mensch hat sie. Dann ist Liebe nicht abhängig. Dann kannst du liebevoll sein, egal ob es der andere auch ist. Dann ist Liebe keine Beziehung, sondern ein Seinszustand.

Was soll passieren, wenn alle Jünger verschwinden, und ich alleine hier bin? Glaubst du, daß sich irgend etwas ändern würde? Was geschieht denn mit einer Blume, die im tiefen Wald blüht, und niemand ist da, der sich über sie freuen könnte, niemand ist da, der ihren Duft erkennen, niemand, der eine Bemerkung machen und sagen könnte, wie schön sie ist, niemand, der ihre Schönheit genießen, ihre Freude teilen könnte – was passiert mit der Blume? Stirbt sie? Leidet sie? Gerät sie in Panik? Begeht sie Selbstmord? Sie blüht weiter, sie blüht einfach weiter. Es spielt überhaupt keine Rolle, ob einer vorbeikommt oder nicht, es ist irrelevant. Sie verströmt ihren Duft weiter in alle Winde. Sie schenkt Gott, sie schenkt dem All ihre Freude.

Wenn ich alleine bin, werde ich genauso liebevoll sein, wie ich es bin, wenn ihr hier seid. Ihr seid es nicht, die meine Liebe erzeugen. Wenn das so wäre, dann würde die Liebe natürlich mit euch verschwinden. Ihr müßt meine Liebe nicht aus mir herausholen – ich überschütte euch damit: es ist „Geschenk-Liebe", es ist „Seins-Liebe".

Und ich stimme nicht wirklich mit C.S. Lewis und mit Abraham Maslow überein. Die erste Liebe, die sie „Liebe" nennen, ist keine Liebe, sie ist ein Mangel. Wie kann Mangel Liebe sein? Liebe ist Luxus. Sie ist Überfluß. Sie ist so lebendig, daß du nicht weißt, was du mit ihr machen sollst – also teilst du sie mit anderen. Sie erfüllt dein Herz mit so vielen Liedern, daß du sie einfach singen mußt – ganz gleich, ob nun einer zuhört oder nicht. Auch wenn niemand zuhört, mußt du singen und deinen Tanz tanzen. Der andere mag sie haben, der andere mag sie nicht haben – was dich betrifft, so fließt sie, fließt sie über.

Die Flüsse fließen nicht für dich; sie fließen einfach, ob du nun da bist oder nicht. Sie fließen nicht, weil du durstig bist, sie fließen nicht, weil deine Felder ausgetrocknet sind; sie fließen einfach auf die Felder. Du kannst deinen Durst an ihnen löschen, du kannst es auch lassen – es ist allein deine Sache. Der Fluß ist nicht wirklich für dich geflossen, der Fluß ist einfach geflossen. Es ist rein zufällig, daß du sein Wasser für dein Feld nutzen kannst, es ist zufällig, daß du Wasser für deinen Bedarf bekommen kannst.

Der Meister ist ein Fluß, der Jünger ist Zufall. Der Meister fließt; du kannst daran teilhaben, du kannst dich daran erfreuen, du kannst sein Sein mit ihm teilen. Du kannst von ihm überwältigt sein, aber er ist nicht für dich da. Er fließt nicht extra für dich, er fließt einfach. Vergiß das nicht. Und das nenne ich reife Liebe, wirkliche Liebe, authentische Liebe, wahre Liebe.

Wenn du von dem anderen abhängig bist, dann gibt es immer Leid. In dem Moment, wo du abhängig wirst, fühlst du dich schlecht, denn Abhängigkeit bedeutet Sklaverei. Dann nimmst du auf subtile Weise Rache, denn der Mensch, von dem du abhängst, gewinnt Macht über dich. Keiner schätzt es, wenn ein anderer Macht über ihn ausübt, keiner möchte abhängig sein; denn Abhängigkeit tötet Freiheit, und Liebe kann nicht in Abhängigkeit blühen. Liebe ist eine Blume der Freiheit – sie braucht Freiraum, sie braucht unbedingt Platz. Der andere sollte sich da nicht einmischen. Liebe ist sehr zart.

Wenn du abhängig bist, wird der andere dich zweifellos beherrschen, und du wirst versuchen, den anderen zu beherrschen.

Das ist der Kampf, der zwischen sogenannten Liebenden ausgetragen wird; sie sind intime Feinde – ständig im Streit. Mann und Frau – was machen sie?

Lieben ist sehr selten; Kämpfen ist die Regel, Lieben ist die Ausnahme. Und sie versuchen, sich auf jede erdenkliche Weise gegenseitig zu beherrschen, sogar durch Liebe wollen sie herrschen. Wenn der Mann Lust hat, lehnt die Frau ab – sie ist unwillig. Sie ist sehr geizig; sie gibt, aber nur widerwillig; sie möchte, daß du um sie herumstreichst und mit dem Schwanz wedelst. Und genauso ist es mit dem Ehemann. Wenn die Frau gerne möchte und ihn bittet, sagt er, daß er müde ist. Im Büro gab es zu viel Arbeit, er ist „wirklich überarbeitet", und er möchte gerne schlafen gehen.

Ich habe von einem Brief gehört, den Mullah Nasruddin an seine Frau geschrieben hat. Hört ihn euch an.

An meine liebe, ewig-liebende Frau,
im vergangenen Jahr habe ich 365 mal versucht, mit dir zu schlafen,
durchschnittlich einmal am Tag. Und nachstehend ist eine Liste der
Gründe, mit denen du mich abgeschmettert hast:

Falsche Woche	*11*
Die Kinder werden aufwachen	*7*
Es ist zu heiß	*15*
Es ist zu kalt	*3*
Zu müde	*19*
Zu spät	*16*

Liebste, meinst du, daß wir diese Bilanz im nächsten Jahr verbessern können?
Dein dich ewig liebender Ehemann
Mullah Nasruddin

Das sind Methoden, mit denen man den anderen manipuliert, aushungert, Methoden, mit denen man ihn immer hungriger macht, damit er immer abhängiger wird.

Natürlich gehen die Frauen dabei diplomatischer vor als die Männer, denn der Mann ist der Stärkere. Er hat es nicht nötig, subtile und gerissene Methoden zu finden, um mächtig zu sein – er ist mächtig. Er schafft das Geld herbei – das ist seine Macht. Auch körperlich ist er stärker. Über Jahrhunderte hat er den Frauen eingetrichtert, daß er der Stärkere ist und daß sie keine Macht hat. Ständig ist er auf der Suche nach einer Frau, die ihm in jeder Beziehung unterlegen ist. Ein Mann möchte nicht mit einer Frau verheiratet sein, die gebildeter ist als er, denn das würde seine Macht in Frage stellen. Er möchte nicht eine Frau heiraten, die größer ist als er, denn eine größere Frau wirkt überlegen. Er möchte nicht eine Frau heiraten, die allzu intellektuell ist, denn sie würde mit ihm argumentieren, und Argumente können Macht zerstören. Ein Mann möchte keine Frau haben, die sehr berühmt ist, denn sonst rückt er auf den zweiten Platz. Und durch die Jahrhunderte hat sich der Mann eine jüngere Frau ausgesucht. Warum kann die Frau nicht älter sein als du? Was ist daran verkehrt? Eine ältere Frau hat mehr Erfahrung – das zerstört Macht.

So hat der Mann immer eine unterlegene, in jeder Hinsicht unterlegene Frau gewählt – deshalb sind die Frauen kleiner geworden. Es gibt keinen natürlichen Grund dafür, daß die Frau von kleinerem Wuchs ist, als der Mann, überhaupt keinen Grund; sie sind nur deshalb kleiner geworden, weil immer nur die kleine Frau ausgewählt wurde. Im Laufe der Zeit hat sich das so in ihrem Kopf festgesetzt, daß sie an Körpergröße verloren haben. Sie haben ihre Intelligenz verloren, denn eine intelligente Frau war nicht gefragt; eine intelligente Frau war eine Ausnahme. Ihr werdet es kaum glauben, aber gerade in diesem Jahrhundert nimmt die Körpergröße der Frau wieder zu. Und ihr werdet es nicht glauben... sogar ihre Knochen werden größer, und ihr Skelett wird größer. In nur fünfzig Jahren... besonders in Amerika. Und ihr Verstand wächst auch und wird größer, als er war: ihr Schädel wird größer.

Die Idee der Freiheit hat dazu geführt, daß einige tiefsitzende Konditionierungen zerstört wurden. Der Mann hat ohnehin schon Macht, so muß er mit der Frau nicht so clever und so diplomatisch umgehen. Frauen haben keine Macht. Wenn du keine Macht hast, mußt du diplomatischer sein – das ist ein Ersatz. Nur wenn sie fühlen, daß sie gebraucht werden, daß der Mann sie ständig braucht, können sie sich mächtig fühlen.

Das ist keine Liebe, das ist ein Kuhhandel. Und ständig

feilschen sie um den Preis, es ist ein unentwegter Kampf. C.S. Lewis und Abraham Maslow unterscheiden zwei Arten von Liebe. Ich tue das nicht. Ich sage, daß die erste Art der Liebe nur dem Namen nach Liebe ist, eine falsche Münze, sie ist unwahr. Nur die zweite Art der Liebe ist Liebe. Liebe kann sich nur ereignen, wenn du ein reifer Mensch bist. Du wirst nur liebesfähig, wenn du in jeder Hinsicht erwachsen bist. Wenn du weißt, daß Liebe nichts mit einem Bedürfnis zu tun hat, sondern daß sie ein Überfluß ist – „Seins-Liebe" oder „Geschenk-Liebe"; und dann gibst du ohne Bedingungen.

Die erste Art, die sogenannte Liebe, kommt aus der Bedürftigkeit, wenn ein Mensch den anderen unbedingt braucht, während die „Geschenk-Liebe" oder „Seins-Liebe" von einem reifen Menschen zu einem anderen fließt oder überfließt, aus schierem Überfluß; man wird davon überflutet. Du hast sie, und sie umgibt dich; es ist so, als wenn du ein Licht anzündest und die Strahlen sich in der Dunkelheit ausbreiten. Liebe ist eine Begleiterscheinung des Seins.

Wenn du bist, umhüllt dich eine Aura der Liebe. Wenn du nicht bist, dann hast du diese Aura nicht. Und wenn dich diese Aura nicht umgibt, dann bittest du den anderen darum, dir Liebe zu geben. Laßt es mich widerholen: wenn du keine Liebe in dir hast, dann bittest du den anderen, dir Liebe zu geben; du bist ein Bettler. Und die andere Person bittet dich, ihm oder ihr Liebe zu geben. Zwei Bettler strecken die Arme aus, und beide hoffen, daß der andere sie hat... Natürlich fühlen sich am Ende beide enttäuscht und betrogen.

Ihr könnt jeden Ehemann und jede Ehefrau fragen, ihr könnt alle Liebenden fragen: sie fühlen sich beide betrogen; es war Projektion, daß der andere sie hätte. Wenn du eine falsche Projektion hast, was kann der andere dafür? Deine Projektion ist zerstört worden; der andere hat sich nicht im Sinne deiner Projektion bewährt, das ist alles. Aber der andere ist überhaupt nicht verpflichtet, deine Erwartungen zu erfüllen.

Und du hast den anderen betrogen... das ist das Gefühl, das

der andere hat, denn der andere hat gehofft, daß Liebe von dir zu ihm überfließen würde. Ihr beide habt gehofft, daß euch Liebe vom anderen zufließen würde, und beide wart ihr leer. Wie kann es so Liebe geben? Bestenfalls könnt ihr zusammen unglücklich sein. Vorher wart ihr allein, unglücklich, jeder für sich, jetzt könnt ihr zusammen unglücklich sein. Und merkt euch: wann immer zwei Menschen zusammen unglücklich sind, addiert sich ihr Elend nicht, es multipliziert sich.

Alleine warst du frustriert, jetzt fühlt ihr euch zusammen frustriert. Das hat nur ein Gutes: ihr könnt die Verantwortung für euren Frust nun auf den anderen schieben; der andere macht dich unglücklich – das ist ein guter Punkt. Du kannst dich erleichtert fühlen. „An mir liegt es nicht... der andere... Was kann man schon mit so einer Frau anfangen – ekelhaft, ständig am meckern?" Natürlich fühlt man sich elend. „Was kann man mit so einem Mann anfangen? – häßlich, ein Geizhals." Jetzt kannst du die Verantwortung dem anderen aufladen; du hast einen Sündenbock gefunden. Aber das Elend bleibt, und es multipliziert sich.

Das ist freilich das Paradoxe: diejenigen, die sich verlieben, haben keine Liebe, deshalb verlieben sie sich. Und weil sie keine Liebe haben, können sie nicht geben. Und noch eins: ein unreifer Mensch verliebt sich immer nur in einen anderen unreifen Menschen, denn nur sie sprechen die gleiche Sprache. Ein reifer Mensch liebt einen anderen reifen Menschen. Ein unreifer Mensch liebt einen unreifen Menschen.

Du kannst deinen Mann oder deine Frau tausendmal wechseln und immer wieder beim gleichen Typ landen, und du wirst erleben, daß sich das alte Elend in verschiedener Form immer und immer wiederholt – aber es ist dasselbe Elend; fast dasselbe Elend. Du kannst deine Frau wechseln, aber du bleibst der gleiche. Wer ist es denn, der die neue Frau aussucht? Du bist es. Und deine Wahl kommt wieder aus deiner Unreife. Du wirst wieder auf einen ähnlichen Typ von Frau hereinfallen.

Das grundlegende Problem der Liebe besteht darin, daß du erst mal selber reif werden mußt, damit du einen reifen Partner finden kannst; unreife Menschen werden dich dann überhaupt nicht anziehen. So ist das nun mal. Wenn du fünfundzwanzig bist, verliebst du dich nicht in ein zweijähriges Baby. Das gibt es nicht. So einfach ist das. Wenn du ein reifer Mensch bist, psychologisch und spirituell, verliebst du dich nicht in ein Baby. Das passiert nicht. Das kann nicht passieren. Du siehst ein, daß es sinnlos wäre.

Wenn sich jemand verliebt, heißt es im Englischen „he falls in love" – „er fällt in die Liebe". Tatsächlich aber „fällt" ein reifer Mensch nicht in die Liebe, er *steigt* auf in Liebe. Das Wort „fallen" ist unangebracht. Nur unreife Menschen fallen; sie stolpern und fallen, wenn sie sich verlieben. Irgendwie hatten sie es geschafft, zu stehen. Nun schaffen sie es nicht mehr – sie treffen eine Frau, oder sie treffen einen Mann, und schon fallen sie um. Sie waren immer drauf und dran, umzufallen und zu kriechen. Sie haben kein Rückgrat, kein Kreuz, ihnen fehlt die Integrität, alleine aufrecht zu stehen.

Eine reife Person besitzt diese Selbständigkeit, allein zu sein. Und wenn ein reifer Mensch Liebe gibt, dann gibt er sie ohne Bedingungen: er gibt einfach. Und wenn ein reifer Mensch Liebe gibt, dann ist er dankbar dafür, daß du seine Liebe angenommen hast, nicht umgekehrt. Er erwartet keinen Dank von dir – überhaupt nicht, er braucht deinen Dank nicht einmal. Er dankt dir, weil du seine Liebe annimmst. Und wenn sich zwei reife Menschen lieben, ereignet sich eines der größten Paradoxa im Leben, eines der schönsten Phänomene: sie sind zusammen und doch ungeheuer allein; sie sind so sehr zusammen, daß sie beinahe eins sind. Aber ihr Einssein zerstört nicht ihre Individualität, tatsächlich fördert sie sie: sie werden sogar individueller. Zwei reife Menschen, die sich lieben, helfen sich gegenseitig frei zu sein. Da gibt es keine Politik, keine Diplomatie, keinen Versuch, den anderen zu beherrschen. Wie kannst du einen Menschen beherrschen wollen, den du liebst? Denkt darüber nach.

Herrschaft ist eine Art Haß, Wut, Feindschaft. Wie kannst du dir auch nur vorstellen, einen Menschen zu beherrschen, den du liebst? Wenn du liebst, möchtest du, daß der andere total frei und unabhängig ist; du gibst ihm mehr Individualität. Deshalb nenne ich es das größte Paradox: sie sind so sehr zusammen, daß sie fast eins sind, und doch sind sie in diesem Einssein Individuen. Ihre Individualität wird nicht ausgelöscht, sie wurde gefördert. Der andere hat sie bereichert und in ihrer Freiheit bestärkt.

Wenn unreife Menschen sich verlieben, zerstören sie die Freiheit des anderen, schaffen Abhängigkeit, sperren ihn ins Gefängnis. Wenn reife Menschen sich lieben, helfen sie sich gegenseitig, frei zu sein; sie helfen sich gegenseitig, alle möglichen Fesseln zu sprengen. Und wenn Liebe mit Freiheit zusammenfließt, entsteht Schönheit. Wenn Liebe mit Abhängigkeit zusammenfließt, entsteht Häßlichkeit.

Merkt euch: Freiheit ist ein höherer Wert als Liebe. Deshalb nennen wir in Indien den Zustand der Selbstverwirklichung *moksha; moksha* bedeutet Freiheit. Freiheit ist ein höherer Wert als Liebe. Wenn also Liebe Freiheit zerstört, taugt sie nichts. Auf Liebe kann man verzichten, Freiheit muß gerettet werden: Freiheit ist ein höherer Wert. Und ohne Freiheit kannst du nicht glücklich sein – das ist nicht möglich. Freiheit ist ein dem Menschen eingeborenes Bedürfnis – totale, absolute Freiheit. Was immer also die Freiheit zerstört, wird man früher oder später hassen.

Haßt du etwa den Mann nicht, den du liebst? Haßt du die Frau nicht, die du liebst? Du haßt. Es ist ein notwendiges Übel; du mußt es ertragen. Weil du nicht allein sein kannst, mußt du irgendwie mit irgend jemandem auskommen, und du mußt dich nach den Wünschen des anderen richten. Du mußt ihn erdulden, du mußt ihn ertragen. Wenn Liebe wirkliche Liebe sein soll, muß sie „Seins-Liebe" sein, „Geschenk-Liebe". „Seins-Liebe" ist ein Seinszustand. Wenn du dich selbstverwirklicht hast, wenn du weißt, wer du bist, dann blüht die Liebe in deinem Wesen auf. Dann breitet sich ihr Duft aus, und du kannst anderen davon abgeben. Wie kannst du etwas geben, wenn du es nicht hast? Um sie zu geben, mußt du sie besitzen, das ist die Grundvoraussetzung.

Du fragst: *Die Liebe in mir hängt von der äußeren Welt ab...* Dann ist es keine Liebe; oder, wenn du mit Worten spielen willst, wie C.S. Lewis oder Abraham Maslow, dann kannst du sie „Mangel-Liebe" oder „Bedürftigkeits-Liebe" nennen. Das ist so, als wenn man eine Krankheit eine „gesunde Krankheit" nennt – es macht keinen Sinn; es ist ein Widerspruch in sich. „Bedürftigkeits-Liebe" ist ein Widerspruch in sich. Aber wenn du auf das Wort „Liebe" nicht verzichten willst, ist das okay, du kannst sie „Bedürftigkeits-Liebe" oder „Mangel-Liebe" nennen.

Gleichzeitig kann ich sehen, was du über die innere Ganzheit sagst... Nein, du kannst es noch nicht sehen. Du hörst mich, du kannst intellektuell verstehen, was ich sage, aber sehen kannst du es noch nicht. Tatsächlich spreche ich in der einen Sprache und du verstehst eine andere Sprache. Ich rufe von der einen Ebene herab, und du hörst mich auf einer anderen Ebene. Ja, ich gebrauche die gleichen Worte, die du gebrauchst, aber ich bin nicht so wie du, wie also kann ich meinen Worten die gleiche Bedeutung geben, die du ihnen gibst? Intellektuell kannst du verstehen – aber das ist es, was zum Mißverständnis führt: alles intellektuelle Verstehen ist ein Mißverständnis.

Laßt mich ein paar Anekdoten erzählen.

Ein Franzose, der Irland besuchte, betrat ein Eisenbahn-Abteil, in dem zwei irische Handelsvertreter saßen. Der eine sagte zum anderen: „Und wo warst du in letzter Zeit?"

„Erst Kilmary und dann Kilpatrick. Und du?"

Darauf sagte der erste: „Erst Kilkenny und Kilmichael, und jetzt Kilmore."

Der Franzose hörte zu und ihm wurde mulmig. „Möderische Schurken!", dachte er und stieg an der nächsten Station aus.

Hört euch das an: Kil-mary, Kil-patrick, Kil-kenny, Kil-michael und Kil-more. Klingt wie „kill more", der Franzose hatte immer nur „killen" verstanden. Sowas Ähnliches passiert hier dauernd. Wenn ich was sage, dann versteht ihr was ganz anderes. Das ist natürlich, ich mache euch keinen Vorwurf. Ich mache euch nur darauf aufmerksam.

Es waren einmal drei Jungs. Der eine hieß Ärger, der andere hieß Manieren, und der dritte hieß Kümmeredichumdeineneigenenkram. Ihr Vater war ein Philosoph, und so hatte er seinen Söhnen sehr bedeutsame Namen gegeben. Aber es ist sehr gefährlich, Leuten bedeutungsvolle Namen zu geben...
Ärger verschwand eines Tages. Manieren und Kümmeredichumdeineneigenenkram gingen zur Polizeiwache. Kümmeredichumdeineneigenenkram sagte zu Manieren: „Du wartest hier draußen", und dann ging er hinein.
Als er drinnen war, sagte er zu dem Polizisten hinter dem Schreibtisch: „Mein Freund ist verschwunden."
Der Bulle sagte: „Wie heißt du?"
„Kümmeredichumdeineneigenenkram."
„Wo sind denn deine Manieren?", sagte der Bulle.
„Draußen vor der Tür".
„Willst du Ärger kriegen?"
„Ja, haben Sie ihn gesehen?"

Sowas passiert hier ununterbrochen. Ich sage, daß keine Liebe fließen kann, wenn du innerlich nicht total bist. Natürlich versteht ihr die Worte, aber ihr gebt diesen Worten eure eigene Bedeutung. Wenn ich sage „wenn du innerlich nicht total bist" dann komme ich euch nicht mit einer Theorie, philosophiere ich überhaupt nicht; ich weise nur auf eine einfache Tatsache hin. Ich sage: wie kannst du Liebe geben, wenn du sie nicht hast? Und wie kannst du überfließen, wenn du leer bist? Und Liebe ist Überfluß: nur wenn du mehr hast als du brauchst, nur dann kannst du geben, deshalb ist es „Geschenk-Liebe".

Wie kannst du Geschenke verteilen, wenn du nichts hast? Das hörst du, und das verstehst du, aber dann kommt das Problem, denn dein Verständnis ist intellektuell. Wenn es in dein Sein eingedrungen ist, wenn du die Bedeutung dieser Wahrheit wirklich erfassen kannst, dann kommt deine Frage erst gar nicht auf. Dann wirst du alle deine abhängigen Beziehungen aufgeben und anfangen, an dir selbst zu arbeiten: Klarheit schaffen, dich reinigen, deinen inneren Kern aufmerksamer machen, wacher; das wird deine Arbeit sein. Und wenn du dann allmählich fühlst, daß sich eine gewisse Totalität einstellt, wirst du feststellen, daß damit auch die Liebe gewachsen ist – sie ist ein Nebenprodukt.

Liebe ist eine Funktion von Totalität.

Dann taucht die Frage gar nicht auf. Aber sie ist da, also hast du die Tatsache nicht erkannt. Du hast es für Theorie gehalten und es als solche verstanden, du hast die Logik der Sache verstanden. Aber es reicht nicht, wenn man nur die Logik versteht, du mußt die Erfahrung machen.

Die Liebe in mir hängt von der äußeren Welt ab. Gleichzeitig höre ich, was du über innere Ganzheit sagst. Was passiert mit der Liebe, wenn es nichts und niemanden gibt, der sie erkennt und genießt? Was bist du ohne Jünger?

Sie braucht nicht erkannt zu werden; sie braucht keine Anerkennung, sie braucht keine Urkunden und sie braucht niemanden, der sie genießt. Es ist Zufall, wenn der andere sie erkennt, aber keine Notwendigkeit; die Liebe fließt. Keiner genießt sie, keiner erkennt sie, keinen macht sie glücklich, keinen entzückt sie – die Liebe fließt einfach, denn dieser reine Liebesfluß macht dich ungeheuer glückselig, du fühlst dich ungeheuer froh. In diesem Fließen... wenn deine Energie fließt... Du sitzt in einem leeren Raum und die Energie fließt und füllt den leeren Raum mit deiner Liebe; keiner ist da – die Wände sagen nicht „Dankeschön" – niemand erkennt, keiner genießt.

Aber das spielt gar keine Rolle. Deine Energie entfaltet sich, sie fließt...du fühlst dich glücklich. Die Blume ist glücklich, wenn sie ihren Duft in alle Winde verströmt; ob die Winde das mitkriegen oder nicht, spielt keine Rolle.

Und du fragst: *Was bist du – ohne Jünger?*

Ich bin. Ich bin. Ob es Jünger gibt oder nicht, ist irrelevant; ich bin von euch nicht abhängig. Und mein ganzes Bestreben hier ist, daß ihr auch von mir unabhängig werdet. Ich bin hier, um euch Freiheit zu geben. Ich möchte euch nichts aufdrängen. Ich möchte euch in keiner Weise beeinträchtigen; ich möchte einfach, daß ihr ihr selbst seid. Und an dem Tag, an dem ihr unabhängig von mir werdet, werdet ihr auch fähig sein, mich wirklich zu lieben – nicht vorher.

Ich liebe euch. Ich kann gar nicht anders. Die Frage ist nicht, ob ich euch lieben kann oder ob ich euch nicht lieben kann. Ich liebe euch einfach. Auch wenn ihr nicht hier in diesem Chuang Tsu Auditorium seid, fülle ich es mit meiner Liebe; es wird keinen Unterschied machen. Diese Bäume werden weiter meine Liebe bekommen, und diese Vögel werden weiter meine Liebe bekommen. Und selbst wenn alle Bäume und alle Vögel verschwinden, macht es keinen Unterschied – die Liebe wird weiter fließen. Meine Liebe ist da, also fließt sie.

Liebe ist eine dynamische Energie, sie kann nicht stagnieren. Wenn jemand an ihr teilhaben will, gut. Wenn niemand an ihr teilhaben will, ist das auch gut.

Erinnert ihr euch, was Gott zu Moses gesagt hat? Als Moses Gott begegnete, gab ihm Gott natürlich ein paar Botschaften für sein Volk mit. Und Moses war ein echter Jude, er fragte: „Sir, aber bitte sagt mir euren Namen! Man wird mich fragen: ‚Wer hat dir diese Botschaften gegeben?' Man wird mich fragen, wie Gott heißt; also was ist dein Name?" Und Gott sagte „Ich bin der, der ich bin. Gehe zu deinen Leuten und sage ihnen: ,*Er sagt ich bin, der ich bin.*' Die Botschaft kommt von Ich-bin-der-der-ich-bin."

Es sieht sehr absurd aus, aber es hat ungeheure Bedeutung: Ich bin, der ich bin. Gott hat keinen Namen, keine Definition, nur reines Sein.

Ich gehe nirgendwohin. Warum braucht man eine innere Landkarte? Ist es nicht genug, im Hier und Jetzt zu sein?

Ja, es gibt kein Ziel, und man braucht nirgendwohin zu gehen. Und die innere Landkarte wird nicht gebraucht, wenn du mich verstanden hast. Aber du hast mich nicht verstanden, und deshalb wird die Karte gebraucht. Und die Karte ist nicht etwa nötig, weil es ein Ziel gibt; es ist nicht so, daß die Karte gebraucht wird, weil man irgendwohin gehen muß. Die Karte ist nötig, weil du irgendwohin gegangen bist und weil du zurückkommen mußt ins Hier und Jetzt. Man braucht sie nicht, um irgendwohin zu gehen, aber du hast geträumt, daß du irgendwo hingegangen bist; also brauchst du die Karte, um nach Hause zu finden. Du hast dich verirrt; du bist deiner Phantasie gefolgt, deinen Wünschen, deinem Ehrgeiz; du achtest nicht auf dich, du läufst vor dir selber davon. Die Karte ist nötig, um dich umzudrehen, dir selbst zu begegnen, dir selbst entgegenzutreten. Aber wenn du verstehst, was ich sage – daß es nichts anderes gibt, als das Hier und Jetzt – dann kannst du die Karte verbrennen, du kannst sie wegwerfen; dann brauchst du die Karte nicht. Wer nach Hause gefunden hat, braucht keine Karte mehr. Aber verbrenne die Karte nicht, bevor du nicht zu Hause angekommen bist.

Es gibt ein berühmtes Bild mit einem Zen-Mönch, der buddhistische Schriften verbrennt. Irgendeiner fragt ihn: „Meister, was tust du da? Du hast diese Schriften doch immer gelehrt und du hast diese Schriften kommentiert und sie interpretiert – warum verbrennst du sie jetzt?" Und der Meister lacht und er sagt: „Weil ich nach Hause gekommen bin, also brauche ich die Landkarte nicht mehr."

Aber du solltest die Karte nicht eher verbrennen, als bis du nach Hause gekommen bist. Führe eine Landkarte mit – sie ist wichtig, solange du weg bist. Sobald du angekommen bist, wirfst du sie weg. Wenn du sie wegwirfst, bevor du angekommen bist, gerätst du in Gefahr.

Ja, das Hier und Jetzt ist mehr als genug – nicht nur genug, mehr als genug – es gibt nichts anderes. Aber ihr seid nicht im Hier und Jetzt, deshalb sind alle diese Landkarten nötig, um euch nach Hause zu bringen. In Wirklichkeit seid ihr nirgendwohin gegangen, habt ihr geträumt, irgendwohin gegangen zu sein. Diese Karten sind ebenfalls Traumkarten. Merkt euch: diese Landkarten sind Traumkarten; diese Landkarten sind so illusorisch wie euer samsara, wie eure Welt.

Die letztendliche Schrift enthält kein Wort. Die Sufis haben ein Buch – *Das Buch der Bücher*. Es ist einfach leer – kein einziges Wort steht drin. Durch die Jahrhunderte wurde es von einem Meister an den nächsten weitergereicht, wurde es vom Meister an den Schüler weitergereicht, und es wurde in hohen Ehren gehalten. Das ist der Inbegriff einer Heiligen Schrift. Die Veden sind nicht so schön, die Bibel ist nicht so schön, denn da steht etwas drin. *Das Buch der Bücher* ist wirklich von ungeheurem Wert, aber werdet ihr es lesen können? Als die Sufis es zum ersten Mal im Westen veröffentlichen wollten, war kein Verleger bereit dazu. „Was? Da ist doch gar nichts zu veröffentlichen!" sagten alle. „Es wäre nur ein leeres Buch. Wozu es veröffentlichen?"

Der Geist des Westens kann das Wort verstehen – schwarze Tinte auf weißem Papier; er kann das weiße Papier nicht unmittelbar erkennen. Das weiße Papier existiert für den westlichen Geist nicht – nur die schwarze Tinte. Die Wolken existieren für den westlichen Geist, der Himmel nicht: der westliche Geist kennt nur den Verstand, nicht das Bewußtsein. Der Inhalt existiert, aber sie haben das Gefäß völlig vergessen.

Gedanken sind wie schwarze Tinte auf weißem Papier; Gedanken sind nur die geschriebene Botschaft. Wenn die Gedanken verschwinden, wirst du zum Das Buch der Bücher – leer. Aber das ist die Stimme Gottes.

Du sagst: *Ich gehe nirgendwohin. Warum braucht man eine innere Landkarte? Ist es nicht genug, im Hier und Jetzt zu sein?* Einfach weil du die Frage stellst, wirst du die Karte noch brauchen; eine Frage ist eine Frage nach der Landkarte. Wenn du mich verstanden hast, ist keine Frage mehr übrig. Nach was ließe sich dann fragen? Hier und Jetzt ist genug. Was gibt es zu fragen? Was kannst du über das Hier und Jetzt fragen? Alles Fragen ist ein Fragen nach den Zielen eines Anderswo – dann und dort.

Ich bin seit zwanzig Jahren verheiratet, und dieses Gefühl von „Warum kann sie mich nicht verstehen?" ist immer noch da. Und manchmal hab ich sie im ganzen Leben noch nie gesehen, und dann bin ich mitten in den Flitterwochen, und dann...
Mein Kopf dreht durch!

Der Kopf dreht immer durch – das ist so seine Art. Der Verstand ist ein Fluß; er verändert sich ständig. Keine zwei Momente lang ist er der gleiche, jeden Moment ist er anders. Ja, den einen Moment kommt es dir so vor, als hättest du deine Frau in deinem ganzen Leben noch nie gesehen, als wärest du ihr noch nie begegnet, obwohl ihr schon seit zwanzig Jahren zusammen lebt. Im nächsten Moment bist du mitten in den Flitterwochen – du siehst ihre Schönheit, ihre Anmut, ihre Freude, ihren innersten Kern; und dann ist es vorbei. Und ständig ist Bühnenwechsel.

Der Verstand ist aalglatt: er schlüpft hierhin und dorthin, er kann nirgendwo bleiben, ihm fehlt die Fähigkeit, irgendwo auszuharren; er ist ein Fluß. Für den Kopf ist alles so. Eben warst du noch glücklich, jetzt bist du unglücklich. Eben hast du dich noch gefreut, jetzt bist du so traurig. So geht's weiter und weiter.

Das Rad des Verstandes dreht und dreht sich – in einem Moment ist die eine Speiche oben, im nächsten ist eine andere oben, und so geht es immer weiter. Deshalb nennen wir es im Osten samsara, das Rad. Die Welt ist das Rad; es ist in ständiger Bewegung – immer das gleiche Rad, immer und immer wieder. Nicht für einen Augenblick steht es still.

Es ist wie im Film. Wenn der Film einen einzigen Augenblick unterbricht, kannst du die Leinwand sehen. Aber der Film geht ständig weiter, und er läuft so schnell, und du bist so gefesselt von ihm, so besetzt von ihm, daß du die Leinwand nicht sehen kannst. Und die Leinwand ist die Realität. Die Bilder, die auf sie projiziert werden, sind nur Träume. Der Verstand projiziert ununterbrochen…

Ich habe gehört…
Ein Millionär betritt ein Postamt und sieht, wie ein altes Pärchen am Schalter seine Altersrente abholt. Er ist guter Dinge. Das alte Paar tut ihm leid, und er denkt, daß sie eine Woche Urlaub haben sollten, um die Schönheiten und die Freuden des Lebens kennenzulernen. Er ist in einer gönnerhaften Laune.
Er geht zu dem Paar und sagt: „Hättet ihr Lust, eine Woche lang in meiner Residenz zu wohnen? Ich werde dafür sorgen, daß ihr eine wunderschöne Zeit dort verbringt." Nun, das alte Pärchen nimmt die Einladung an, und der Millionär fährt

sie im Rolls Royce zu seinem Haus und sorgt wie versprochen dafür, daß die alten Leute dort einen wunderschönen
Urlaub verbringen, mit erstklassigem Essen, Farbfernseher
und viel Luxus, den sie sich nie erträumt haben. Am Ende
der Woche betritt der Millionär seine Bibliothek, wo der alte
Herr sich bei einem Glas Wein und bei einer Zigarre entspannt.

„Nun", fragt ihn der Millionär, „haben Sie Spaß gehabt?"
„Und wie!" sagt der alte Herr, „aber kann ich Sie mal etwas
fragen?"
„Gewiß", antwortet der Millionär.
„Dann sagen Sie mir doch bitte, wer die alte Frau war, mit
der ich die ganze Woche geschlafen habe".

So geht es Leuten, die ihr ganzes Leben lang mit ihrer Frau
oder mit ihrem Mann zusammengelebt haben. Wer ist die
Frau, mit der du seit zwanzig Jahren schläfst? Es gibt
Momente, wo du es weißt. Es gibt Momente, wo du plötzlich
vor einer Chinesischen Mauer stehst, undurchsichtig, dunkel – du kannst nichts sehen. Du weißt nicht, wer diese
Fremde hier ist.

All unser „Kennen" ist so oberflächlich. Wir bleiben einander fremd. Auch wenn du mit deiner Frau zwanzig Jahre lang
schläfst, macht es keinen großen Unterschied – ihr bleibt euch
fremd. Und das kommt daher, daß du dich noch nicht einmal
selbst kennst; wie also kannst du dann den anderen kennen?
Es ist unmöglich. Du verlangst ein Ding der Unmöglichkeit.
Du kennst dich nicht einmal selbst. Du kennst nicht den
Mann, der du bist, und dabei gibt es dich seit Ewigkeiten – du
bist seit Millionen von Leben hier und du weißt immer noch
nicht, wer du bist! Was sind da schon zwanzig Jahre?

Und wie solltest du da dieses andere Wesen, deine Frau,
kennen, die weit weg von dir ist? Du kannst nicht in ihre
Träume eindringen, du kannst nicht in ihre Gedanken eindringen, du kannst nicht in ihre Wünsche eindringen, wie

kannst du da ihr Wesen kennen? Nicht einmal ihre Träume kennst du. Du kannst mit einer Frau zwanzig Jahre im selben Bett schlafen, aber sie träumt ihre Träume, und du träumst deine Träume; zwischen deiner und ihrer Subjektivität sind Welten.

Selbst wenn du mit einer Frau Liebe machst und sie in deinen Armen hältst – hältst du wirklich die Frau, die in deinen Armen ist, oder ist es nur nur ein Abbild, eine Projektion, ein Schatten? Hältst du wirklich die real existierende Frau in deinen Armen, oder nur ein Bild, ein Gespenst?

Liebst du die Frau oder hast du nur gewisse Vorstellungen von Liebe, die du in der Frau gespiegelt siehst? Wenn zwei Menschen zusammen im Bett sind, habe ich das Gefühl, daß es immer vier Personen sind: zwei Gespenster, die genau zwischen den beiden liegen – die Projektion der Frau von ihrem Mann und die Projektion des Mannes von seiner Frau.

Es ist nicht zufällig, daß der Mann ständig versucht, die Frau nach irgendeinem Ideal umzumodeln. Und die Frau genauso... versucht es wenigstens, ihn umzumodeln, damit er irgendwelchen Idealen entspricht. Das sind die beiden Gespenster.

Du kannst die Frau nicht so akzeptieren, wie sie ist, oder? Du hast viele Verbesserungen anzubringen, eine Menge Änderungen. Und wenn es wirklich möglich wäre... Wenn Gott eines Tages auf die Erde käme und sagen würde: „Okay. Nun dürfen alle Frauen ihre Männer so ummodeln, wie sie wollen", oder „alle Männer dürfen ihre Frauen so ummodeln, wie sie wollen" – wißt ihr, was dann passieren würde? Die Welt würde einfach verrückt werden.

Wenn man den Frauen erlauben würde, ihre Männer zu verändern, würdet ihr keinen einzigen Mann mehr wiedererkennen; die alten gäbe es nicht mehr. Wenn die Männer ihre Frauen verändern dürften, gäbe es keine einzige Frau, die so bliebe, wie sie einmal war. Und glaubst du, daß dich das glücklich machen würde? Ganz und gar nicht, denn die Frau, die du nach deinen Ideen gestaltet hast, würde dir nicht gefallen; sie hätte nichts Geheimnisvolles mehr.

Schaut euch die Absurditäten eures Verstandes an, seine Wünsche, seine selbstmörderischen Forderungen. Wenn du die Macht hättest, deinen Mann total zu verändern, würdest du ihn dann lieben? Er wäre weiter nichts als irgendein „Ding", das du zusammengebaut hast. Er hätte kein Geheimnis mehr, er hätte keine Seele, er hätte nichts Organisches mehr, und es gäbe nichts mehr an ihm zu entdecken. Du würdest das Interesse an ihm verlieren, er würde dich langweilen; er wäre „Marke Eigenbau". Was könnte daran noch interessant sein?

Interesse kommt nur auf, wenn es da etwas Unbekanntes, ein Geheimnis zu entdecken gibt, eine Einladung, Neues zu erkunden. Zum ersten: du kennst dich selbst nicht, wie kannst du deine Frau kennen? Nicht möglich. Fange bei dir selber an. Und das ist das Schöne: wenn du dich eines Tages selbst erkennst, erkennst du alles. Du erkennst nicht nur deine Frau, du erkennst die ganze Existenz; nicht nur den Mann, sondern auch die Bäume und die Vögel und die Tiere und die Felsen und die Flüsse und die Berge. Du erkennst alles, weil alles in dir enthalten ist; du bist ein Universum im kleinen.

Und ein weiteres Schönes, eine weitere unglaubliche Erfahrung: Sobald du dich selbst erkennst, ist das Mysterium nicht vorbei. Im Gegenteil: das Mysterium wird zum ersten Mal ungeheuer. Du hast erkannt, und dennoch erkennst du, wieviel mehr es noch zu erkennen gibt. Du hast erkannt, und dennoch erkennst du, daß deine Erkenntnis nichts ist. Du hast erkannt, und doch ist die Grenze des Erkennens weit entfernt – du bist jetzt erst in den Ozean des Erkennens eingetaucht; du wirst das andere Ufer nie erreichen. In diesem Moment ist die ganze Existenz geheimnisvoll: deine Frau, dein Kind, dein Freund. Das, was du erkannt hast, kann die Magie, die Poesie des Lebens nicht zerstören, diese Erkenntnis vertieft die Poesie, die Magie, das Wunder, das Mysterium

Ich bin seit zwanzig Jahren verheiratet, und ich habe noch immer dieses Gefühl von „Warum versteht sie nicht?"

Verstehst du dich selbst? Hast du nicht oft Dinge getan, die du später bereut hast? Und von denen du sagst: „Ich hätte es eigentlich besser wissen müssen?" Verstehst du dich? Handelst du aus einem Verstehen heraus? Wenn jemand dich schlägt und du wirst wütend, wirst du dann mit Verstehen wütend? Oder nur, weil er dir die Knöpfe drückt?

Dein Wissen um dich selbst ist so oberflächlich. Dir geht es wie einem Autofahrer. Ja, er weiß einige Dinge: er kann das Steuer lenken, er kann Gas geben, er benutzt Kupplung und Getriebe, und er kann bremsen; das ist aber auch alles. Meinst du, daß er irgendwas von dem Auto versteht? Was unter der Haube vorgeht wird überhaupt nicht verstanden; aber das ist das eigentliche Auto; von dort kommt der Antrieb, das ist der Ort, wo sich das wirklich Wichtige ereignet. Und was er drückt und zieht, sind nur die Knöpfe und Schalter. Früher oder später werden auch diese Dinge in modernen Autos abgeschafft. Sie sollten verschwinden, sie sind sehr primitiv. Dieses Steuerrad, dieses Gaspedal, diese Bremse – sie sollten verschwinden. Sie werden nicht gebraucht – ein Computer kann das alles machen. Und dann kann selbst ein kleines Kind Auto fahren – ein Führerschein wäre dann wirklich überflüssig. Aber weißt du was innen passiert? Wenn du auf einen Knopf drückst und das Licht geht an, verstehst du dann, was Elektrizität ist? Du weißt nur, wie man auf den Knopf drückt, das ist alles, was du weißt.

Ich habe eine Geschichte gehört:
Als in Wien der elektrische Strom eingeführt wurde, kam ein Freund zu Siegmund Freud. Er hatte elektrisches Licht noch nie gesehen. Als man zu Bett ging, führte Siegmund Freud seinen Freund ins Gästezimmer und wünschte ihm eine gute

Nacht. Der Freund war sehr ängstlich. Er hatte noch nie elektrisches Licht gesehen. Er stellte sich aufs Bett, er versuchte, das Licht auszublasen, er bemühte sich sehr, aber es gelang nicht. Und er wollte Freud nicht rufen, er schämte sich. „Was werden die Leute von mir denken: ‚Du kannst nicht mal ein Licht ausblasen? Nicht mal das kannst du?‘ Das würde zu dumm aussehen…“

Er kam aus einem kleinen Dorf, und sie würden ihn auslachen und das wollte er nicht. So hängte er ein Handtuch vor das Licht und ging zu Bett. Er konnte nicht gut schlafen. Immer wieder dachte er darüber nach. „Es muß doch einen Weg geben.“

Er stand auf; immer und immer wieder versuchte er es. Und das Licht war an und er konnte nicht schlafen. Und schlimmer als das Licht war dieser ätzende Gedanke, der ihn verfolgte „Nicht mal so eine Kleinigkeit kriege ich auf die Reihe?“.

Am nächsten Morgen, als Freud ihn fragte „Hast du gut geschlafen?“ sagte er „Sehr gut, aber etwas möchte ich dich fragen: wie kriegt man das Licht aus?“

Und Freud sagte: „Du verstehst von Elektrizität offenbar überhaupt nichts. Komm her, hier an der Wand ist ein Schalter. Du drückst auf den Schalter und das Licht geht aus.“

Und der Mann aus dem Dorf sagte „So einfach ist das! Jetzt weiß ich was Elektrizität ist.“

Aber weißt du, was Elektrizität ist? Weißt du, was Wut ist? Weißt du, was Liebe ist? Weißt du, was Fröhlichkeit ist? Weißt du, was Traurigkeit ist? Nichts weiß man. Du kennst dich nicht selbst. Du kennst deinen Verstand nicht. Du kennst dein inneres Sein nicht. Du weißt nichts über das Leben. Von wo? Woher kommt Wut? Woher kommt Freude? Von wo…? In einem Augenblick bist du ekstatisch, im nächsten möchtest du Selbstmord begehen.

Bitte, warum kann sie dieses Gefühl nicht verstehen? Natürlich kann sie es nicht. Wie kannst du sie verstehen? Du hast nicht mal deinen Verstand verstanden. An dem Tag, an dem du deinen Verstand verstehst und dein inneres Sein verstehst, verstehst du auch, was in allen anderen Köpfen vorgeht, verstehst du das innere Sein aller Wesen, denn das grundlegende Gesetz ist für alle und alles gleich.

Wenn du einen einzigen Tropfen Meerwasser verstehst, verstehst du alle Meere dieser Erde und anderer Planeten – Vergangenheit, Gegenwart, Zukunft. Denn wenn du verstanden hast, daß Wasser H_2O ist, hast du Wasser verstanden. Wo immer es Wasser gibt, ist es H_2O.

Wenn du deinen Ärger verstanden hast, verstehst du den Ärger aller menschlichen Wesen, die je gelebt haben – damals, heute und morgen. Wenn du deine Sexualität verstanden hast, verstehst du den Sex. Bitte versuche nicht, den anderen zu verstehen. Das ist nicht der rechte Weg. Versuche, dich selbst zu verstehen, das ist der rechte Weg. Du bist ein Miniatur-Universum.

In dir ist die Landkarte der gesamten Existenz. Ich liebe meinen Mann, aber ich hasse Sex. Das führt zu Konflikten. Ist Sex nicht animalisch?

Das stimmt. Aber der Mensch ist ein Tier – genauso tierisch wie irgend ein anderes Tier. Aber wenn ich sage, daß der Mensch ein Tier ist, dann meine ich damit nicht, daß er auch als Tier endet. Er kann mehr sein als ein Tier, er kann auch weniger sein als ein Tier. Das ist die Herrlichkeit des Menschen, die Freiheit und die Gefahr, die Ekstase und der Schmerz. Der Mensch kann weit unter den Tieren stehen, und der Mensch kann weit über den Göttern stehen. Der Mensch hat ein grenzenloses Potential.

Ein Hund ist ein Hund; er bleibt ein Hund. Er wird als

Hund geboren und er stirbt als Hund. Der Mensch kann ein Buddha werden, und der Mensch kann auch ein Adolf Hitler werden. Die menschlichen Möglichkeiten sind in beiden Richtungen sehr offen – er kann zurückfallen.

Kennt ihr ein Tier, das gefährlicher ist als der Mensch, das verrückter ist als der Mensch? Stellt euch mal diese Szene vor: fünfzigtausend Affen sind in einem Stadion und töten kleine Kinder – werfen sie ins Feuer. Was werdet ihr von ihnen halten? Tausende von Kindern werden ins Feuer geworfen... Ein großes Feuer brennt im Stadion und fünfzigtausend Affen sind verrückt vor Freude und tanzen, und Kinder werden ins Feuer geworfen – ihre eigenen Kinder. Was haltet ihr von diesen Affen? Glaubt ihr nicht, daß die Affen verrückt geworden sind? Aber genau das haben Menschen getan. Es ist in Karthago passiert: fünfzigtausend Menschen verbrennen Kinder. Einmal verbrannten sie 300 Kinder als Opfergabe für ihren Gott. Ihre eigenen Kinder!

Aber vergeßt Karthago. Das ist lange her. Was hat Adolf Hitler in diesem Jahrhundert getan? Natürlich ist das ein fortschrittliches Zeitalter, deshalb konnte Hitler größere Dinge vollbringen als die Karthager: Er tötete Millionen von Juden. Tausende wurden jeweils in einer Kammer zusammengepfercht und vergast. Und Hunderte von Leuten standen draußen und guckten zu... beobachteten alles durch kleine Spiegelfenster. Was haltet ihr von diesen Leuten? Was sind das für Leute... ? Menschen werden vergast, verbrannt, verdampft, und andere schauen zu. Könnt ihr euch vorstellen, daß Tiere sowas machen würden? In dreitausend Jahren hat der Mensch fünftausend Kriege geführt und getötet, getötet, getötet. Und du nennst Sex animalisch? Tiere haben noch nie „animalischere" Dinge gemacht als Menschen. Und du glaubst, daß der Mensch kein Tier ist?

Der Mensch ist ein Tier. Und die Vorstellung, daß der Mensch kein Tier ist, ist eine der Barrieren, die euer Wachstum behindern. Ihr seid überzeugt, daß ihr keine Tiere seid, und dann hört ihr auf zu wachsen. Das erste, was ihr einsehen müßt, ist dies: „Ich bin ein Tier und ich muß wach sein und über das Tier hinausgehen."

Es war einmal:
Ein Mann schrieb an ein Provinz-Hotel in Irland und fragte an, ob er seinen Hund mitbringen dürfte. Er erhielt folgende Antwort:
Sehr geehrter Herr,
ich bin seit über dreißig Jahren im Hotelgeschäft. Bis jetzt mußte ich noch nie die Polizei im Morgengrauen rufen, um einen randalierenden Hund festzunehmen. Kein Hund hat je versucht, mir einen ungedeckten Scheck anzudrehen. Noch nie hat ein Hund das Bettlaken mit einer Zigarette in Brand gesetzt. Ich habe noch nie ein Hotel-Handtuch im Koffer eines Hundes entdeckt. Ihr Hund ist willkommen.
P.S. Wenn er sich für Sie verbürgen kann, dürfen Sie mitkommen!

Tiere sind schön, wie sie sind; sie sind einfach unschuldig. Der Mensch ist sehr gerissen, sehr berechnend, sehr häßlich. Der Mensch kann tiefer als ein Tier sinken, denn der Mensch kann über den Menschen hinauswachsen – höher als die Götter.

Der Mensch hat ein unbegrenztes Potential: er kann das höchste und er kann das niederträchtigste Wesen sein. Sein Wesen enthält die ganze Leiter, von der ersten bis zur letzten Sprosse.

Das erste, was ich dir also sagen möchte: Nenne Sex nicht einfach animalisch, denn Sex kann zwar einfach animalisch sein – das ist möglich, aber es muß nicht sein. Sex kann höher steigen, er kann zu Liebe werden, er kann zum Gebet werden. Es kommt auf dich an.

Sex ist nicht etwas Starres; er ist eine Chance. Du kannst daraus machen, was du willst. Das ist die ganze Botschaft des

Tantra: daß aus Sex *samadhi* werden kann, daß durch Sex die höchste Ekstase in dein Inneres eintreten kann. Sex kann die Brücke zwischen dir und der Ewigkeit sein.

Du sagst: *Ich liebe meinen Mann, aber ich hasse Sex, und das führt zu Konflikten.* Wie kannst du deinen Mann lieben und den Sex hassen? Wahrscheinlich spielst du nur mit Worten. Wie kannst du deinen Mann lieben und Sex hassen Versuche einfach mal, das zu verstehen. Wenn du einen Mann liebst, möchtest du auch seine Hand halten. Wenn du einen Mann liebst, möchtest du ihn auch manchmal umarmen. Wenn du einen Mann liebst, möchtest du ihn nicht nur hören, du möchtest auch sein Gesicht sehen. Wenn du deinen Geliebten nur hörst, ist der Geliebte weit weg, und es reicht dir nicht, ihn nur zu hören; wenn du ihn sehen kannst, wird dich das mehr befriedigen. Wenn du ihn berührst, wird es noch besser sein. Wenn du ihn genießt, wirst du bestimmt noch glücklicher sein. Was ist Sex? Weiter nichts als die Begegnung von zwei tiefen Energien.

Du hast wahrscheinlich einige Tabus in deinem Kopf, Hemmungen. Was ist Sex? Einfach zwei Menschen, die sich am Punkt höchster Intensität treffen – die sich nicht nur an den Händen halten, die nicht nur ihre Körper umarmen, sondern auch tief in das Energiefeld des anderen eindringen. Warum solltest du Sex hassen? Wahrscheinlich haben dir die *mahatmas* das eingebleut, die sogenannten „religiösen" Menschen, die die ganze Menscheit vergiftet haben, die die eigentliche Quelle deines Wachstums vergiftet haben.

Warum solltest du hassen? Wenn du deinen Mann liebst, dann willst du dein ganzes Dasein mit ihm teilen: du brauchst nicht zu hassen. Und was meinst du damit, wenn du sagst, du haßt Sex? Du sagst damit ganz einfach, daß du erwartest, daß der Mann finanziell für dich aufkommt, daß er sich um das Haus kümmert, daß er dir ein Auto und einen Pelzmantel schenkt. Du möchtest den Mann ausnutzen... und das nennst du Liebe? Und du möchtest nichts mit ihm teilen.

Wenn du liebst, dann teilst du alles. Wenn du liebst, hast du keine Geheimnisse. Wenn du liebst, ist dein Herz vollkommen offen, gibst du dich hin. Wenn du liebst, dann gehst du mit ihm sogar in die Hölle. Aber so ist es. Wir gehen sehr geschickt mit Worten um: wir sagen nicht, daß wir nicht lieben, wir erwecken den Eindruck, daß wir lieben – und den Sex hassen wir. Sex ist nicht die ganze Liebe – das ist wahr, Liebe ist mehr als Sex – das ist wahr; aber Sex ist die eigentliche Grundlage der Liebe. Ja, eines Tages verschwindet der Sex, aber man sollte ihn nicht hassen, damit er verschwindet, das ist nicht der richtige Weg. Ihn zu hassen, heißt ihn zu unterdrücken.

Und was immer unterdrückt wird, kommt auf die eine oder andere Weise wieder zum Vorschein. Bitte versucht nicht, ein Mönch oder eine Nonne zu werden.

Hört euch diese Geschichte an:
Ein Waisenhaus wird von Nonnen geleitet, und eines Tages ruft die Mutter Oberin drei dralle Mädchen zu sich, die das Waisenhaus verlassen werden, und sagt: „Ihr geht jetzt hinaus in die große sündige Welt, und ich muß euch vor gewissen Männern warnen. Es gibt Männer, die euch zu einem Drink einladen, euch mit in ihr Zimmer nehmen, euch ausziehen und unaussprechliche Sachen mit euch anstellen. Dann geben sie euch zehn, zwanzig Mark und schicken euch weg, ruiniert!"
„Entschuldigung, Mutter Oberin", sagt das mutigste von den drei Mädchen, „wollen Sie damit sagen, daß diese bösen Männer das alles mit uns machen und dann auch noch Geld zahlen?"
„So ist es, liebes Kind. Warum fragst du?"
„Na ja, von den Priestern kriegen wir nur Äpfel."

Merkt euch, Sex ist natürlich. Man kann über den Sex hinausgehen – aber nicht, indem man ihn unterdrückt. Und wenn man ihn unterdrückt, wird man früher oder später andere Wege finden, um seine Sexenergie auszudrücken. Perversionen sind unvermeidlich, man muß irgendwie eine Ersatzbefriedigung finden. Und Ersatzbefriedigungen helfen absolut nicht weiter; sie helfen euch nicht, sie können euch nicht helfen. Und wenn ihr erst einmal ein natürliches Bedürfnis so gründlich verdrängt habt, daß es schon fast vergessen ist und als Ersatzbefriedigung irgendwo anders wieder hochgesprudelt ist, dann könnt ihr auch ewig gegen diese Ersatzbefriedigungen kämpfen, aber helfen wird euch das nicht.

Ich habe gehört...
Ein Fremder nimmt im Abteil eines Vorortzuges Platz, in dem schon zwei andere Männer sitzen. Einer von ihnen hat eine seltsame Angewohnheit – er kratzt sich am Ellenbogen, immer und immer wieder. Diese Ellenbogen-Kratzerei hat den Fremden schon fast zum Wahnsinn getrieben, als der Ärmste endlich mit seinem Begleiter das Abteil verläßt und aussteigt. Während sie aussteigen, sagt der Fremde zu dem zweiten Mann: „Ein schweres Gebrechen hat Ihr Freund".
„Das stimmt, er hat schreckliche Hämorrhoiden."
„Ich rede nicht von Hämorrhoiden, ich meine seine Kratzerei eben."
„Ja, ganz recht – Hämorrhoiden. Verstehen Sie, der Mann ist sehr religiös und außerdem Beamter. Und die Kratzerei am Ellenbogen ist nur ein Ersatz."

Ersatz hilft euch nicht, niemals. Ersatz führt nur zu Perversionen, zur Bessenheit. Seid natürlich, wenn ihr eines Tages über die Natur hinausgehen wollt. Seid natürlich, das ist die wichtigste Voraussetzung. Ich sage nicht, daß es nichts Höheres gibt als Natur – es gibt eine höhere Natur, das ist die ganze Botschaft des Tantra. Aber erdet euch gut, wenn ihr hoch in den Himmel aufsteigen wollt.

Könnt ihr diese Bäume nicht sehen? Sie sind in der Erde

verwurzelt, und je besser sie verwurzelt sind, desto höher können wachsen. Je höher sie wachsen wollen, desto tiefer müssen sie in die Erde eindringen. Wenn ein Baum die Sterne berühren will, muß der Baum die Hölle berühren – das ist der einzige Weg.

Sei in deinem Körper verwurzelt, wenn du eine Seele werden willst. Sei in deinem Sex verwurzelt, wenn du wirklich ein Liebender werden willst. Ja, je mehr Energie in Liebe umgewandelt wird, desto weniger Bedürfnis nach Sex wird da sein, aber du wirst ihn nicht hassen.

Haß ist in jeder Hinsicht die falsche Haltung. Haß zeigt nur, daß du Angst hast. Haß zeigt nur, daß da eine große Angst in dir ist. Haß zeigt einfach, daß du ganz tief drinnen immer noch fasziniert bist. Wenn du den Sex haßt, fließt die Energie anderswohin. Energie muß sich bewegen. Wenn ein Mann seine Sexenergie verdrängt, wird er ehrgeiziger.

Wenn du wirklich ehrgeizig sein willst, brauchst du nur deinen Sex zu unterdrücken. Nur so geht genug Energie in deinen Ehrgeiz, sonst hast du keine Energie dafür. Ein Politiker muß seinen Sex unterdrücken, wenn er in Neu-Delhi Karriere machen will. Die Sexenergie wird gebraucht. Wann immer du den Sex unterdrückst, wirst du auf die ganze Welt wütend – du kannst ein großer Revolutionär werden! Alle Revolutionäre sind zwangsläufig sexuell verklemmt.

Wenn der Sex eines Tages, in einer besseren Welt, simpel sein wird und natürlich, anerkannt, ohne Tabus und Hemmungen, wird alle Politik verschwinden und es wird keine Revolutionäre geben – man braucht sie nicht. Wenn ein Mann seinen Sex unterdrückt, wird er geldgierig; irgendwohin muß er ja mit seiner Energie. Habt ihr noch nie jemanden beobachtet, der seine Hundertmark-Scheine so zärtlich berührt wie eine Geliebte? Könnt ihr in seinen Augen nicht dieselbe Begierde sehen? Aber das ist häßlich. Eine Frau in tiefer Liebe zu umarmen ist schön; einen Hundertmark-Schein voller Begierde zu berühren, ist häßlich – Geld ist ein Ersatz.

Ihr könnt die Tiere nicht täuschen...
Ein Mann geht mit seinem Sohn in den Zoo. Er will seinem
Sohn die Affen zeigen. Der Sohn ist sehr interessiert: er hat
noch nie Affen gesehen. Sie gehen also in den Zoo, aber es
gibt keine Affen.
So fragen sie den Zoo-Wärter: „Was ist los? Wo sind die
Affen?"
Und der Zoo-Wärter sagt: „Jetzt ist Paarungszeit, deshalb
sind sie in der Hütte."
Der Mann ist sehr frustriert. Seit Monaten hat er sich darauf
gefreut, seinen Sohn herzubringen. Sie sind von weither
angereist, und nun die Paarungszeit! Also fragt er: „Wenn wir
Nüsse ins Gehege werfen, kommen sie dann nicht raus?"
Und der Zoo-Wärter sagt: „Würden Sie vielleicht rauskom-
men?"

Aber ich glaube, der Mensch kann rauskommen; wenn
man ihm Nüsse hinwirft, muß er rauskommen. Der Zoo-
Wärter liegt falsch. Die Affen kommen nicht, das ist sicher;
selbst wenn man ihnen Geld gäbe, würden sie nicht kommen. Sie würden sagen „Du kannst dein Geld behalten. Es ist
Paarungszeit! Behalte dein Geld."
Und würde man sagen: „Wir können euch zum Präsidenten von Indien machen", würden sie sagen, „Ihr könnt
uns mit eurer Präsidentschaft gestohlen bleiben, es ist Paarungszeit!" Aber der Mensch kann, wenn man ihn zum
Präsidenten macht, seine Geliebte umbringen. Wenn so viel
auf dem Spiel steht, dann bringt er das fertig. Alles Ersatzbefriedigungen. Aber Tiere könnt ihr nicht täuschen.

Ich habe gehört...
Eine alte Jungfer hat einen Papageien, der ruft immerzu: „Ich
will stoßen! Ich will stoßen!" Sie findet das etwas befremd-
lich, bis ihr eines Tages eine verheiratete Freundin anvertraut,
was die Worte des Papageien bedeuten. Da ist sie aufs höch-

ste alarmiert... „Ich liebe diesen Papageien, aber nun muß ich ihn abschaffen, sonst wird der Vikar mich nie wieder besuchen kommen", sagt sie.

Aber ihre Freundin, die mehr Erfahrung hat, weiß Rat. „Wenn du ihn wirklich liebst, dann gibst du ihm, was er verlangt, nämlich ein Weibchen, und dann wird er nicht die ganze Zeit davon reden."

Die alte Jungfer geht zum Zoo-Geschäft, aber der Mann sagt: „Nichts zu machen, keine Papageiendamen mehr in dieser Saison, gnädiges Fräulein. Aber ich kann Ihnen eine Eulenlady zu einem günstigen Preis anbieten."

Das ist besser als gar nichts, also steckt sie die Eule in den Papageien-Käfig und wartet in höchster Ungeduld ab, was passiert...

„Ich will stoßen! Ich will stoßen!" sagt der Papagei.

„Ooo-Ooo", sagt die Eule.

„Nicht dich, du glupschäugiger Freak!" schreit der Papagei. „Ich kann Weiber mit Brille nicht ausstehen!"

Ersatz bringt nichts. Der Mensch hat sich an Ersatz gewöhnt und lebt damit. Sex ist natürlich – Geld ist unnatürlich, Sex ist natürlich; Macht, Prestige, Ehrbarkeit sind unnatürlich. Wenn du unbedingt etwas hassen mußt, dann hasse das Geld, hasse die Macht, hasse das Prestige. Warum die Liebe hassen?

Sex ist eines der schönsten Phänomene dieser Welt. Natürlich auch das niederste, das ist wahr, aber das Höhere muß erst durch das Niedere gehen – der Lotus kommt aus dem Schlamm. Hasse den Schlamm nicht, sonst kannst du dem Schlamm nicht helfen, die Lotusblüte hervorzubringen. Hilf dem Schlamm, kultiviere ihn, damit er die Lotusblüte wachsen lassen kann. Gewiß, die Lotusblüte ist so weit entfernt vom Schlamm, daß du dir eine Beziehung zwischen den beiden nicht einmal vorstellen kannst.

Wenn du eine Lotusblüte anschaust, kannst du nicht

glauben, daß sie aus dem schmutzigen Schlamm kommt. Aber so ist es: sie ist der Ausdruck des schmutzigen Schlamms.

Der Körper setzt die Seele frei. Der Sex setzt die Liebe frei. Sex ist eine Sache des Körpers, Liebe ist eine spirituelle Sache. Sex ist wie Schlamm, Liebe ist wie der Lotus. Aber ohne den Schlamm ist kein Lotus möglich, also hasse den Schlamm nicht.

Die ganze tantrische Botschaft ist einfach; sie ist sehr wissenschaftlich und sie ist sehr natürlich. Die Botschaft besagt: Wenn du wirklich über die Welt hinausgehen willst, dann geh tief in die Welt hinein – hellwach, bewußt.

Geliebter Osho, ich habe viele Fragen, aber jedesmal sagt eine innere Stimme zu mir „Frage nicht – finde es selber heraus." Aber jetzt wird mir das zuviel, denn ich weiß nicht, wo diese Stimme herkommt.

Die Frage ist von Dharma Chetana.
Kannst du meine Stimme nicht erkennen?

KAPITEL 3

DIE VIER
SIEGEL
BRECHEN

DAS, WAS SIE FESSELT, NENNEN SIE BEFREIUNG...

Als höhere Bewußtheit lehren sie,
Was ihre innere Erfahrung ist.
Das, was sie fesselt, nennen sie Befreiung.
Ein Glasschmuck, grün gefärbt, ist ihnen ein Smaragd.
Verblendet wissen sie nicht das Juwel
Von dem zu unterscheiden, was sie dafür halten.

Kupfer ist in ihren Augen Gold.
Gefesselt vom Verstand
Ist ihnen solches Denken letzte Wirklichkeit.
Sie sehnen sich nach dem Genuß, den sie im Traum erleben.
Der todgeweihte Körper-Geist
ist ihnen höchste, ewige Wonne.
Mit dem Symbol EVAM vermeinen sie
Selbst-Klärung zu erlangen;
Kraft mancherlei Begebenheit,
Zu der vier Siegel nötig wären,
Taufen sie ihr Phantasieren Spontaneität,
Und sehen doch nur ihre eignen Spiegelbilder.

So wie ein Rudel Wild im Bann der Illusion
Zum Wasser eilt und nicht erkennt,
Daß es nur eine Spiegelung ist,
So stillen auch Verblendete nicht ihren Durst.
In Ketten liegen sie und nennen es Genuß.
Und all das, sagen sie, ist letzte Wirklichkeit.

*T*antra ist Transzendenz. Es ist weder Ausschweifung noch Unterdrückung. Es ist ein Seiltanz; es ist einer der größten Balanceakte überhaupt. Es ist nicht so leicht, wie es aussieht; es verlangt eine sehr feinfühlige Bewußtheit. Es ist eine große Harmonie.

Für den Verstand ist Ausschweifung sehr leicht. Auch das Gegenteil fällt ihm leicht - Entsagung. Ins Extrem zu gehen, ist für den Verstand sehr leicht. In der Mitte zu bleiben, genau in der Mitte, ist für den Verstand das Allerschwerste, denn das wäre für den Verstand Selbstmord. Der Verstand stirbt in der Mitte, und der Nicht-Verstand steigt auf. Deshalb hat Buddha seinen Weg *majjhim nikaya* genannt – den Weg der Mitte.

Saraha ist ein Schüler Buddhas, in der gleichen Genealogie, mit der gleichen Erkenntnis, mit der gleichen Bewußtheit. Dieses ganz Grundsätzliche muß also verstanden werden, sonst werdet ihr Tantra mißverstehen: Was ist dieses „auf Messers Schneide"? Was ist dieses „exakt in der Mitte sein"?

Um in der Welt auszuschweifen, braucht man keine Bewußtheit. Um irdische Wünsche zu unterdrücken, braucht man ebenfalls keine Bewußtheit. Eure sogenannten weltlichen Menschen und eure sogenannten Heiligen unterscheiden sich fast gar nicht. Sie mögen Rücken an Rücken stehen, aber sie sind nicht sehr verschieden; sie haben genau dieselbe Art von Psyche. Der eine giert nach Geld, und der andere verabscheut Geld so sehr, daß er es nicht über sich bringt, einen Geldschein auch nur anzuschauen. Er bekommt Angst, und ein inneres Zittern erfaßt ihn. Diese Leute unterscheiden sich nicht – bei beiden spielt das Geld eine sehr wichtige Rolle. Der eine steckt in der Gier, der andere in der Angst; aber die Wichtigkeit des Geldes ist die gleiche – beide sind vom Geld besessen.

Der eine denkt ununterbrochen an Frauen – träumt, phantasiert. Der andere hat so viel Angst vor Frauen, daß er in den Himalaja flieht, um ihnen zu entkommen – aber beide sind gleich. Beiden ist die Frau wichtig, oder der Mann: der andere ist wichtig. Ersterer sucht den anderen, letzterer meidet den anderen – aber der andere bleibt ihr Fokus.

Tantra sagt: Der andere darf nicht der Fokus sein, weder so noch so. Aber dazu gehört ein großes Verstehen. Man muß die Begierde nach der Frau verstehen – nicht erliegen, nicht fliehen, sondern verstehen. Tantra ist sehr wissenschaftlich.

Das Wort „Wissenschaft" – scientia – bedeutet „Verstehen". Das Wort „scientia" bedeutet Wissen. Tantra sagt: Wissen befreit. Wenn du genau weißt, was Gier ist, bist du schon frei von Gier; du brauchst der Gier nicht zu entsagen. Entsagung ist nur notwendig, weil du nicht verstanden hast, was Gier ist. Die Notwendigkeit, ein Gelübde gegen den Sex abzulegen, rührt nur daher, daß du nicht verstanden hast, was Sex ist. Und die Gesellschaft erlaubt dir nicht, es zu verstehen.

Die Gesellschaft hilft dir, nicht zu verstehen. Durch die Jahrhunderte hindurch hat die Gesellschaft die Themen Sex und Tod verdrängt. Man soll nicht über diese Themen nachdenken, man soll sich nicht damit befassen, man soll nicht darüber diskutieren, nicht darüber schreiben, man soll sie nicht erforschen – sie sind zu meiden.

Diese Verdrängung hat dazu geführt, daß man über den Sex überhaupt nichts wußte, und diese Ignoranz ist die Wurzel des Übels. Diese Unwissenheit hat diese beiden Menschen-Typen hervorgebracht: der eine ist ausschweifend bis zum Wahnsinn, der andere ist es müde und ergreift die Flucht.

Tantra sagt: Der eine, der krankhaft ausschweifend ist, wird nie verstehen, weil er einfach eine Gewohnheit ständig wiederholt. Und er ist unfähig, sich diese Gewohnheit anzuschauen und ihren Ursprung zu erforschen. Der ursächliche Zusammenhang wird ihm nicht klar. Und je mehr er sich seinen Ausschweifungen hingibt, desto mechanischer wird er. Habt ihr es nicht beobachtet? Eure erste Liebe war etwas ganz Besonderes, die zweite war nicht so besonders, die dritte war sogar noch gewöhnlicher, die vierte war einfach profan. Was ist passiert? Warum war die erste Liebe so besonders? Warum sagen die Leute seit jeher, daß die Liebe nur einmal im Leben kommt? Warum? Weil es beim ersten Mal nicht mechanisch war – deshalb warst du ein bißchen aufmerksamer bei der Sache. Das nächste Mal hat dich die Liebe nicht überrascht, du warst vorbereitet: Du warst nicht mehr ganz so wach. Beim dritten Mal glaubtest du schon, alles über die Liebe zu wissen, also gab es da nichts mehr zu entdecken. Das vierte Mal war es einfach profan; du warst schon in deiner Routine erstarrt.

Durch Ausschweifung wird Sex zur Gewohnheit. Ja, du kannst ein bißchen Stau loswerden, genau wie beim Niesen – aber mehr ist es nicht. Es ist eine physische Entladung von Energie. Die Energie staut sich auf, du schleuderst sie heraus und baust sie wieder auf – durch Nahrung, durch Sport, durch Sonnenlicht – du baust sie auf und verschleuderst sie wieder. Das ist es, was ein ausschweifender Mensch ständig tut: er baut viel Energie auf und dann entlädt er sie – ohne Sinn und Zweck. Wenn sich die Energie aufbaut, leidet er unter Spannung. Wenn er sie verschleudert hat, leidet er unter Schwäche. Er leidet nur.

Glaubt bloß nicht, daß ein ausschweifender Mensch ein glücklicher Mensch ist. Niemals! Er ist der unglücklichste Mensch der Welt. Wie kann er glücklich sein? Er hofft, er wünscht sich Freude, aber er wird immer nur enttäuscht.

Aber merkt euch, wenn Tantra gegen Ausschweifung ist, dann heißt das nicht, daß ihr in das andere Extrem verfallen sollt. Tantra sagt nicht, daß ihr dieser Welt der Ausschweifung entfliehen sollt. Denn dieses Fliehen wird auch nur wieder zu einer mechanischen Gewohnheit. Man sitzt in einer Höhle, es gibt keine Frauen, aber das hilft überhaupt nichts. Denn taucht irgendwann eine Frau auf, dann wird ihr der Mann, der den Freuden der Welt entsagt hat, leichter verfallen, als der, der in der Welt ein ausschweifendes Leben führt. Was immer ihr unterdrückt, wird in eurem Inneren sehr mächtig.

Ich habe gehört…

Es war einmal ein Feuerwehrmann, der seine Frau und seinen Untermieter entsetzlich schlecht behandelte. Eines Abends brachte er zum Beispiel einen herrlichen Schweinebraten nach Hause, setzte sich an den Tisch und aß die Hälfte davon auf. Seine Frau und der Untermieter mußten sich mit trockenem Brot und einem Stück Käse zufrieden geben.

Nach dem Abendessen räumte der Feuerwehrmann den Rest des Schweinebratens sorgfältig weg, und dann gingen sie alle zu Bett. Mitten in der Nacht schlugen die Feuerglocken Alarm und der Feuerwehrmann stürzte davon. Seine Frau, splitternackt, ging in das Zimmer des Untermieters, rüttelte ihn wach und sagte: „Er ist weg. Schnell! Jetzt oder nie."

„Sind Sie sicher, daß es okay ist?" fragte der Untermieter.

„Natürlich. Beeilen Sie sich! Nur keine Zeit verlieren!"

So ging der Untermieter in die Küche und verputzte den Schweinebraten.

Das war es, was er offenbar verdrängt hatte – den Schweinebraten. Er muß von ihm geträumt haben, an ihn gedacht haben, über ihn phantasiert haben. Die nackte Frau war ihm völlig gleichgültig, nicht aber der Schweinebraten…

Merkt euch, was immer ihr unterdrückt, wird zur Verlockung, es wird euch magnetisch anziehen. Das Unterdrückte wird mächtig, allzu mächtig.

Hört euch folgende Anekdote an:

In einem schönen Waldpark standen zwei Bronze-Statuen: ein Junge und ein Mädchen in der Pose von Liebenden, die einander anschmachten. Sie hatten dort schon seit mehr als dreihundert Jahren gestanden, ohne sich zu berühren, aber ihre Arme in heißem Verlangen ausgestreckt, als eines Tages ein Zauberer des Weges kam und mitfühlend sagte „Ich habe die Macht, sie für eine Stunde lebendig zu machen, also werde ich es tun. Eine Stunde lang wird es ihnen vergönnt sein, sich zu küssen, sich zu berühren, sich zu umarmen und zu lieben." Und der Zauberer schwang seinen Zauberstab. Sofort sprangen die beiden Statuen von ihren Sockeln und rannten Hand in Hand ins Gebüsch.

Da ging es hoch her: ein Donnern und Rufen, ein Zwitschern und Flattern! Von unwiderstehlicher Neugierde getrieben, schlich der Zauberer auf Zehenspitzen zum Gebüsch und lugte durch die Blätter. Das Mädchen hockte über einem Vogel, den der Junge auf den Boden drückte und festhielt. Plötzlich sprang er auf. „Jetzt hältst du ihn fest, damit ich auf ihn draufscheißen kann."

Dreihundert Jahre lang von Vögeln vollgeschissen worden... die Liebe kann warten.

Das Verdrängte war wichtiger. Du kannst in einer Höhle sitzen und zur Statue werden, aber das, was du unterdrückt hast, wird dir ständig nachhängen, und du wirst keinen Augenblick an etwas anderes denken.

Tantra sagt: Hütet euch. Hütet euch vor Ausschweifung und hütet euch vor Entsagung. Hütet euch vor beidem. Beides sind Fallen. Und so oder so geht ihr dem Verstand in die Falle. Was ist also der rechte Weg?

Tantra sagt: Bewußtheit ist der Weg. Ausschweifung ist mechanisch, Unterdrückung ist mechanisch; beides sind mechanische Gewohnheiten. Der einzige Weg, der aus mechanischen Gewohnheiten herausführt, ist der, bewußt und aufmerksam zu sein. Geht nicht in eine Höhle im Himalaja, bringt die Stille des Himalaja in euer Dasein ein. Flüchtet nicht, werdet wachsamer. Schaut euch eure Gewohnheiten aufmerksam an... ohne Angst, schaut sie genau an. Kümmert euch nicht um das, was die sogenannten religiösen Leute ständig predigen. Sie wollen euch nur Angst machen. Sie erlauben euch nicht, euch mit dem Sex zu befassen; sie erlauben euch nicht, euch mit dem Tod auseinanderzusetzen. Sie haben eure Ängste seit jeher rücksichtslos ausgebeutet.

Wenn du einen Menschen ausbeuten willst, mußt du ihm Angst einjagen. Wenn ihr erst mal Angst habt, seid ihr reif dafür, ausgebeutet zu werden. Angst ist die Voraussetzung, sie muß zuerst geschaffen werden. Man hat euch Angst eingejagt. Sex ist Sünde. Angst ist auch Sünde, denn nicht einmal wenn ihr mit eurer Frau schlaft oder mit eurem Mann, dringt ihr tief in den Sex ein. Ihr macht Liebe und umgeht den Sex. Ihr macht Liebe und gleichzeitig vermeidet ihr sie. Ihr wollt die Realität des Sex nicht erkunden – was er genau ist, warum er euch den Verstand raubt, warum er diese magnetische Kraft auf euch ausübt. Warum? Was ist Sex genau, wie entsteht er, wie kommt es, daß er von euch Besitz ergreift, was gibt er euch, wohin führt er euch? Was passiert beim Sex und was entsteht daraus? Wohin führt er euch immer und immer wieder? Und kommt ihr irgendwo an? Diesen Fragen muß man sich stellen.

Tantra ist eine Begegnung mit den Realitäten des Lebens. Und Sex ist etwas Fundamentales, genau wie der Tod. Das sind die beiden Basis-Chakras – *muladhar* und *swadhistan*. Wenn du sie verstehst, öffnet sich das dritte Chakra. Wenn du das dritte verstehst, öffnet sich das vierte und so weiter und so fort. Wenn du die sechs Chakras verstanden hast, berührt dieses Verständnis das siebte Chakra, und es blüht auf als tausendblättriger Lotus. Dieser Tag ist ein Tag höchster Herrlichkeit. An diesem Tag kommt Gott zu dir und du kommst zu Gott. Das ist der Tag der Verschmelzung.

Das ist der Tag des kosmischen Orgasmus. An diesem Tag umarmt das Göttliche dich – und du umarmst das Göttliche. An diesem Tag verschwindet der Fluß im Ozean für immer und ewig. Von nun an gibt es kein Zurück mehr.

Aber auf jeder Stufe des Geistes muß man zum Verstehen gelangen. Wo immer du bist, auf welcher Stufe du auch bist, hab keine Angst. Das ist die Botschaft des Tantra: wo immer du bist, sei nicht ängstlich. Die Angst ist das einzige, was du loslassen mußt. Es gibt nur eines, wovor man sich fürchten muß: vor der Angst. Was immer die Realität ist, schaue sie dir angstfrei und mutig an. Wenn du ein Dieb bist, dann schaue dir das genau an. Wenn du ein aggressiver Mensch bist, schaue dir deine Wut genau an. Wenn du gierig bist, schaue es dir an. Schaue dir alles genau an. Reiße nicht aus. Wenn du deine Realität genau anschaust, gehst du schon durch sie hindurch. Du beobachtest und gehst hindurch. Wenn du den Weg in die Gier, in den Sex, in die Wut, in die Eifersucht mit offenen Augen gehen kannst, befreist du dich davon. Das ist das Versprechen des Tantra: Wahrheit macht frei. Wissen macht frei. Wissen ist Freiheit. Andernfalls macht es keinen Unterschied, ob du verdrängst oder ausschweifend bist – es läuft auf das gleiche hinaus.

Es war einmal...
Ein Mann war mit einer höchst attraktiven Frau verheiratet. Aber mit der Zeit fing er an, sie zu verdächtigen...
Es ist ganz natürlich: je schöner deine Frau, desto größer dein Mißtrauen. Mullah Nasruddin hat eine der häßlichsten Frauen geheiratet. Ich fragte ihn: „Warum denn das, Mullah? Was ist schief gegangen? Welcher Teufel hat dich geritten?"
Er sagte: „Nichts ist schief gegangen. Ich habe nur etwas verstanden."
Ich sagte: „Was für ein Verständnis soll das denn sein?"
Er sagte: „Jetzt werde ich nie mehr eifersüchtig sein. Und ich werde meine Frau nie verdächtigen, denn ich kann mir nicht vorstellen, daß sich einer in sie verliebt."
Dieser Mann also war sehr mißtrauisch. Schließlich konnte er es nicht länger aushalten. Er war auf Nachtschicht, und so bat er den Schichtführer um Erlaubnis, seinen Arbeitsplatz für eine Weile zu verlassen.
Um zwei Uhr morgens rannte er nach Hause und fand das Auto seines besten Freundes vor seiner Haustür, genau wie er befürchtet hatte. Er öffnete die Tür, schlich nach oben und stürzte ins Schlafzimmer. Seine Frau lag splitternackt auf dem

Bett, rauchte eine Zigarette und las ein Buch. Er war wie von Sinnen, suchte unter dem Bett, im Schrank, sogar in den Wäscheregalen, aber er konnte keinen Mann finden. Er verlor vollends die Nerven und machte das Schlafzimmer zu Kleinholz. Dann machte er im Wohnimmer weiter – warf den Fernseher aus dem Fenster, zerfetzte die Polstermöbel, warf den Tisch und das Buffet um. Dann konzentrierte er seine Aufmerksamkeit auf die Küche, wo er das ganze Geschirr zertrümmerte und den Eisschrank aus dem Fenster wuchtete. Dann erschoß er sich.

Und wem begegnete er, als er vor dem Himmelstor ankam? Seinem besten Freund.

Der fragte ihn: „Was machst du denn hier?"

Der ins Unrecht gesetzte Ehemann erzählte ihm reuig die ganze Geschichte, wie er seine Beherrschung verlor. Und fragte schließlich: „Aber wie kommt es, daß du hier bist?"

„Äh... ich? Ich saß im Kühlschrank."

Es läuft auf das gleiche hinaus – ob du in einer Höhle im Himalaja sitzt oder in der Welt bist, macht keinen Unterschied. Ein Leben der Ausschweifung und ein Leben der Unterdrückung unterscheiden sich nicht, weil ihre Mechanik die gleiche ist. Äußerlich sind sie verschieden, aber ihre innere Qualität ist die gleiche.

Bewußtheit bringt eine andere Qualität in dein Leben. Mit Bewußtheit verändern sich die Dinge, verändern sich ganz erheblich – und nicht etwa, daß du sie veränderst, überhaupt nicht. Ein bewußter Mensch verändert nichts, ein unbewußter Mensch versucht ständig, etwas zu verändern. Aber dem unbewußten Menschen gelingt es nie, etwas zu verändern, und der bewußte Mensch nimmt nur wahr, daß sich Veränderungen, unheimlich wichtige Veränderungen, einfach ereignen.

Veränderung kommt durch Bewußtheit zustande, nicht durch Anstrengung. Warum kommt sie durch Bewußtheit zustande? Weil Bewußtheit dich verändert, und wenn du anders wirst, wird die ganze Welt anders. Die Frage ist nicht, wie die Welt verändert werden kann, die Frage ist lediglich, wie du dich verändern kannst. Du bist deine Welt – also verändert sich die Welt, wenn du dich veränderst. Du kannst versuchen, die Welt zu verändern, so viel du willst; wenn du dich nicht änderst, passiert gar nichts, wirst du immer nur wieder dieselbe Welt schaffen.

Du schaffst dir deine eigene Welt. Deine Projektionen von der Welt kommen aus dir. Tantra sagt: Bewußtheit ist der Schlüssel, der Dietrich, der alle Türen des Lebens öffnet. Vergeßt also nicht, die Sache hat feine Nuancen: Wenn ich sage, daß Verdrängung töricht ist, dann denkt ihr sogleich an Ausschweifung. Wenn ich von der Torheit der Ausschweifung spreche, denkt ihr an Verdrängung. Es passiert jeden Tag; ihr geht sofort zum Gegenteil über. Und der springende Punkt ist, sich nicht vom Gegenteil versuchen zu lassen.

Sich vom Gegenteil versuchen zu lassen, heißt, sich vom Teufel versuchen zu lassen. Das ist der Teufel im Tantra-System: die Verlockung des Gegenteils. Es gibt keinen anderen Teufel. Der einzige Teufel ist die Gefahr, daß der Verstand dir einen Streich spielt und dir einredet, das Gegenteil sei richtig. Du bist gegen Ausschweifung? Der Verstand sagt: „Ganz einfach... jetzt verdränge. Keine Ausschweifung mehr – fliehe. Kehre dieser ganzen Welt den Rücken. Vergiß sie!" Aber wie kannst du sie vergessen? Ist es so einfach, sie zu vergessen? Warum mußt du dann gleich so weit weglaufen? Wovor hast du dann Angst? Wenn du die Verlockungen der Welt so leicht ignorieren kannst, dann bleibe doch hier und ignoriere sie hier! Aber du kannst nicht hier sein, du weißt, die Welt wird dich in Versuchung führen. Und diese momentane Einsicht, diese illusorische Einsicht, die du dir einredest, wird dir nicht viel helfen.

Wenn die Versuchung aus dem Begehren kommt, fällst du ihr zum Opfer. Du weißt es. Bevor es passiert, möchtest du lieber davonlaufen, so schnell wie möglich. Du möchtest der günstigen Gelegenheit davonlaufen. Warum? Warum möchtest du ihr davonlaufen?

In Indien übernachten die sogenannten Heiligen niemals bei Familien. Warum? Was befürchten sie? In Indien berühren sogenannte Heilige niemals eine Frau, sie schauen sie nicht einmal an. Warum? Was befürchten sie? Woher kommt ihre Furcht? Sie wollen einfach der günstigen Gelegenheit ausweichen. Aber es ist keine große Leistung, den günstigen Gelegenheiten auszuweichen. Und wenn du nur dadurch, daß du die Chancen umgehst, ein gewisses Zölibat fertigbringst, dann ist dieses Zölibat einfach illusorisch.

Ich habe gehört …
Ein Mann aus der Provinz ging mit einem Hund in eine Londoner Kneipe. Der Mann bestellte ein Bier. Der Hund bestellte einen Whisky.

„Was zum Teufel …?" sagte der Barmann.

„Ja", sagte der Besitzer, „er ist in den westlichen Provinzen der intelligenteste Hund. Ich hab ihn nach London gebracht, damit er sich die Sehenswürdigkeiten der Stadt ansehen kann."

„Wenn ich ihm fünf Penny gebe, wird er mir dann eine Zeitung holen?" fragte der Barmann, „ich habe nämlich vergessen, eine zu kaufen."

„Klar hol ich die Zeitung", hechelte der Hund.

Und als er das Geld bekommen hatte: „Bin gleich wieder da. Ciao, ciao."

Der Hund kam nicht wieder. Nach einer Stunde machte sich der besorgte Besitzer auf die Suche. Schließlich überraschte er den Hund dabei, wie er es gerade in einer Hinterhofgasse munter mit einer Hündin trieb.

„Das darf doch wohl nicht wahr sein", sagte der Besitzer, „sowas hast du doch noch nie gemacht."

„Das stimmt", sagte der Hund, „ich hatte ja auch noch nie das Geld dafür."

Nur der günstigen Gelegenheit aus dem Wege zu gehen, das bringt nicht viel. Es ist nur eine falsche Fassade. Du magst daran glauben, aber Gott kannst du nicht täuschen. Tatsächlich kannst du nicht einmal dich selbst täuschen. In deinen Träumen steigt immer wieder das auf, was du vermeintlich hinter dir gelassen hast. Es macht dich verrückt. Eure sogenannten Heiligen können nicht einmal gut schlafen. Sie fürchten sich vor dem Schlaf. Warum? Weil sich die Welt, die sie unterdrückt haben, in ihren Träumen behauptet; das Unterbewußte fängt an zu reden. Das Unterbewußte sagt: „Was machst du denn hier? Du bist ein Narr."

Das Unterbewußte wirft wieder mal sein Netz nach dir aus. Wenn du wach bist, kannst du verdrängen, aber wie kannst du verdrängen, wenn du schläfst? Du verlierst die Kontrolle. Im Wachzustand kann man verdrängen, aber dann geht das Bewußtsein schlafen. Deshalb haben die Heiligen aller religiösen Traditionen seit jeher den Schlaf gefürchtet. Sie haben ihren Schlaf reduziert, von acht Stunden auf sieben, von sieben auf sechs, von sechs auf fünf... vier, drei, zwei. Und einfältige Leute glauben, das sei eine große Errungenschaft. Sie denken: „Dieser Heilige ist ein großer Heiliger. Er schläft nur zwei Stunden." Tatsächlich beweist es nur eines: daß er Angst vor seinem Unterbewußten hat. Er gibt seinem Unterbewußten keine Chance sich zu melden.

Wenn du nur zwei Stunden schläfst, kann sich das Unterbewußte nicht zu Wort melden, denn diese beiden Stunden braucht der Körper, um sich zu erholen. Die besten Träume, die schönsten Träume kommen, wenn du eigentlich schon ausgeschlafen hast – deshalb träumt man besser am Morgen, am frühen Morgen. Zuerst müssen die Bedürfnisse des Körpers befriedigt werden; der Körper braucht Ruhe. Ist der Körper erst ausgeruht, braucht der Verstand seine Ruhe – das ist das Zweitrangige. Das eine ist: Wenn der Verstand ruht, dann setzt das Unterbewußte in ausgeruhter Stimmung seine Wünsche und Träume frei.

Das zweite ist: Wenn du nur zwei Stunden in der Nacht schläfst, mögen Träume kommen, aber du kannst dich nicht an sie erinnern. Du erinnerst dich immer nur an die späten Träume, die du in den frühen Morgenstunden hattest. Du vergißt die anderen Träume, die du in der Nacht hattest, weil du so tief schliefst, daß du dich nicht an sie erinnern kannst. So glaubt der Heilige, er hätte nicht von Sex geträumt, er hätte nicht von Geld geträumt, er hätte nicht von Macht, Prestige, Ehrbarkeit geträumt. Wenn er nur zwei Stunden schläft, dann ist dieser kurze Schlaf so wichtig für den Körper, daß er schon fast so tief ist wie ein Koma, und der Heilige kann sich an nichts erinnern. Du kannst dich an Träume nur erinnern, wenn du halb wach und halb eingeschlafen warst. Dann kann man sich an den Traum erinnern, denn er ist nah am Tagesbewußtsein. Im Halbschlaf sickert etwas von deinem Traum ins Tagesbewußtsein, dringt in deine Wahrnehmung ein. Am Morgen kannst du dich ein bißchen daran erinnern. Deshalb bist du erstaunt, wenn ein Arbeiter, der den ganzen Tag körperlich hart gearbeitet hat, deine Frage, ob er träume, mit „nein" beantwortet.

Wer körperlich hart arbeitet, träumt nicht, oder vielmehr, er kann sich an seine Träume nicht erinnern. Alle Menschen träumen, aber nicht alle können sich erinnern. Wenn du den ganzen Tag hart arbeitest, wenn du acht Stunden lang Holz fällst, einen Graben aushebst, Steine brichst, dann verfällst du nachts in einen Schlaf, der so tief ist wie ein Koma. Träume kommen, aber du kannst dich nicht daran erinnern, sie fallen dir nicht mehr ein. Eure sogenannten Heiligen haben sich also immer vor dem Schlaf gefürchtet.

Einmal hat man einen jungen Mann zu mir gebracht. Er war kurz davor, verrückt zu werden. Er war ein Anhänger von Swami Sivananda von Rishikesh.

Ich fragte ihn: „Was ist los mit dir?" Er sagte: „Nichts. Ich bin ein spiritueller Mensch. Die Leute glauben, daß ich verrückt werde." Ich befragte seine Eltern – sie waren sehr besorgt;

dann fragte ich nach den Einzelheiten. Die Details waren folgende: er war zu Sivananda gegangen und Sivananda hatte zu ihm gesagt: „Du schläfst zu viel. Das ist nicht gut für deine spirituelle Gesundheit. Du solltest weniger schlafen." So reduzierte er seinen Schlaf auf drei Stunden – von acht Stunden auf drei Stunden! Jetzt war er natürlich den ganzen Tag müde. Sivananda sagte zu ihm: „Du bist im Zustand von *tamas* – du hast sehr niedrige, schlechte Energie. Ändere deine Diät. Du ißt wahrscheinlich Sachen, die dich schwerfällig und müde machen." Also nahm er nur noch Milch zu sich. Jetzt wurde er schwach. Erst wurde der Schlaf reduziert, dann wurde das Essen reduziert. Jetzt befand er sich in einem Zustand, daß er jederzeit umkippen konnte.

Ohne Essen fällt es dir schwerer, wirklich tief zu schlafen, und sei es auch nur für drei Stunden; Essen ist für einen tiefen Schlaf absolut notwendig. Wenn der Magen nichts zu verdauen hat, geht die ganze Energie in den Kopf – daher kommt es, daß man an einem Fastentag nicht gut schlafen kann. Die Energie ist nicht im Magen, sie steigt in den Kopf. Wenn die Energie im Magen gebraucht wird, kann der Kopf sie nicht kriegen, denn der Kopf ist zweitrangig, der Magen kommt zuerst.

Es gibt eine gewisse Hierarchie im Körper... eins nach dem andern. Der Magen kommt zuerst. Der Magen kann ohne den Kopf existieren, aber der Kopf kann nicht ohne den Magen existieren; also ist der Magen grundlegend, die eigentliche Basis. Wenn der Magen Energie braucht, zieht er von überall her Energie ab.

Nun, der Sivananda-Schüler durfte nicht einmal drei Stunden schlafen. Seine Augen wurden stumpf, tot. Sein Körper verlor allen Glanz, alle Lebendigkeit, und da war ein unmerkliches Zittern. Als ich seine Hand hielt, konnte ich fühlen, daß der ganze Körper zitterte; der Körper hatte sich seit Monaten nicht richtig ausgeruht. Und jetzt glaubte der junge Mann, daß er auf dem spirituellen Weg wäre.

Diese Art von Unfug wird schon so lange getrieben, daß so etwas inzwischen hoch geachtet wird. Man braucht etwas nur lange genug zu treiben, dann wird es ehrbar – einfach nur deshalb, weil es schon so lange da ist.

Tatsächlich solltet ihr auf euren Körper hören, auf eure körperlichen Bedürfnisse. Hört auf eure Psyche, hört auf eure psychischen Bedürfnisse. Drückt euch nicht davor. Vertieft euch in diese Bedürfnisse, erkundet diese Bedürfnisse liebevoll und sorgfältig. Freundet euch mit eurem Körper an, freundet euch mit eurer Psyche an, wenn ihr eines Tages über sie hinausgehen wollt. Die Freundschaft ist ganz wesentlich. Das ist die tantrische Vision des Lebens: Freundet euch mit den Lebensenergien an. Werdet nicht feindselig.

Nun die Sutras. Diese Sutras sind von großer Tragweite. Sagt Saraha zum König:

Als höhere Bewußtheit lehren sie,
Was ihre innere Erfahrung ist.
Das, was sie fesselt, nennen sie Befreiung.
Ein Glasschmuck, grün gefärbt,
Ist ihnen ein Smaragd.
Verblendet wissen sie nicht das Juwel
Von dem zu unterscheiden, was sie dafür halten.

Er spricht von den sogenannten *mahatmas*, den sogenannten *yogis* – in genau dem gleichen Sinne, wie ich immer wieder von den sogenannten Heiligen spreche.

Saraha sagt hier:

Als höhere Bewußtheit lehren sie,
Was ihre innere Erfahrung ist.

Das ist eine wunderbare Aussage; sie muß entschlüsselt werden. Erstens: die höchste Erfahrung der Wirklichkeit ist überhaupt keine Erfahrung mehr, denn wenn du eine Erfahrung machst, ist immer Dualität da: der Erfahrende und das Erfahrene. Also kann es keine letzte Erfahrung in dem Sinne geben, daß du dich selbst erfährst, nein. Wie kannst du dich selbst erfahren? Du wärest in zwei Teile gespalten, die Subjekt-Objekt-Dualität käme ins Spiel.

Tantra sagt: was immer du weißt – wisse, daß du das nicht bist. Das ist eine großartige Aussage, eine tiefgreifende Einsicht. Wenn du etwas siehst, dann wisse wohl, daß du nicht bist, was du siehst, denn du bist der Sehende. Du kannst niemals das sein, was du siehst. Du kannst nicht zu einem Objekt reduziert werden. Du bist Subjektivität, reine Subjektivität, nicht-reduzierbare Subjektivität. Es gibt keine Möglichkeit, dich in ein Objekt zu verwandeln, in ein Ding zu verwandeln. Du kannst dich nicht vor dich selbst hinstellen – oder? Du kannst dich nicht vor dich selbst hinstellen, denn was immer du dort hinstellst, bist nicht du. Du wirst immer derjenige sein, vor den man das Ding hinstellt.

Saraha sagt: Wahrheit ist keine Erfahrung – kann keine sein. Wahrheit ist ein Erfahrungsprozeß, keine Erfahrung. Sie ist Verstehen, nicht Wissen.

Der Unterschied ist groß. Erfahren kannst du etwas nur, wenn es getrennt von dir ist. Dich selbst kannst du auf diese Weise nicht erfahren. Also hat Tantra ein anderes Wort geprägt: „ein Erfahrendes". Im Sanskrit haben wir zwei Worte: *anubhav, anubhuti. Anubhav* bedeutet „Erfahrung", *anubhuti* bedeutet „ein Erfahrendes" – es gibt nichts zu erfahren. Vor dir steht nichts, es gibt nur die Leere; aber du bist da, vollkommen da, nichts steht im Weg.

Es gibt kein Objekt – reine Subjektivität; nur das Gefäß, kein Inhalt; der Film ist gerissen, nur die Leinwand, die reine, weiße Leinwand. Aber es gibt niemanden, der auf die weiße Leinwand schaut: du bist die weiße Leinwand. Deshalb ein neues Wort: *anubhuti* – ein Erfahrendes. Im Deutschen gibt es kein extra Wort dafür, also muß ich „Erfahrendes" benutzen. Um den Unterschied klar zu machen: eine Erfahrung wird zum Objekt; Erfahren ist ein Prozeß, kein Objekt. Wissen ist ein Objekt, Verstehen ist ein Prozeß. Liebe ist ein Objekt, Lieben ist ein Prozeß.

Und Tantra sagt: dein innerster Kern besteht aus Prozessen, nicht aus Dingen. Es gibt Verstehen, aber kein Wissen. Es gibt Lieben, aber keine Liebe. Hauptworte existieren nicht, nur Tätigkeitsworte! Das ist eine profunde Einsicht in die Realität... nur Verben. Wenn du sagst: „das ist ein Baum", dann stellst du damit eine völlig falsche Behauptung auf – das ist ein Baum-en, nicht ein Baum, denn er wächst; es ist kein statisches Phänomen. Wenn du sagst: „das ist ein Fluß", dann schau dir mal genau an, was du da sagst. Unsinn. Es ist ein „Fluss-en": es bewegt sich, es ist dynamisch. Keinen einzigen Augenblick lang ist es der gleiche, warum nennt ihr es also „Fluß"? Selbst ein Stein ist kein Stein; auch er ist ein Prozeß.

Die Existenz besteht nicht aus Dingen, sondern aus Ereignissen. Sage zu einer Frau nicht: „Ich liebe dich", sage einfach: „Ich bin in diesem liebenden Zustand." Liebe ist kein Ding. Du kannst dich nur im liebenden Zustand befinden, du kannst nicht lieben.

Es gibt buddhistische Sprachen, in denen alles nur als Prozeß existiert. Als die Bibel zum ersten Mal in gewissen buddhistischen Ländern – Burma, Thailand – übersetzt werden sollte, waren die christlichen Missionare in Verlegenheit, sie konnten kein Wort für Gott finden. Denn es ist okay, wenn du über einen Fluß sagst: er ist ein Fließen, und über einen Baum: er ist ein Baumen, und über eine Frau: sie ist ein Frauen, und über einen Mann: er ist ein Mannen – das ist okay; aber über Gott? – er ist Gott, er ist kein Prozeß. Aber im Burmesischen sind wirklich alle Worte Verben. Jedes Verb impliziert Werden. Den Christen aber fiel es schwer, sehr schwer, Gott einen Prozeß zu nennen. Gott ist... immer derselbe, in alle Ewigkeit derselbe. Nichts passiert je mit Gott. Die Buddhisten sagen: „Wenn nie etwas mit Gott passiert, dann ist er tot. Wie könnte er leben?" Leben ist dort, wo Dinge geschehen.

Leben geschieht. Und was die höchste Erfahrung angeht...

Es ist okay, über die profane Wirklichkeit so zu reden. Man kann ruhig sagen: „Das ist ein Stuhl" und braucht sich darüber keine Gedanken zu machen; es ist schlicht. Wenn man jetzt immerzu „Das ist ein Stuhlen und das ist ein Baumen" sagen würde, dann schafft das nur Verwirrung.

Aber wenn es um die höchste Wahrheit geht, sollte man sehr wachsam sein. Wenigstens damit sollte man wachsam sein.

Saraha sagt:

Als höhere Bewußtheit lehren sie,
Was ihre innere Erfahrung ist.

Ihr habt vielleicht Pundit Gopi Krishnas Bücher gelesen; er sagt: „Kundalini ist die höchste Erfahrung." Aber das kann nicht sein. Saraha wäre nicht einverstanden; er würde Pundit Gopi Krishna auslachen.

Wenn du fühlst, wie eine gewisse Energie in deiner Wirbelsäule aufsteigt, dann bist du es, der das fühlt. Die Wirbelsäule ist separat, und diese „Kundalini", die da aufsteigt ist auch separat. Wie also könntest du es sein? Ich kann diese Hand sehen. Einfach durch den Akt des Sehens bin ich von der Hand getrennt worden. Ich kann die Hand nicht sein. Ich benutze die Hand, aber ich bin getrennt von ihr. Vielleicht bin ich in der Hand, aber ich kann die Hand nicht sein.

Kundalini ist keine spirituelle Erfahrung. „Spirituelle Erfahrung" bedeutet einfach: der Augenblick, da es nichts mehr zu erfahren gibt. Alle Erfahrungen aufgelöst, sitzt du allein da in deiner Reinheit. Man kann es nicht „eine Erfahrung" nennen.

Also sagt Saraha: Diese sogenannten Yogis und Heiligen behaupten ständig, daß sie das höchste Bewußtsein erreicht haben. Und was haben sie wirklich erreicht? Der eine hat die Kundalini aufsteigen lassen, ein anderer hat in seinem Inneren ein blaues Licht gesehen – und lauter solche Sachen.

Einer hat Visionen gehabt; ein anderer hat Krishna gesehen, und einer hat Mohammed gesehen, und einer hat Mahavir gesehen, und einer hat die Mutter Kali gesehen – aber all das ist Einbildung. Alle Erfahrung ist Einbildung.

Das Wort Einbildung ist schön; es kommt von „Bild". Alle Erfahrung ist weiter nichts als lauter Bilder, die durch dein Bewußtsein fließen. Wenn nichts durch dein Bewußtsein fließt – und merke dir, nicht einmal nichts fließt durch dein Bewußtsein –, wenn dein Bewußtsein einfach da ist, ohne Inhalt, dann ist es diese inhaltslose Reinheit, was Tantra die wirkliche Erfahrung nennt. Man kann es nicht als „Erfahrung" bezeichnen. Seiner ganzen Natur nach ist es das nicht. Wenn du Zeuge des Zeugen wirst, wie kannst du es dann Zeugesein nennen? Wenn du den Wissenden erkennst, wie kannst es du dann Wissen nennen?

Also ist das erste, was er sagt:

Als höhere Bewußtheit lehren sie,
Was ihre innere Erfahrung ist.

Und das zweite, was man sich merken muß: auch die Unterscheidung zwischen innen und außen ist falsch. Sie ist auf einer gewissen Ebene berechtigt. Ihr lebt in der äußeren Welt, also muß man euch ermahnen, nach innen zu gehen. Aber außen und innen sind die beiden Seiten derselben Medaille. Eines Tages muß man euch auffordern, beides loszulassen – ihr habt das Äußere losgelassen, jetzt müßt ihr auch das Innere loslassen. Laßt beides hinter euch – seid weder außen noch innen. Das Innere ist genauso „außen" wie das Äußere: das ist die Einsicht des Tantra.

Was ist innen? Ich sehe euch an, ihr seid außen. Dann schließe ich die Augen und sehe meine Kundalini – ist sie innen? Was immer ich sehen kann ist außen, ist „außerhalb" von mir; es kann nicht „in" mir sein. Ein andermal sehe ich ein blaues Licht; das ist außen. Natürlich sehe ich es mit geschlossenen Augen – es ist mir näher –, aber es ist immer noch außerhalb von mir. Ich sehe euch mit offenen Augen; ihr seid außen. In der Nacht sehe ich einen Traum, und ihr tretet in meinen Traum ein – seid ihr dann innen? Ihr seid außen, obwohl meine Augen geschlossen sind; aber ich sehe euch genau so, wie ich euch in diesem Augenblick sehe. Was immer gesehen wird, ist außen. Der Sehende ist weder außen noch innen.

Also sagt Saraha: Erst reden diese Leute ständig von ihren äußeren Erfahrungen, und dann fangen sie an, von ihren inneren Erfahrungen zu reden.

Erst neulich haben wir darüber gesprochen: du machst Liebe mit einer Frau – diese Frau ist außen. Jetzt steigt deine Energie, das Feuer deiner Sexualität, bis hinauf in deinen Hals, bis zum visuddha, zum Hals-Chakra. Und dort masturbierst du mit deiner nach innen gewölbten Zunge. Nennst du das innen? Es ist außen. Es ist genau so außen, wie es außen war, als du Liebe mit der Frau gemacht hast.

Tantra ist eine so wunderbare Einsicht, eine so tiefe Einsicht, daß es sagt: man muß nicht nur das Äußere loslassen; man muß auch das Innere loslassen. Man muß einen Zustand erreichen, in dem man sagen kann: „Ich bin weder außen noch innen. Weder extrovertiert, noch introvertiert; weder ein Mann noch eine Frau; weder ein Körper noch ein Geist." Man muß an einen Punkt kommen, wo man sagen kann: „Ich bin weder im *samsara* noch im *nirvana*."

Das ist der Punkt, die Tür, die aus allen Dualitäten hinausführt: die exakte Mitte aller Dualitäten.

Was sie fesselt, nennen sie Befreiung.

Das wird nun zu einer neuen Fessel – vielleicht ein bißchen schöner als die äußeren Fesseln. Vielleicht sind die äußeren Fesseln aus Eisen, und diese Fessel ist aus Gold, aber eine Fessel ist eine Fessel – ob sie nun aus Eisen oder aus Gold ist, macht keinen Unterschied – du bist gefesselt.

Nun wirst du dieser neuen Fessel unterworfen sein. Die Kundalini steigt auf, Visionen, spirituelle Visionen, kosmische Visionen – jetzt werden diese zu deinen Fesseln. Jetzt wirst du nach ihnen gieren, wirst sie herbeisehnen.

Früher hast du dir Geld gewünscht, jetzt wünschst du dir spirituelle Erfahrungen. Früher hast du nach Macht gestrebt, jetzt wünschst du dir *siddhis*, spirituelle Kräfte – aber das Wünschen bleibt, und das Wünschen ist die Fessel. Nur im Nicht-Wünschen liegt Befreiung.

Ein Glasschmuck, grün gefärbt, ist ihnen ein Smaragd.
Verblendet wissen sie nicht das Juwel
Von dem zu unterscheiden, was sie dafür halten.

Wenn du nicht verstehst, wenn du nicht wach und bewußt bist, kannst du dich täuschen. Ein Glasschmuck, grün gefärbt... und du glaubst womöglich, daß es ein Smaragd ist. Ja, die Farbe ist die gleiche, die Form mag auch die gleiche sein, sogar das Gewicht mag das gleiche sein, aber der Wert ist ein anderer, und auf den Wert kommt es an.

Ja, die Menschen haben Macht in der äußeren Welt. Ein Präsident, ein Premierminister hat eine gewisse Macht, und auch der Yogi, der *mahatma* hat eine gewisse Macht – eine Macht der inneren Welt; aber sie ist nichts im Vergleich zum echten Smaragd. Die äußere war ein Ding aus Glas, und die „innere" ist genauso ein Ding aus Glas – die Farbe ist dieselbe, die Form ist dieselbe und das Gewicht ist dasselbe – als wäre es die spirituelle Macht; aber sie ist es nicht.

Spiritualität ist der klare Himmel, an dem es keine Wolke gibt. Also kann ein wirklich spiritueller Mensch nicht behaupten, er habe spirituelle Erfahrungen gemacht, denn alle spirituellen Erfahrungen sind grün gefärbter Glasschmuck; es sind keine Smaragde.

Deshalb hat Buddha sich ausgeschwiegen.

Wann immer ihn Leute fragten: „Bist du erleuchtet?", antwortete er nicht. Wann immer ihn Leute fragten: „Kennst du Gott?" sagte er nie etwas. Er lächelte oder wischte die Frage einfach mit einem Lachen beiseite. Warum? Warum ist er ausgewichen? Und dumme Leute glaubten natürlich, er wäre ausgewichen, weil er Gott nicht gekannt hätte; er wäre ausgewichen, weil er keine Erfahrungen gemacht hätte.

Er ist ausgewichen, weil er Gott erkannt hatte. Er ist ausgewichen, weil er wußte, daß es nicht gut ist, über diese Dinge zu reden, daß es ein Sakrileg sein würde.

Über die Wahrheit kann man nicht sprechen. Wir können über den Weg zur Wahrheit reden, aber wir können nicht über die Wahrheit reden. Wir können darüber reden, wie wir zur Wahrheit kommen können, aber über die Wahrheit selbst können wir nichts sagen.

Saraha sagt: Diejenigen, die von Erfahrungen reden, sind Schwindler.

Verblendet wissen sie nicht das Juwel
Von dem zu unterscheiden, was sie dafür halten.
Kupfer ist in ihren Augen Gold.
Gefesselt vom Verstand
Ist ihnen solches Denken letzte Wirklichkeit.
Sie sehnen sich nach dem Genuß,
Den sie im Traum erleben.
Der todgeweihte Körper-Geist
ist ihnen höchste, ewige Wonne.

Kupfer ist in ihren Augen Gold... Das Niedrigere, das Objektive, halten sie für das Subjektive. Der Erkennende ist noch nicht erkannt. Sie kennen etwas anderes, und sie haben es falsch verstanden: sie glauben, den Erkennenden erkannt zu haben. Sie mögen die Kundalini kennen; sie mögen ein paar spirituelle Visionen gehabt haben – großartige poetische Visionen, großartige Visionen von Herrlichkeit und Pracht – großartige psychedelische Visionen, aber...

Kupfer ist in ihren Augen Gold.
Gefesselt von der Ratio
Ist ihnen solches Denken letzte Wirklichkeit.

Alle diese sogenannten Heiligen und *mahatmas* sind in der Logik befangen, sind gefesselt von der Ratio. Sie diskutieren und diskutieren, sie gehen sogar so weit, daß sie versuchen, die Existenz Gottes zu beweisen.

Das Christentum hat zweitausend Jahre damit verschwendet, die Existenz Gottes zu beweisen. Wie kann man beweisen, daß es Gott gibt? Und wenn es bewiesen werden könnte, dann könnte auch das Gegenteil bewiesen werden. Die Logik ist ein zweischneidiges Schwert. Die Logik ist eine Hure. Wenn sie beweisen kann, daß es Gott gibt, dann kann sie auch beweisen, daß es Gott nicht gibt. Und das Schöne an der Sache ist: das Argument, mit dem du beweist, daß es Gott gibt, ist das gleiche Argument, mit dem du beweist, daß es Gott nicht gibt.

Nun, das größte Argument, mit dem die sogenannten Heiligen die Welt beglückt haben, ist ihre Behauptung, daß die Welt einen Schöpfer haben müsse, denn wie könnte sie ohne einen Schöpfer überhaupt existieren? Das scheint einleuchtend – wenigstens für kindliche Gemüter; unreife Gemüter mögen das Argument attraktiv finden. Ja... so eine riesengroße Existenz! Wie könnte sie ohne Schöpfer existieren? Irgendjemanden muß es geben, der sie geschaffen hat. Und dann braucht es nur einen kleinen Nadelstich, und die Logik ist dahin, denn der Ballon explodiert: irgendeiner fragt nämlich: „Und wer schuf den Schöpfer?"

Er folgt der gleichen Logik. Wenn du sagst, die Welt muß einen Schöpfer haben, dann braucht dein Schöpfer auch einen Schöpfer, der ihn geschaffen hat – und so weiter und so fort, bis einem übel wird. Man kann immer so weiter machen und man kann sagen: „Nummer eins schuf die Welt, und Nummer Zwei schuf Nummer Eins, und Nummer Drei schuf Nummer Zwei." Man kann immer so weiter machen, aber die letzte Frage bleibt die gleiche: wer schuf den ersten, den ursprünglichen? Wenn man akzeptiert, daß der ursprüngliche Schöpfer nicht geschaffen worden ist, was soll dann der ganze Unsinn? Warum sagt man nicht gleich, daß die Welt niemals geschaffen worden ist?

Wenn Gott ungeschaffen sein darf, was ist dann falsch daran, einfach zu sagen, daß es die Welt seit jeher gibt, ohne daß irgendwer sie geschaffen hat? Das schiene vernünftiger, statt sich auf diese dumme Logik einzulassen, die nirgendwohin führt. Schaut euch die Argumente an, die für die Existenz Gottes ins Feld geführt worden sind; sie sind alle einfältig und dumm, deshalb könnt ihr damit auch keinen einzigen Atheisten von eurem Gott überzeugen. Diejenigen, die schon überzeugt sind, ja, die sind überzeugt – darauf kommt es nicht an.

Aber nicht einen einzigen skeptischen Geist könnt ihr überzeugen, eure Argumente werden nichts ausrichten. Vielmehr werdet ihr durch eure eigenen Argumente in Schwierigkeiten kommen.

Was sagt Saraha? Saraha sagt: Ein Mensch, der seine innere Realität kennt, weiß, daß es keinen anderen Beweis für diese Realität gibt, als sie zu erkennen. Er hält sich nicht mit logischen Gedanken auf. Er hält nicht viel von der Ratio; die Realität ist unlogisch, sie ist jenseits des Verstandes. So ist es eben. Du kannst sie erfahren oder du kannst es auch lassen, aber es gibt keine Möglichkeit, sie zu beweisen oder sie zu widerlegen. Theismus und Atheismus sind beide sinnlos. Religion hat nichts mit ihnen zu tun; Religion ist ein Erfahren dessen, was ist. Du kannst es nennen wie du willst – nenne es Gott, nenne es *nirvana,* nenne es XYZ, alles was du willst, es spielt keine Rolle – aber erfahre es. Tantra steht auf Erfahrung. Tantra ist nicht zerebral, sondern existentiell.

Kupfer ist in ihren Augen Gold….

Und sie glauben, daß dieser Gott, den sie mit Argumenten

bewiesen haben, ihr Gott sei. Dann machen sie sich Bildchen von diesem Gott und dann beten sie ihn an: sie beten ihren eigenen rationalen Syllogismus an. Was enthalten eure Kirchen, Tempel und Moscheen? Nichts als Syllogismen.

Die Welt muß einen Schöpfer haben, also glaubt ihr an einen Schöpfer. Das ist ein Glaube, und jeglicher Glaube ist falsch.

Glaube ist etwas Selbstgestricktes. Ja, er tröstet, er gibt euch eine gewisse Sicherheit, Bequemlichkeit; es ist bequem zu glauben, daß sich einer um die Welt kümmert. Sonst würde man Angst bekommen: „Keiner kümmert sich, in jedem Moment könnte irgendwas schief gehen!" Es gibt einem Zuversicht.

Es ist ungefähr so, wie wenn du im Flugzeug sitzt und du weißt, daß der Pilot da ist und sich um alles kümmert. Und dann gehst du ins Cockpit und da ist keiner! Was wird nun geschehen? Gerade eben noch hast du Tee getrunken, hast dich unterhalten, warst du interessiert an der Frau, die neben dir saß, und hast versucht, ihren Körper anzufassen... und all sowas. Jetzt ist es wie weggeblasen: der Pilot ist nicht da. Bis zu diesem Augenblick war alles gemütlich. Jetzt wirst du sehr nervös. Du fängst an zu zittern. Du bist nicht mehr interessiert an Frauen und Männern, an Essen und Trinken – und alles ist vorbei! Du ringst nach Luft, dein Blutdruck schießt hoch, dein Herz flattert, und du fängst an zu schwitzen... in einem klimatisierten Flugzeug! Es ist bequem zu glauben, daß es einen Piloten im Cockpit gibt, der Bescheid weiß, und daß alles in Ordnung geht – Gott kümmert sich.

Du kannst so bleiben, wie du bist. Er ist „der Vater", er kennt jeden. Kein einziges Blatt fällt ohne seinen Willen, also ist alles gut. So ist es bequem.

Der Verstand ist sehr gerissen. Dieser Gott ist Teil des gerissenen Verstandes. Saraha sagt: Glaube ist nicht Wahrheit, und Wahrheit ist niemals ein Glaube. Die Wahrheit ist ein Erfahren.

Gefesselt vom Verstand
Ist ihnen solches Denken letzte Wirklichkeit.
Sie sehnen sich nach dem Genuß, den sie im Traum erleben.
Der todgeweihte Körper-Geist ist ihnen höchste, ewige Wonne.

Manchmal wirst du von deinem Körper geblendet. Und gelingt es dir, über den Körper hinauszugehen, dann blendet dich irgendwie der Verstand, der ein noch größerer Blender ist. Die ersten drei Chakras gehören zum Körper. Die nächsten drei Chakras gehören zum Geist. Und das siebte Chakra geht über beide hinaus.

Normalerweise bleiben Menschen, die ausschweifend leben, den ersten drei unteren Chakras verhaftet – sie hängen da fest. Diese ersten drei Chakras – *muladhar, swadhistan, manipura* – sind erdverhaftet. Es sind erdhafte Chakras, sie folgen der Schwerkraft, sie werden nach unten gezogen. Die nächsten drei Chakras – *anahata, visuddha und ajna* – sind dem Himmel verhaftet. Die Schwerkraft berührt sie nicht. Sie stehen unter einem anderen Gesetz, das Levitation genannt wird: sie werden nach oben gezogen. Diese drei bestehen aus Geist. Der Körper wird nach unten gezogen, der Geist wird nach oben gezogen. Aber du bist keins von beidem. Du bist das siebte, das weder Körper noch Geist ist.

Ausschweifende Menschen leben in den ersten drei Chakras. Leute, die die ersten drei Chakras verdrängen, fangen an, in den zweiten drei Chakras zu leben. Aber sie schaffen sich eine Traumwelt.

Es ist etwa so: du fastest einen Tag lang, und in der Nacht träumst du, daß die Königin von England dich eingeladen hat und ein großes Festessen dir zu Ehren gegeben wird. Und du ißt alle möglichen Sachen – alles, was du immer schon essen wolltest und was der Arzt dir verboten hat. Dein Fasten kreiert diesen Traum, aber dieser Traum kann dich nicht befriedigen. Am nächsten Morgen bist du so hungrig wie zuvor – sogar noch hungriger. Aber der Traum hilft dir auch ein bißchen. Wie er dir hilft? Er hilft dir weiterzuschlafen, denn sonst würde dein Hunger dich immer wieder aufwecken; du würdest ständig aufwachen.

Der Traum ist ein Trick. Dein Kopf sagt dir: „Du brauchst nicht aufzuwachen; du brauchst nicht in der Dunkelheit nach dem Kühlschrank zu suchen. Du kannst ruhig schlafen. Schau doch mal, die Königin hat dich eingeladen! Da gibt es so viel zu essen auf dem Tisch, warum greifst du nicht zu?" Und du ißt. Das ist ein Trick des Geistes. Er hilft dir, weiterzuschlafen. Das passiert oft. Deine Blase ist voll, und du träumst, daß du auf dem Klo bist. Das hilft. Nicht, daß deine Blase erleichtert wird, aber du wirst getäuscht und du kannst weiterschlafen.

Euer Glaube, eure Einbildung, eure Träume, eure Tempel, eure Kirchen, eure *gurudwaras* helfen euch, weiterzuschlafen. Sie sind Beruhigungspillen.

Der todgeweihte Körper-Geist
Ist ihnen ewige, höchste Wonne.

Manchmal glauben sie, die allerhöchste Glückseligkeit sei im Körper vorhanden, und dann denken sie in der Einbildungskraft des Geistes, daß die Kundalini aufsteigt... Licht und tausendundeine Vision und Erfahrungen! Hütet euch vor diesen Visionen.

Ein wirklich spirituell orientierter Mensch interessiert sich nicht für irgendwelche Inhalte des Bewußtseins; er interessiert sich für das Bewußtsein selbst.

Mit dem Symbol EVAM vermeinen sie
Selbst-Klärung zu erlangen;
Kraft mancherlei Begebenheit,
Zu der vier Siegel nötig wären,
Taufen sie ihr Phantasieren Spontaneität,
Und sehen doch nur ihre eignen Spiegelbilder.

Durch Mantras, durch Klänge kann man eine gewisse geistige Ruhe erzielen. Ja, durch TM kann man eine gewisse Täuschung erzeugen: Wenn du einen Ton, ein gewisses Wort immerzu wiederholst, dann beruhigt dich das. Es erzeugt einen gewissen Rhythmus im Kopf; es ist rhythmisch. Wenn du „Om, Om, Om" vor dich hinsagst oder „Evam, Evam, Evam" oder irgendein anderes Mantra ... „Coca Cola" ist auch okay; wenn du ständig „Coca Cola, Coca Cola, Coca Cola" vor dich hinsagst, liebevoll und mit Respekt, dann wird dir das helfen. Du kannst auch eine Coca Cola-Flasche vor dir aufbauen, Blumen hineinstecken und eine Schale mit Früchten dazustellen. Du mußt eine Atmosphäre schaffen. Du kannst ein paar Räucherstäbchen vor der Coca Cola-Flasche abbrennen und das Mantra wiederholen. Wenn du es nur lange genug tust, dann besteht durchaus die Möglichkeit, daß du dich gut fühlst. Du hast dich selbst hypnotisiert, du hast dir selbst etwas suggeriert: du hast dir suggeriert, daß Ruhe einzieht, Stille einzieht, Freude einzieht. Es ist nichts weiter als Auto-Suggestion, eine sehr indirekte Auto-Suggestion.

Emile Coué schlägt direkte Suggestion vor. Du denkst „Ich werde glücklicher" – eine direkte Suggestion. Emile Coué ist ein Mann des Westens – ehrlicher, wahrer und geradliniger. Maharishi Mahesh Yogi legt euch nahe, „Om, Om" und „Ram, Ram" herzusagen, das ist indirekt und typisch für den östlichen Verstand; nicht direkt, sondern indirekt. Aber lauter solche Vorschläge macht er euch: „Wenn du dieses Mantra zweimal am Tag hersagst, zwanzig Minuten am Morgen und zwanzig Minuten am Abend, wirst du gesünder, wirst du ruhiger, wirst du glücklicher, dies und das." Dir wird das Blaue vom Himmel runter versprochen, sogar, daß sich dein Einkommen erhöht, daß du Karriere machen wirst und die ganze Welt dir helfen und deine ehrgeizigen Pläne unterstützen wird. Das läuft alles indirekt. Und dann bist du nicht an dem Mantra interessiert, sondern an diesen Dingen interessiert: Gesundheit, Wohlstand, Macht, Prestige, Stille, Freude, das sind die Dinge, für die du dich interessierst. Und weil das so ist, wiederholst du die Mantras. Aber jedesmal, wenn du „Om" wiederholst, weißt du, daß diese Dinge eintreten werden. Und diese Mantras können nur in dem Maße wirken, wie du an sie glaubst. Wenn du nicht dran glaubst, funktionieren sie auch nicht. Wenn du nicht dran glaubst, dann sagt dir Mahesh Yogi: „Wie sollten sie auch wirken? Du mußt an sie glauben, dann funktionieren sie." Wahrheit funktioniert auch ohne daß ihr glaubt. Wahrheit ist auf euer Glauben nicht angewiesen. Nur Unwahrheit funktioniert dadurch, daß ihr glaubt. Unwahrheit ist auf euer Glauben angewiesen, denn nur indem ihr glaubt, könnt ihr die nötige Geisteseinstellung, Auto-Suggestion, Atmosphäre herstellen, in der sie funktioniert.

Mit dem Symbol EVAM vermeinen sie
Selbst-Klärung zu erlangen;

Und Saraha sagt hier, daß das Unsinn ist. Klarheit wird nicht dadurch erlangt, daß man ein gewisses Wort wiederholt; man wird nur noch unklarer. Es ist nicht so, daß man intelligenter und bewußter wird, man wird nur schläfrig. Natürlich kann man danach besser schlafen – das ist das Gute daran. Und es ist kein Zufall, daß Mahesh Yogi's TM in Amerika eingeschlagen hat, denn Amerika ist das Land, das wie kein anderes unter Schlaflosigkeit leidet. Die Leute können nicht schlafen, also brauchen sie irgendeinen Trick um einzuschlafen. TM kann zu einem guten Schlaf verhelfen. Und ich habe überhaupt nichts gegen TM, wenn man sie nur zum Einschlafen benutzt; ich bin absolut für einen guten Schlaf. Aber merkt euch, TM kann euch nicht in ein anderes Reich führen. Es ist kein spiritueller Weg. Es ist eine Tröstung.

Kraft mancherlei Begebenheit,
Zu der vier Siegel nötig wären...

Diese „vier Siegel" müssen verstanden werden. Tantra spricht von vier Siegeln, vier *mudras*. Auf dem Weg zur Erleuchtung durchschreitet der Sucher vier Türen; er muß vier Schlösser öffnen. Diese vier Schlösser werden „die vier Siegel" genannt, vier *mudras*. Sie sind sehr wichtig.

Das erste *mudra* wird das *karma mudra* genannt. Es ist die äußerste Tür, die Peripherie deines Wesens. Es ist so äußerlich wie irgendein Tun, deshalb nennt man es *karma mudra*. Karma bedeutet Handlung, Aktion. Aktion ist der äußerste Bestandteil deines Wesens; es ist deine Peripherie. Was du tust, gehört zur Peripherie. Du liebst jemanden, du haßt jemanden, du tötest jemanden, du schützt jemanden – was du tust, gehört zu deiner Peripherie. Aktion ist der äußerste Teil deines Wesens.

Das erste Siegel öffnest du, indem du total in deinem Handeln wirst... total in deinem Handeln. Was auch immer du tust, tue es total, und eine große Freude wird in dir aufkommen – nicht indem du irgendein Mantra wiederholst, sondern indem du total bist. Wenn du wütend bist, sei total wütend; du kannst aus deiner totalen Wut eine Menge lernen. Wenn du total wütend bist – und in deiner Wut vollkommen bewußt –, wird die Wut eines Tages verschwinden. Wut ist unsinnig: du hast es verstanden; du kannst sie jetzt fallen lassen. Was du verstanden hast, kannst du leicht loslassen. Nur die Dinge, die du nicht verstanden hast, lassen dich nicht los. Sei also total in allem, was du tust.

Versuche, total und wach zu sein: das ist das erste Schloß, das geöffnet werden muß. Sei dir stets bewußt, daß Tantra sehr wissenschaftlich ist. Tantra sagt nicht: Sage ein Mantra her. Es sagt: Werde bewußt in deinem Handeln.

Das zweite Siegel wird *gyana mudra* genannt – es ist ein wenig tiefer als das erste, es ist ein bißchen weiter innen als das erste – so wie Wissen. Aktion ist das, was außen ist, Wissen liegt etwas tiefer. Ihr könnt beobachten, was ich tue, aber ihr könnt nicht sehen, was ich weiß. Wissen ist innen.

Aktionen lassen sich beobachten; Wissen läßt sich nicht beobachten, es ist innen. Das zweite Siegel ist das des Wissens, *gyana mudra*.

Fangt jetzt an, nur das zu wissen, was ihr wirklich wißt und hört auf, Dinge zu glauben, die ihr einfach nicht wißt. Irgendwer fragt dich: „Gibt es einen Gott?", und du sagst: „Ja, es gibt Gott!" – paß auf! Weißt du es wirklich? Wenn du es nicht weißt, dann sage bitte nicht, daß du es weißt. Sage: „Ich weiß es nicht." Wenn du ehrlich bist, wenn du nur sagst, was du weißt und nur glaubst, was du weißt, wird das zweite Schloß aufgehen. Wenn du ständig Wissen vortäuschst und Dinge glaubst von denen du keine Ahnung hast, wirst du das zweite Schloß niemals knacken. Falsches Wissen ist der Feind des wahren Wissens. Und alle Glaubenssysteme sind falsches Wissen; ihr glaubt ihnen einfach. Und eure sogenannten Heiligen reden euch ständig ein: „Zuerst müßt ihr glauben, dann werdet ihr wissen."

Tantra sagt: Wisse erst, dann glaubst du auch. Aber das ist eine völlig andere Art von Glauben; es ist Vertrauen. An Gott glaubt ihr – die Sonne kennt ihr. Die Sonne geht auf; ihr braucht nicht erst an sie zu glauben – sie ist einfach da und ihr wißt es. An Gott aber glaubt ihr. Gott ist Schwindel; euer Gott ist Schwindel.

Es gibt einen anderen Gott – der Gott, der durch Erkennen kommt. Aber zunächst müßt ihr die Spreu vom Weizen trennen: Laßt alles fallen, was ihr nicht wißt, aber zu wissen glaubt. Ihr habt immer nur geglaubt und ihr habt diese Last immerzu mitgeschleppt – laßt diese Last fallen. Von hundert Dingen, die euch belasten, könnt ihr neunundneunzig fallen lassen, über Bord werfen. Nur ein paar Dinge werden bleiben über die ihr wirklich Bescheid wißt. Ihr werdet eine große Freiheit empfinden. Euer Kopf wird nicht mehr so schwer sein. Und mit dieser Freiheit und Leichtigkeit durchschreitet ihr das zweite *mudra*. Das zweite Schloß ist aufgebrochen.

Das dritte *mudra* wird *samaya mudra* genannt. *Samaya* bedeutet Zeit. Die erste, die äußerste Schicht ist Tun, die zweite Schicht ist Wissen, die dritte Schicht ist Zeit. Wissen ist verschwunden, du bist nur noch im Jetzt; nur reinste Zeit ist geblieben. Beobachte, meditiere darüber. Im Jetzt-Zustand gibt es kein Wissen.

Wissen bezieht sich immer auf die Vergangenheit. Im Augenblick des Jetzt gibt es kein Wissen; er ist vollkommen frei von Wissen. Jetzt, in diesem Augenblick, schaust du mich an, und was weißt du? Du weißt nichts. Wenn du jetzt denkst, daß du dies und das weißt, dann kommt dieses Wissen aus der Vergangenheit. Es kommt nicht aus dem Jetzt-Zustand, nicht aus diesem Augenblick. Wissen ist aus der Vergangenheit oder eine Projektion in die Zukunft. Das Jetzt ist rein von allem Wissen.

Also ist das dritte das *samaya mudra* – das Sein im Hier und Jetzt. Warum nennt Saraha es *samaya*, Zeit? Normalerweise meint man, daß Vergangenheit, Gegenwart und Zukunft die drei Zeitsparten seien – aber Tantra sieht das anders. Tantra sagt: nur die Gegenwart ist Zeit. Die Vergangenheit ist nicht Zeit, denn sie ist schon vorbei. Die Zukunft ist nicht Zeit, sie ist noch nicht da. Nur die Gegenwart existiert.

In der Gegenwart zu sein bedeutet, wirklich in der Zeit zu sein. Andernfalls bist du in der Erinnerung oder bist in Träumen, und beide sind Illusion, Täuschungen. Also wird das dritte Siegel erbrochen, wenn du im Jetzt bist. Zunächst sei total in deinem Tun – das erste Siegel ist erbrochen. Zweitens sei ehrlich in dem, was du weißt – das zweite Schloß ist erbrochen. Und jetzt sei einfach im Hier und Jetzt – und das dritte Siegel ist erbrochen.

Das vierte Siegel wird *mahamudra* genannt, die große Geste, im Innersten, wie leerer Raum. Jetzt ist nur reinster Raum geblieben. Tun, Wissen, Zeit, Raum – das sind die vier Siegel. Raum ist dein innerster Kern, die Nabe des Rades oder das Zentrum des Zyklons. In deiner innersten Leere ist Raum, Himmel. Dies sind die drei Hüllen: die erste Hülle besteht aus

Zeit, die zweite besteht aus Wissen, die dritte besteht aus Tun. Das sind die vier Siegel, die aufgebrochen werden müssen. Wenn du ein Mantra herunterleierst, wird das nicht geschehen. Mach dir nichts vor. Viel Arbeit ist zu leisten, wenn du in deine Wirklichkeit vordringen willst.

Mit dem Symbol EVAM vermeinen sie
Selbst-Klärung zu erlangen;
Kraft mancherlei Begebenheit,
Zu der vier Siegel nötig wären…

Klärung kann nicht erlangt werden, wenn du die vier Siegel nicht erbrochen hast. Klärung kann nur erlangt werden, wenn du in deinen reinen Raum eingetreten bist.

…Taufen sie ihr Phantasieren Spontaneität,
Und sehen doch nur ihre eignen Spiegelbilder.

Ja, du kannst dir, indem du Mantras leierst, einen Spiegel schaffen und dann kannst du in dem Spiegel alle möglichen Dinge sehen. Es sind nur Hirngespinste; es taugt nicht viel. Es ist so, als wenn du bei Nacht auf den See schaust und glaubst, der Mond sei im See. Der Mond ist nicht im See, er wird nur vom See reflektiert. Es ist so, als ob du in den Spiegel schaust und glaubst, daß du dort bist – du bist nicht im Spiegel. Sei nicht kindisch. Kleine Kinder glauben das. Habt ihr je ein kleines Kind beobachtet, das zum ersten Mal vor den Spiegel gestellt wird? Es versucht, in den Spiegel hineinzukommen. Es faßt den Spiegel an und versucht irgendwie, da reinzukommen und dem Kind zu begegnen, das dort ist. Wenn ihm das nicht gelingt, versucht es, von hinten dranzukommen: vielleicht ist da hinter dem Spiegel ein Zimmer, und das Kind ist da drin… Genau dasselbe tun wir ständig.

Der Geist ist ein Spiegel. Ja, indem man ein TM-Mantra leiert, kann man den Spiegel sehr, sehr klar machen. Aber man wird nicht dadurch erleuchtet, daß man in den Spiegel schaut. Tatsächlich muß man den Spiegel loslassen, wegwerfen. Man muß nach innen gehen. Und das ist sehr konkret. Erst Tun, dann Wissen, dann Zeit, dann Raum.

So wie ein Rudel Wild im Bann der Illusion
Zum Wasser eilt und nicht erkennt,
Daß es nur eine Spiegelung ist,
So stillen auch Verblendete nicht ihren Durst.
In Ketten liegen sie und nennen es Genuß.
Und all das, sagen sie, ist letzte Wirklichkeit.

Dies ist das letzte Sutra. Saraha sagt damit: Wenn du in den Spiegel schaust, siehst du ein Trugbild, träumst du, hüllst du dich in eine Illusion, unterstützt du einen Traum.

So wie ein Rudel Wild im Bann der Illusion
Zum Wasser eilt und nicht erkennt,
Daß es nur eine Spiegelung ist,
So stillen auch Verblendete nicht ihren Durst.
In Ketten liegen sie...

Wir werden von den Reflektionen getäuscht, die sich in unserem Kopf abspielen.

Ich habe eine schöne Geschichte gehört:
Ein Mann, der in den Bergen von Wales wandern wollte, quartierte sich im Wirtshaus einer Kleinstadt ein. Er fand seine Abende langweilig, denn es passierte nichts Aufregendes, und die Gespräche in der Kneipe drehten sich meistens um Schafe, besonders um die Schafe in Wales.
Er fragte den Wirt, wie man es anstellen müsse, um die Damen im Ort zu finden, aber der ehrenwerte Mann war schockiert.
„Hör'n se mal, Mann, wir sind in Wales, Mann. Wir können

hier keine Prostituierten haben; der Pfarrer würde das niemals erlauben."

Der Besucher machte ein langes Gesicht, und der Wirt fuhr fort: „Natürlich haben wir hier die gleichen menschlichen Bedürfnisse wie die Leute anderswo. Aber das, was Sie suchen, das halten wir gut versteckt."

Und dann erklärte er, daß es auf der anderen Seite des Berges Höhlen gäbe, gut möbliert und mit allem drum und dran. Der Fremde sollte bei Anbruch der Nacht den Berg hinaufgehen und laut „Juu-huu!" schreien, und wenn eine Dame dann zurück- „juu-huut", kann man mit ihr die Geschäftsbedingungen aushandeln. Würde sie besetzt sein, würde sie aber nicht anworten.

An diesem Abend „juu-huute" der Engländer sich von Höhle zu Höhle, aber er hatte kein Glück. Schließlich beschloß er, ins Wirtshaus zurückzukehren und sich zu besaufen. Aber am Fuß des Berges entdeckte er noch eine taufrische Höhle. „Juu-huu!" schrie er, und heraus kam die Anwort, laut und klar: „Juu-huu! Juu-huu!" Er rannte hinein – und wurde vom Zug überfahren.

So etwas nennt man Fata Morgana.

Du bildest dir was ein, du phantasierst, und dann siehst du wirklich was. Und dann ist dir jeder Vorwand recht. Wenn ein Mann in der Wüste verdurstet, und der Durst brennt wie Feuer in ihm und er kann an nichts anderes mehr denken als an Wasser, nur an Wasser, an nichts sonst, dann ist es nur allzu wahrscheinlich, daß er auch irgendwo Wasser sieht. Eine Projektion. Sein Durst ist so groß, daß er Wasser projiziert. Er entdeckt Seen, die es nicht gibt, er bildet sich ein, daß eine kühle Brise weht. Er glaubt, daß er Vögel sieht, er glaubt sogar, daß er ein paar grüne Bäume sieht – nicht nur grüne Bäume, sondern auch ihre Spiegelung im Wasser. Schon rennt er los. Genauso rennen wir seit Millionen von Leben... „juu-huuen" von Höhle zu Höhle. Und ihr nehmt gar nicht wahr, daß ihr nie Wasser findet, wenn ihr losrennt; der Durst wird nicht gelöscht. Aber ihr lernt nichts daraus. Das größte Problem des Menschen besteht darin, daß er nichts dazulernt. Du liebtest eine Frau oder einen Mann, und du dachtest, dein Durst werde gestillt werden – er wurde nicht gestillt. Aber du lernst nicht; du gehst zur nächsten Höhle. Du hast kein Geld und meinst, mit zehntausend Rupien würde alles in Ordnung kommen. Dann kommt das Geld, aber du hast nichts gelernt. Jetzt denkt du: „Wie kann ich glücklich sein, wenn ich nicht mindestens hunderttausend Rupien habe?" Nun kommen auch hunderttausend Rupies, aber du hast immer noch nichts gelernt. Jetzt muß es eine Million Rupien sein: „Die brauche ich zu meinem Glück!" Und so weiter und so fort... du gehst von einer Höhle zur anderen, von einer Geburt zur nächsten, von einem Tod zum nächsten!

Es scheint fast so, als sei der Mensch lernunfähig. Nur die, die lernen, erkennen auch. Fangt an zu lernen. Seid ein bißchen wacher. Lernt aus jeder Erfahrung etwas dazu.

Du hast dir immer so viele Dinge gewünscht, und nichts ist dabei herausgekommen. Hör auf zu wünschen! Du hast dir schon vieles gewünscht, aber jeder Wunsch hat dir nur Enttäuschung gebracht. Und du gibst noch immer nicht auf? Gestern war es schon so, und vorgestern auch, und heute wünschst du dir wieder etwas und morgen auch – und absolut nichts kommt dabei heraus. Und du machst weiter und weiter, immer das gleiche.

Lernen heißt religiös werden.

Das englische Wort für „Jünger" ist „disciple", ein schönes Wort. Es bedeutet „einer, der lernfähig ist". Es kommt aus einer Wurzel, die „lernen" bedeutet: einer, der lernen kann, ist ein Jünger.

Werdet Jünger... Jünger eures eigenen Lebens.

Das Leben ist euer wirklicher Meister. Und wenn ihr nichts vom Leben lernen könnt, von wem solltet ihr dann etwas lernen können? Wenn der große Meister, das Leben, an dir scheitert und dir nichts beibringen kann – wer sollte dir dann etwas beibringen können? Das Universum ist eine Universität. Jeder Moment ist eine Lektion. Jede Enttäuschung ist eine Lektion. Wann immer du scheiterst, lerne daraus! Ganz allmählich dringt dann der Strahl des Erkennens in dich ein. Zentimeter um Zentimeter dringt er vor, und du wirst aufmerksam. Zentimeter um Zentimeter, und endlich lernst du, nicht immer die gleichen Fehler zu machen.

Sobald du anfängst zu lernen, näherst du dich Gott. Und verlaßt euch nicht auf kleine Wissenshäppchen. Glaubt nicht, am Ziel zu sein. Schon das geringste Wissen befriedigt die Leute manchmal zutiefst. Dann bleiben sie stehen, dann gehen sie nicht mehr weiter. Es ist eine wunderbare Reise, es ist eine endlose Reise. Je mehr ihr lernt, desto mehr könnt ihr aufnehmen. Je mehr ihr lernt, desto klarer wird euch, daß es noch viel mehr zu lernen gibt.

Je mehr ihr erkennt, desto intensiver wird das Geheimnis. Je mehr ihr erkennt, desto weniger meint ihr zu wissen. Erkennend öffnen sich neue Türen. Erkennend offenbaren sich neue Geheimnisse. Gebt euch also nicht mit einem bißchen Wissen zufrieden. Seid nicht eher zufrieden, als bis Gott sich euch offenbart hat. Laßt eine große spirituelle Unzufriedenheit walten. Nur die, die das seltene Glück haben, diese göttliche Unzufriedenheit in sich zu spüren – daß nichts sie befriedigen wird können als Gott allein – nur sie kommen an, niemand sonst.

KAPITEL 4

VERTRAUEN KANN NICHT ENTTÄUSCHT WERDEN

FRAGEN UND ANTWORTEN

Da ist gar nichts besonderes dran, es ist eine ganz gewöhnliche Krankheit, die in geradezu epidemischen Ausmaßen grassiert. Dafür gibt es freilich Gründe.

Millionen von Menschen, sowohl Männer wie Frauen, interessieren sich mehr für den verheirateten Menschen. Zunächst einmal: der unverheiratete signalisiert, daß ihn niemand bis jetzt haben wollte; der verheiratete signalisiert, daß es jemanden gibt, der ihn haben will. Und ihr seid so uneigenständig, daß ihr nicht von euch aus lieben könnt. Ihr seid solche Nachäffer, daß ihr nur einen Menschen lieben könnt, den schon jemand anders liebt – nur so könnt ihr hinter ihm her sein. Aber wenn jemand allein ist und keiner in ihn verliebt ist, dann werdet ihr mißtrauisch. Vielleicht taugt diese Person nichts, warum sonst sollte er oder sie auf dich warten? Der verheiratete Mensch ist für den Nachäffer sehr attraktiv.

Zweitens: den Leuten kommt es weniger aufs Lieben an – tatsächlich wissen die Leute gar nicht, was Liebe ist – als aufs Konkurrieren. Ein verheirateter Mann?... und schon bist du interessiert. Oder eine verheiratete Frau?... und schon bist du interessiert; denn jetzt hast du eine Chance zu konkurrieren. Der Dreieckskampf kann beginnen. Die Frau ist nicht so leicht zu haben, es wird zum Kampf kommen.

Tatsächlich bist du gar nicht an der Frau interessiert, du bist am Kämpfen interessiert. Die Frau wird zum Gegenstand, du kannst um sie kämpfen und du kannst deinen Mut beweisen. Du kannst den Ehemann ausbooten, und du wirst dich sehr gut dabei fühlen – ein Ego-Trip; es ist kein Liebes-Trip. Aber merke dir: wenn du den Ehemann erstmal ausgebootet hast, bist du an der Frau nicht mehr interessiert. Du wolltest dich nur mit dem Ehemann messen: „Sieh an, was soll ich jetzt mit einer unverheirateten Frau?" Wieder wirst du dich irgendwo in einen neuen Kampf stürzen: und immer wird es eine Dreierbeziehung sein. Das ist nicht Liebe. Im Namen der Liebe existiert Eifersucht, existiert Rivalität, existiert Aggression, existiert Gewalt. Du willst dich beweisen. Du möchtest dich gegenüber dem Mann beweisen: „Schau mal, ich habe dir deine Frau ausgespannt." Wenn du die Frau erst mal hast, bist du an der Frau überhaupt nicht mehr interessiert, denn sie war gar nicht der Gegenstand deiner Begierde, der eigentliche Gegenstand deiner Begierde war der Sieg.

Ich habe gehört...
Ein gewisser prominenter Geschäftsmann verlor seine Frau, und die Beerdigung war ein öffentliches Ereignis. Alle Würdenträger der Stadt waren anwesend und fast alle waren Bekannte des Witwers. Da war jedoch ein Fremder, und der schien mehr als alle anderen zu trauern. Noch bevor das Begräbnis beendet war, brach er völlig zusammen.
Der Witwer fragte: „Wer ist denn dieser schluchzende Fremde?"
„Ach", flüsterte einer, „wissen Sie denn nicht? Er war der Liebhaber Ihrer verstorbenen Frau."
Der Witwer ging hinüber zu dem schluchzenden Mann, klopfte ihm auf den Rücken und sagte: „Fasse dich, alter Junge, alles nicht so schlimm. Ich heirate bestimmt wieder."

Hütet euch. Es ist krankhaft, sich in eine verheiratete Frau oder in einen verheirateten Mann zu verlieben. Schaut euch die Gründe an. Sie haben mit Liebe nichts zu tun. Irgendetwas anderes agiert da hinter euren Gedanken und rumort im Unterbewußten.
Außerdem: die verheiratete Frau ist nicht leicht zugänglich. Das erzeugt ebenfalls Verlangen. Leichte Zugänglichkeit tötet das Verlangen. Je unzugänglicher, je unerreichbarer die Frau, desto größer dein Verlangen; du kannst von ihr träumen. Und tatsächlich sieht es gar nicht so aus, als ob dein Verlangen jemals erfüllt wird. Es läßt sich so leicht romantisch sein mit einer verheirateten Frau! Da kannst du deine

Phantasie spielen lassen. Es ist gar nicht leicht, sie dir zugänglich zu machen. Du bist an unverheirateten Frauen nicht interessiert, weil sie dir wenig Gelegenheit geben, romantisch zu sein. Du zeigst Interesse, und schon sind sie bereit. Es gibt keinen Spielraum. Es fehlt diese lange, lange Zeit des Wartens.

Viele Menschen sind nicht an der Liebe interessiert, sondern am Warten; sie sagen, daß Warten viel schöner sei als die Liebe. In gewisser Weise ist das wahr, denn während du wartest, projizierst du, träumst du einfach. Es ist dein Traum, und du kannst so schön träumen, wie du willst. Eine wirkliche Frau wird alle deine Träume zerschlagen. Die Männer haben Angst vor der wirklichen Frau. Und eine verheiratete Frau wird eher unwirklich als wirklich. Das gleiche gilt für den verheirateten Mann: er ist weit entfernt. Es ist eher unwahrscheinlich, daß er sich wirklich auf eine Liebesbeziehung mit dir einlassen wird.

Ich habe gehört ...
Ein junger Mann ging zu einem sehr weisen alten Mann, und der junge Mann sagte: „Ich bin liebeskrank, mein Herr. Können Sie mir helfen?"
Der weise Mann dachte nach, und dann sagte er: „Es gibt nur ein Rezept gegen die Liebe, und das ist die Ehe. Und wenn die Ehe nicht hilft, dann hilft gar nichts. Wenn du heiratest, wirst du wieder gesund. Dann wirst du nie wieder an Liebe denken!"

Ja, die Ehe ist mit Sicherheit das absolut beste Mittel gegen die Liebe, und wenn die Ehe versagt, kann auch nichts anderes helfen. Dann bist du unheilbar liebeskrank. Es ist gut, sich in eine verheiratete Frau zu verlieben, denn dann ist Heilung unmöglich; du bleibst liebeskrank. Es gibt Leute, die ihre Liebeskrankheit ungeheuer genießen: sie weinen, schluchzen, warten, phantasieren, schwärmen, lesen und schreiben Liebesgedichte, malen, musizieren – alles Ersatzhandlungen. Die reale Frau ist gefährlich. Die reale Frau sieht nur von weitem romantisch aus. Wenn du näher kommst, siehst du die wirkliche Frau. Sie ist keine Fee und keine Fiktion. Man muß auf ihre Wirklichkeit gefaßt sein. Und wenn eine Frau dir nahe kommt, dann ist sie nicht nur real, sie holt dich auch von deinem Elfenbeinturm herunter auf die Erde. In allen Kulturen der Welt repräsentiert die Frau die Erde und der Mann den Himmel. Die Frau ist sehr erdverhaftet; sie gravitiert zur Erde hin. Sie ist erdiger als der Mann, praktischer, pragmatischer als der Mann. Deshalb findet man auch keinen großen weiblichen Dichter, keinen großen weiblichen Maler, keinen großen weiblichen Komponisten, nein. Sie fliegen nicht so weit in den Himmel hinauf. Sie halten sich an der Erde fest, sie dringen mit ihren Wurzeln in die Erde ein und stehen da wie starke Bäume.

Der Mann ist mehr wie ein Vogel. Wenn ein Mann heiratet, bringt die Frau ihn auf die Erde herunter und hinein in die praktische Welt. Dichter sind nicht gerne verheiratet; sie wollen immer gerne verliebt bleiben, sie wollen nicht von dieser Krankheit geheilt werden. Die Leute verlieben sich in eine verheiratete Frau – das ist ein halbfertiges Haus, das ist ein Trick. Sie können sich einbilden verliebt zu sein und gleichzeitig die Liebe vermeiden.

Die Liebe macht große Angst, denn die Liebe ist eine Herausforderung, eine große Herausforderung. Jetzt mußt du wachsen, du darfst nicht kindlich und unreif bleiben. Du mußt dich mit den Realitäten des Lebens auseinandersetzen. Eure sogenannten großen Dichter sind fast alle sehr kindisch und unreif, sie leben in der Märchenwelt ihrer Kindheit. Sie wissen nicht, was Realität ist; sie lassen die Wirklichkeit nicht in ihre Träume eindringen.

Eine Frau zerstört deine Traumwelt mit Sicherheit. Sie ist keine Traumgestalt, sie ist eine Tatsache, eine Realität. Wenn ihr euch einbilden wollt verliebt zu sein, der Liebe aber aus dem Weg gehen wollt, dann verliebt ihr euch am besten in eine verheiratete Frau oder in einen verheirateten Mann. Das ist sehr pfiffig, das ist eine Täuschung, eine Selbsttäuschung.

Auch eine Frau hat Angst, sich in einen freien Mann zu verlieben, denn auf einen freien Mann oder auf eine freie Frau muß man sich mehr einlassen – es ist ein Vierundzwanzig-Stunden-Engagement. Auf eine verheiratete Frau muß man sich nicht so intensiv einlassen. Du kannst dir ein paar heimliche Küsse holen, du kannst sie in einer dunklen Ecke treffen – immer mit der Angst, daß der Ehemann kommt oder daß euch irgend jemand sieht. Es ist immer halbherzig, flüchtig, und du lernst die Frau nicht in ihrem alltäglichen Leben kennen. Du lernst nur ihr geschminktes Gesicht kennen, du lernst ihre Selbstdarstellung kennen, nicht ihre Wahrheit.

Wenn eine Frau das Haus verläßt, um zu einem Einkaufsbummel zu gehen, ist sie nicht mehr dieselbe Frau. Sie ist fast eine andere Person. Jetzt ist sie eine hergerichtete Frau, jetzt ist sie eine Darstellerin. Frauen sind wunderbare Schauspielerinnen. Zuhause sehen sie gar nicht so schön aus. Kaum aus dem Haus, werden sie plötzlich ungeheuer schön, fröhlich, vergnügt, begeistert. Sie werden wieder zu kichernden kleinen Mädchen, ins Leben verliebt. Ihr Gesicht verändert sich, sie strahlen, Ihre Augen sind anders; ihr Make-up, ihre Art sich zu geben. Sieht man eine Frau am Strand oder beim Einkaufsbummel, dann sieht man eine völlig andere Art von Realität.

Mit einer Frau vierundzwanzig Stunden am Tag zusammenzuleben, ist eine alltägliche Erfahrung – es kann gar nicht anders sein. Aber wenn du eine Frau wirklich liebst, möchtest du ihre Wirklichkeit kennen lernen, nicht ihren Schein, denn Liebe kann nur in der Wirklichkeit existieren. Und Liebe macht dich fähig, die Wirklichkeit einer Frau zu sehen und sie trotzdem zu lieben, alle ihre Fehler zu kennen und sie trotzdem zu lieben. Liebe hat eine ungeheure Kraft.

Wenn du mit einem Menschen – Mann oder Frau – vierundzwanzig Stunden am Tag zusammen bist, lernst du alle seine Fehler kennen; du erfährst alles, was gut ist, aber du erfährst auch alles, was schlecht ist; alles was schön ist, aber auch alles, was häßlich ist; alles, was dir wie Lichtstrahlen vorkommt und alles, was wie dunkle Nacht ist. Du lernst den ganzen Menschen kennen. Die Liebe ist stark genug, den anderen mit all den Fehlern, Beschränkungen und Gebrechen zu lieben, die dem Menschen nun einmal eigen sind. Aber so eine eingebildete Liebe ist nicht stark genug. Sie kann eine Frau nur auf der Kinoleinwand lieben. Sie kann eine Frau nur als Romanfigur lieben. Sie kann eine Frau nur als poetische Idealgestalt lieben. Sie kann eine Frau nur lieben wie einen unerreichbar fernen Stern. Sie kann nur eine Frau lieben, die nicht real ist.

Liebe ist eine total andere Dimension.

Sie bedeutet, sich in die Realität zu verlieben. Ja, die Wirklichkeit hat Fehler, aber diese Fehler sind Herausforderungen ans Wachstum. Jeder Fehler ist eine Aufforderung, ihn zu transzendieren. Und wenn sich zwei Menschen wirklich lieben, dann helfen sie sich gegenseitig zu wachsen. Sie erforschen sich gegenseitig, sie dienen dem anderen als Spiegel: sie reflektieren sich gegenseitig. Sie helfen sich gegenseitig, sie stützen einander. In guten und in schlechten Zeiten, in Momenten der Freude, in Momenten der Traurigkeit halten sie zusammmen, sind sie engagiert – genau das heißt Engagiertsein.

Wenn ich nur bei dir bin, wenn du glücklich bist, dir aber aus dem Weg gehe, wenn du unglücklich bist, dann ist das kein Engagiertsein, sondern Ausbeutung. Wenn ich nur für dich da bin, wenn es dir gut geht und nicht für dich da bin, wenn es dir nicht gut geht – dann bin ich überhaupt nicht für dich da. Dann liebe ich dich nicht, liebe ich nur mich selbst und mein Vergnügen. „Solange du Vergnügen machst, gut; wenn du anfängst wehzutun – weg mit dir." Das ist nicht Liebe; das ist kein Engagiertsein, das ist kein Füreinander da sein. Das ist keine Achtung vor dem anderen. Es ist leicht, die Frau eines anderen zu lieben, denn er muß die Realität ertragen, während du die Fiktion genießt. Das ist eine sehr bequeme Arbeitsteilung. Aber sie ist unmenschlich. Menschliche Liebe ist immer eine große Auseinandersetzung. Und Liebe ist nur, wenn daraus Wachstum entsteht – was für eine Liebe soll es sonst sein?

Liebende bereichern einander – in jeder Beziehung.

Liebende erreichen höhere Gipfel des Glücks, wenn sie zusammenhalten, und sie erreichen auch tiefere Tiefen der Traurigkeit, wenn sie zusammenhalten. Die Höhen und Tiefen ihres Glücks und ihrer Traurigkeit sind unendlich – das ist Liebe. Wenn du alleine weinst, ist deine Traurigkeit nicht sehr tief. Ist euch das schon mal aufgefallen? Allein geht Traurigkeit nicht tief. Wenn du mit einem anderen zusammen weinst, gibt es Tiefe, deine Traurigkeit hat eine neue Dimension. Du kannst alleine lachen, aber deine Heiterkeit ist oberflächlich. Tatsächlich hat sie etwas Verrücktes an sich – nur Verrückte lachen allein.

Wenn du zusammen mit einem anderen lachst, steckt Tiefe in deiner Fröhlichkeit, steckt etwas Gesundes in deiner Fröhlichkeit. Du kannst alleine lachen, aber dein Lachen geht nicht sehr tief, es kann nicht tief gehen. Lachst du mit einem anderen, dann dringt deine Fröhlichkeit tief bis in den innersten Kern deines Wesens vor.

Zwei Menschen zusammen – zusammen in allen Wetterlagen, Tag und Nacht, Sommer wie Winter, in allen Stimmungen – wachsen. Der Baum braucht alle Wetterlagen und alle Jahreszeiten. Ja, er braucht den brennend heißen Sommer und er braucht den eiskalten Winter. Er braucht das Tageslicht, die Flut des Sonnenscheins, und er braucht die Stille der Nacht, so daß er sich in sich zurückziehen und tief in den Schlaf versinken kann. Er braucht stille, fröhliche, heitere Tage; er braucht auch düstere, bewölkte Tage. Er wächst durch all diese Dialektik.

Liebe ist dialektisch. Allein könnt ihr nicht wachsen. Merkt euch: wenn ihr euch verliebt, weicht dem Engagement nicht aus, seid füreinander da. Geht total in eure Liebe hinein. Bleibt nicht am Rande stehen, stets bereit, die Flucht zu ergreifen, sobald die Dinge zu schwierig werden. Und Liebe ist auch ein Opfer. Du mußt vieles opfern... dein Ego. Du mußt deinen Ehrgeiz opfern, du mußt deine Privatsphäre opfern, du mußt deine Geheimnisse opfern; du mußt viele Dinge opfern. Nur um romantisch verliebt zu sein, dazu gehört kein Opfer. Aber wo kein Opfer ist, ist auch kein Wachstum. Liebe wandelt dich praktisch vollkommen um. Es ist eine Neugeburt: du bist nicht mehr derselbe Mensch, der du warst, bevor du dich in diese Frau oder in diesen Mann verliebt hast. Du bist durchs Feuer gegangen, du bist geläutert. Aber dazu gehört Mut.

Du fragst: *Warum bin ich nur hinter verheirateten Frauen her?* Weil du nicht mutig bist. Du möchtest dich auf nichts einlassen. Du hättest es gern billig, du möchtest nicht den Preis dafür zahlen.

Barmherziger Meister, man kann es schon gar nicht mehr „Liebe machen" nennen... ich fühle mich mit dir ganz und gar in einem Tempel. Jetzt im Moment bin ich bewußt – was ich nie war, bevor ich dir begegnet bin. Jedesmal ist alles anders – für mich und für die andere Hälfte. Dir in solchen Augenblicken zu danken, wäre nie angemessen. Und doch fallen wir zurück. Wie können wir abheben? Wie kann ich mir von der äußeren Frau helfen lassen, mich mit der Frau in mir zu vereinigen?

Die Frage kommt von Anand Kul Bhushan.

Zunächst einmal: Betrachte die Frau niemals als „die andere Hälfte". Sie ist es nicht, und du bist es auch nicht. Du bist ganz, sie ist ganz. Sie ist ein Individuum, und du bist ein Individuum. Du bist vollkommen, und sie ist vollkommen.

Die altmodische Ansicht, daß die Frau die andere Hälfte sei, hat großes Unheil angerichtet. Sobald du dich als Besitzer siehst – und es ist eine Art von Besitz –, zerstörst du die Individualität des anderen, zerstörst du etwas sehr Wertvolles. Das ist unkreativ. Sieh die Frau niemals als die andere Hälfte an – sie ist es nicht!

Zwei Liebende sind wie zwei Säulen in einem Tempel. So drückt es Kahlil Gibran aus. Sie stützen das gleiche Dach, aber sie stehen allein; sie sind nicht vereint. Wenn die beiden Säulen sich zu nahe kämen, würde der Tempel einstürzen: das Dach würde überhaupt nicht mehr gestützt. Seht euch die Säulen hier im Chuang Tzu Auditorium an; sie stehen allein – sie stützen das gleiche Dach. So sollten auch Liebende sein – allein, jeder für sich, und dennoch gemeinsam etwas stützend. Die Ehefrau ist nicht die Hälfte des Ehemanns, noch ist der Ehemann die Hälfte der Ehefrau. Der Ehemann unterwirft sich nicht der Ehefrau, noch unterwirft sich die Ehefrau dem Ehemann; beide haben sich Gott hingegeben. Merkt euch: alles andere hat sich wirklich als lähmend erwiesen. Gewiß, der Mann hat nicht viel gelitten, denn der Mann war es, der sich das mit der Frau als „andere Hälfte" ausgedacht hat. Er begreift sich nicht als die andere Hälfte der Frau, nein. Das hat sich der Mann ausgedacht, daß die Frau die andere Hälfte sei. Der Mann bleibt ganz, die Frau wird zur „anderen Hälfte"!

Deshalb muß die Frau auch bei der Eheschließung den Namen des Mannes annehmen, nicht umgekehrt. Sie verschwindet, sie wird zerstört. Sie ist keine Frau mehr, sie ist eine Ehefrau. Die Ehefrau ist eine Institution. Der Mann bleibt der Mann, der er auch vorher schon war. Dem Mann ist etwas angefügt worden, der Frau ist etwas weggenommen worden – das ist häßlich.

Kürzlich las ich das schöne Gedicht einer Frau: „Erzähl mir nichts von deiner Liebe", sagt sie zu ihrem Liebhaber...

Erzähl mir nichts von deiner Liebe
Ich kenne sie gut
Ich fühlte sie in deinem Blick
Fühlte sie am Hieb der Peitsche
Und schlimmer noch
Aus deiner Zunge
Erzähl mir nichts von deiner Liebe
Sie ist so flüssig
Sie hat mich
Und meine Liebe
In ihrer brennenden Intensität ertränkt
Nur wenige Stellen an mir sind ohne Narbe
Der Brand deiner Liebe hat fast mein Hirn verschlungen
Die Sicherheit deiner Liebe hat mich vaterlos gemacht
Das Geschenk deiner Liebe hat mich zum Findel gemacht
Das Zeugnis deiner Liebe hat mir die Freiheit genommen
Dein Liebeslied hat mir die Stimme geraubt
Ich werde nicht mehr singen
Ich bin nicht mehr
Du hast mich geliebt bis zur Auslöschung

Laßt es mich wiederholen: Du hast mich geliebt bis zur Auslöschung...

Dann hat sich die Liebe nicht eben als Liebe erwiesen. Sie ist eine subtile Art von Herrschaft. Und wo Herrschaft ist, verschwindet die Liebe. Wo Besitz ist, verschwindet die Liebe.

Bitte hütet euch davor, eine Frau besitzen zu wollen oder einen Mann besitzen zu wollen. Besitz, Besitzanspruch ist nicht Liebe. Vergeßt nicht: die Frau muß als Individuum intakt bleiben. Ihre Freiheit darf nicht zerstört werden; ihre Freiheit muß geachtet werden – koste es, was es wolle.

Das ist die tantrische Vision: die Freiheit der Frau muß unangetastet bleiben, koste es, was es wolle – ohne Bedingung. Wenn du sie wirklich liebst, dann liebst du auch ihre Freiheit – und sie wird deine Freiheit lieben. Wie kannst du, wenn du einen Menschen liebst, seine oder ihre Freiheit zerstören? Wenn du einem Menschen vertraust, dann vertraust du auch ihrer oder seiner Freiheit.

Da war ein Mann, der eines Tages zu mir kam und sehr unglücklich war, in einer sehr schlimmen Verfassung. Und er sagte: „Ich werde mich umbringen." Ich sagte: „Warum?" Er sagte: „Ich habe meiner Frau vertraut, und nun hat sie mich betrogen. Sie hatte mein absolutes Vertrauen, und sie hat sich in einen anderen Mann verliebt. Und ich hatte keine Ahnung und habe gerade eben erst davon erfahren! Ich habe ein paar Briefe gefunden. Also stellte ich sie zur Rede, und dann bin ich in sie gedrungen, und jetzt hat sie mir gestanden, daß sie die ganze Zeit einen anderen Mann geliebt hat. Ich werde mich umbringen", sagte er.

Ich sagte: „Du sagst, du vertrautest ihr?"

Er sagte: „Ja, ich vertraute ihr, und sie hat mich betrogen."

Was meint ihr mit Vertrauen? – wohl eine falsche Vorstellung von Vertrauen; sogar Vertrauen scheint politisch zu sein…

„Du hast ihr vertraut, damit sie dich nicht betrügt. Dein Vertrauen war ein Trick. Jetzt möchtest du ihr ein schlechtes Gewissen machen. Das ist kein Vertrauen."

Er war ganz verwirrt. Er sagte: „Wenn das kein Vertrauen ist, was meinst du denn dann mit Vertrauen? Ich habe ihr bedingungslos vertraut."

Ich sagte: „An deiner Stelle würde ich unter Vertrauen verstehen, daß ich ihrer Freiheit vertraue und ich ihrer Intelligenz vertraue und ich ihrer Liebesfähigkeit vertraue. Wenn sie sich in einen anderen Mann verliebt, dann vertraue ich sogar darin. Sie ist intelligent, sie hat die Wahl. Sie ist frei, sie darf lieben. Ich vertraue ihrer Intelligenz."

Was versteht ihr unter Vertrauen? Nur wenn du ihrer Intelligenz vertraust, ihrer Einsicht, ihrer Bewußtheit, dann vertraust du wirklich. Und wenn sie sich in einen anderen verlieben möchte, dann ist das völlig okay. Wenn dich das schmerzt, dann ist das dein Problem; es ist nicht ihr Problem.

Und Schmerz empfindest du nicht aus Liebe, sondern weil du eifersüchtig bist.

Was soll denn das für ein Vertrauen sein, das da angeblich enttäuscht wurde? Meinem Verständnis nach kann Vertrauen gar nicht enttäuscht werden. Seinem ganzen Wesen nach und seiner Definition nach kann Vertrauen nicht enttäuscht werden. Es ist unmöglich, Vertrauen zu enttäuschen. Ein Vertrauen, das enttäuscht werden kann, war gar kein Vertrauen. Denkt einmal darüber nach. Wenn ich eine Frau liebe, dann vertraue ich ihrer Intelligenz, ohne Einschränkung. Und wenn sie gelegentlich zu einem anderen lieb sein möchte, dann ist das vollkommen in Ordnung. Ich habe ihrer Intelligenz immer vertraut. Ich vertraue ihrem Gefühl. Sie ist frei. Sie ist nicht meine andere Hälfte, sie ist unabhängig. Und nur zwischen zwei unabhängigen Einzelnen ist Liebe möglich.

Liebe fließt nur zwischen zwei Freiheiten.

Ich verstehe Kul Bhushans Frage. Er hat das Wort „andere Hälfte" unbewußt gebraucht. Ich habe seine Liebe zu seiner Frau gesehen und ich habe die Liebe seiner Frau zu ihm gesehen. Sie sind nicht jeweils die eine Hälfte des andern, keineswegs; es ist einfach so, daß er da ein Wort wie gewohnt und unbewußt benutzt. Aber das wollte ich klarstellen.

Zweitens: *Man kann es schon gar nicht mehr „Liebe machen"* *nennen…* Wenn Liebe wächst, wird etwas anderes aus ihr. Wenn Liebe nicht wächst, wird etwas anderes aus ihr. Liebe ist etwas sehr Empfindliches. Wenn sie nicht wächst, wird sie bitter, wird sie giftig, wird sie zu Haß. Sie kann sogar noch tiefer fallen und zu Gleichgültigkeit werden – was der Liebe am fernsten ist. Liebe ist eine heiße Energie. Haß ebenso – heiß. Aber Gleichgültigkeit ist kalt, erstarrt. Man kann sich Haß und Liebe und Gleichgültigkeit auf folgender Skala vorstellen: genau in der Mitte zwischen Haß und Liebe ist ein Null-Punkt – genau wie der Nullpunkt auf einem Thermometer – darunter ist Kälte, darüber ist Wärme. Der Null-Punkt ist Haß, darunter wirst du sogar immer noch kälter und kälter: du kannst eiskalt werden – gleichgültig.

Wenn Liebe nicht wächst, fällt sie nach unten ab. Sie muß sich bewegen: Liebe ist Energie; Energie bewegt sich. Wenn sie sich bewegt, merkst du bald, daß sie nicht mehr Liebe ist. Sie ist Meditation geworden, sie ist Gebet geworden. Das ist der ganze Ansatz von Tantra: wenn die Liebe auf die rechte Weise wächst, wenn die Liebe sorgfältig gehütet wird, verwandelt sie sich in Gebet. Sie wird am Ende zur höchsten Gotteserfahrung. Liebe ist der Tempel Gottes. Wenn Menschen gleichgültig nebeneinander her leben, können sie Gott nicht erkennen. Gleichgültigkeit ist der wahre Atheismus. Leute, die kalt und gleichgültig sind… Sogar die Gerichte berücksichtigen das: wenn jemand heißblütig umgebracht worden ist, nehmen die Gerichte den Mord nicht allzu ernst. Wenn jemand aus Leidenschaft umgebracht worden ist, beurteilen die Gerichte es mit Nachsicht. Dann darf der Mörder nicht allzu schwer bestraft werden – es war nur ein Akt der Leidenschaft; es geschah aus plötzlicher Raserei.

Aber die Gerichte urteilen sehr hart, wenn es sich um einen Mord aus kaltem Kalkül handelt. Der kaltblütige Mörder ist der gefährlichste Mensch. Er bereitet die Tat bis ins Detail genau vor. Er denkt darüber nach, grübelt, wägt ab; er berechnet. Er geht in einer sehr, sehr mechanischen und gründlichen Art und Weise vor; er erledigt seinen Job sehr fachgerecht. Er hat kein Herz, er ist einfach kalt. Das kalte Herz ist das tote Herz. Das kalte Herz ist das tote, vertrocknete, versteinerte Herz. Wenn Liebe nicht aufsteigt, sinkt sie.

Merkt euch, Liebe kann nicht statisch bleiben – das ist der Punkt, den man verstehen muß. Liebe kann nicht in einem statischen Zustand verharren – entweder sie fällt nach unten oder sie geht nach oben, aber sie bewegt sich.

Wenn du also ein Leben voller Wärme haben willst, dann verhilf deiner Liebe zu wachsen. Zwei Menschen verlieben sich; wenn ihre Liebe nicht sofort anfängt, Freundschaft zu werden, kommt es früher oder später zur Scheidung. Aus der

Liebe sollte Freundschaft erwachsen, sonst erwächst Feindschaft – irgend etwas muß zwangsläufig passieren. Liebe ist ein erster Schritt. Wachst sofort in die Freundschaft hinein, sonst wird Feindschaft heranwachsen – irgend etwas muß zwangsläufig wachsen.

Liebe ist fruchtbar. Wenn du nicht die Saat schöner Blumen ausstreust, wächst Unkraut – irgend etwas muß zwangsläufig wachsen. Wenn Liebe wirklich tiefer geht, wird sie zum Gebet. Dann ist ihre ganze Beschaffenheit nicht-sexuell. Dann ist die Beschaffenheit nicht-sinnlich. Dann hast du ein bestimmtes Gefühl der Verehrung für den anderen – überhaupt keine sexuelle Lust, sondern Ehrfurcht. In Gegenwart des anderen fühlst du etwas Göttliches, etwas Geheiligtes. Dein Geliebter wird dein Gott, deine Geliebte wird deine Göttin.

Man kann es schon gar nicht mehr „Liebe machen" nennen… ich fühle mich mit dir ganz und gar in einem Tempel. Das ist richtig, du bist gesegnet. *Jetzt im Moment bin ich bewußt – was ich nie war, bevor ich dir begegnet bin.* Je mehr die Liebe zum Gebet wird, desto mehr Bewußtheit wird kommen – die Bewußtheit ist untrennbar mit der Liebe verbunden, wie ein Schatten.

Genau darauf bestehe ich: wenn Bewußtheit kommt, dann kommt in ihrem Schatten die Liebe, kommt als Schatten die Liebe. Wenn Liebe kommt, dann kommt als ihr Schatten Bewußtheit. Entweder du wächst in der Liebe oder du wächst in der Meditation; das Ergebnis ist letztlich das gleiche. Beide gehen sie Hand in Hand: du versuchst das eine und das andere kommt. Es kommt auf dich an: Wenn du mehr in Einklang mit der Liebe bist, dann ist Liebe dein Weg – der Weg der Hingabe, *bhakta*.

Wenn du mehr in Einklang mit Bewußtheit bist, dann der Weg der Meditation, *dhyana*. Das sind im Grunde die beiden einzigen Wege, alle anderen Wege sind Kombinationen dieser beiden. Wenn die Liebe wächst, wirst du dabei in jedem Augenblick bewußter. Je höher sie geht, desto tiefer wird deine Einsicht in die Dinge sein. Dir in solchen Augenblicken zu danken wäre nie angemessen. Das kann es nie sein, und es ist auch gar nicht nötig. Tatsächlich sagen wir oft „Danke" ohne wirklich dankbar zu sein. Irgend jemand am Tisch reicht dir den Salzstreuer herüber und du sagst: „Danke!" – meinst du es wirklich? Du meinst es nicht so, es ist reine Förmlichkeit.

Zwischen Schüler und Meister gibt es keine Förmlichkeiten, sie sind unnötig. Ich reiche euch keine Salzstreuer.

Danke zu sagen ist eine westliche Sitte. Im Osten ist es fast unmöglich. Ich habe meinem Vater nie gedankt – ich kann es gar nicht. Wie könnte ich meinem Vater danken? Ich habe auch meiner Mutter nicht gedankt. Ich verdanke ihr alles, aber ich habe ihr nicht gedankt. Wie könnte ich auch? Es wäre unangemessen, es wäre einfach peinlich, Dankeschön zu sagen. Es wäre zu förmlich, es wäre lieblos. Es ist besser zu schweigen. Sie versteht.

Zwischen Meister und Schüler kann es keine Förmlichkeit geben; jede Förmlichkeit wäre immer unangemessen. Sie ist auch gar nicht nötig. Ich verstehe dich, Kul Bhushan. Ich sehe dein Herz voller Dank. Er läßt sich nur im Schweigen ausdrücken. Er wird ausgedrückt, ohne ausgesprochen zu werden. Wenn du versuchst, ihn auszusprechen, wird es nie echt klingen.

Dir in solchen Augenblicken zu danken wäre nie angemessen. Und doch fallen wir zurück. Wie können wir abheben? Wie kann ich mir von der äußeren Frau helfen lassen, mich mit der Frau in mir zu vereinigen? Zurückzufallen ist ganz normal. Die Vergangenheit ist so groß, und der gegenwärtige Augenblick ist so klein! Der Sog der Vergangenheit ist so stark, und diese Bewußtheit ist nur wie ein junges Blatt am Baum – frisch, jung, zart, verwundbar. Und die Vergangenheit ist wie der Himalaja – Felsen, Felsen, Felsen. Dieses kleine Blatt und dieser Himalaja aus Felsen...

Dieses Blatt mußte sich gegen diesen Himalaja aus tausend und abertausend mechanisch und unbewußt gelebten Leben durchsetzen. Aber dennoch wird sich dies kleine Blatt als stärker erweisen als der ganze Himalaja aus Felsen und Felsen und Felsen. Warum? Weil dieses Blatt lebendig ist... lebendig vor Liebe, entbrannt von Liebe. Dieses Blatt ist das Blatt der Bewußtheit. Es wird siegen.

Aber oft wirst du das Gefühl haben, zurückgefallen zu sein – das ist natürlich. Sorge dich nicht deswegen und fühle dich nicht schuldig. Jedesmal, wenn du es bemerkst, fang wieder an zu wachsen. Bewahre das junge Blatt immer in deinem Bewußtsein. Konzentriere deine ganze Bewußtheit auf diese neue Einsicht, die in deinem Inneren heranwächst. Am Anfang werden diese Augenblicke nur ganz selten vorkommen. Auch wenn ein solcher Moment nur von Zeit zu Zeit kommt, wenn die Liebe nicht mehr Liebe ist und zum Gebet geworden ist, dann bist du in einem tantrischen Moment.

Sorge dich nicht um die dunklen Nächte: es ist nicht nötig, sich Sorgen zu machen. Gehe weiter von Tag zu Tag. Denk dran: von Tag zu Tag. Nächte wird es geben – manchmal sehr lange Nächte; stelle dir diese Nächte einfach als dunkle Tunnel vor. An einem Ende ist Licht, am anderen Ende ist Licht; dazwischen liegt der Tunnel der Dunkelheit. Und der Tunnel hat auch sein Gutes, denn er bereitet deine Augen darauf vor, das Licht klarer zu sehen. Er gönnt dir eine Ruhepause, er entspannt. Denke es dir nicht so, daß du von Nacht zu Nacht gehst und daß der Tag dazwischen liegt, nein.

Mögen die tantrischen Augenblicke noch so selten sein und noch so klein, so sind sie doch kostbare Edelsteine... funkelnde Edelsteine.

Behalte diese Momente einfach im Auge. Der eine Augenblick ereignet sich heute und der nächste vielleicht erst in einem Jahr. Mache dir deshalb keine Sorgen – sie sind unnötig. Laß deine Augen sich von diesem Moment auf den nächsten Moment richten: das ganze Jahr ist nur ein Tunnel von einem Tag zum nächsten Tag, von einem Licht zum nächsten Licht, von einem Liebes-Augenblick zum nächsten

Liebes-Augenblick, von einer Bewußtheit zur nächsten Bewußtheit. Bald wirst du nicht mehr so oft zurückfallen und schon bald wirst du überhaupt nicht mehr zurückfallen. Es gibt jedenfalls keinen Grund, sich schuldig zu fühlen und zu bereuen, wenn du zurückfällst. Es ist natürlich, akzeptiere es.

Wie kann ich mir von der äußeren Frau helfen lassen, mich mit der Frau in mir zu vereinigen?

Denke nicht an das „Wie". Wenn Liebe da ist, wird es sich von selbst ereignen. Und Liebe hat nichts mit „Wie" zu tun und auch nichts mit „Gewußt, wie". Liebe einfach ohne jeden Grund, liebe einfach mit Verehrung, mit Ehrfurcht – liebe einfach. Sieh in dem anderen nicht den Körper, sondern die Seele, sieh in dem anderen nicht das Denken, sondern das Nicht-Denken. Wenn du das, was nicht denkt, in deiner Frau sehen kannst, dann wirst du auch deine innere Frau ganz leicht finden können. Dann ist die äußere Frau nur ein Medium: durch die äußere Frau, via die äußere Frau wirst du auf deine innere Frau zurückgeworfen.

Aber wenn die andere Frau im Äußeren für dich nur ein Körper ist, dann bist du blockiert. Wenn die äußere Frau einfach eine Seele für dich ist, eine Leere, einfach ein zero, einfach ein Durchgang – dann gibt es nichts, was dich blockieren könnte; deine Energie wird umkehren und wird nach innen gehen und wird deine eigene innere Frau finden. Jede Frau und jeder Mann kann von außen her helfen, die innere Frau oder den inneren Mann zu finden. Aber da gibt es kein „Wie". Ehrfurcht ist nötig. Sei dir in deinen Gedanken und in der Meditation der Göttlichkeit des anderen bewußt. Der andere ist göttlich. Laß diese Haltung walten. Laß diese Atmosphäre um dich sein. Und es wird sich ereignen, es ist schon auf dem besten Wege.

Warum gehen die Leute an dir vorbei? Seit ich Sannyas genommen habe, kann ich ihre Dummheit sehr klar sehen. Warum können sie es nicht sehen?

Sei nicht so streng mit den Leuten. Und es geht dich auch gar nichts an. Wenn sie nicht sehen wollen, dann ist das ihre Entscheidung und ihre Freiheit.

Und nenne es nicht Dummheit, denn wenn du sie dumm nennst, baut sich ein subtiles Ego in dir auf: du kannst sehen und sie können nicht sehen, du bist intelligent und sie sind dumm. Nein, das ist nicht gut.

Es geschah einmal...
Mohammed ging in die Moschee, um sein Morgengebet zu sprechen, und er nahm einen jungen Mann mit, der noch nie in einer Moschee gewesen war. Auf dem Heimweg – es war ein früher Morgen im Sommer, und die Leute schliefen noch – auf dem Heimweg sagte der junge Mann zu Mohammed: „Hazrat, schau dir diese Sünder an, die immer noch schlafen. Ist das die richtige Zeit, zu schlafen? Es ist die Zeit zum Gebet!" Dabei war er selber zum ersten Mal in der Moschee gewesen!
Und wißt ihr, was Mohammed gesagt hat? Er schaute in den Himmel hinauf und sagte: „Verzeih."
Der junge Mann fragte: „Zu wem sagst du das?"
Mohammed erwiderte: „Zu Gott. Und jetzt muß ich in die Moschee zurück. Aber du kommst diesmal bitte nicht mit. Es war gut, daß du früher nie in die Moschee gegangen bist; es war ein Fehler, dich mitzunehmen. Es war gut, daß du die Gebetsstunden immer verschlafen hast, so konntest du wenigstens nicht dieses Ego aufbauen. Nun bist du ein Heiliger, nur weil du ein einziges Gebet gesagt hast, und diese Leute sind Sünder. Und daß ich dich mitgenommen habe, hat mein eigenes Gebet verdorben, deshalb gehe ich jetzt zurück. Diesmal nehme ich dich jedenfalls nicht mit."

Und er ging zurück und bat Gott um Vergebung. Und er weinte, und Tränen rannen ihm übers Gesicht.

Vor ein paar Tagen – oder Wochen – hast du Sannyas genommen, und du glaubst, andere seien dumm? Das ist nicht recht, das ist ganz und gar nicht recht.

Tatsächlich ist ein Sannyasin einer, der aufhört, sich in das Leben anderer Leute einzumischen. Diese Haltung ist eine Einmischung. Warum? Wenn sie mich nicht sehen wollen, wenn sie nicht auf mich hören wollen, wenn sie nicht verstehen wollen, was hier geschieht, dann ist das ihre Freiheit. Sie sind nicht dumm; es ist einfach ihre Freiheit. Sie müssen sich selbst treu sein.

Wenn du dir solche Allüren zulegst – so wird Fanatismus geboren! –, kannst du eines Tages zum Fanatiker werden; dann bringst du die Leute womöglich mit Gewalt hierher: „Es bleibt euch nichts anderes übrig!"

Aus Mitgefühl mußt du sie zwingen. Das ist es, was die Religionen über Jahrhunderte hin getan haben: Mohammedaner töten Hindus, Hindus töten Mohammedaner, Christen töten Mohammedaner, Mohammedaner töten Christen. Warum? Aus Mitgefühl. Sie sagen: „Wir bringen dich auf den richtigen Weg. Du hast dich verirrt. Wir können dir nicht gestatten, vom rechten Wege abzuweichen."

Freiheit bedeutet totale Freiheit. Freiheit bedeutet auch, in die Irre zu gehen. Wenn du einem Menschen nicht erlaubst, in die Irre zu gehen – was für eine Freiheit soll das dann eigentlich sein? Wenn du zu einem Kind sagst: „Du darfst nur das Rechte tun, und was das Rechte ist, entscheide ich. Du darfst nichts Falsches tun, und was falsch ist, entscheide ich" – was für eine Freiheit ist das?

Wer bist du denn, daß du entscheiden dürftest, was recht ist? Laß doch jeden für sich selber entscheiden! Solche Allüren kann man sich sehr leicht angewöhnen. Eben darum hat sich diese Torheit seit Menschengedenken immer wieder ereignet: im Namen der Liebe, im Namen Gottes wurden Millionen von Menschen umgebracht. Wie konnte es dazu kommen? Die Christen glaubten, eine heilige Pflicht zu erfüllen, denn sie dachten: „Wenn du nicht durch Jesus erlöst wirst, kannst du nicht zu Gott eingehen." Wenn man sich ihre Logik zu eigen macht, scheint das sehr, sehr barmherzig zu sein. Wenn das wirklich der Fall ist – daß du nur durch Jesus zu Gott eingehen kannst –, dann waren diese Menschen, die andere Menschen verbrannten und umbrachten und bestraften, tatsächlich große Heilige.

Aber das ist das Problem. Mohammedaner glauben, daß du nur durch Mohammed zu Gott finden kannst – Mohammed ist der jüngste Prophet; Jesus ist schon veraltet. Gott hat eine neue Botschaft geschickt, eine bessere; eine Neuauflage ist auf den Markt gekommen. Warum sollte man also noch auf Jesus hören, wenn es doch jetzt Mohammed gibt? Ganz klar, daß die spätere Version die bessere ist, also mußt du durch Mohammed zu Gott kommen. Jetzt gibt es nur einen Gott und es gibt nur einen Propheten Gottes, und das ist Mohammed. Und wenn du ihnen das nicht abnimmst, dann sind sie bereit, dich umzubringen – einfach aus Liebe, zu deinem eigenen Besten.

Und hört euch die Hindus an. Sie sagen, das sei alles Quatsch. Die erste Ausgabe ist die beste: die Veden. Warum? Weil Gott keine Fehler begeht, kann er sich auch nicht verbessern. Die erste ist die beste! Er kann keine Fehler begehen, wie also könnte er sich verbessern? Das Erste ist das Letzte, das Alpha ist das Omega! Gott hat seine Botschaft ein für alle mal verkündet, was sollen also all die anderen Ausgaben? Die sind nur für die dummen Leute, die das Original nicht verstehen können. Wenn du die Veden verstehen kannst, dann brauchst du keine Bibel und keinen Koran; sie sind einfach überflüssig. Das Erste ist das Beste; Gott vertraute darauf, daß die Menschen verstehen würden. Aber dann erkannte er, daß der Mensch sehr dumm ist: nur ein paar Weise konnten verstehen. Also mußte er sein Niveau ein wenig herabschrauben. Das ist kein Fortschritt, das bedeutet nur, daß Gott sich auf das Niveau des Menschen herabließ, und so gab er ihnen die Bibel. Aber auch die Bibel wurde nicht verstanden, also gab er ihnen den Koran. Auch der wurde nicht verstanden, also schuf er den Guru Grantha – und so sind die Menschen immer tiefer gesunken. Das Konzept der Hindus beruht darauf, daß das Vollkommene nur in der Vergangenheit existierte. Seither ist der Mensch immer tiefer gesunken. Wir leben im dümmsten Zeitalter.

Der Mensch hat sich nicht weiterentwickelt, er ist nur zurückgefallen. Es ist keine Evolution, sagen die Hindus, es ist eine Involution. Je jünger also die Heilige Schrift, desto gemeiner, wie kann es auch anders sein, denn sie ist für das gemeine Volk bestimmt. Die vollkommenen Menschen lebten zur Zeit der Veden.

Nun, es gibt dreihundert Religionen auf der Welt – und jede erhebt den Anspruch, die alleinseligmachende zu sein, und jede ist bereit, die Andersgläubigen zu töten. Sie gehen einander ständig an die Gurgel. Irgend etwas ist von Grund auf schiefgelaufen.

Genau dies ist schiefgelaufen: du bittest mich um Erlaubnis, ein Fanatiker zu werden. Nein, das wird bei mir zumindest nicht passieren – jedenfalls nicht, so lange ich hier bin. Andere dürfen tun, was sie wollen, dürfen sehen, was sie wollen und dürfen interpretieren, wie sie wollen. Du darfst nicht einfach davon ausgehen, daß sie dumm sind. Sie haben ihren eigenen Kopf: das ist schön.

Ein kleiner Schwarzer kommt nach Hause, völlig weiß angemalt, und sagt: „Die Kinder in der Schule haben mich von oben bis unten weiß beschmiert."
Also verprügelt ihn seine Mutter dafür, daß er sich schmutzig gemacht hat.
Der Vater kommt nach Hause und fragt: „Was geht hier

vor?" Also erzählt ihm Mammi, daß die Kinder in der Schule unseren Sam weiß angemalt haben. Also gibt Pappi ihm eine zweite Tracht Prügel – dafür, daß er sich nicht wie ein Kerl verteidigt hat. Kurz danach ist eine fiepsige Stimme zu hören: „Ich bin erst seit zwei Stunden ein weißer Junge, aber schon hasse ich euch Scheißschwarze!"

Und du bist erst seit ein paar Wochen ein Orangener... Bitte gedulde dich, sei intelligent und hab Respekt vor der Freiheit der anderen und dem Wesen der anderen, ihrer Eigenart und ihrem Stil.

Warum ist Sex in allen Gesellschaften zu allen Zeiten ein Tabu gewesen?

Das ist eine sehr komplizierte Frage, aber auch eine sehr wichtige – wert, darauf einzugehen. Sex ist der stärkste Instinkt im Menschen. Der Politiker und der Priester haben von Anfang an erkannt, daß Sex die größte Antriebsenergie im Menschen ist. Sie muß gezähmt, sie muß beschnitten werden. Wenn man dem Menschen sexuelle Freiheit läßt, kann man ihn nicht mehr beherrschen: ihn zum Sklaven zu machen, ist unmöglich.

Ihr habt es gewiß schon beobachtet. Wenn man einen Bullen unter das Joch des Ochsenkarrens zwingen will – was tut man? Man kastriert ihn: man vernichtet seine Sexenergie. Und kennt ihr den Unterschied zwischen einem Bullen und einem Ochsen? Was für ein Unterschied das ist! Ein Ochse ist eine armselige Kreatur, ein Sklave. Der Bulle ist eine Schönheit; ein Bulle ist eine herrliche Erscheinung, eine Pracht. Seht euch an, wie sich ein Bulle bewegt! Er schreitet wie ein König. Und seht euch an, wie der Ochse den Karren zieht.

Das gleiche hat man dem Menschen angetan: der Sex-Instinkt wurde gezähmt, beschnitten, verkrüppelt. Der Mensch lebt heutzutage nicht als Bulle, sondern als Ochse. Und jeder Mensch zieht tausend Ochsenkarren hinter sich her. Schaut euch um und ihr werdet hinter euch tausend Ochsenkarren sehen, und ihr seid unter ihrem Joch. Warum kann man einen Bullen nicht unter das Joch zwingen? Der Bulle ist viel zu stark. Wenn eine Kuh vorbeikommt, wird er dich mitsamt dem Ochsenkarren umschmeißen und sich auf die Kuh stürzen. Es ist ihm ganz egal, wer du bist, und er wird dir nicht gehorchen. Es ist unmöglich, einen Bullen zu kontrollieren.

Sexenergie ist Lebensenergie; sie ist unkontrollierbar. Und der Politiker und der Priester sind nicht an dir interessiert, sie sind daran interessiert, deine Energie in bestimmte andere Richtungen zu lenken. Also verbirgt sich ein Mechanismus dahinter – er muß verstanden werden.

Sexuelle Unterdrückung, die Tabuisierung des Sex, sind die eigentliche Grundlage menschlicher Sklaverei. Und der Mensch kann nicht frei sein, wenn der Sex nicht frei ist. Der Mensch kann nicht wirklich frei sein, wenn er seine sexuelle Energie nicht frei entwickeln darf. Und die fünf Tricks, durch die man den Menschen zum Sklaven, zu einer armseligen Kreatur, zum Krüppel gemacht hat, sind wie folgt...

Der erste Trick: Mache den Menschen so schwach wie möglich, wenn du ihn beherrschen willst. Wenn der Priester dich beherrschen will oder wenn der Politiker dich beherrschen will, mußt du so schwach wie nur irgend möglich sein. In gewissen Fällen sind Ausnahmen erlaubt... z.B. wenn deine Dienste im Kampf gegen den Feind gebraucht werden, nur dann – sonst aber nicht. In der Armee wird vieles erlaubt, was man den Menschen sonst nicht erlaubt. Die Armee steht im Dienste des Todes; ihr wird erlaubt, stark zu sein. Sie darf so stark sein wie sie nur kann: man braucht sie, um den Feind zu töten.

Die anderen werden vernichtet. Man schwächt sie in jeder Hinsicht. Und um sie zu schwächen, braucht man ihnen nur die totale Freiheit in der Liebe zu verweigern. Liebe ist Nahrung. Die Psychologen haben das heute ebenfalls entdeckt: wenn man einem Kind Liebe verweigert, zieht es sich in sich selbst zurück und wird schwach. Ihr könnt ihm Milch geben, ihr könnt ihm Medizin geben, ihr könnt ihm alles geben – nur gebt ihm keine Liebe, knuddelt es nicht, küßt es nicht, laßt es nicht an die Wärme eures Körpers heran: und das Kind wird allmählich immer schwächer und schwächer und schwächer werden. Und wahrscheinlich wird es eher sterben als überleben. Was passiert? Warum? Wenn das Kind umarmt und geküßt wird, wenn es Wärme empfängt, fühlt es sich gestärkt, angenommen, geliebt, geschätzt. Das Kind entwickelt ein Selbstwertgefühl; das Kind fühlt, daß sein Leben Bedeutung hat.

Wir aber hungern heute die Kinder schon in der frühen Kindheit aus; wir geben ihnen nicht genug Liebe. Dann zwingen wir junge Männer und junge Frauen, sich nicht zu verlieben, bevor sie heiraten. Mit vierzehn erreichen sie ihre sexuelle Reife. Aber die Ausbildung dauert länger, zehn Jahre mehr – mit vierundzwanzig, fünfundzwanzig erhalten sie dann ihre akademischen Titel, werden Magister und Doktoren; also müssen wir sie zwingen, sich nicht zu verlieben. Die sexuelle Energie erreicht ihren Höhepunkt im Alter von ungefähr achtzehn. Nie wieder wird der Mann so potent sein und nie wieder wird die Frau einen größeren Orgasmus haben, als im Alter von ungefähr achtzehn. Aber wir hindern sie daran, Liebe zu machen. Wir bestehen darauf, daß die Jungs in dem einen Schlafsaal schlafen und die Mädchen im anderen. Jungs und Mädchen kommen nicht zusammen – und zwischen ihnen steht der ganze Apparat von Polizei, Magistrat, Universitätspräsidenten und Schuldirektoren. Sie stellen sich alle dazwischen und halten die Jungs von den Mädchen fern, und die Mädchen von den Jungs. Warum?

Wozu der ganze Aufwand? Man will den Bullen töten und den Ochsen erzeugen.

Im Alter von achtzehn stehst du auf der Höhe deiner sexuellen Kraft, deiner Liebeskraft. Bis du verheiratet bist – mit fünfundzwanzig, sechsundzwanzig, siebenundzwanzig... und das Alter nimmt immer mehr zu. Je zivilisierter ein Land, desto länger mußt du warten, denn es gibt mehr zu lernen, du mußt einen Job finden – dies und das. Bis du endlich heiratest, gehen deine Kräfte schon beinahe wieder zurück. Dann liebst du, aber deine Liebe wird nie richtig heiß sein, sie erreicht nie den Punkt, wo sich der Mensch auflöst; sie bleibt lauwarm. Und wenn es dir nicht vergönnt war, total zu lieben, dann kannst du auch deine Kinder nicht lieben, denn du weißt gar nicht, wie.

Wenn du die Höhepunkte nie erfahren hast, wie kannst du sie dann den Kindern vermitteln? Wie kannst du den Kindern helfen, die Höhepunkte zu erreichen? Seit Menschengedenken hat man also dem Menschen Liebe vorenthalten, damit er schwach bleibe.

Zweitens: Man sorge dafür, daß der Mensch so unwissend und so verwirrt bleibt wie möglich, damit er sich leichter täuschen läßt. Und wenn man eine allgemeine Verblödung anstrebt – absolut unentbehrlich für die Verschwörung der Priester und Politiker –, dann erreicht man das am besten dadurch, daß man dem Menschen nicht erlaubt, sich in der Liebe frei zu entfalten. Ohne Liebe schrumpft die Intelligenz des Menschen.

Habt ihr das noch nicht beobachtet? Wenn du dich verliebst, steigern sich alle deine Fähigkeiten zum Höhepunkt. Gerade eben noch hast du ganz stumpf ausgesehen, und dann hast du deine Frau getroffen... und plötzlich ergreift dich eine große Freude; du bist entflammt.

Wenn die Leute verliebt sind, leisten sie Höchstes. Wenn die Liebe verschwindet oder wenn keine Liebe da ist, leisten sie fast nichts.

Die größten, die intelligentesten Menschen sind auch die sexuellsten Menschen. Das muß man verstehen, denn Liebesenergie ist im Grunde Intelligenz. Wenn du nicht lieben kannst, bist du irgendwie verschlossen, kalt; du kannst nicht fließen. In der Liebe fließt man. In der Liebe ist man so zuversichtlich, daß man die Sterne vom Himmel holen kann. Deshalb wird eine Frau zu einer so großen Inspiration, wird ein Mann zu einer so großen Inspiration. Wenn eine Frau geliebt wird, wird sie sofort schöner, augenblicklich! Gerade eben war sie noch eine ganz gewöhnliche Frau, dann wurde sie mit Liebe überschüttet – jetzt badet sie in einer vollkommen neuen Energie, sie gewinnt eine neue Aura. Sie läuft anmutiger – sie bewegt sich wie im Tanz. Ihre Augen sind jetzt ungeheuer schön, ihr Gesicht leuchtet: sie strahlt. Und genauso ist es mit dem Mann. Wenn die Menschen verliebt sind, sind sie auf der maximalen Höhe ihrer Energie. Nimm ihnen die Liebe, und sie sind auf der Minimalebene. Wenn sie beim Minimum bleiben, sind sie dumm, sind sie unwissend, interessiert sie nichts. Und wenn die Leute unwissend und dumm und verwirrt sind, kann man ihnen leicht etwas vormachen.

Wenn die Leute sexuell unterdrückt sind, unterdrückt hinsichtlich Liebe, dann sehnen sie sich nach dem Jenseits. Sie machen sich Gedanken über den Himmel, das Paradies – aber sie machen sich keine Gedanken darüber, das Paradies hier auf Erden zu schaffen. Bist du dagegen verliebt, dann ist das Paradies hier und jetzt. Dann machst du dir keine Gedanken – wer geht dann schon zum Priester? Wen kümmert es schon, ob es ein Paradies gibt oder nicht? Du bist ja schon im Paradies! Du brauchst dir keine Gedanken darüber zu machen. Aber wenn deine Liebesenergie unterdrückt ist, denkst du: „Das Hier ist nichts, das Jetzt ist leer. Also muß es irgendwo irgendein Ziel geben…" Du gehst zum Priester und erkundigst dich nach dem Himmel, und er malt den Himmel in den schönsten Farben aus.

Sex wurde unterdrückt, damit ihr euch für das andere

Leben interessieren könnt. Und wenn die Leute sich für ein Leben im Jenseits interessieren, können sich sich natürlich nicht für das Leben im Diesseits interessieren.

Tantra sagt: dieses Leben ist das einzige Leben. Das jenseitige Leben ist im diesseitigen Leben verborgen. Es ist nicht dem diesseitigen Leben entgegengesetzt, es ist nicht weit von ihm entfernt, es ist in ihm. Gehe in es hinein! Dieses ist es! Geh hinein, und du wirst auch jenes finden. Gott ist in der Welt verborgen – das ist die Botschaft des Tantra. Eine großartige Botschaft, prächtig, unvergleichlich: Gott ist in der Welt verborgen, Gott ist im Hier und Jetzt verborgen. Wenn du liebst, wirst du es fühlen können.

Das dritte Geheimnis: Man mache die Menschen so ängstlich wie möglich. Und der sichere Weg ist der, ihm die Liebe zu verbieten, denn Liebe zerstört Angst... Liebe treibt die Angst hinaus.

Wenn du liebst, hast du keine Angst. Wenn du liebst, kannst du gegen die ganze Welt antreten. Wenn du liebst, hast du grenzenloses Vertrauen in deine eigenen Fähigkeiten. Aber wenn du nicht liebst, macht dir schon eine Kleinigkeit Angst. Wenn du nicht liebst, möchtest du dich absichern und schützen. Wenn du liebst, suchst du das Abenteuer und bist auf Entdeckungen aus. Man hat den Menschen nicht erlaubt zu lieben, weil man sie nur so ängstlich machen kann. Und wenn sie vor Angst zittern, liegen sie ständig auf den Knien und kriechen vor dem Priester und kriechen vor dem Politiker. Das ist eine große Verschwörung gegen die Menschheit. Es ist eine große Verschwörung gegen dich! Deine Politiker und deine Priester sind deine Feinde, aber sie geben vor, öffentliche Diener zu sein. Sie sagen: „Wir sind dazu da, euch zu dienen und zu einem besseren Leben zu verhelfen. Wir sind dazu da, dieses bessere Leben für euch zu schaffen." Aber in Wirklichkeit zerstören sie das Leben.

Viertens: Man halte die Menschen so unglücklich wie möglich – denn ein unglücklicher Mensch ist verwirrt, ein unglücklicher Mensch hat kein Selbstwertgefühl, ein unglücklicher Mensch klagt sich selbst an, ein unglücklicher Mensch denkt ständig, daß er etwas falsch gemacht hat. Ein unglücklicher Mensch steht nicht fest auf dem Boden; man kann ihn von hier nach da schubsen; man kann ganz leicht ein Stück Treibholz aus ihm machen. Und ein unglücklicher Mensch läßt sich gern herumkommandieren, läßt sich gern zurechtweisen, denn er weiß: „Allein bin ich einfach unglücklich. Vielleicht kann ein anderer mein Leben in die Hand nehmen?" Er ist ein bereitwilliges Opfer.

Und fünftens: Man entfremde die Menschen voneinander, so weit wie möglich, damit sie sich nicht für irgendeine Sache solidarisieren können, die dem Priester und dem Politiker mißfallen könnte. Man sorge dafür, daß die Menschen sich nicht zu nahe kommen. Man gestatte ihnen nicht zuviel Intimität. Wenn die Leute isoliert sind, einsam, voneinander entfremdet, können sie sich nicht zusammentun. Und es gibt tausend Tricks, sie daran zu hindern. Zum Beispiel: Du bist ein Mann und nimmst einen anderen Mann bei der Hand, und du läufst die Straße hinunter und singst – und was passiert? Du hast ein schlechtes Gewissen, denn die Leute schauen sich nach dir um: „Ist der schwul – homosexuell oder so?" Man erlaubt zwei Männern nicht, miteinander glücklich zu sein. Man erlaubt ihnen nicht, sich an der Hand zu halten, man erlaubt ihnen nicht, sich zu umarmen. Sie werden als Homosexuelle abgestempelt. Angst kommt auf.

Wenn dein Freund kommt und deine Hand in seine Hand nimmt, schaust du dich um: „Sieht das einer, oder nicht?" Und eilig läßt du die Hand deines Freundes los. Ihr seid so in Eile, wenn ihr euch die Hand schüttelt! Ist euch das schon mal aufgefallen? Ihr berührt euch an den Händen und schüttelt und fertig. Ihr haltet euch nicht an den Händen, ihr umarmt euch nicht. Ihr habt Angst.

Kannst du dich erinnern, daß dich dein Vater jemals umarmt hat? Kannst du dich daran erinnern, daß deine

Mutter dich jemals umarmt hat, nachdem du sexuell entwickelt warst? Warum nicht? Anerzogene Angst: ein junger Mann und seine Mutter, die sich umarmen? Vielleicht kommt da Sex ins Spiel, irgendeine Vorstellung, eine Phantasie. Anerzogene Angst: der Vater und der Sohn, der Vater und die Tochter – nein; der Bruder und die Schwester – nein; der Bruder und der Bruder – nein!

Man sperrt die Menschen in getrennte Boxen mit hohen Mauern drumherum. Jeder in seine Kategorie, und es gibt tausendundeine Sperre. Ja, nachdem man dich fünfundzwanzig Jahre lang auf die Art trainiert hat, darfst du endlich Liebe machen mit deiner Ehefrau! Aber jetzt steckt dir dein Training zu tief in den Knochen, und plötzlich weißt du gar nicht, was du tun sollst. Wie liebt man? Du hast diese Sprache nicht gelernt. Es ist, als hätte man jemandem fünfundzwanzig Jahre lang verboten zu sprechen. Hört nur: Fünfundzwanzig Jahre lang durfte er den Mund nicht aufmachen! Und nun stellt man ihn auf die Bühne und sagt: „Halte uns einen großartigen Vortrag." Was wird passieren? Er wird umfallen, auf der Stelle. Vielleicht fällt er in Ohnmacht, vielleicht stirbt er... fünfundzwanzig Jahre Schweigen, und jetzt verlangt man plötzlich, daß er eine große Rede hält. Das ist nicht möglich.

Genau das geschieht: fünfundzwanzig Jahre Anti-Liebe, Angst, und dann plötzlich wird es dir legal gestattet; eine Lizenz wird ausgestellt, und... jetzt kannst du diese Frau lieben. Das hier ist deine Frau. Du bist ihr Ehemann, und es ist dir gestattet zu lieben. Aber was machst du mit den fünfundzwanzig Jahren falscher Erziehung? Sie sind nicht verschwunden. Ja, du wirst „lieben"... du machst eine Geste. Explosiv wird sie nicht sein, orgasmisch wird sie nicht sein; sie wird sehr mickrig sein. Kein Wunder, daß du frustriert bist, nachdem du eine Frau geliebt hast. Neunundneunzig Prozent aller Menschen sind frustriert nach dem Liebesakt, frustrierter als sie es je zuvor waren. Und sie denken: „Was?

Das soll alles sein? Das kann doch nicht wahr sein!"

Zuerst haben es der Politiker und der Prieste so hingedreht, daß du nicht lieben kannst, und dann gehen sie her und predigen, daß an der Liebe gar nichts dran ist. Und offenbar haben sie recht, denn was sie sagen, stimmt genau mit deiner Erfahrung überein! Erst brocken sie dir diese Erfahrung von Frust und Vergeblichkeit ein, und dann... dann kommen sie dir mit ihren Lehren. Und beides paßt völlig logisch zusammen – aus einem Guß. Das ist ein großer Streich, der größte, der dem Menschen je mitgespielt wurde. All diese fünf Tricks haben einen gemeinsamen Nenner, und das ist das Liebes-Tabu. Alle diese Absichten lassen sich dadurch erreichen, daß man die Menschen irgendwie daran hindert, einander zu lieben. Und das Tabu ist in einer geradezu wissenschaftlichen Weise bewerkstelligt worden. Dieses Tabu ist ein großes „Kunstwerk" – es ist viel List und Tücke hineingesteckt worden. Es ist wirklich ein „Meisterstück."

Dieses Tabu gilt es zu verstehen.

Erstens: es ist indirekt, es ist versteckt. Es tritt nicht in Erscheinung, denn wenn ein Tabu in Erscheinung tritt, kann es nicht funktionieren. Das Tabu muß gut versteckt sein, damit du es nicht entdeckst. Es muß so gut versteckt sein, daß du nicht mal auf den Gedanken kommst, daß überhaupt etwas dagegen getan werden kann. Das Tabu muß ins Unterbewußte eindringen, darf nicht bewußt werden. Es muß sehr subtil und indirekt sein – wie wird das gemacht? Hier ist der Trick: Zuerst predigst du, daß Liebe großartig ist, damit die Leute gar nicht auf die Idee kommen, daß die Priester und die Politiker gegen die Liebe sind. Du predigst ständig, daß Liebe großartig ist, daß Liebe das einzig Wahre ist, und dann schaffst du ein Umfeld, in dem sich Liebe nicht ereignen kann. Verhindere die Gelegenheiten. Sorge dafür, daß nichts auf den Tisch kommt und predige, wie wunderbar das Essen ist und was für ein Vergnügen es ist, zu essen. „Eßt nur, so viel ihr mögt" – aber dann stellst du nichts auf den Tisch. Laß die Leute immerzu hungrig ausgehen und rede immerzu von der Liebe. Und so reden die Priester ständig von Liebe. Die Liebe wird als das Höchste gepriesen – kommt gleich nach Gott, und jede Gelegenheit, bei der sie sich ereignen könnte, wird verhindert. Direkt wird sie ermutigt, indirekt werden ihr die Wurzeln abgeschnitten. Darin besteht das Meisterstück.

Kein Priester wird darüber sprechen, wie sie den Schaden angerichtet haben. Es ist so, als ob du zu einem Baum sagst: „Sei grün, blühe, freue dich", und gleichzeitig schneidest du dem Baum die Wurzeln ab, damit er nicht grünen kann. Und wenn der Baum nicht grünt, kannst du auf ihn drauf springen und sagen: „Hör mal! Du hörst nicht, was wir dir sagen. Du gehorchst uns nicht. Wir befehlen dir ständig: „Sei grün, blühe, tanze…" und inzwischen haust du dem Baum ständig die Wurzeln ab.

Liebe wird immer nur versagt. Und nichts auf der Welt kommt seltener vor als Liebe – sie darf nicht versagt werden. Wenn ein Mensch fünf Personen lieben kann, dann soll er fünf Personen lieben. Wenn ein Mensch fünfzig lieben kann, dann soll er fünfzig lieben. Wenn ein Mensch fünfhundert lieben kann, dann soll er fünfhundert lieben. Liebe kommt so selten vor – je mehr du sie verbreiten kannst, desto besser.

Aber da gibt es diese großartigen Tricks. Man drängt dich in eine enge, sehr enge Ecke: du darfst nur deine Frau lieben, du darfst nur deinen Mann lieben, du darfst nur dies und nur das lieben – es gibt zu viele Vorschriften. Es ist so, als gäbe es ein Gesetz, wonach du nur atmen darfst, wenn du mit deiner Frau zusammen bist, oder nur atmen darfst, wenn du mit deinem Mann zusammen bist. Aber dann wird Atmen unmöglich. Dann stirbst du. Dann wirst du nicht mal atmen können, wenn du mit deiner Frau oder wenn du mit deinem Mann zusammen bist. Du mußt vierundzwanzig Stunden am Tag atmen. Je mehr du atmest… „Liebe nur, wenn du mit deinem Ehepartner zusammen bist!"

Dann gibt es da noch so einen Trick. Sie reden von „höherer Liebe", und sie zerstören die niedere. Und sie sagen, daß die niedere Liebe abgelehnt werden muß; körperliche Liebe ist schlecht, spirituelle Liebe ist gut. Hast du je einen Geist ohne Körper gesehen? Hast du je ein Haus ohne Fundament gesehen?

Das Niedere ist das Fundament des Höheren. Der Körper ist dein Haus, der Geist lebt im Körper, mit dem Körper. Du bist ein verkörperter Geist and ein beseelter Körper. Du bist beides zusammen. Das Höhere und das Niedere sind nicht voneinander getrennt, sie sind eins – Sprossen derselben Leiter.

Das ist es, was Tantra klar machen will: daß das Niedere nicht verdrängt werden darf, daß das Niedere ins Höhere transformiert werden muß. Das Niedere ist gut. Wenn du am Niederen hängenbleibst, dann liegt es an dir, nicht am Niederen. An der untersten Sprosse einer Leiter ist nichts Schlechtes. Wenn du auf ihr stehen bleibst, dann liegt es an dir. Es hat etwas mit dir zu tun.

Geh weiter! Sex ist nicht schlecht. Es ist dein Fehler, wenn du beim Sex stehenbleibst. Gehe weiter nach oben.

Das Höhere ist nicht gegen das Niedere; das Niedere ermöglicht es dem Höheren, überhaupt zu existieren.

Und diese Tricks haben viele andere Probleme geschaffen. Jedesmal, wenn du liebst, fühlst du dich irgendwie schuldig; ein Schuldgefühl kommt auf. Und wenn du dich schuldig fühlst, dann kannst du nicht total in der Liebe aufgehen – die Schuldgefühle hindern dich daran, sie halten dich zurück. Selbst wenn du dich mit deiner Ehefrau oder deinem Ehemann liebst, kommt Schuld auf: du weißt, daß es Sünde ist, du weißt, daß du da etwas Schlimmes tust. „Heilige tun sowas nicht!" Du bist ein Sünder. Also kannst du dich nicht total einlassen, selbst wenn es dir gestattet ist – oberflächlich – deine Frau zu lieben. Der Priester ist hinter dir versteckt – in deinem Schuldgefühl. Von dort aus zieht er dich jetzt, zieht an deinen Fäden.

Wenn Schuld aufkommt, fühlst du, daß mit dir etwas nicht

stimmt; du verlierst dein Selbstwertgefühl, du verlierst deine Selbstachtung. Und noch ein Problem entsteht: wenn Schuld aufkommt, fängst du an zu heucheln.

Väter und Mütter wollen nicht, daß ihre Kinder wissen, daß sie Liebe machen, also heucheln sie. Sie heucheln vor, daß keine Liebe stattfindet. Ihre Heuchelei wird früher oder später von den Kindern durchschaut. Und wenn die Kinder dahinterkommen, verlieren sie jedes Vertrauen. Sie fühlen sich verraten, sie fühlen sich betrogen. Und dann sagen die Väter und die Mütter, daß ihre Kinder sie nicht achten. Ihr selbst seid die Ursache, wie könnten sie euch achten? Ihr habt sie in jeder Beziehung getäuscht, ihr seid unehrlich gewesen, ihr wart gemein. Ihr habt ihnen gepredigt, sich nicht zu verlieben: „Paßt ja auf!" – aber selber habt ihr ständig Liebe gemacht. Und früher oder später kommt dann der Tag, an dem sie erkennen, daß nicht einmal ihr Vater, nicht einmal ihre Mutter ehrlich mit ihnen waren – wie sollten sie euch also achten können? Erst also führen Schuldgefühle zu Heuchelei, dann führt Heuchelei zur Entfremdung zwischen den Menschen. Nichtmal das Kind, dein eigenes Kind, fühlt sich im Einklang mit dir. Eine Barriere ist da – deine Heuchelei. Und wenn du erfährst, daß jeder heuchelt...

Eines Tages wirst du erkennen, daß du nur heuchelst, genau wie die anderen auch. Wenn alle nur heucheln, wie kannst du dann eine Beziehung eingehen? Wenn alle verlogen sind, wie kannst du dann Beziehungen haben? Wie kannst du freundlich sein, wenn überall nur Lug und Trug ist? Du wirst sehr, sehr böse sein auf die Wirklichkeit, du wirst sehr bitter sein: du siehst in ihr überall nur den Teufel am Werke.

Und jeder hat ein falsches Gesicht, keiner ist authentisch. Jeder trägt eine Maske, keiner zeigt sein wahres Gesicht.

Du hast ein schlechtes Gewissen, du weißt, daß du nur heuchelst, und du weißt, daß alle heucheln; jeder hat ein schlechtes Gewissen und jeder ist wie eine häßliche Wunde.

Jetzt ist es ganz einfach, aus diesen Leuten Sklaven zu machen – Büromenschen aus ihnen zu machen, Angestellte, Schuldirektoren, Finanzbeamte, Minister, Regierungsdirektoren, Präsidenten. Jetzt lassen sich diese Leute ganz leicht ablenken: ihr habt sie von ihren Wurzeln abgelenkt. Sex ist die Wurzel, deshalb der Name *muladhar*. *Muladhar* heißt: die Wurzel-Energie.

Ich habe gehört...
Es ist ihre Hochzeitsnacht, und die hochmütige Lady Jane unterzieht sich ihren ehelichen Pflichten zum ersten Mal.
„Mylord", fragt sie den Bräutigam, „ist es das, was das gemeine Volk ‚Liebe machen' nennt?" „So ist es, Mylady", antwortet Lord Reginald und fährt fort. Nach einer Weile ruft Lady Jane indigniert: „Das ist ja viel zu gut für's gemeine Volk!"

Dem gemeinen Volk hat man das Liebemachen nicht wirklich erlaubt: es ist viel zu gut für sie...
Aber das Problem ist: wenn ihr die ganze Welt der gemeinen Leute vergiftet, dann vergiftet ihr euch am Ende selber. Wenn ihr die Luft vergiftet, die die einfachen Leute atmen, dann vergiftet ihr auch die Luft, die der König atmet; nichts läßt sich ausgrenzen – alles ist eins. Wenn der Priester die einfachen Leute vergiftet, wird er schließlich selber vergiftet. Wenn der Politiker die Luft der einfachen Leute vergiftet... schließlich atmet er dieselbe Luft, es gibt keine andere.

Ein Kaplan und ein Bischof sitzen sich auf einer langen Bahnreise im selben Abteil schräg gegenüber. Als der Bischof das Abteil betrat, hatte der Kaplan eilig sein Playboy-Magazin weggesteckt und die Kirchenzeitung vorgeholt. Der Bischof ignoriert ihn und bastelt am Kreuzworträtsel der Times. Es herrscht Stille.
Nach einer Weile versucht der Kaplan, eine Unterhaltung zu beginnen. In dem Augenblick als sich der Bischof ratlos am

Kopf kratzt – offenbar hat er mit seinem Rätsel Probleme – fragt ihn der Kaplan: „Kann ich Ihnen helfen, Sir?"

„Vielleicht. Da ist noch ein letztes Wort, das ich nicht lösen kann. Was für ein Wort mag das sein – mit vier Buchstaben, die letzten drei sind ö-s-e, und es heißt hier: Inbegriff des weiblichen Geschlechts?"

„Ahh", sagt der Kaplan nach langer Pause. „Das ist gewiß das Böse."

„Aber natürlich, natürlich!", sagt der Bischof und fügt hinzu: „Sagen Sie, junger Mann, Sie haben nicht vielleicht ein Radiergummi dabei?"

Wenn ihr etwas an der Oberfläche unterdrückt, dann geht es tief ins Unbewußte. Und dort bleibt es. Man hat den Sex nicht zerstört – glücklicherweise. Er wurde nicht zerstört, er wurde nur vergiftet. Er kann nicht zerstört werden; er ist Lebensenergie. Der Sex wurde verschmutzt, aber er kann gereinigt werden! Genau das ist der tantrische Prozeß: ein wunderbarer Reinigungsprozeß.

Eure Lebensprobleme lassen sich im wesentlichen auf euer Sex-Problem zurückführen. Ihr mögt unermüdlich versuchen, eure anderen Probleme zu lösen, aber ihr werdet sie nicht lösen können, denn sie sind keine echten Probleme. Aber wenn ihr euer Sex-Problem löst, werden alle anderen Probleme verschwinden, denn ihr habt das Grundproblem gelöst. Aber ihr habt eine solche Angst, es euch auch nur genauer anzuschauen! Es ist einfach. Wenn ihr eure Erziehung einfach beiseite schieben könnt, ist es sehr einfach. Es ist so einfach wie diese Geschichte:

Eine frustrierte alte Jungfer ist der Schrecken der Polizei; sie ruft ständig an und behauptet, ein fremder Mann läge unter ihrem Bett. Schließlich steckt man sie in ein Irrenhaus, aber auch dort erzählt sie den Ärzten, daß ein fremder Mann unter ihrem Bett läge. Sie geben ihr die modernsten Medikamente, und plötzlich erklärt sie, daß sie geheilt sei.

„Sehen sie jetzt keinen fremden Mann mehr unter ihrem Bett, Fräulein Fromm?"

„Nein. Jetzt sind es zwei."

Ein Arzt diagnostiziert die Krankheit der alten Jungfer als „bösartige Virginität" und ist der Meinung, nur eine einzige Art von Injektion könne der alten Jungfer helfen. „Warum schicken wir ihr nicht den Starken Otto, den Krankenhaus-Tischler, aufs Zimmer?", lautet sein Vorschlag an die Kollegen.

Der Starke Otto wird geholt. Man erzählt ihm, worum es geht, und daß man ihn mit der alten Jungfer für eine Stunde ins Zimmer einschließen wolle. Er sagt, eine Stunde brauche er dafür gar nicht und geht hinein. Eine neugierige Schar von Ärzten und Schwestern versammelt sich auf dem Flur...

Nach kurzer Zeit hören sie: „Nein! Hör auf, Otto! Mutter würde mir das niemals verzeihen!"

„Hör auf zu schreien, irgendwann muß es mal sein. Es hätte schon vor Jahren passieren sollen!"

„Dann eben mit Gewalt, du Wüstling!"

„Ich mache nur, was dein Mann gemacht hätte, wenn du einen gehabt hättest."

Die Neugierigen auf dem Flur können es nicht länger aushalten, sie stürzen ins Zimmer.

„Ich hab sie geheilt", sagt der Tischler.

„Er hat mich geheilt!", bestätigt Fräulein Fromm.

Er hatte die Füße vom Bett abgesägt.

Manchmal ist die Heilung ganz einfach. Und ihr schlagt euch mit tausend Sachen rum... Und der Tischler hat es richtig gemacht... er hat einfach die Bettfüße abgesägt und der Fall war erledigt. Wo sollte sich der Mann jetzt verstecken?

Sex ist die Wurzel fast all eurer Probleme. Es kann gar nicht anders sein – nach jahrtausendelanger Vergiftung. Eine gründliche Reinigung tut not.

Tantra kann eure Sexenergie reinigen. Hört auf die Botschaft des Tantra. Versucht, sie zu verstehen. Sie ist eine großartige revolutionäre Botschaft. Sie ist gegen alle Priester und Politiker. Sie ist gegen all jene Giftmischer, die jegliche Freude auf Erden abgetötet haben, um den Menschen zum Sklaven zu machen, zum Sklaven erniedrigen zu können.

Holt euch eure Freiheit zurück. Holt euch eure Freiheit zu lieben zurück. Holt euch die Freiheit zurück, so zu sein wie ihr seid.

Und dann ist das Leben nicht länger ein Problem.

Es ist ein Mysterium.

Es ist eine Ekstase.

Es ist ein Segen.

KAPITEL 5

Vom Nichts zum Nichts

NICHT-ERINNERN IST DIE WAHRHEIT ALLER TRADITION...

Nicht-Erinnern ist die Wahrheit aller Tradition.
Erst Denken, das Nicht-Denken ward,
Ist letzte Wahrheit.
Nur dies ist die Erfüllung, nur dies das höchste Gut.
Freunde, macht euch dieses höchste Gut bewußt.

Im Nicht-Erinnern löst sich Denken auf:
Nur dies ist reines und vollkommenes Fühlen.
Unverschmutzt durch alles Gut und
Schlecht der Weltlichkeit –
Wie ein Lotus, unberührt vom Schlamm, aus dem er wächst.

Doch müssen alle Dinge mit Gewißheit
So betrachtet werden,
Als wären sie ein Zauberbann…
Wenn du samsara *und* nirvana *ohne Unterschied*
Sowohl bejahen wie verneinen kannst,
Dann kennt dein Geist kein Schwanken,
Ist frei vom Leichentuch der Finsternis.
Selbst-Sein wird in dir sein,
Jenseits von allem Denken, und aus sich geboren.

Diese Welt des Scheins
Ist vom strahlenden Anbeginn noch niemals Sein geworden.
Unstrukturiert, hat sie alles Strukturieren abgeworfen.
In sich ist sie Meditation, unwandelbar und einzig,
Ist sie Gedankenstillstand, unbefleckte Versenkung,
Nicht-Denken.

Eine alte Begebenheit... Es muß ein Morgen wie dieser gewesen sein. Die Bäume tanzten in der Morgensonne, und die Vögel sangen. Und im Hause eines großen Mystikers jener Tage, Udallaka, feierte man die Heimkehr seines Sohnes Swetketu, der seine Studien im Hause eines anderen Meisters beendet hatte.

Swetketu traf ein. Der Vater empfing ihn an der Tür, aber er spürte sofort, daß etwas nicht stimmte – irgendetwas fehlte im Wesen Swetketus. Und stattdessen war etwas anderes da, das eigentlich nicht da sein sollte: eine ganz subtile Arroganz, ein subtiles Ego. Das war das letzte, was der Vater erwartet hatte.

In jenen Tagen bedeutete Erziehung im wesentlichen Erziehung des Nicht-Ego. Ein Schüler wurde zur Universität im Walde geschickt; dort lebte er bei dem Meister, auf daß er sich auflösen könne, einen Geschmack von der Existenz bekommen würde. Es hatte Gerüchte gegeben, daß Swetketu ein großer Gelehrter geworden sei. Angeblich hatte er die höchste akademische Auszeichnung erworben. Und nun kam er nach Hause, und Udallaka war nicht zufrieden mit ihm.

Sicher, er brachte die höchste Auszeichnung mit, die von der Universität vergeben wurde. Er hatte alle Examen bestanden, er hatte die besten Noten erhalten, und nun kam er mit viel Wissen beladen an. Aber irgend etwas fehlte, und die Augen des Vaters füllten sich mit Tränen.

Swetketu konnte das nicht verstehen. Er sagte: „Was ist? Warum bist du so unglücklich?"

Und der Vater sagte: „Eine Frage: Hast du das Eine gelernt, durch dessen Kenntnis alles erkannt wird? Und durch dessen Unkenntnis alles Wissen vergeblich ist, ja sinnlos, nur eine Last – keine Hilfe, sondern schädlich?"

Swetketu sagte: „Ich habe alles gelernt, was es dort zu lernen gab. Ich habe Geschichte gelernt, ich habe Philosophie gelernt, ich habe Mathematik gelernt, ich habe die Veden gelernt, ich habe Sprachen gelernt, ich habe Kunst gelernt, ich habe dieses und jenes gelernt..." Und er zählte alle Wissenschaften jener Zeit mit Namen auf. Aber all das konnte die Traurigkeit des Vaters nicht vertreiben. Er sagte: „Aber hast du denn das Eine gelernt, durch dessen Kenntnis alles erlernt wird?"

Der Sohn war ein wenig verärgert. Er sagte: „Was immer mein Meister mich lehren konnte, habe ich gelernt. Und was immer in den Büchern zu lesen war, habe ich gelernt. Wovon redest du also? Das Eine...? Tu nicht so geheimnisvoll. Drücke dich klar aus. Was meinst du?"

Natürlich mit Arroganz. Er war mit dem Bewußtsein gekommen, jetzt alles zu wissen. Vielleicht glaubte er – was alle Studenten glauben –, daß sein Vater keine Ahnung hat. Er muß mit der Vorstellung gekommen sein, jetzt ein großer Wissender zu sein. Und nun stand da sein alter Vater und freute sich kein bißchen und sprach von etwas Mysteriösem: dem Einen!

Der Vater sagte: „Siehst du den Baum da drüben? Gehe hin und bringe mir ein Samenkorn von diesem Baum." Es war ein *nayagrod*-Baum. Der Sohn brachte ein Samenkorn, und der Vater sagte: „Woraus entsteht der Baum?"

Der Sohn sagte: „Aus diesem kleinen Samen, natürlich".

„Dieser große Baum... aus diesem kleinen Samen? Breche den Samen auf und schau nach, woher der Baum kommt – dieser große Baum." Und der Sohn brach das Samenkorn auf und fand nichts darin. Im Samen war Leere. Und der Vater sagte: „Kannst du die Leere sehen, aus der dieser große Baum entsteht?"

Der Sohn sagte: „Ich kann sie mir vorstellen, aber sehen kann ich sie nicht. Wie soll man Leere denn auch sehen können?" Der Vater sagte: „Das ist das Eine, von dem ich spreche. Es ist das Nichts, aus dem alles entsteht, es ist diese schöpferische Leere, woraus alles geboren wird, und worein sich eines Tages alles wieder auflösen wird. Gehe zu deinem Meister zurück und lerne *shunya*. Geh zurück. Lerne alles über diese Leere, denn sie ist der Ursprung von allem – die Quelle. Und die Quelle ist auch das Ziel. Der Anfang ist auch das Ende. Geh und lerne dieses Grundsätzliche, Fundamentale. Alles, was du bisher gelernt hast, ist wertlos. Vergiß es – es ist weiter nichts als Erinnern, es ist alles nur Denken. Lerne das Nicht-Denken, lerne das Nicht-Erinnern. Du hast deinen Kopf nur mit Wissen vollgestopft. Lerne Erkenntnis, lerne Bewußtheit, lerne Einsicht. Alles, was du gelernt hast, gehört zur objektiven Außenwelt, aber du bist nicht zu deinem innersten Kern vorgedrungen.

Man denke sich die Welt als einen großen Baum. Und Tantra unterscheidet hier folgende vier Stufen: Das Nichts ist die erste Stufe – das Nichts ist das Samenkorn. Das Samenkorn ist weiter nichts als das Gefäß für dieses kreative Nichts; es enthält dieses kreative Nichts. Wenn das Samenkorn tief in der Erde aufbricht, fängt dieses Nichts an zu sprießen und wird zum Baum.

Dieses Nichts – die Physiker nennen es Nicht-Materie – dieses Nichts, dieses Nicht-Etwas, ist die Quelle. Aus diesem Nicht-Etwas wird der Baum geboren. Dann kommen die Blüten und die Früchte und tausend andere Dinge. Aber jedes Ding wird wieder zum Samen, und der Samen fällt in die Erde und wird wieder zu diesem Nichts.

Das ist der Kreislauf der Existenz: vom Nichts zum Nichts, vom Nirgendwo zum Nirgendwo. In der Mitte zwischen zwei Nirgendwos ist der Traum, das *samsara.* In der Mitte zwischen zwei Nichtsen sind alle Dinge. Deshalb werden sie bezeichnet als Stoff, aus dem die Träume sind ; deshalb werden sie als *maya* bezeichnet; deshalb werden sie als weiter nichts denn Gedanken, Phantasien bezeichnet. Das ist der Tantra-Baum. Nicht-Denken ist der Anfang und das Ende von allem. Aus dem Nicht-Denken entsteht das, was Tantra das Ursprungslose nennt.

Aus dem Ursprungslosen entsteht das Nicht-Erinnern. Aus

dem Nicht-Erinnern entsteht das Erinnern. Das ist der Tantra-Baum. Nicht-Denken, Nichts, bedeutet, daß alles latent ist, noch nichts Gestalt angenommen hat. Alles ist möglich, ist wahrscheinlich, aber nichts hat sich ereignet. Die Existenz schläft tief im Samen, sie ruht, sie ist im Zustand der Ruhe, im Zustand des unmanifestierten Seins. Das solltet ihr nicht vergessen, denn nur dann könnt ihr diese Sutras verstehen. Diese Sutras sind sehr wichtig, denn wenn ihr sie versteht, könnt ihr in euer eigenes Denken hineingehen und zum Nicht-Denken gelangen.

Der erste Zustand: Nicht-Denken – alles ist latent, nichts hat Gestalt angenommen.

Der zweite Zustand: das Unentstandene – noch immer ist nichts geschehen, aber die Dinge bereiten sich darauf vor, Gestalt anzunehmen. In gewisser Weise ist er so wie der erste Zustand, aber mit einem kleinen Unterschied. Im ersten herrscht vollkommene Ruhe; die Ruhe ist absolut. Vielleicht wird mehrere Millionen Jahre lang nichts geschehen. Im zweiten Zustand hat sich immer noch nichts ereignet, aber die Dinge schicken sich an, sich jeden Augenblick zu ereignen. Die Latenz schickt sich an, explosionsartig Gestalt anzunehmen. Es ist wie ein Läufer, der sich anschickt, im Augenblick des Anpfiffs loszurennen. Er ist auf dem Sprung. Er steht just an der Startlinie, total bereit. Sobald das Signal ertönt, rennt er los.

Das Unentstandene bedeutet, daß noch nichts entstanden ist, aber sich anschickt, geboren zu werden. Das Unentstandene, das ist der Zustand der Schwangerschaft. Das Kind ist im Mutterleib – das Kind kann jeden Augenblick kommen. Aber es ist noch nicht da, und in dieser Hinsicht ist es ganz ähnlich wie im ersten Zustand.

Der dritte Zustand wird Nicht-Erinnern genannt. Das Kind ist geboren: die Erfahrung ist eingetreten. Die Welt ist auf den Plan getreten, aber es gibt immer noch kein Wissen: Nicht-Erinnern.

Stellt euch einmal den Tag der Geburt vor. Das Kind öffnet die Augen: es wird diese grünen Bäume sehen, aber es wird nicht erkennen können, daß sie grün sind. Wie sollte es sie auch als grün erkennen können? Es hat noch nie Grün kennengelernt. Es wird noch nicht einmal erkennen können, daß es Bäume sind. Es sieht die Bäume, aber es kann sie nicht erkennen, denn es sieht Bäume zum ersten Mal. Seine Wahrnehmung wird rein sein, unberührt von Erinnerung, und so bezeichnet man diesen Zustand als Nicht-Erinnern.

Das ist der Zustand, von dem die Christen sprechen, als Adam im Garten Eden lebte – erkenntnislos; noch hat er die Früchte vom Baum der Erkenntnis nicht gegessen. Das ist der Zustand, in dem jedes Kind in der frühen Kindheit lebt. Ein paar Monate lang sieht, hört, fühlt, schmeckt das Kind, aber es gibt kein Erkennen, es bilden sich keine Erinnerungen. Deshalb ist es schwer, sich an die ersten Lebensjahre zu erinnern. Wenn du zurückgehst, kannst du ohne weiteres bis hin zum fünften Lebensjahr zurückgehen. Ein bißchen mehr Anstrengung – bis zum vierten; noch ein bißchen mehr Anstrengung – harte Anstrengung – und du kannst bis zum dritten zurückgehen. Dann kommt plötzlich gar nichts mehr, dann kannst du dich nicht mehr erinnern. Warum nicht? Du warst doch lebendig? Tatsächlich warst du so lebendig, wie du es in deinem ganzen Leben nie wieder sein wirst.

Diese ersten drei Jahre waren die lebendigste Zeit in deinem Leben. Warum gibt es daran keine Erinnerung? Warum kannst du nicht in sie eindringen? Weil es kein Erkennen gab. Es gab Eindrücke, aber kein Erkennen. Deshalb nennt Tantra diesen Zustand Nicht-Erinnern. Du siehst, aber dieses Sehen erzeugt keine Erinnerung. Du sammelst keine Informationen, du sammelst gar nichts. Du lebst im Moment.

Du gehst von einem Augenblick zum nächsten weiter, ohne den ersten Augenblick in den zweiten mitzunehmen. Du hast keine Vergangenheit. Jeder Moment ist taufrisch. Deshalb sind Kinder so lebendig und frisch, und ihr Leben so voller Freude,

Entzücken, Staunen. Kleine Dinge machen sie so glücklich, und kleine Begebenheiten erregen sie so sehr, machen sie ekstatisch! Ständig sind sie überrascht – ein Hund läuft vorbei, und schon sind sie ganz aufgeregt. Eine Katze kommt ins Zimmer, und sie sind erregt. Du kommst mit einer Blume, und sie finden die Farbe aufregend. Sie leben in einer psychedelischen Welt, alles leuchtet. Ihre Augen sind klar – noch hat sich kein Staub angesammelt; ihr Spiegel ist klar und rein und reflektiert alles vollkommen. Das ist der Zustand des Nicht-Erinnerns: der dritte Zustand.

Und dann kommt der vierte Zustand: das Erinnern, der Zustand des Denkens. Jetzt hat Adam vom Baum der Erkenntnis gegessen; er ist abgestürzt, er ist in die Welt geraten. Der Weg vom Nicht-Denken zum Denken ist der Weg in die Welt. Nicht-Denken ist *nirvana*; Denken ist *samsara*. Wenn du zu diesem Zustand ursprünglicher Klarheit, dieser frühen Unschuld, dieser uranfänglichen Reinheit des Bewußtseins zurückkehren willst, mußt du denselben Weg zurückgehen.

Und zwar über dieselben Stufen: das Erinnern muß sich auflösen im Nicht-Erinnern – deshalb fordern alle Meditationen, daß der Verstand losgelassen werden muß, die Gedanken losgelassen werden müssen. Gehe vom Verstand zurück zum Nicht-Verstand, dann vom Nicht-Verstand zum Unentstandenen und dann vom Unentstandenen zum Nicht-Denken... und der Tropfen fällt in den Ozean. Du bist wieder der Ozean; du bist wieder die Unendlichkeit, du bist wieder die Ewigkeit.

Leere ist Ewigkeit, Denken ist Zeit. Nun, erst vorgestern sprach ich über die vier *mudras*: *karma mudra*, die Geste des Tuns, *gyana mudra*, die Geste des Erkennens, *samaya mudra*, die Geste der reinen Zeit, und *mahamudra*, die große Geste, die Geste des Raums. Sie alle sind wiederum mit diesen vier Zuständen verbunden.

Die erste, *karma mudra*, ist Erinnern.

Tantra sagt: Was immer ihr für euer Handeln haltet, ist weiter nichts als Erinnern. Tatsächlich hat sich das Handeln gar nicht ereignet. Du hast es im Traum erlebt; es ist deine Projektion. Handeln findet nicht statt. Dem ganzen Wesen der Dinge nach kann es kein Handeln geben. Handeln ist nur ein Gedanken-Traum; du projizierst ihn.

So entspricht also das erste, das *karma mudra*, genau dem Erinnern. Sobald du das Erinnern losläßt, gehst du über das Handeln hinaus. Auch dann geschehen zwar Dinge durch dich, aber du bist nicht mehr der Agierende, nicht mehr der Handelnde: das Ego verschwindet. Dinge ereignen sich durch dich, aber du bist nicht der, der sie tut. Die Bäume wachsen nicht vorsätzlich; ihr Wachstum geschieht, die Bäume strengen sich dabei nicht an. Blumen blühen, aber ohne jede Anstrengung. Flüsse fließen, aber sie ermüden dabei nicht. Sterne ziehen dahin, aber sie machen sich keine Sorgen. Dinge geschehen, aber es gibt keinen Handelnden.

Der zweite Zustand ist *gyana mudra*, die Geste des Erkennens. Du beobachtest einfach, du erkennst einfach, du tust nichts. Dinge geschehen, du bist nur ein Beobachter; du identifizierst dich nicht als Handelnden.

Das dritte mudra ist dann das *samaya mudra*. Ganz allmählich ist sogar der Erkennende nicht mehr nötig; es gibt nichts zu erkennen. Zuerst verschwindet das Handeln, dann verschwindet auch das Erkennen. Dann herrscht reine Jetztheit, die Zeit strömt einfach in ihrer Unberührtheit. Alles ist; nichts muß getan werden, nichts muß erkannt werden. Du bist ein einfaches Sein. Die Zeit strömt nebenher weiter; du bist ungestört, gelassen. Jeder Wunsch zu handeln oder zu erkennen ist verschwunden.

Es gibt nur zwei Arten von Wünschen: die niedere Art ist, etwas zu tun; die höhere Art ist, etwas zu erkennen. Die niedere Art braucht den Körper zum Handeln, die höhere Art braucht den Kopf zum Erkennen – aber beides sind Wünsche. Beides ist jetzt verschwunden. Nun sitzt du allein. Alles geht weiter. Die Zeit fließt, alles geschieht wie immer. Du bist weder ein Handelnder noch ein Erkennender.

Und dann die vierte Geste: das *mahamudra*, die große Geste. Jetzt bist selbst du nicht mehr. Handeln entfällt, Erkennen entfällt, jetzt entfällt sogar die Zeit... und dann verschwindest auch du. Dann herrscht Stille. Genau das heißt Stille. Was ihr unter Stille versteht, ist keine Stille. Eure Stille ist nur ein schwacher Abglanz, eine ärmliche Stille. Manchmal fühlt ihr euch ein bißchen entspannt und die Gedanken wirbeln nicht mehr so heftig im Kopf herum wie gewöhnlich, der Kopf ist ein bißchen entspannt – ihr verspürt Stille. Das ist gar nichts.

Stille herrscht, wenn das Handeln nicht mehr ist, das Erkennen nicht mehr ist, die Zeit verschwunden ist... und du ebenfalls. Endlich bist du nicht mehr. Eines Tages entdeckst du ganz plötzlich, daß alles verschwunden ist, daß nichts zurückbleibt. In diesem Nichts – der großen Geste – bist du unendlich. Bei der ersten, der Geste des *karma mudra*, sind Gedanken da – und natürlich sind mit den Gedanken auch Vergangenheit und Zukunft da, denn die Gedanken spielen sich entweder in der Vergangenheit oder in der Zukunft ab. Mit den Gedanken... die Ängste, Spannungen, Qualen.

Bei der zweiten, *gyana mudra*, löst sich das Erinnern in Nicht-Erinnern auf: keine Vergangenheit mehr, keine Zukunft – nur jetzt. Der Verstand schläft, ist aber noch da, kann wieder wach werden. Oft tritt *gyana mudra* ein und geht dann wieder verloren. Das ist damit gemeint, wenn man sagt, daß jemand zur Meditation findet und sie wieder verliert. Im letzteren Fall ist der Verstand noch nicht überwunden, er legt sich nur schlafen. Er hält nur ein Nickerchen, mehr nicht, er verfällt in Schlaf. Danach kehrt er wieder zurück, manchmal mit voller Wucht, mit gewaltiger Energie – natürlich, er hat sich ja ausgeruht. So werdet ihr nach jeder tiefen Meditation erleben, daß der Verstand sich noch schneller dreht, jetzt mehr Energie hat. Er hat sich ausgeruht und ist noch aktiver geworden. Im zweiten, *gyana mudra*, schläft der Verstand ein, aber verschwindet noch nicht – doch für einen Moment lang kannst du einen kleinen Vorgeschmack vom Nicht-Denken bekommen. Für den Bruchteil einer Sekunde dringt der Strahl ein; du bist hingerissen. Und der Vorgeschmack bringt Vertrauen. So entsteht Vertrauen.

Vertrauen ist kein Glaube, es ist ein Vorgeschmack. Wenn du dieses Licht gesehen hast, und sei es auch nur für einen einzigen Augenblick, kannst du nie wieder derselbe Mensch sein. Du kannst es wieder verlieren, aber es wird dir keine Ruhe lassen. Vielleicht wirst du es nie wieder bekommen, aber du kannst es auch nicht mehr vergessen: es wird immer da sein. Und wann immer du Zeit und Energie hast, wird es an deine Tür klopfen.

Das ist der Zustand, der sich in der Präsenz eines Meisters sehr leicht einstellen kann: es ist ein *contact high* – ein „Hoch durch Kontakt". Dieser zweite Zustand, *gyana mudra*, kann sich in der Präsenz eines Menschen ereignen, der die vierte Ebene erreicht hat, das Nicht-Denken.

Deshalb haben die Sucher zu allen Zeiten nach einem Meister geforscht. Wo sonst einen Geschmack davon bekommen? Aus Büchern könnt ihr ihn nicht bekommen, Bücher bieten euch nur Glauben. Woher eine lebendige Erfahrung bekommen? Und aus euch selber könnt ihr diese lebendige Erfahrung nicht schöpfen, denn ihr wißt ja gar nicht genau, was es ist, in welcher Richtung man suchen muß und was zu tun ist. Und ständig ist der Zweifel da, ob diese Erfahrung überhaupt existiert. Vielleicht ist es weiter nichts als der Traum von ein paar Verrückten? Und sie sind in verschwindender Minderheit – ein Buddha, ein Jesus, ein Saraha; sie sind ein winziger Bruchteil der Menschheit.

Die große Mehrheit lebt ohne solche Erfahrungen.

Wer weiß? Vielleicht sind diese paar Leute verrückt? Wer weiß? Vielleicht sind diese Leute ja irgendwie pervers? Wer weiß? Vielleicht sind diese Leute Betrüger, Scharlatane, vielleicht machen sie anderen nur was vor? Oder sie sind keine

Betrüger, sondern ehrliche Leute, die sich nur selber was vormachen? Sie haben sich vielleicht selbst hypnotisiert, sie sind vielleicht Opfer einer Halluzination, oder vielleicht haben sie alles nur geträumt? Vielleicht sind das Träumer, und zwar gute Träumer?

Es gibt gute Träumer und schlechte Träumer. Schlechte Träumer sind solche, die nur in Schwarz/Weiß träumen – flach, zweidimensional. Gute Träumer träumen dreidimensional, ihre Träume sind immer farbenprächtig. Diese dreidimensionalen Träumer werden Dichter. Könnt ihr euch erinnern, jemals dreidimensional geträumt zu haben? Ganz selten kommt es vor, daß ein Mensch einen Traum in Farbe sieht. Die meisten träumen in Schwarz/Weiß. Nur wenn du deine Träume in Farbe siehst, kannst du ein Dichter, ein Maler werden.

Wer weiß? Diese Mystiker sind große Träumer, und sie träumen dreidimensional, deshalb wirkt ihr Traum absolut echt, wie Wirklichkeit. Und natürlich beschäftigen sie sich so ausgiebig mit ihren phantastischen Träumen, daß sie möglichweise von ihrem Traum besessen sind und daß nichts von alledem wirklich wirklich ist: Dieser Zweifel bleibt, und er verfolgt jeden Sucher. Das ist ganz normal – kein Grund zu Beunruhigung. Wie sollte man diesen Zweifel auch abtun? Die Heiligen Schriften sagen einfach: „Laß alle Zweifel fahren und glaube!" Aber wie? Gut, du kannst glauben, aber tief drinnen geht der Zweifel weiter.

Der Heilige Augustinus hat ein Gebet, mit dem er sich jeden Tag an Gott wandte: „Gott, ich glaube. Ich glaube absolut. Aber gib Acht, erbarme dich meiner, daß der Zweifel mich nicht wieder überkommt." Aber warum? Wenn der Glaube absolut ist, woher kommt dann diese Furcht? Und woher kommt dieses Gebet?

„Ich glaube", sagt der Heilige Augustinus, „und kümmere du dich um meinen Unglauben." Aber der Unglaube ist nun mal da. Vielleicht hast du ihn unterdrückt. Aus Gier, aus Wollust nach Gott, aus Begehrlichkeit und Lust auf das Jenseits hast du ihn vielleicht unterdrückt; aber er ist da, und er nagt dir ständig am Herzen. Du kannst ihn nicht eher fallenlassen, als bis dir eine Erfahrung widerfährt. Wie aber kann es zu dieser Erfahrung kommen? Die Schriften sagen: „Erst wenn du glaubst, kann es zu dieser Erfahrung kommen." Das ist nun freilich eine sehr komplizierte Sache. Sie sagen, daß die Erfahrung nicht eher kommen wird, als bis du glaubst. Aber wie sollst du diese Erfahrung machen können, wenn es dir doch gerade unmöglich ist, zu glauben, bevor du die Erfahrung gemacht hast?

Nur Erfahrung erzeugt Glauben – einen Glauben ohne Zweifel, einen zweifelsfreien Glauben. Dieses zweifelsfreie Vertrauen wird nur dann möglich, wenn du in der Präsenz eines Menschen bist, dem es bereits widerfahren ist. In solcher Präsenz, eines Tages – du sitzt einfach still, weißt nichts, willst nichts, wünschst nichts – passiert es. Es passiert wie ein Lichtblitz... und dein ganzes Leben ist transformiert. Das ist die eigentliche Bedeutung von „Bekehrung". Du bist „bekehrt", du bist transformiert; du bist auf eine neue Ebene gelangt.

Die Präsenz eines Menschen, der höher als du lebt, hat dich angehoben. Ohne dein Zutun, trotz deiner selbst bist du hochgezogen worden. Hast du erst einen Geschmack bekommen, kannst du vertrauen. Und wenn das Vertrauen da ist, kannst du auch die dritte und die vierte Ebene erreichen. Die Präsenz des Meisters kann dich nur auf die zweite Ebene führen, *gyana mudra*. Ja, er kann dir ein gewisses Erkennen, einen kleinen Geschmack seines Daseins vermitteln.

Als Jesus Abschied nahm, brach er das Brot und sagte zu seinen Jüngern: „Eßt – das bin ich." Er schenkte Wein ein und sagte: „Trinkt – das ist mein Blut, das bin ich." Das ist sehr symbolisch, es ist eine Metapher. Das ist *gyana mudra*. Was Jesus damit sagte, war dies: Ihr könnt einen Geschmack von mir bekommen; ihr könnt mich trinken, ihr könnt mich essen. Alle Jünger sind Kannibalen. Sie essen vom Meister; sie nehmen den Meister auf – das ist mit „essen" gemeint. Was tust du, wenn du etwas ißt? Du nimmst es auf und verdaust es; es wird zu deinem Blut, es wird zu deinen Knochen, es wird zu deinem Mark, es wird zu deinem Bewußtsein. Genau das heißt essen.

Was machst du mit einem Meister? Du ißt seine Präsenz, du ißt seine Schwingung, und du verdaust sie. Und ganz allmählich wird dein Bewußtsein daraus. Erst wenn es zu deinem Bewußtsein wird, bist du ein Sannyasin, nicht vorher. Vorher ist Sannyas nur eine Formsache. Davor ist Sannyas nur das Vorspiel zu diesem Phänomen. Ohne Sannyasin zu sein, kann es nicht so leicht passieren, denn durch Sannyas öffnest du dich und machst dich verletzlich. Wenn du offen und verletzlich bist, fügt sich eines schönen Tages, eines schönen Augenblicks alles wie von selbst. Irgendwann ist deine Energie in einem solchen Zustand, daß die Energie des Meisters dich nach oben ziehen kann. Irgendwann kommst du ganz nah. In irgendeinem Augenblick der Liebe, in irgendeinem Augenblick der Freude, in irgendeinem Augenblick der Ekstase kommst du dem Meister nahe, und du kannst geangelt werden. Und ein einziger lichter Moment, ein einziger Tropfen Nektar, der durch deine Kehle fließt – und du bist bekehrt.

Jetzt weißt du. Jetzt weißt du selbst. Jetzt brauchst du nicht mehr zu glauben. Wenn selbst die ganze Welt sagt, daß Gott nicht existiert, ist es egal; du kannst gegen die ganze Welt antreten, weil du weißt.

Wie kannst du deine eigene Erkenntnis leugnen? Wie kannst du deine eigene Erfahrung leugnen? – dieser kleine Tropfen Nektar ist mächtiger als die ganze Welt. Dieser kleine Tropfen ist potenter als deine ganze Vergangenheit. Millionen von Wiedergeburten sind nichts im Vergleich mit diesem kleinen Tropfen.

Aber das kann nur geschehen, wenn du nahe dran bist. Es kommen Leute zu mir und fragen mich: „Warum Sannyas? Können wir denn nicht hier sein, ohne Sannyas zu nehmen?"

Ja, du kannst hier sein, solange du willst, aber du wirst mir nicht nahe sein. Du kannst neben mir sitzen und ich kann deine Hand halten, aber es wird nichts nützen. Die Verletzlichkeit deinerseits, die Offenheit deinerseits...

Vor ein paar Tagen fragte mich ein junger Mann: „Was ist der eigentliche Grund für die orangefarbenen Roben, für die Mala, für das Medaillon? Was ist das Motiv?"
„Es gibt keins", sagte ich ihm. „Es ist einfach absurd."
Er war verwirrt. Er sagte: „Aber wenn es absurd ist, warum verlangst du es dann?"
Und ich sagte zu ihm: „Genau darum."

Wenn ich von euch etwas verlange, was rational ist, und ihr tut es, dann braucht ihr euch mir nicht hinzugeben, dann hat die Geste keinen Zweck. Wenn etwas vernünftig ist und du bist von ihrer Rationalität überzeugt und läßt dich darauf ein, dann folgst du deinem Verstand, nicht mir. Wenn etwas rational ist und mit rationalen Mitteln – wissenschaftlich – bewiesen werden kann, und du läßt dich darauf ein, dann brauchst du nicht empfänglich für mich zu sein, dann brauchst du nicht offen für mich zu sein. Es ist nicht nötig – du folgst nur deinem Verstand. Deswegen haben sich alle Meister zu allen Zeiten ein paar absurde Sachen einfallen lassen. Man muß sie einfach symbolisch nehmen. Sie zeigen einfach: Ja, du bist bereit und fragst nicht mehr nach den Gründen. Du bist bereit, dich diesem Mann anzuschließen, und wenn er ein paar exzentrische Einfälle hat, dann läßt du auch das gelten. Das lockert deinen Kopf; es macht dich einfach ein bißchen empfänglicher.

Erleuchtung kann sich in jeder Farbe ereignen; es muß nicht unbedingt Orange sein. Jede Farbe ist okay. Erleuchtung kann sich ohne Medaillon ereignen. Sie kann sich auch ohne die Mala ereignen. Warum aber dann? Das „Warum" ist das Absurde dabei. Der Grund ist der, daß es bedeutungslos ist. Es ist einfach nur eine Geste deinerseits: du zeigst damit, daß du bereit bist, dich auf etwas einzulassen, selbst wenn es absurd ist. Du bist bereit, über deinen Verstand hinauszugehen – das ist der ganze Sinn der Sache.

Freilich ist das erst ein ganz kleiner Anfang, aber kleine Anfänge können zu großen Dingen führen. Der Ganges kommt als Rinnsal aus dem Himalaja – du kannst ihn mit der Hand auffangen, so klein ist er. Aber wenn er den Ozean erreicht, ist er so gewaltig und so riesig und so überwältigend, daß er dich fortreißt; du kannst ihn nicht mehr halten.

Dies also ist eine kleine Geste – Orange zu tragen und die Mala und das Medaillon – eine ganz absurde Sache, eine kleine Geste, nur ein Anfang. Du liebst diesen Mann einfach so, daß du bereit bist, etwas Absurdes für ihn zu tun, das ist alles. Das macht dich mir gegenüber empfänglich, und du kannst leichter die Masern bekommen.

Die Wahrheit ist ansteckend, und du mußt offen für sie sein. Zweifel ist eine Art Impfung: er schützt. Vernunft schützt. Aber geschützt kommst du keinen Schritt weiter. Geschützt kannst du nur noch sterben. Geschützt bist du schon im Grab. Ungeschützt bist du offen für Gott.

Wenn du in nächster Nähe zu einem Meister bist, kann sich das Phänomen eines Tages ereignen – du wirst emporgehoben. Plötzlich hast du Flügel, einen kleinen Geschmack von Freiheit und Himmel. Und dann... dann kannst alles weitere von dir aus geschehen.

Dann wird das dritte möglich: *samaya mudra*. Dann kannst du in der Richtung weitersuchen, die sich in dir aufgetan hat, kannst du dich in Bewegung setzen. Jetzt weißt du, wohin du zu gehen hast. Jetzt hast du ein gewisses intuitives Gespür dafür. Jetzt hast du den Dreh raus. Religion ist keine Wissenschaft, Religion ist keine Kunst, sie ist ein Dreh. Aber der Dreh kommt durch's Kosten, durch Erfahrung. *Samaya mudra* ist das Unentstandene, das Gegenstück zum Unentstandenen, *anutpanna*. Dann schläft der Verstand nicht mehr einfach nur, sondern der Verstand ist fallengelassen worden.

Im zweiten Zustand schläft der Verstand einfach nur, deshalb kommt er immer wieder zurück.

Im dritten kann der Verstand nicht mehr so leicht zurückkommen, aber es ist immer noch möglich, ihn zurückzuholen. Im zweiten kommt er todsicher zurück – im *gyana mudra* kommt der Verstand von selber zurück. Im dritten, *samaya mudra*, kannst du ihn zurückholen, wenn du ihn zurückholen willst – aber er wird nicht von selbst zurückkommen.

Im vierten, *mahamudra*, kann er nicht mehr zurückkommen, auch wenn du ihn zurückholen willst. Du hast ihn hinter dir gelassen, du hast ihn transzendiert. Diese vierte Stufe, wo die Existenz erst beginnt, ist das Ziel des Tantra.

Noch drei weitere Dinge, dann können wir uns mit den Sutras befassen. Auf dem Weg vom Erinnern zum Nicht-Erinnern wirst du „Bewußtheit Eins" brauchen. Du wirst die Gedanken, Träume, Erinnerungen aufmerksamer beobachten müssen, die vorbeihuschen, dich umschwirren. Du wirst mehr Aufmerksamkeit auf deine Gedanken richten müssen. Die Gedanken sind die Gegenstände, und du mußt sie dir bewußt machen. Das ist die erste Bewußtheit: „Bewußtheit Eins".

Krishnamurti spricht darüber, er nennt es „choiceless awareness" – „nicht wählende Bewußtheit". Wähle nicht. Urteile nicht, egal welcher Gedanke vorbeizieht – beobachte ihn nur, sieh einfach, daß er vorbeizieht. Wenn du weiter beobachtest, ziehen eines Tages die Gedanken nicht mehr so schnell vorbei; ihre Geschwindigkeit hat sich verlangsamt. Dann, eines Tages, tauchen Lücken auf: der eine Gedanke geht, und es dauert lange, bis der nächste kommt. Dann, nach einer gewissen Zeit, verschwinden die Gedanken stundenlang... und die Straße ist einfach frei von Verkehr.

Normalerweise herrscht ständig Stoßverkehr in eurem Kopf: Gedanken verkeilen sich ineinander, einer nach dem andern, Gedankengang über Gedankengang. Es gibt nicht nur einen Gedankengang – auf vielen Spuren gleichzeitig. Und die Leute, die ihr Denker nennt, sind Menschen, die mehr Gedankengänge haben als der gewöhnliche Mensch. Wenn du etwas von Schach verstehst, dann weißt du, daß der Schachspieler einen fünfspurigen Verstand braucht. Er muß mindestens fünf Züge vorausdenken: wenn er diesen Zug macht, was wird dann der Gegner tun? Und was wird er dann wieder tun? Und was wird der Gegner dann wieder tun...? So geht das. Er muß mindestens fünf Züge vorausdenken. Wenn er sich diese fünf Züge nicht vorher im Kopf merken kann, dann kann er kein großer Schachspieler sein.

Die Menschen, die ihr Denker nennt, haben einen vielspurigen Verstand, einen sehr komplizierten Verstand, und alle Spuren sind verstopft. In allen Richtungen ist Hochverkehr, und es ist ständig Stoßzeit, selbst bei Nacht. Während ihr schlaft, macht der Verstand weiter; er arbeitet immer weiter. Er arbeitet vierundzwanzig Stunden am Tag; er bittet nie um Urlaub. Selbst Gott wurde nach sechs Tagen müde und mußte sich am Sonntag ausruhen. Aber der Verstand braucht keinen Sonntag. Siebzig, achtzig Jahre lang arbeitet und arbeitet und arbeitet er. Es ist zum Wahnsinnigwerden. Keine Pause...

Ihr habt wahrscheinlich schon mal ein Foto von Rodins Skulptur „Der Denker" gesehen. Im Osten lachen wir über diese Skulptur... so sorgenbeladen! Rodins Denker... man kann seinen Verstand förmlich sehen, selbst im Marmor kannst du noch seine Sorgen spüren – das ist Rodins Kunst.

Man kann sich vorstellen, wie Aristoteles gewesen sein mag, oder Bertrand Russel oder Friedrich Nietzsche. Und kein Wunder, daß Nietzsche verrückt wird. Allem Anschein nach muß auch diese Skulptur von Rodin eines Tages verrückt werden – immer nur denken, denken, denken...

Die Brücke vom Erinnern zum Nicht-Erinnern ist „Bewußtheit Eins". Es ist die Bewußtmachung des Objekts. Vom Nicht-Erinnern zum Unentstandenen wirst du eine zweite Bewußtheit brauchen: sie ist das, was Gurdjieff „Selbsterinnerung" nennt. Krishnamurtis Arbeit gründet sich vollkommen auf „Bewußtheit Eins". Gurdjieffs Arbeit gründet sich vollständig auf „Bewußtheit Zwei".

Mit „Bewußtheit Eins" richtest du deine Aufmerksamkeit auf das Objekt, auf den Gedanken. Du konzentrierst dich auf das Objekt. Mit „Bewußtheit Zwei" richtest du deine Aufmerksamkeit sowohl auf das Objekt als auch auf das Subjekt. Der Pfeil deiner Bewußtheit hat eine zweifache Spitze. Am einen Ende mußt du dir den Gedanken bewußt machen, auf der anderen Seite mußt du dir den Denker bewußt machen: das Objekt und die Subjektivität müssen beide ins Licht der Bewußtheit geholt werden. Gurdjieffs Arbeit geht tiefer als Krishnamurtis. Er nennt es „Selbsterinnerung".

Ein Gedanke zieht dir durch den Kopf. Es zieht dir zum Beispiel eine Wolke von Ärger durch den Kopf. Du kannst die Ärgerwolke beobachten, ohne den Beobachter zu beobachten – das ist dann „Bewußtheit Eins". Wenn du die Wolke beobachtest und dich gleichzeitig immer daran erinnerst, wer der Beobachter ist – „Ich beobachte" – dann ist das „Bewußtheit Zwei", was Gurdjieff „Selbsterinnern" nennt. Auf dem Weg vom Erinnern zum Nicht-Erinnern hilft dir „Bewußtheit Eins". Aber du kannst vom Nicht-Erinnern sehr leicht ins Erinnern zurückfallen; denn der Verstand schläft lediglich ein. Mit der ersten Bewußtheit beruhigst du den Verstand nur, du gibst ihm eine Schlaftablette: der Verstand schläft ein. Es ist eine großartige Ruhepause und ein guter Anfang, aber nicht das Ende; notwendig, aber nicht genug. Mit der zweiten Bewußtheit fällt der Verstand ins Unentstandene, *anutpanna*; jetzt ist es sehr schwer, ihn wieder zurückzuholen. Du kannst ihn zurückholen, aber er wird nicht von selbst kommen. Es ist nicht unmöglich, ihn zurückzuholen, aber es ist nicht leicht. Mit Gurdjieff geht die Arbeit noch tiefer.

Und Tantra sagt, daß es eine dritte Bewußtheit gibt: „Bewußtheit Drei". Was ist diese „Bewußtheit Drei"? Wenn es für dich kein Objekt und kein Subjekt mehr gibt, sondern nur noch reines Bewußtsein. Deine Aufmerksamkeit ist auf nichts gerichtet – nur reines Bewußtsein. Es gibt nichts, was deine Aufmerksamkeit in Anspruch nimmt, du bist einfach aufmerksam, aber auf nichts fixiert.

Bei der ersten Bewußtheit konzentrierst du dich auf das Objekt. Bei der zweiten konzentrierst du dich auf das Objekt und zugleich auf das Subjekt. Bei der dritten läßt du alle Konzentration fallen; du bist einfach wach. Diese dritte Bewußtheit führt dich zum Zustand des Nicht-Denkens.

Nun die Sutras:

Nicht-Erinnern ist die Wahrheit aller Tradition;
Erst Denken, das Nicht-Denken ward,
Ist letzte Wahrheit.

Tantra unterscheidet zwei Wahrheiten: die erste nennt es die hypothetische Wahrheit, *vyavharika*; die zweite nennt es die letzte Wahrheit, *parmathika*. Die hypothetische Wahrheit ist nur dem Namen nach Wahrheit: sie wird Wahrheit genannt, weil sie wie Wahrheit aussieht. Sie ist es auch in der Praxis; sie hat einen gewissen Funken von Wahrheit. Es ist etwa so: wenn dir einer ein Bild von mir zeigt und du sagst: „Ja, das ist ein wahres Bild", was meinst du mit „wahres Bild"?

Wie kann ein Bild wahr sein? Die Aussage, daß das Bild wahr sei, bedeutet nur, daß es dem Abgebildeten ähnelt. Das Bild selbst ist nicht wahr – alle Bilder sind unwahr – sie sind nur ein Stück Papier. Wie kann ich denn auf dem Papier sein? Wie kann ich das Papier sein? Wie kann ich die Kontur sein? Selbst ein wahres Foto ist nur ein Foto.

Aber wenn wir sagen: „Das ist ein wahres Foto", sagen wir damit: „Ja, es sieht so aus wie das Original".

Ich habe eine Anekdote gehört:
Eine sehr schöne, aber geschwätzige Frau kam zu Pablo Picasso, und sie redete zuviel. Pablo Picasso war gelangweilt, aber

sie war sehr reich, und so wollte er sie nicht rausschmeißen. Sie war eine gute Kundin, hatte schon viele seiner Bilder gekauft, und so mußte er sie wohl oder übel ertragen. Und sie redete und redete...

Schließlich sagte sie: „Neulich habe ich bei einem Freund ein Foto von Ihnen gesehen. Es war so lebendig und es gefiel mir so gut, daß ich es küßte."

Picasso sagte: „Moment mal! Hat es den Kuß erwidert?"

Die Frau sagte: „Was sagen Sie da? Sind sie verrückt geworden? Wie kann ein Bild einen Kuß erwidern?"

Picasso sagte: „Dann war ich es nicht. Dann war ich es ganz bestimmt nicht!"

Ein Bild ist wahr, weil es dem abgebildeten Gegenstand ähnlich ist. Es ist unwahr, weil es ein Bild ist. Das ist es, was Tantra *vyavharika*, Wahrheit nennt.

Nicht-Erinnern ist die Wahrheit aller Tradition...

Sie ist nur ungefähr; man nennt sie nur aus Gewohnheit Wahrheit. Erinnern kennt ihr. Zum Nicht-Erinnern kommt es manchmal in der Präsenz eines Meisters oder in der Meditation oder im Gebet. Aber selbst Nicht-Erinnern ist nur eine hypothetische Wahrheit; es ist eine Fotografie. Ja, es ist dem Nicht-Denken sehr ähnlich, aber es ist eben nur eine Ähnlichkeit. Es ist noch nicht der Zustand des wahren Nicht-Denkens.

Um euch das bewußt zu machen und damit ihr es euch ständig merkt, euch zu erinnern, betont Tantra immer und immer wieder, daß man sich das nicht zum Ziel machen soll, das es zu erreichen gilt; es ist nur der Anfang. Viele Leute bleiben hängen, wenn sie den Zustand des Nicht-Erinnerns erreichen. Sie haben ein paar kleine Einblicke gewonnen, und nun denken sie, daß sie am Ziel sind. Es ist ungeheuer schön, es ist sehr lebendig – verglichen mit dem Zustand des Erinnerns ist es ekstatisch. Aber dennoch ist es nichts im Vergleich mit dem Zustand des wahren Nicht-Denkens, denn das Erinnern ist immer noch da, es schläft tief, es schnarcht, aber es ist da; es kann jeden Moment aufwachen.

Der Verstand ist immer noch da und wartet auf seine Chance, aktiv zu werden. Ja, der Verkehr wurde kurz angehalten, aber jeden Moment kann er wieder losgehen.

Es ist gut, solche Einblicke zu haben, denn sie werden euch weiterführen, aber es ist nicht gut, da hängenzubleiben.

Das passiert mit Drogen – LSD, Marihuana, Mescalin – das ist es, was passiert: dieser zweite Zustand, Nicht-Erinnern. Unter dem Einfluß der Droge hört die Erinnerung für einen Augenblick auf. Es ist ein chemisch erzeugter Zustand: unter dem chemischen Schock verschwindet das Erinnern.

Das gleiche geschieht beim Elektroschock. Verrückte, deren Erinnerungen so belastend geworden sind, daß sie sich aus eigener Kraft nicht mehr von ihnen befreien können, werden mit Elektroschock behandelt. Man behandelt sie mit Elektroschock oder mit Insulinschock. Warum? Weil sie für einen Moment den Halt verlieren, wenn der elektrische Strom durch ihre Gehirnwellen schießt und ihnen einen starken Schock versetzt. Sie werden aus der Bahn geworfen. Sie vergessen, was sie gedacht haben, was da war. Einen Moment lang werden sie von dem Schock betäubt, und wenn sie wieder zu sich kommen, können sie die Erinnerungen nicht wieder einfangen. Auf diese Weise hilft der Elektroschock. Aber Elektroschock oder chemische Schocks geben dir nicht das Wahre; sie geben dir nur eine Fotografie.

Nicht-Erinnern ist die Wahrheit aller Tradition;
Erst Denken, das Nicht-Denken ward,
Ist letzte Wahrheit.

Gib dich also nicht zufrieden, bevor du nicht das Nicht-Denken erreicht hast, die vierte Ebene.

Nur dies ist die Erfüllung, sagt Saraha,
Nur dies das höchste Gut.
Freunde, macht euch dieses höchste Gut bewußt.

Dieses Nicht-Denken ist Erfüllung, denn du hast die Quelle des Lebens und der Existenz erreicht. Und bevor du sie nicht erreicht hast, gibt es keine Zufriedenheit und Erfüllung. Das ist die wahre Blüte, das ist *sahasrar:* der tausendblättrige Lotus ist erblüht. Dein Leben verströmt sich als Duft und Ekstase und Freude.

Das ist Gott. Das ist das höchste Gut, das ist das *summum bonum.* Nichts ist höher als dies. Dies ist *nirvana.*

Freunde, macht euch dieses höchste Gut bewußt.

Saraha sagt: Merkt euch, es gibt drei Arten von Bewußtheit: „Bewußtheit Eins" – des Objekts, „Bewußtheit Zwei"des Objekts und des Subjekts, „Bewußtheit Drei" – reines Bewußtsein. Geht in diese drei Bewußtseinszustände hinein, damit ihr das *summum bonum* erreichen könnt. Und, so sagt er zum König und allen, die sich versammelt haben müssen, um diesem großen Diskurs zu lauschen: Freunde... Er nennt sie Freunde. Das muß verstanden werden.

Aus der Sicht des Meisters ist der Schüler ein Freund, aber aus der Sicht des Schülers ist es anders. Manchmal schreiben mir Sannyasins Briefe zu diesem Thema. Neulich gab es zum Beispiel eine Frage. Ein Sannyasin hatte mir geschrieben: „Osho, ich kann dich nicht als meinen Meister betrachten, ich sehe in dir meinen Freund. Ist daran etwas falsch?"

Was mich anbetrifft, ist nichts Falsches daran. Es ist völlig in Ordnung. Aber was dich angeht, fehlt etwas, und du kannst es dir nicht erklären. Warum ist das so?

Für den Meister bist du ein Freund, denn er kann sehen, daß es nur eine Frage der Zeit ist, bis du erkennen kannst, daß du schon am Ziel bist. Es ist nur eine Frage der Zeit, bis der Tag kommt, an dem du aufwachst. Ihr seid alle Buddhas! Aus der Sicht des Meisters ist die ganze Existenz bereits erleuchtet. Die Felsen und die Bäume und die Sterne und die Tiere und die Vögel und Männer und Frauen – die ganze Existenz ist für den Meister erleuchtet. Es ist nur eine Frage der Zeit, und Zeit spielt hier keine Rolle. Ihr seid alle am Ziel. Ihr wißt es nicht – das ist wahr, aber der Meister weiß es.

An dem Tag, da ich mein eigenes Wesen erkannte, erkannte ich auch das Wesen der Existenz. Seitdem habe ich niemanden mehr als unerleuchtet gesehen; ich kann es nicht – es ist unmöglich. Ja, ihr könnt diese Tatsache nicht erkennen, aber ich kann sie nicht leugnen. Ihr seid für mich Freunde. Ihr seid ich. Was dich anbetrifft, so kannst du tun, was du willst. Wenn du glaubst, daß du mich nicht als Meister akzeptieren kannst, sondern nur als Freund, dann ist das deine Sache. Aber wisse, daß du es verfehlen wirst.

Was ist der Unterschied? Wenn du jemanden als Freund betrachtest, dann heißt das für dich, daß er dir ebenbürtig ist: ein Freund ist deinesgleichen. Ja, ihr seid für mich Freunde, denn ich sehe, daß ihr meinesgleichen seid – es gibt keinen Unterschied. Aber wenn du mich als deinesgleichen betrachtest, wird dein inneres Wachstum blockiert.

Wenn ich dich als meinesgleichen sehe, hebe ich dich zu mir hinauf. Wenn du mich als deinesgleichen siehst, ziehst du mich auf deine Ebene hinunter. Siehst du den Unterschied? Wenn ich sage, daß ihr mir gleicht, versuche ich, euch auf meine Ebene zu ziehen.

Wenn ihr sagt: „Osho, du bist genau wie wir", dann zieht ihr mich auf eure Ebene herunter. Wo sonst solltet ihr mich hinziehen? Ihr kennt doch keine andere Ebene.

Und warum ist es so schwer, jemanden als seinen Meister zu akzeptieren? Das Ego. Du akzeptierst mich als Freund – das ist das äußerste, was das Ego zulassen will. Es bleibt dir überlassen, du hast die Wahl. Wenn du es so willst, dann laß es so sein – aber dann bin ich nicht dafür verantwortlich, wenn du dich nicht veränderst. Dann ist es deine Verantwortung, allein deine Verantwortung, wenn du nicht wachsen kannst – denn du hast eine Barriere errichtet.

Meine Energie kann nur zu dir fließen, wenn du zu mir aufschaust, denn die Energie kann nur von oben nach unten fließen. Es schadet mir nicht, wenn du mich als deinen Freund betrachtest, es schadet mir auch nicht, wenn du in mir deinen Feind siehst – es spielt keine Rolle. Es schadet dir. Ein Mensch, der glaubt, ich sei sein Feind, setzt mich ihm gleich, und ein Mensch, der glaubt, ich sei sein Freund, tut dasselbe. Sie unterscheiden sich nicht. Wenn du aufschaust, kannst du von der Energie erfaßt und nach oben gezogen werden.

Saraha sagt:

Freunde, macht euch dieses höchste Gut bewußt.

Von der Warte des Meisters aus gesehen ist jeder ein Freund. Wer glaubt, Freund zu sein, der ist Freund; und wer glaubt, Feind zu sein, der ist in meinen Augen ebenfalls Freund.

Im Nicht-Erinnern löst sich Denken auf:
Nur dies ist reines und vollkommenes Fühlen.
Unverschmutzt durch alles Gut und Schlecht
Der Weltlichkeit –
Wie ein Lotus, unberührt vom Schlamm,
Aus dem er wächst.

Im Nicht-Erinnern löst sich Denken auf...

Das Erinnern geht, wenn es beobachtet wird, in Nicht-Erinnern auf. Im Nicht-Erinnern verschwindet der Verstand allmählich. Und wenn der Verstand verschwindet, entsteht eine neue Art von Energie in dir – die Herzenergie.

Nur dies ist reines und vollkommenes Fühlen.

Dann fängt das Herz an, in Liebe zu schlagen. Wenn der Verstand sich auflöst, verwandelt sich die Energie, die den Verstand in Gang hielt, in Liebe. Sie muß zu irgendwas werden – Energie ist unzerstörbar. Keine Art von Energie wird je zerstört, sie wird nur transformiert. Sie ändert ihre Form.

Der Kopf beansprucht fast achtzig Prozent deiner Energie und gibt dir nichts zurück, absolut nichts – er saugt einfach ständig achtzig Prozent deiner Energie ab. Er ist wie eine Wüste. Der Fluß fließt und fließt und die Wüste saugt das Wasser ununterbrochen auf und gibt nichts zurück. Und die Wüste wird nicht einmal grün, kein Gras wächst, nicht einmal Bäume wachsen, nicht einmal ein kleiner Wassertümpel – nichts! Die Wüste bleibt trocken und tot, und ständig saugt sie Lebensenergie auf.

Der Verstand ist ein großer Ausbeuter. In der Wüste des Verstandes, im Ödland des Verstandes bist du verloren.

Saraha sagt: Wenn dies geschieht – daß das Erinnern sich auflöst und du den Zustand des Nicht-Erinnerns erlangst, verändert sich plötzlich deine ganze Beschaffenheit. Du wirst liebevoller, Mitgefühl erfüllt dich. Die gleiche Energie, die vorher in die Wüste ging, fließt jetzt in ein fruchtbares Land. Das Herz ist das Land der Fruchtbarkeit

Nur dies ist reines und vollkommenes Fühlen.
Unverschmutzt durch alles Gut und Schlecht
Der Weltlichkeit …

Und das Herz unterscheidet nicht zwischen Gut und Schlecht. Das Herz kennt keine Unterscheidungen; alle Unterscheidungen sind Sache des Verstandes.

Das Herz liebt einfach ohne Unterschied. Das Herz fließt einfach, ohne alle Kategorien, ohne alles Urteilen. Das Herz ist unschuldig.

Unverschmutzt durch alles Gut und Schlecht …
Wie ein Lotus, unberührt vom Schlamm,
Aus dem er wächst.

Es wächst aus derselben Kopfenergie, aus demselben Schlamm der Gedanken empor – des Denkens, des Wünschens, des Begehrens; aber es ist ein Lotus. Es wächst aus dem Schlamm, aber es wird vom Schlamm nicht berührt.

Saraha sagt zum König

Doch müssen alle Dinge mit Gewißheit
So betrachtet werden,
Als wären sie ein Zauberbann…
Wenn du samsara *und* nirvana *ohne Unterschied,*
Sowohl bejahen wie verneinen kannst,
Dann kennt dein Geist kein Schwanken,
Ist frei vom Leichentuch der Finsternis.
Selbst-Sein wird in dir sein,
Jenseits von allem Denken, und aus sich geboren.

Eine großartige Technik gibt er ihm da. Hört euch das an, meditiert darüber – und probiert es aus. Ihr wißt sehr wohl, daß ihr Millionen von Träumen geträumt habt, aber immer und immer wieder vergeßt ihr im Traum, daß ihr träumt. Immer wieder haltet ihr den Traum für Wirklichkeit. Heute Nacht werdet ihr wieder träumen. Was ist das für eine Unbewußtheit? Jede Nacht träumt ihr, und am Morgen stellt ihr fest, daß es alles nur Trug war; es existierte nicht, es waren nur Bilder, nur Einbildung – und wieder bist du Opfer. Wieder träumt ihr, und wieder denkt ihr, daß es wirklich ist. Warum könnt ihr nicht im Träumen erkennen, daß alles unwirklich ist? Was hindert euch daran, es zu sehen? So viel Erfahrung mit so vielen Träumen und so viel Durchschauen – und alles beweist ausnahmslos nur das eine: daß Träume nicht wahr sind. Und wieder werdet ihr heute Nacht die Opfer sein. Ihr werdet träumen und ihr werdet denken, daß der Traum wahr ist, ihr werdet den Traum durchleben, als wäre er Wirklichkeit.

Tantra entwickelt eine Technik: stellt euch im Wachzustand die Welt als Traum vor. Zum Beispiel: ihr hört mir in diesem Augenblick zu und stellt euch vor, es ist ein Traum. Es ist sehr leicht, sich in diesem Augenblick vorzustellen, daß ihr träumt. Es ist nicht so leicht, im Traum zu erkennen, daß ihr träumt. Ganz oft erscheine ich euch im Traum, dann wird es sehr schwierig, denn ihr schlaft ganz fest. Im Augenblick habt ihr es leichter. Im Augenblick könnt ihr denken, daß ihr träumt. Osho ist euer Traum. Er spricht in eurem Traum. Diese Bäume sind Traum-Bäume, diese Gulmohar-Blüten sind Traum-Blüten, diese Vögel singen in eurem Traum – alles ist einfach ein Zauberbann. Stellt euch das vor, während ihr wach seid. Macht das mindestens zwei oder drei Monate lang und ihr werdet erstaunt sein: eines Tages plötzlich erkennt ihr – weil ihr es geübt habt – im Traum, daß es ein Traum ist. Und wenn schon die wirklichen Bäume wie Traum wirken, durch Übung, was soll man dann erst von den unwirklichen Bäumen im Traum sagen? Sie werden unwirklich wirken. Und Tantra sagt: auch die wirklichen Bäume sind im Grunde nur Traum. Sie sind nicht wirkliche Materie.

Was meint Tantra mit Realität? Tantra meint damit: das, was immer und immer da ist. Das, was kommt und geht, ist unwirklich. Das, was geboren wird und stirbt, ist unwirklich. Das ist die Definition von Unwirklichkeit im Tantra. Das Vergängliche ist unwirklich, das Ewige ist wirklich.

Diese Bäume waren vor ein paar Jahren noch nicht hier, und in ein paar Jahren werden sie nicht mehr hier sein. Wir waren vor ein paar Jahren noch nicht hier, und wir werden in ein paar Jahren nicht mehr hier sein. Also ist es ein langer Traum. In der Nacht dauert der Traum eine, zwei, höchstens sechs Stunden, und dieser Traum hier dauert sechzig Jahre oder siebzig Jahre. Aber die zeitliche Dauer kann keine große

Rolle spielen. Ob ein Traum eine Stunde oder hundert Jahre dauert, macht keinen großen Unterschied. Der Unterschied ist nur ein zeitlicher – und er verschwindet. Wieviele Menschen haben schon auf der Erde gelebt? Wißt ihr es? Wo sind sie? Was wäre heute anders, wenn sie nie gelebt hätten? Es ist ganz egal, ob sie gelebt haben oder nicht – sie sind alle verschwunden. Das, was erscheint und verschwindet, ist Traum.

Saraha sagt:

Doch müssen alle Dinge mit Gewißheit
So betrachtet werden, als wären sie ein Zauberbann…

Er gibt euch hier eine Technik: betrachtet alles so, als wäre es ein Zauberbann; so, als ob euch ein Zauberer hypnotisiert hätte: alles ist Illusion, und ihr seht es in Hypnose.

Wenn du samsara *und* nirvana *ohne Unterschied*
Sowohl bejahen wie verneinen kannst …

Wenn es nur ein Traum ist, gibt es nichts zu bejahen und zu verneinen. Wenn kümmert das dann? Es kümmert euch so sehr, weil ihr glaubt, daß es wirklich ist. Ob ihr arm oder reich seid, macht keinen großen Unterschied. Ob ihr schön oder häßlich seid, macht keinen großen Unterschied. Ob ihr geachtet werdet oder nicht, macht keinen großen Unterschied. Wenn es einfach nur unwirklich ist, eine Traumwelt, *maya*, was gibt es da zu bejahen, und was gibt es da zu verneinen? Dann entfällt beides, Bejahen wie Verneinen. Dann lebt man rein, ohne Verstrickungen, ohne Beunruhigungen, ohne sich je aus seiner Mitte zu entfernen. Dann ruht man in sich, dann ist alles okay.

Wenn du samsara *und* nirvana *ohne Unterschied*
Sowohl bejahen wie verneinen kannst,
Dann kennt dein Geist kein Schwanken …

Dann macht es nicht viel Unterschied, ob du bejahst oder verneinst. Dann kannst du der Welt entsagen oder du kannst in der Welt leben. Wenn du nur soviel erkannt hast, daß alles nur ein Traum ist, wenn du in diesem Klima bleibst, daß alles ein Traum ist...

Warum sagt Saraha das zum König? Saraha will damit sagen: Du lebst im Palast, ich lebe auf dem Friedhof. Du lebst in Gesellschaft von schönen Menschen, ich lebe mit gewöhnlichen, häßlichen Menschen. Du lebst in Reichtum, ich lebe in Armut. Du lebst in der Hauptstadt, ich lebe hier auf der Verbrennungsstätte... aber all das spielt keine Rolle. Dieser Palast ist ein Traum, und diese Verbrennungsstätte ist ein Traum. Deine schöne Königin ist ein Traum, und meine Pfeilmacherin ist ein Traum. Wo ist also der Unterschied?

Wenn du im Traum reich wirst oder arm – spielt es eine Rolle am nächsten Morgen? Bist du etwa am Morgen besonders glücklich, weil du in deinem Traum sehr reich warst? Fühlst du dich am Morgen ganz unglücklich, weil du in deinem Traum ein Bettler warst? Wenn du wach bist, spielt es keine Rolle. Es spielt keine Rolle.

Saraha sagt: Ich bin wach. Die dritte Bewußtheit ist mir widerfahren. Für mich ist alles Traum – nur Traum, nichts weiter. Für mich ist alles Traum... Traum im Traum im Traum. Jetzt treffe ich keine Unterscheidungen mehr. Ich habe alles Unterscheiden hinter mir gelassen. Das Nicht-Denken ist eingetreten. Ob die Leute mich also nun achten oder beleidigen, ob sie denken, Saraha ist ein großer Brahmane, ein großer Mystiker, ein großer Gelehrter, oder ob sie denken, er ist pervers, irrsinnig, verrückt, geistesgestört – es ist völlig okay. Das ist wahre Erkenntnis. Dann kann dich die Meinung anderer Leute nicht mehr beirren. Nichts kann dich mehr beirren, weder Erfolg noch Mißerfolg, weder Achtung noch Erniedrigung, weder Leben noch Tod.

Das ist der Zustand der Unbeirrbarkeit: man ist nach Hause gekommen.

Dann, wenn...

...dein Geist kein Schwanken kennt,
Frei von dem Leichentuch der Finsternis,
Dann wird Selbst-Sein in dir sein.

Ich bin nach Hause gekommen, sagt Saraha. Mein Selbst-Sein ist aufgestiegen. Ich habe jetzt mein Zentrum gefunden. Ich habe alles verloren, außer dem einen: mein Selbst-Sein, meine Selbst-Natur. Ich kenne jetzt meinen Ursprung, ich kenne jetzt meine ureigene Quelle, ich kenne jetzt meine Wirklichkeit.

...Jenseits von allem Denken, und aus sich geboren.

Ich bin über die Gedanken hinausgegangen. All dieser Prunk hier kann mich nicht beirren, Herr. Alles ist gut, so wie es ist. Das ist die Haltung eines wahren Sannyasin: Alles ist total okay, wie es ist.

Das letzte Sutra:

Diese Welt des Scheins
Diese Welt des Scheins
Ist vom strahlenden Anbeginn noch niemals Sein geworden.
Unstrukturiert, hat sie alles Strukturieren abgeworfen.
In sich ist sie Meditation, unwandelbar und einzig,
Ist sie Gedankenstillstand,
Unbefleckte Versenkung,
Nicht-Denken.

Diese Welt des Scheins ist vom strahlenden Anbeginn noch niemals Sein geworden... Saraha sagt: Diese Welt, wie du sie siehst, hat es nie gegeben; es scheint nur so. Wie ein Traum, der aus dem Nichts auftaucht und sich im Nichts wieder verliert, so ist die Welt. *Diese Welt des Scheins ist vom strahlenden Anbeginn noch niemals Sein geworden…* Vom allem Anfang an ist nichts… Nur ein Kräuseln auf dem stillen See… und das Kräuseln verschwindet. Und du kannst das Kräuseln nicht einfangen – so wenig wie eine Gedankenwelle, so wenig wie eine Schwingung.

Unstrukturiert, hat sie alles Strukturieren abgeworfen.

Und sie enthält keine Struktur. Sie ist nicht fest, wie könnte sie also eine Struktur haben? Sie ist sehr fließend, sie ist sehr flüssig; sie hat keine Struktur. Keiner weiß, was gut ist und was schlecht ist. Keiner weiß, wer ein Heiliger ist und wer ein Sünder ist.

Keiner weiß, was Tugend ist und was Laster ist. Sie ist nicht strukturiert. Das ist die tantrische Erkenntnis vom innersten Kern der Wirklichkeit: er ist unstrukturiert. Er ist ein kreatives Chaos. Letztlich und endlich braucht nichts verurteilt und braucht nichts gutgeheißen zu werden.

Unstrukturiert, hat sie alles Strukturieren abgeworfen.
In sich ist sie Meditation,
Unwandelbar und einzig…

Das ist ein wunderschönes Sutra. Saraha sagt: Aber was schwatzen wir da von Wirklichkeit-Unwirklichkeit…

In sich ist sie Meditation, unwandelbar und einzig… Diese Existenz allüberall… diese Bäume, diese Vögel, dieser Kuckuck, der verrückt spielt – in sich ist sie Meditation, unwandelbar und einzig… Wenn du dir dies bewußt machen kannst, kann es dir helfen, nach Hause zu kommen – in sich ist sie Meditation, unwandelbar und einzig.

Sie ist Gedankenstillstand… Laß deinen Kopf aus dem Spiel. Lausche ihr nur, sieh sie, berühre sie. Laß deinen Kopf aus dem Spiel.

Sie ist Gedankenstillstand, unbefleckte Versenkung…

Versenke dich – aber nicht in Gedanken, versenke dich in Transparenz. Beobachte, schaue, sei einfach – nicht durch Analyse, nicht durch Logik. Nimm Fühlung auf durch Schweigen. Das ist makellose Versenkung. Nimm Fühlung auf durch Stille, nimm Fühlung auf durch Liebe. Nimm Fühlung auf. Nimm Fühlung auf mit diesem Kuckuck. Nimm Fühlung auf mit den Bäumen, der Sonne, aber denke nicht über sie nach. Werde kein „Denker".

Und dann:

…Nicht-Denken.

Stelle dir also erst die Welt als Traum vor, und dann stelle dir auch den Träumer als Traum vor. Zuerst ist das Objekt ein Traum, danach ist das Subjekt ein Traum. Wenn beide, das Subjekt und das Objekt, fortfallen, wenn der Traum verschwindet, und mit ihm der Träumer, dann ist Nicht-Denken da. Dieses Nicht-Denken ist der eigentliche Ursprung von allem. Genau das war es, was Udallaka zu seinem Sohn sagte. Er hatte ihn gefragt: „Hast du das Eine gelernt, durch dessen Kenntnis man alles lernt und durch dessen Vergessen man alles vergißt? Hast du dieses Eine gesehen? Hast du dieses Eine erlangt?"

Und der Sohn war verwirrt und sagte: „Ich habe alles gelernt. Aber wovon sprichst du? Mein Meister hat nie von dem Einen gesprochen." Also sagte Udallaka: „Dann geh zurück. Denn alles, was du mitgebracht hast, ist wertlos. Geh zurück! In meiner Familie hat es immer nur wirkliche Brahmanen gegeben." Mit einem „wirklichen Brahmanen" meinte er: Wir haben das *brahma* erkannt, wir haben die Wahrheit erkannt. Wir sind nicht nur von Geburt Brahmanen.

„Geh zurück. Geh sofort zurück!" Der festliche Empfang war beendet, die Musik brach ab. Mit Tränen… aber Udallaka schickte seinen Sohn zurück. Er war nach vielen Jahren vom Hause seines Meisters zurückgekehrt, und nun wurde er sofort zurückgeschickt – er konnte sich nicht einmal einen Tag ausruhen. Der junge Mann war sehr verwirrt und ging zurück zu dem Meister. Er sagte zu ihm: „Warum hast du mich nicht das Eine gelehrt, nach dem mein Vater mich gefragt hat? All diese Jahre waren umsonst! Und mein Vater glaubt, daß ich nur Unsinn gelernt habe – ich kenne mich selbst nicht. Mein Vater sagt: „Wenn du dich nicht selbst kennst, welchen Wert hat dann alles andere Wissen? Was willst du dann machen mit all deinem Wissen aus den Veden? Du kannst die Veden zitieren, aber was willst du damit anfangen? Und in meiner Familie“, sagt mein Vater, „waren wir immer wirkliche Brahmanen. Geh zurück und werde ein wirklicher Brahmane, bevor ich sterbe. Komm nicht wieder, bevor du ein wirklicher Brahmane geworden bist.“ „Lehre mich also dieses Eine, Herr.“

Der Meister lachte.

Er sagte: „Das Eine läßt sich nicht lehren. Man kann es sich einfangen, aber nicht einprägen. Deshalb habe ich es dich auch nicht gelehrt. Aber wenn du darauf bestehst, dann läßt sich eine Situation dafür herstellen.“

Auf diese Art arbeiten alle Meister – sie stellen einfach eine gewisse Situation her.

Diese Kommune hier ist eine solche Situation. Ich kann euch nicht die Wahrheit lehren, aber ich kann eine Situation herstellen, in der ihr anfangen könnt, ein paar Ahnungen davon einzufangen. Mein Hiersein ist eine Situation. Mein ständiges Zu-euch-sprechen ist eine Situation – nicht etwa, daß ich euch durch Sprechen die Wahrheit lehren könnte; es ist vielmehr nur eine Situation, in der manchmal ein gewisses Beben in euch eindringt. In der ihr, manchmal, eine gewisse Schwingung auffangt, und die erregt euch und trägt euch weit fort, auf die lange Reise nach innen.

Also sagte der Meister: „Ich kann eine Situation schaffen.

Und die Situation ist folgende: Du nimmst alle Kühe im Ashram" – es gab vierhundert Kühe im Ashram – „und treibst sie in den tiefsten Wald. Gehe so weit du nur irgend kannst, so weit, daß kein Mensch dich erreichen kann. Kehre erst zurück, wenn deine Herde auf tausend Kühe und Bullen angewachsen ist. Das wird Jahre dauern, aber du mußt trotzdem ausharren. Und vergiß nicht, daß du keinen Menschen sehen darfst. Die Kühe werden deine Freunde und deine Familie sein. Mit ihnen kannst du dich unterhalten, wenn du willst." Und Swetketu ging in den tiefsten Wald, den kein menschliches Wesen je betreten hatte, und dort lebte er mit seinen Kühen viele Jahre lang.

Die Geschichte ist ungeheuer schön. Über was kannst du dich mit Kühen schon unterhalten? Am Anfang hat er es wahrscheinlich versucht und hat es dann allmählich aufgegeben – die Kühe schauen dich einfach nur an, ihre Augen bleiben leer. Es gibt keinen Dialog.

Vielleicht hat er am Anfang rein gewohnheitsmäßig seine Veden rezitiert, und die Kühe haben dabei ungestört ihr Gras wiedergekäut. Sie dürften nicht das geringste Interesse an den Veden gezeigt haben, und sie dürften ihn nie als großen Gelehrten gepriesen haben. Er muß von der Astrologie und den Sternen geredet haben, aber die Kühe waren nicht interessiert. Was soll man schon mit einem Publikum aus Kühen anfangen? Nach und nach hörte er auf zu sprechen. Nach und nach fing er an zu vergessen. Nach und nach setzte ein großer Verlernprozeß ein. Jahre vergingen. Und, so erzählt die Geschichte, es kam der Tag, an dem die Herde auf tausend Kühe und Bullen angewachsen war. Aber als es soweit war, wußte Swetketu von keiner Heimkehr mehr. Ja, er hatte das Zählen verlernt. Also hatte er seit Jahren nicht mehr gezählt. Die Kühe wurden unruhig – die Zeit war gekommen. Endlich faßte eine Kuh sich ein Herz und sagte: „Hör mal, wir sind jetzt tausend, und es wird Zeit. Der Meister wird warten. Wir sollten nach Hause gehen. Es ist soweit."

Als die Kühe also sagten, es würde Zeit, da folgte Swetketu ihnen nach. Als er mit seinen tausend Kühen das Haus des Meisters erreichte, kam der Meister heraus, um ihn zu empfangen. Und er sagte zu den anderen Schülern: „Schaut nur – tausendundeine Kuh!"

Aber die Schüler sagten: „Da sind doch nur eintausend Kühe und ein Swetketu."

Der Meister sagte: „Er ist verschwunden. Er ist nicht mehr da. Er ist eine Kuh – so unschuldig. Schaut nur in seine Augen."

Dies ist der Zustand des Nicht-Denkens.

Und genau dies war seit jeher das Ziel im Osten – dieser Zustand, wo du nicht bist, aber in Wirklichkeit zum ersten Mal bist. Dieser Zustand des Todes und dieser Zustand des Lebens, dieser Zustand, wo das Ego und das Unwahre verschwindet und das Wahre und das Authentische erscheint, ist der Zustand, den wir Erkenntnis nennen, Erkenntnis Gottes, Selbst-Erkenntnis. Dies ist der Zustand, den Saraha *Selbst-Sein* nennt, jenseits von allem Denken, jenseits des Verstandes.

Tantra bedeutet Ausdehnung.

Das ist der Zustand, in dem du dich bis zum äußersten ausgedehnt hast. Deine Grenzen und die Grenzen der Existenz sind nicht mehr voneinander getrennt, sie sind identisch. Weniger als das wird dich nicht befriedigen. Wenn du universell wirst, kommst du nach Hause.

Wenn du zum All wirst, wenn du eins wirst mit allem, wenn du so unermeßlich wirst wie dieses Universum, wenn du alles in dir enthältst – wenn die Sterne ihre Bahnen in dir ziehen, wenn Erdbälle in dir entstehen und wieder vergehen – wenn du diese kosmische Ausdehnung hast, dann ist die Arbeit getan, dann bist du nach Hause gekommen.

Dies ist das Ziel des Tantra.

Ich bin allein genug

Was passiert mit meiner Stimme, wenn du zu mir sprichst? Was wird hier gespielt?

Die Frage ist von Somendra.

Wenn du wirklich im Einklang mit mir bist, kannst du nicht sprechen. Wenn du mir wirklich zuhörst, verlierst du deine Stimme, denn in solchen Momenten bin ich deine Stimme. Der Einklang, der zwischen dir und mir stattfindet, ist nicht der zwischen zwei Personen. Er ist keine Diskussion, er ist keine Debatte, er ist keine Auseinandersetzung, er ist nicht einmal ein Dialog. Der Einklang stellt sich nur ein, wenn du dich verlierst, wenn es dich nicht gibt. Auf seinem Höhepunkt ist er nicht einmal eine „Ich-Du-Beziehung". Er ist überhaupt keine Beziehung. Ich bin nicht, und es kommt ein Moment, da auch du nicht mehr bist. Zwei, die nicht mehr sind, gehen ineinander auf.

Daher kommt es, Somendra, daß du deine Stimme verlierst, wenn du zu mir kommst. Und das passiert nicht nur dir, es passiert allen, die mir wirklich näher kommen.

Wie kannst du mir näher kommen und dabei deine Stimme behalten? Wie kannst du mir nah sein und dabei du selbst bleiben? Deine Stimme ist die Stimme von dir. Wenn das „du" verschwindet, verschwindet damit natürlich auch die Stimme.

Zweitens: es gibt nichts zu sagen. Wenn du in liebevollem Einklang mit mir bist, weißt du, daß ich ohnehin alles weiß, was es zu sagen gäbe. Und wenn ich es nicht weiß, dann ist es überflüssig, dann muß es ein flüchtiger, unwichtiger Gedanke sein. Er ist es nicht einmal wert, ausgesprochen zu werden; es wäre reine Energieverschwendung.

Der Kopf holt sich seine unzähligen Gedanken ständig von überall her, aus allen Quellen. Alle deine Gedanken sind nicht deine eigenen; die Gedanken springen ständig von einem Kopf auf den andern über – selbst wenn nichts gesagt und nichts vermittelt wird. Die Gedanken springen ununterbrochen von einem Kopf zum andern. Du fängst sie ein, und einen Augenblick lang bist du besessen von einem Gedanken und du glaubst, daß er irgendwie wichtig ist. Wenn du zu mir kommst, verschwinden diese Gedanken plötzlich, die du dir von anderen eingefangen hast.

Das passiert mit vielen Sannyasins. Sie kommen und sind darauf vorbereitet, mir viele Fragen zu stellen, und wenn sie erst einmal vor mir sitzen, sind sie ratlos – ihre Fragen sind verschwunden. Das hat eine große Bedeutung. Es zeigt, daß diese Fragen nicht deine Fragen waren, sie waren nicht wirklich deine. Wenn du vor mir sitzt und ganz präsent bist, wenn du mich anschaust, dann bleibt nur noch das Wesentliche übrig; das Unwesentliche verschwindet. Manchmal kommt es vor, daß alle deine Gedanken verschwinden: du verlierst nicht nur deine Stimme, du verlierst auch deinen Kopf. Und nur so sollte man einem Meister begegnen. Verliere deinen Kopf. Sei locker, entspannt, unverkrampft. Es gibt nichts zu sagen. Es gibt viel, was du aufnehmen kannst, aber es gibt nichts zu sagen. Und schließlich drittens: alles läuft so gut mit Somendra! Man sagt nur dann etwas, wenn die Dinge nicht so gut laufen.

Ich habe gehört …

Eine Mutter klagte bei verschiedenen Ärzten darüber, daß ihr fünfjähriger Sohn nicht sprechen könne. Untersuchungen ergaben, daß das Kind bei bester Gesundheit war, und man sagte der Mutter, sie solle sich keine Sorgen machen. Aber sie sorgte sich trotzdem.

Eines Tages war sie in Eile und ließ den Haferbrei anbrennen, setzte ihn dem Kind aber trotzdem vor. Der Kleine probierte ihn, spuckte ihn wieder aus und rief: „Oh Gott, dieses Zeug ist ja widerlich! Du hast es bestimmt anbrennen lassen."

Voller Begeisterung sagte sie: „Du kannst ja sprechen! Warum hast du denn vorher nie etwas gesagt?"

Er sah sie verächtlich an und sagte: „Na, bisher war ja auch alles in Ordnung."

Und mit Somendra war bisher auch alles in Ordnung. Es gibt nichts zu sagen.

Als ich kürzlich ein Kunstmuseum in Frankfurt besuchte, betrat ich einen Raum, in dem sich nur Statuen und Holzskulpturen von Buddha befanden. Ich halte absolut nichts von Götterbildern, aber ich war erstaunt, als ich eine sehr starke Energie in dem Raum wahrnahm. Sie war etwa so, wie die Energie, die ich hier während des Diskurses fühle. Habe ich mir irgend etwas eingebildet? Und wenn das so ist, wie kann ich dann dem vertrauen, was ich hier bei dir fühle?

Die Frage kommt von Anand Samagra.

Zunächst einmal: es wird dich überraschen, aber die Buddha-Statuen haben nichts mit Gautam Buddha zu tun. Sie treffen alle nicht zu, sie haben überhaupt keine Ähnlichkeit mit Buddha – aber sie haben mit Buddhaschaft zu tun. Nichts mit der Person Gautam Buddhas – sie haben etwas zu tun mit Buddhaschaft.

Wenn du in einen Jain-Tempel gehst, siehst du vierundzwanzig Statuen der teerthankaras, der Begründer des Jainismus; aber du wirst keinen Unterschied zwischen diesen Statuen feststellen können. Sie sind alle gleich. Um sie unterscheiden zu können, versehen die Jains die Statuen mit kleinen Symbolen, denn sie sind alle gleich. Jede hat ihr eigenes Symbol. Wenn einer eine bestimmte Figur als Symbol hat, dann kann man sie direkt unter seine Füßen in den Stein gemeißelt finden. Dann weiß man, wessen Statue es ist. Ein anderer hat eine Schlange als Symbol – und so weiß man, zu wem diese Statue gehört. Wenn es diese Symbole nicht gäbe, könnte nicht einmal ein Jain die Statuen auseinanderhalten.

Zu wem gehört diese Statue? Zu Mahavir? Zu Parswanatha? Zu Adinatha? Und du wirst staunen – sie sehen genauso aus wie die Buddha-Statuen. Nicht der geringste Unterschied.

Ganz am Anfang, als man sich im Westen mit Mahavir zu beschäftigen begann, glaubte man, Mahavir sei mit Buddha identisch. Dieselbe Geschichte, dieselbe Statue, dieselbe Philosophie, dieselbe Erkenntnis, dieselbe Lehre – es war einfach dasselbe; es war alles so wie bei Buddha. Man glaubte, Mahavir sei nur ein anderer Name für Buddha. Und natürlich bezeichnete man sie im Osten alle beide als „Buddhas" – „Buddha" bedeutet „der Erwachte", also wurde Buddha Buddha genannt, und Mahavir wurde auch Buddha genannt. Und beide nannte man Jains – „Jain" bedeutet „der Eroberer", einer der sich selbst überwunden hat. Buddha wird „der Jain" genannt und Mahavir wird „der Jain" genannt, deshalb dachte man im Westen, daß es sich um die gleiche Person handelte.

Und die Statuen waren der beste Beweis: sie sahen absolut gleich aus. Sie sind nicht wie eine Fotografie; sie stellen keine Person dar, sie stellen einen gewissen Zustand dar. Das mußt du verstehen, denn nur so erklärt es sich.

In Indien gibt es drei ganz wichtige Worte: das eine ist *tantra* – worüber wir hier gerade sprechen; das zweite ist *mantra,* und das dritte ist *yantra..*

Tantra bezeichnet Techniken zur Erweiterung deines Bewußtseins. Mantra bedeutet, deinen inneren Klang zu finden, deinen inneren Rhythmus, deine innere Schwingung. Es ist ungeheuer hilfreich, wenn du erst einmal dein *Mantra* gefunden hast: du sprichst das *Mantra* nur einmal aus, und schon bist du in einer völlig anderen Welt. Das wird der Schlüssel, das Tor, dann sobald du das *Mantra* aussprichst, bist du in Einklang mit deiner inneren Schwingung. Und das dritte ist *yantra.* Diese Statuen sind *yantra. Yantra* bezeichnet eine Figur, die einen bestimmten Zustand in dir hervorruft. Du schaust diese Figur an, und sie versetzt dich unweigerlich in einen bestimmten Zustand. Vielleicht ist es euch schon aufgefallen:

man schaut ein Gemälde von Picasso an und nach einer Weile fühlt man sich etwas unbehaglich. Konzentriere dich ein halbe Stunde auf ein Picasso-Bild, und du wirst dich ziemlich komisch fühlen irgend etwas wird verrückt. Du kannst ein Picassobild nicht eine halbe Stunde lang anschauen Wenn du dir Gemälde von Picasso ins Schlafziommer hängst, bekommst du Alpträume. Du wirst von sehr gefährlichen Träumen heimgesucht: Geister verfolgen dich, Hitler quält dich und lauter solche Sachen; du siehst dich als KZ-Opfer – und so weiter.

Wenn du etwas anschaust, ein Bild, eine Skulptur, dann bleibt es nicht außerhalb von dir – wenn du etwas anschaust, dann erzeugt es eine bestimmte Situation in dir. Gurdjieff nannte das „objektive Kunst".

Ihr kennt das: ihr hört moderne Popmusik, und etwas geschieht in euch – ihr werdet sexuell stimuliert. Da ist weiter nichts als Klänge, die von außen kommen, aber der Sound trifft dich innen, bewirkt etwas in deinem Innern. Du hörst klassische Musik und bist weniger sexuell, weniger erregt. Tatsächlich, wenn du großartige klassische Musik hörst, denkst du fast gar nicht an Sex. Du bist in einem Zustand der Stille, der Ruhe, in einer vollkommen anderen Dimension deines Seins. Du existierst auf einer anderen Ebene. Wenn du eine Buddha-Statue betrachtest, dann betrachtest du ein *yantra*. Die Umrisse der Statue, die Geometrie der Statue erzeugen eine Figur in deinem Inneren. Und diese innere Figur erzeugt eine gewisse Schwingung. Was dir in dem Museum in Frankfurt widerfahren ist, Samagra, war nicht nur Einbildung; diese Buddha-Statuen haben in dir eine gewisse Schwingung erzeugt. Versenke dich in den Zustand Buddhas, der da so still in einer Yoga-Position vor dir sitzt. Wenn du die Statue lange genug anschaust, wirst du bemerken, daß etwas von der Stille Buddhas auf dich überspringt.

Wenn du dich in der Gesellschaft von zehn traurigen Menschen befindest, wie lange, glaubst du, kannst du fröhlich bleiben? Diese zehn Leute wirken wie ein *yantra* auf dich, ein *yantra* der Traurigkeit: früher oder später wird dich Traurigkeit überkommen. Wenn du unglücklich bist, in der Gesellschaft von Menschen, die lachen und Witze reißen, wie lange, glaubst du, kannst du traurig bleiben? Diese fröhlichen Menschen bringen dich zum Lachen. Sie ändern deine Sichtweise, sie helfen dir umzuschalten; du bewegst dich in eine andere Richtung. Dergleichen ereignet sich jeden Tag, ob du dir dessen bewußt bist oder nicht.

Wenn du den Vollmond anschaust, was passiert mit dir? Oder wenn du dem Gesang der Vögel lauschst oder auf grüne Bäume schaust – was geschieht mit dir? Wenn du in den Wald gehst und in das Grün schaust – was geschieht mit dir? Etwas Grünes beginnt sich in deinem Inneren zu regen. Grün ist die Farbe der Natur. Grün ist die Farbe der Spontaneität, Grün ist die Farbe des Lebens – deinem Inneren widerfährt etwas Grünes. Das äußere Grün färbt auf etwas in deinem Inneren ab, schwingt mit etwas in dir, erzeugt etwas in dir. Wenn du einen grünen Baum anschaust, wirst du lebendiger – du wirst jünger. Wenn du in den Himalaja gehst und du siehst die Berge, die schneebedeckten Berge – ewiger Schnee, der nie geschmolzen ist, der reinste Schnee, den kein menschlicher Fuß je betreten hat, unberührt von der menschlichen Gesellschaft, von menschlichem Kontakt – wenn du einen Gipfel im Himalaja betrachtest, dann erzeugt dieser unberührte, jungfräuliche Schnee etwas ganz Reines in dir. Ein stiller Friede erfüllt dein Inneres.

Das Äußere ist nicht das Äußere, und das Innere ist nicht nur das Innere; sie sind miteinander verbunden. Achte also darauf, was du siehst, achte darauf, was du hörst, achte darauf, was du liest, achte darauf, wohin du gehst – denn all das bestimmt dein Wesen.

Das ist es, was dir in Frankfurt widerfahren ist. Die Buddha-Statuen, die vielen Statuen um dich herum haben in dir eine bestimmte räumliche Harmonie erzeugt. Es mag dich überraschen, aber das ist der eigentliche Grund, warum die Statuen geschaffen wurden. Sie sind keine Götterbilder, wie du glaubst.

Die Christen und die Mohammedaner und die Juden haben da eine ganz falsche Vorstellung in die Welt gesetzt. Diese Statuen sind keine Götterbilder, sie sind vielmehr ganz wissenschaftlich. Sie sind keine Objekte der Anbetung. Sie stiften eine räumliche Harmonie, die man in sich aufnehmen muß. Das ist etwas vollkommen anderes. In China gibt es einen Buddha-Tempel, in dem sich zehntausend Buddha-Statuen befinden – alles Buddha-Statuen. Wohin du auch schaust, überall die gleiche Darstellung. Sie ist an der Decke, auf allen Seiten, auf allen Wänden. Zehntausend Buddha-Statuen! Stell dir mal vor, du sitzt mit gekreuzten Beinen in der Buddha-Haltung und du bist umgeben von zehntausend Buddhas! Das erzeugt eine räumliche Harmonie. Von allen Seiten wirkt Buddha auf dich ein. Aus jeder Nische und jeder Ecke kommt er und hüllt dich ein. Es gibt dich nicht mehr. Dein gewöhnliches Raumgefühl existiert nicht mehr. Dein gewöhnliches Leben existiert nicht mehr. Ein paar Augenblicke lang bist du auf höheren Ebenen, in höhere Breiten entrückt.

Das gleiche ereignet sich hier. Während ihr mir zuhört, entsteht etwas – durch meine Gegenwart, durch meine Worte, durch meine Haltung, durch die vielen orange gekleideten Menschen um euch herum. Es ist eine Situation, es ist ein Tempel. Ein Tempel ist eine Situation. Es ist ja nicht so, daß ihr hier nur in einer Vortragshalle sitzt. Diese vielen Menschen, die mir mit so viel Liebe und Dankbarkeit zuhören, in solcher Stille, mit so viel Zuneigung, mit so viel Aufmerksamkeit – sie tragen dazu bei, daß dieser Ort sich in einen heiligen Ort verwandelt. Diese Halle wird zum teertha; sie ist heilig. Wenn du hier hereinkommst, wirst du von einer Welle getragen, du brauchst dich nicht groß anzustrengen. Du läßt nur zu, was sich ereignet. Du wirst fortgetragen, weit fort, bis ans andere Ufer.

Ein Heiratsvermittler versprach einer Familie, ihr ein Mädchen vorzustellen, das er für eine passende Partnerin für den Sohn der Familie hielt. Man aß zusammen zu Abend, und als das Mädchen später die Gesellschaft verließ, begann die Familie den Heiratsvermittler zu beschimpfen.

„Wie konnten Sie sich erlauben, ausgerechnet dieses Mädchen ins Haus zu bringen? Ein Ungeheuer! Ein Auge in der Mitte der Stirn, das linke Ohr ganz oben, das rechte Ohr ganz unten, und das Kinn flieht nach hinten!"

Der Heiratsvermittler unterbrach sie: „Also wissen Sie, es ist doch so: entweder Sie mögen Picasso, oder Sie mögen ihn nicht."

Die moderne Malerei stellt das Häßliche in der Existenz dar. Das Häßliche ist aus einem bestimmten Grund vorherrschend geworden. Dieses Jahrhundert ist eines der häßlichsten Zeitalter. Zwei Weltkriege innerhalb von fünfzig Jahren; Millionen von Menschen getötet, vernichtet; soviel Grausamkeit, soviel Aggression, soviel Gewalt, soviel Wahnsinn! Dieses Jahrhundert ist das Jahrhundert der Alpträume. Der Mensch hat seine Humanität verloren.

Was hat der Mensch dem Menschen nicht alles angetan! Und dieser Wahnsinn ist natürlich überall ausgebrochen – in der Malerei, in der Musik, in der Bildhauerei, in der Architektur – überall hat der häßliche menschliche Geist Häßliches geschaffen.

Häßlichkeit ist zum ästhetischen Wert arriviert. Die Fotografen machen sich jetzt auf die Suche nach häßlichen Motiven. Nicht daß es keine Schönheit mehr gäbe, sie existiert wie eh und je, aber sie wird ignoriert. Der Kaktus hat die Rose verdrängt. Der Kaktus ist nicht neu, es hat ihn schon immer gegeben, aber in diesem Jahrhundert scheinen Stacheln und Dornen realer zu sein als Rosen. Eine Rose wirkt wie ein Traumgebilde, das nicht zu uns paßt; also wurde sie verbannt. Der Kaktus hat Einzug in euer Wohnzimmer gehalten. Noch vor hundert Jahren wäre kein Mensch auf die Idee gekommen, einen Kaktus ins Haus zu bringen.

Heutzutage, wenn du als modern gelten willst, pflanzt du lauter Kakteen in deinem Garten an. Die Rose wirkt ein bißchen spießig; die Rose wirkt ein bißchen altmodisch; die Rose wirkt konservativ, orthodox, traditionell. Der Kaktus wirkt revolutionär. Jawohl, der Kaktus ist revolutionär – wie Adolf Hitler und Josef Stalin und Mao Tse tung und Fidel Castro! Der Kaktus scheint unserem Jahrhundert näher zu stehen.

Der Fotograf sucht häßliche Motive – er zieht los und fotografiert einen Bettler. Nicht etwa, daß es früher keine Bettler gegeben hätte, es gab sie auch früher schon. Der Bettler ist wirklich, völlig wirklich, aber bisher hat keiner ein Kunstwerk aus ihm gemacht. Angesichts eines Bettlers fühlen wir uns demütig, angesichts eines Bettlers haben wir das Gefühl, wir müßten uns entschuldigen, haben wir das Gefühl, daß es da etwas gibt, was es eigentlich nicht geben sollte. Es wäre uns am liebsten, wenn es den Bettler gar nicht gäbe. Aber dieses Jahrhundert ist ständig auf der Suche nach Häßlichem.

Noch immer durchflutet die Sonne an gewissen Morgenden die Kiefernhaine. Herrlich, wie die Sonnenstrahlen durch die Zweige dringen und ein Muster aus Licht weben. Das gibt es immer noch, aber kein Fotograf interessiert sich dafür – es gefällt nicht mehr. Häßlichkeit gefällt, weil wir häßlich geworden sind. Das, was uns gefällt, sagt etwas über uns aus.

Buddha ist eine Rosenblüte: das ist die höchste Möglichkeit. Aber vergeßt nicht, es ist nicht eigentlich eine Buddha-Statue; keiner weiß, wie Buddha aussah. Aber darauf kommt es auch gar nicht an. Es interessierte uns gar nicht damals, wenigstens nicht im Osten; wir waren am letztendlich Realen interessiert. Wir hatten kein Interesse am Tatsächlichen; wir hatten Interesse an der Wahrheit selbst. Vielleicht war Buddhas Nase ein bißchen länger, aber wenn der Künstler der Meinung war, daß eine etwas kleinere Nase besser mit Meditation in Einklang war, dann ließ er Buddhas lange Nase einfach weg und ersetzte sie durch eine etwas kleinere. Vielleicht hatte Buddha einen dicken Bauch. Wer weiß das schon? Japanische Buddha-Statuen haben dicke Bäuche, indische Buddhas haben keine dicken Bäuche – das ist Geschmackssache.

In Japan denkt man sich, ein Meditierer müsse aus dem Bauch heraus atmen. Und wenn du aus dem Bauch atmest, wird der Bauch natürlich ein bißchen größer. Dann wölbt sich der Bauch weiter vor als die Brust: die Brust ist entspannt. Also haben japanische Buddhas dicke Bäuche. Das hat einen bestimmten Grund: es soll dich darauf hinweisen, daß die Bauchatmung die richtige Atmung ist. Mit Buddha hat es nichts zu tun; keiner weiß, ob er einen dicken Bauch hatte oder nicht.

Die indischen Statuen haben keine dicken Bäuche, denn für das indische Yoga hat die Bauchatmung keine so große Bedeutung. Der Bauch wird eingezogen. Auch dies hat einen bestimmten Grund. Wenn die sexuelle Energie nach oben steigen soll, dann ist es besser, nicht aus dem Bauch zu atmen. Wenn der Bauch eingezogen wird, läßt sich die Energie leichter nach oben holen – eine andere Methode.

Bauchatmung ist also gut für bestimmte Meditierer – sie ist sehr entspannend. Aber die Energie bewegt sich dann anders als bei eingezogenem Bauch.

Die indischen Buddha-Statuen haben kleine Bäuche, fast gar keine Bäuche. Keiner weiß genau, wie Buddha aussah. Die Statuen sind sehr weiblich, sehr rund; sie sehen nicht männlich aus. Habt ihr je eine Buddha-Statue mit Schnurrbart oder Vollbart gesehen? Die Leute, die Jesus gemalt haben, waren da realistischer. Die Leute, die Buddha gemalt haben, kümmerten sich nicht ums Faktische, sie strebten nach letzter Wahrheit. Es kam ihnen nicht darauf an, wie Buddha wirklich aussah, es kam ihnen darauf an, wie Buddhas aussehen sollten. Ihr Augenmerk lag nicht auf Buddha selbst, sondern auf den Leuten, die diese Statuen betrachten würden – wie diese Statue den Leuten würde helfen können.

So wird Buddha nie als alter Mann porträtiert. Dabei muß er doch gealtert sein, denn er wurde zweiundachtzig. Er war sehr alt, ganz gewiß, sehr alt und krank. Ein Arzt mußte ihn ständig begleiten. Aber keine Statue zeigt ihn je als alten, kranken Mann, denn darauf kam es gar nicht an. Wir sind nicht interessiert am physischen Körper des Buddhas, wir interessieren uns für die innere Harmonie. Diese innere Qualität Buddhas ist immer jung, sie wird nicht alt. Und sie ist niemals krank, sie ist immer gesund; ihrer ganzen Natur nach kann sie nicht krank sein. Der Körper ist jung, der Körper ist alt, der Körper wird gebrechlich, der Körper stirbt. Buddha wird nicht geboren, stirbt nie: Buddha bleibt ewig jung. Wenn du eine Statue betrachtest, die den jungen Buddha zeigt, regt sich etwas Junges in dir, etwas Frisches.

In Indien wäre man nie auf die Idee gekommen, Jesus am Kreuz abzubilden, weder auf Gemälden, noch als Statuen. Es ist ein trauriges Motiv, ein häßliches. Wenn es auch eine historische Tatsache ist, so lohnt es sich doch nicht, sich daran zu erinnern, denn wenn du dich damit beschäftigst, trägst du dazu bei, daß sich ein solches Ereignis wiederholt. Wir sind den Tatsachen nicht verpflichtet; wir schulden der Vergangenheit nichts, wir brauchen uns nicht an die Vergangenheit so zu erinnern, wie sie war. Wir haben es in der Hand, uns für eine solche Vergangenheit zu entscheiden, daß daraus eine bessere Zukunft geschaffen werden kann.

Ja, Jesus wurde gekreuzigt, aber wenn er in Indien gekreuzigt worden wäre, dann hätten wir das nicht gemalt. Selbst am Kreuz hätten wir etwas ganz anderes gemalt. Auf westlichen Bildern wird Jesus in Qual und Traurigkeit dargestellt – natürlich, er wird ja getötet. Wenn du dich in diese Kreuzigung vertiefst, wenn du über Jesus meditierst, fühlst du dich traurig. Es ist kein Zufall, wenn die Christen sagen, Jesus hätte nie gelacht. Und es ist kein Zufall, wenn man euch nicht erlaubt, in der Kirche zu tanzen, zu lachen und fröhlich zu sein. Die Kirche ist eine ernste Angelegenheit. Ihr müßt sehr ernst sein… lange Gesichter. Ja, wie könntet ihr lachen und singen, wo doch Jesus gleich dort auf dem Altar gekreuzigt wird? In Indien könnt ihr singen und lachen und euch freuen. Religion ist etwas Fröhliches, ein Fest.

Der springende Punkt ist der, daß der westliche Geist historisch denkt, und der östliche Geist existentiell. Der Westen legt zuviel Gewicht auf platte Tatsachen, dem Osten ist die Geschichte völlig egal. Es mag euch überraschen, aber bis die ersten Menschen aus dem Westen nach Indien kamen, war in Indien so etwas wie Geschichte völlig unbekannt. Wir haben nie Geschichte geschrieben, diese Mühe haben wir uns nie gemacht. Deshalb kennen wir auch Buddhas genaues Geburtsdatum nicht und wissen nicht genau, wann er gestorben ist – Fakten haben uns nie groß beeindruckt. Fakten sind platt! Was für eine Rolle spielt es, ob er am Montag, Dienstag oder Donnerstag geboren wurde? Was bringt das? Wie sollte das etwas bringen? Tatsächlich bringt das überhaupt nichts – jeder Tag ist recht, und jedes Jahr ist recht. Das ist nicht der springende Punkt. Der springende Punkt ist: Wer wurde geboren? Wer war dieser Mann in seinem innersten Kern?

Historie denkt über die Peripherie nach, Mythos über den innersten Kern. Indien hat Mythologie geschrieben, nicht Historie. Wir haben puranas. Puranas sind Mythensammlungen, sie sind keine Geschichtsbücher. Sie sind poetische, mystische Visionen darüber, wie alles sein sollte – nicht, wie es ist. Sie sind die Vision des Letztendlichen. Und Buddha ist die Vision vom höchsten samadhi.

Diese Buddha-Statuen, die du im Museum in Frankfurt gesehen hast, verkörpern den Zustand der inneren Stille. Wenn ein Mensch ganz still wird, dann befindet er sich in diesem Zustand. Wenn in dir alles ganz still und ruhig und entspannt ist – kein Gedanke rührt sich, nicht der leiseste Lufthauch weht; wenn alles aufhört, die Zeit still steht – dann fühlst du dich so wie der Buddha im Lotussitz. Die gleiche Geometrie wird dir widerfahren. Es ist objektive Kunst – nicht so sehr mit dem wirklichen Buddha befaßt, sondern mehr mit denen befaßt, die kommen und den Buddha-Zustand suchen werden. Der Akzent ist ein anderer: nämlich was mit denen geschehen wird, die diese Statuen betrachten und vor diesen Statuen niederknien werden und vor diesen Statuen meditieren werden.

In Indien gibt es Tempel – wie zum Beispiel Khajuraho –, wo alle erdenklichen Liebesstellungen in Stein gehauen sind. Manche Stellungen sind so absurd, daß nicht einmal ein de Sade oder ein von Sacher-Masoch darauf gekommen wäre. Selbst der perverseste Mensch könnte nicht darauf kommen. Zum Beispiel ein Paar, das auf dem Kopf steht und dabei Liebe macht – kaum anzunehmen, daß sich irgendwer einfallen ließe das auszuprobieren, auch nur in der Fantasie. Warum wurden diese Skulpturen gemacht? Sie sind Beispiele objektiver Kunst. Diese Tempel von Khajuraho waren keine gewöhnlichen Tempel. Sie waren eine Art von Therapie: sie sind da als Therapie. Wenn jemand unter sexuellen Perversionen litt, wurde er nach Khajuraho geschickt. Er mußte sich all diese unnatürlichen und bizarren Dinge anschauen und darüber meditieren. Er hatte irgend etwas Perverses in seinem Gemüt – diese Perversion steckte im Unbewußten. Was tut die Psychoanalyse? Sie versucht, Dinge aus dem Unterbewußten ins Bewußtsein zu holen, das ist alles.

Und die Psychoanalyse sagt, daß sobald etwas aus dem Unbewußten ins Bewußtsein kommt, es sich auflöst: du bist frei davon. Nun, es war also eine großartige Psychoanalyse, dieses Khajuraho. Ein abnormer, perverser Mann wird hingebracht. Er hat seine Perversionen unterdrückt – manchmal brechen sie aus, aber er unterdrückt sie weiter. Er weiß, da ist so etwas wie eine Wunde, aber er konnte ihr nie direkt ins Auge sehen. Man bringt ihn nach Khajuraho. Er geht langsam von einer Skulptur zur nächsten, meditiert über jede, jede bizarre Stellung. Und eines Tages trifft eine davon genau auf seine innere Perversion zu. Plötzlich steigt die Perversion aus dem Unbewußten ins Bewußtsein auf und verfliegt dort – ganz ohne den Beistand von Freud oder Jung oder Adler. Allein der Tempel hat das bewirkt. Man läßt ihn im Tempel zurück. Er kann ein paar Wochen dort bleiben. Für jeden Meditierer, der damals wirklich in tiefe Meditation gehen wollte, war es gut, Tempel wie Khajuraho zu besuchen.

An den Außenwänden des Tempels sind all diese Statuen – sehr abnorm, sehr verrückt, sehr pervers. Im Inneren des Tempels gibt es dann keinerlei sexuelle Malerei, keine sexuelle Skulptur, überhaupt keine Sexualität. Im Inneren gibt es weder Buddhas, noch Shivas, noch Krishnas Statue.

Was hat das zu bedeuten? Warum Sex direkt an der Wand draußen – und innen kein Sex?

Das ist eine Technik. Zuerst mußt du an der Peripherie verweilen, damit du dich vom Sex befreien kannst. Wenn der Betreffende das Gefühl bekommt, daß diese sexuellen Statuen ihn überhaupt nicht mehr reizen, daß er sich jetzt jederzeit vor sie hinsetzen kann und sich nichts mehr in ihm rührt, daß er still und ruhig bleibt, keine sexuelle Erregung, keine Aufregung, nach wochenlangem Warten keine Sexualität mehr zu spüren – dann ist er in der Lage, das Innere des Tempels zu betreten.

Es ist symbolisch. Jetzt kann seine Sexualität transzendieren. Diese Tempel waren Tantra-Tempel: eines der großartigsten Experimente, die je gemacht wurden. Sie sind nicht obszön, sie sind nicht pornografisch, sie sind spirituell – ein großes Experiment der Spiritualität, ein großes Experiment in der Transformation menschlicher Energie zu höheren Ebenen. Doch erst muß die Energie aus der niederen Ebene befreit werden. Und es gibt nur ein Mittel der Befreiung: sie absolut bewußt zu machen, alle Fantasien aus dem Unbewußten ins Bewußtsein zu holen.

Wenn das Unbewußte völlig entlastet ist, bist du frei. Dann hast du keine Blockaden mehr, dann kannst du nach innen gehen. Dann kannst du das Innere des Tempels betreten. Dann kannst du über Buddha, Shiva oder Krishna meditieren.

Es war nicht Einbildung, Samagra, es war objektive Kunst, auf die du da ahnungslos gestoßen bist.

Was hast du, was ich nicht habe? (Und ich rede nicht vom Ashram, von Auto, Sekretärin und all dem andern Kram.)

Du mußt wohl „all den andern Kram" meinen, warum erwähnst du ihn sonst überhaupt? Allein die Erwähnung zeigt, was in deinem Kopf vorgeht. Es muß dir Angst gemacht haben; offenbar sind dir solche Gedanken durch den Kopf gegangen. Und ich habe gar keinen Ashram und ich habe kein Auto und ich habe keine Sekretärin. Vielmehr habe ich überhaupt nichts. Auf das Haben kommt es nicht an... auf das Sein!

Ich bin einfach hier. Sein ist mein Reichtum, nicht Haben. Wenn es hier einen Ashram gibt, dann euretwegen, nicht meinetwegen. Wenn eine Sekretärin da ist, dann für euch, nicht für mich. Alles, was es hier gibt, ist euretwegen da. Es ist nicht... es hat nichts mit mir zu tun.

Ich bin mir allein genug.

Aber irgendwo, tief in deiner Vorstellungswelt, mußt du zu sehr an an den Dingen kleben. Merke dir: Wenn du eine Frage formulierst, sagt sie vieles über dich aus. Eine Frage ist nicht einfach nur eine Frage. Sie ist auch sehr aufschlußreich.

Einige Herren unterhielten sich im Rauchsalon darüber, wer wohl der größte Erfinder sei. Einer plädierte für Stevenson, der die Eisenbahn erfunden hatte, ein anderer für Edison, ein anderer für Marconi und noch ein anderer für die Gebrüder

Wright. Schließlich wandte sich einer von ihnen an einen kleinen Herrn, der zwar zugehört, aber nichts gesagt hatte.

„Was meinen denn Sie, Herr Rothschild?"

„Nun", kam die Antwort mit einem wissenden Lächeln, „der Mann, der die Zinsen erfunden hat, war nicht eben der Dümmste."

Der Jude steckt in jedem Menschen: der Jude denkt ständig an Geld, an Zinsen, an Dinge... ans Haben.

Das allererste: verlagere deinen Fokus vom Haben auf das Sein. Selbst wenn du die ganze Welt besitzt, wird es dir nichts helfen; du bleibst ein Bettler. Und merke dir, ich rate dir nicht, der Welt zu entsagen. Ich sage nicht: entsage der Welt. Falle nicht ins andere Extrem. Ich sage: du kannst die Welt besitzen, und dennoch besitzt du nichts – das ist alles, was ich sage. Ich sage nicht: entsage. Denn auch die, die entsagen, können sich mit dem Kopf trotzdem nicht vom Habenwollen trennen. Du zählst Geld, aber auch sie zählen Geld.

Du sagst: „Ich habe soundsoviel tausend Dollar"; sie sagen: „Ich habe auf soundsoviel tausend Dollar verzichtet" – beide sind ständig am Zählen. Du bist ein Buchhalter, und auch sie sind Buchhalter. Und Buchhalten ist die Welt.

Zu wissen, wer du bist, heißt, ein Kaiser zu werden. Zu sein heißt, ein Kaiser zu sein, zu haben heißt, arm zu sein.

Es zwei Arten von Armen auf der Welt: Diejenigen, die besitzen, und diejenigen, die nicht besitzen. Beide sind arm, denn wer besitzt, hat nichts, und wer nichts hat, hat natürlich auch nichts; beide sind arm. Die Besitzenden, die nichts haben, sind ratlos: „Was machen wir nun mit unserem Reichtum?" – sie sitzen damit fest. Sie haben ihr ganzes Leben darauf verschwendet, Reichtum anzuhäufen. Jetzt haben sie ihn und wissen nicht, was sie damit anfangen sollen. Es hat in keiner Hinsicht Zufriedenheit gebracht. Es hat keine Erfüllung gebracht. Es hat zu keiner Blüte geführt. Sie sind noch nicht dahin gelangt, das Leben zu feiern. Gott hat sich nicht dadurch ereignet. Durch Haben kommt es nie dazu.

Du fragst: *Was hast du, was ich nicht habe... ?* Wenn du unbedingt übers Haben reden willst, dann hast du mehr, als ich habe. Du hast unendlich viel mehr als ich: Habgier, Wut, Geilheit, Ehrgeiz, Ego – und tausendundeine Sache.

Was ich habe? – einfach nichts, haargenau, einfach nichts. Wenn du es vom Standpunkt des Habens betrachtest, dann bin ich der Ärmste, weil ich einfach nichts habe. Aber wenn du es vom Standpunkt des Seins betrachtest, dann bin ich der Reichste. Denn wenn du erstmal das Ego fallenläßt, verlierst du nichts, sondern wirst nur eine Krankheit los. Wenn du die Habgier fallenläßt, verlierst du nichts, sondern wirst nur eine Krankheit los. Wenn du die Wut fallenläßt, verlierst du nichts, sondern gewinnst. Jedesmal, wenn du Dinge wie diese fallenläßt – die du hast –, wirst du reicher. Wenn die Habgier verschwindet, kommt das Teilen zur Welt. Wenn die Wut verschwindet, kommt das Mitgefühl zur Welt. Wenn Haß, Eifersucht, Besitzansprüche verschwinden, kommt die Liebe ins Dasein.

Ich habe nur mich selbst. Aber dieses Selbst drückt sich in vielen, vielen Dimensionen aus – im Teilen, in der Liebe, im Mitgefühl. So kann ich also sagen, daß du mehr hast, viel mehr. Und doch werde ich sagen, daß es dich noch nicht gibt. Ich bin, und du bist nicht.

Was meinst du, wenn du sagst, daß der Mensch eine Maschine ist?

...daß der Mensch eine Maschine ist.

Drei Geschichten. Die erste:
„Hallo, alter Junge!", begrüßte Charlie gutgelaunt seinen

Freund Bernie. „Laß uns in eine Bar gehen und das Rauchen feiern!"

„Was meinst du denn damit?" fragte Bernie.

„Paß auf", sagte Charlie. „Meine Frau will, daß ich mit dem Rauchen aufhöre. Und sie hat da eine Methode: immer wenn ich eine Zigarre rauchen will, soll ich stattdessen einen Lutscher nehmen."

„Und, hast du das gemacht?" fragte Bernie.

„Klar! Deshalb will ich ja feiern. Ich bin jetzt wieder auf Zigarren. Das mit den Lutschern funktioniert nicht. Glaub mir, ich hab's probiert. Immer wenn ich eine Zigarre rauchen wollte, hab ich einen Lutscher gekauft. Aber weißt du was? Er wollte nicht brennen."

Wenn ich sage, daß der Mensch eine Maschine ist, dann meine ich damit, daß sein Handeln von Gewohnheiten bestimmt wird, nicht von Bewußtheit. Wenn ich sage, daß der Mensch eine Maschine ist, dann meine ich damit, daß der Mensch nicht spontan handelt, sondern daß sein Handeln von der Vergangenheit bestimmt wird.

Die zweite Geschichte:

Ein Nachtarbeiter ließ seinen Bart so lange wachsen, bis seine Lieblings-Baseballmannschaft den Pokal gewonnen hatte. Seiner jungen hübschen Frau paßte das gar nicht.

An dem Tag, an dem die Mannschaft das Pokalspiel gewann, schwänzte er die Nachtschicht, ließ sich den Bart abrasieren, ging nach Hause und kroch zu seiner Frau ins Bett.

In der Dunkelheit griff er nach der Hand seiner Frau und legte sie auf seine glattrasierte Wange.

Sie drehte sich zu ihm, streichelte sein glattes Kinn und sagte: „Mach schnell, Junge. Der alte Spitzbart kommt gleich nach Hause."

Wenn ich sage, daß der Mensch eine Maschine ist, dann meine ich damit, daß der Mensch nicht sehen kann, was sich wirklich abspielt. Der Mensch konzentriert sich nicht auf den gegenwärtigen Augenblick, er antwortet nicht spontan auf das, was ist. Der Mensch lebt ständig in alten Vorstellungen und handelt gewohnheitsmäßig.

Die dritte Geschichte:
Mullah Nasruddin las eines Tages ein kleines Gedicht in einer Zeitschrift, das ihm sehr gut gefiel. Das Gedicht lautete:
Sind die Tage ohne Sonne?
Drohet Trübsal anstatt Wonne?
Dann kaufe einen hübschen Strauß
Und bring ihn deiner Frau nach Haus.
Sag: „Ich mußte an dich denken
und dir unbedingt was schenken."
Genau das tat Mulla Nasruddin. Er kaufte ein paar Blumen, aber anstatt wie gewöhnlich gleich ins Haus zu gehen, klopfte er an. Als seine Frau ihm die Tür öffnete, überreichte er ihr die Blumen.
Zu seinem großen Erstauen brach sie in Tränen aus. „Was ist denn los?" fragte er.
„Ach", sagte sie. „Der Tag war schrecklich. Ich habe den Teetopf kaputtgemacht, das Baby hat den ganzen Tag geschrien, die Köchin hat gekündigt, und nun kommst du auch noch betrunken nach Hause!"

Das ist es, was ich meine, wenn ich sage, daß der Mensch eine Maschine ist. Und euch wird das alles nichtmal bewußt, denn wie kann eine Maschine bewußt sein? Du brauchst jemanden, der dir ständig mit dem Hammer auf den Kopf haut, in der Hoffnung, daß dich der Hammer irgendwann einmal wirklich trifft, so daß du vor lauter Schreck aus deinen Gewohnheiten herausfällst und für einen Augenblick aufwachst. Das ist die ganze Sinn und Zweck eines Meisters: dir mal von dieser, mal von jener Seite auf den Kopf zu hauen – von allen Seiten; und ständig die Techniken zu ändern, neue

Situationen und Methoden zu erfinden, damit es dich eines Tages unverhofft einmal erwischt. Wenn du auch nur einen einzigen Augenblick lang wach bist, kannst du erkennen, daß deine ganze Vergangenheit mechanisch verlief. Erst dann – und nicht etwa, weil ich es sage – wirst du wissen, daß der Mensch eine Maschine ist.

Erst wenn du einen Augenblick der Bewußtheit erlebt hast, wirst du es wissen. Dann wirst du wissen, sehen, erkennen, daß dein ganzes Leben mechanisch war. Um zu erkennen, daß es mechanisch war, brauchst du einen Vergleich. Aber du hast nichts, womit du es vergleichen könntest. Und du lebst unter Maschinen. Dein Vater ist eine Maschine, deine Mutter ist eine Maschine, deine Frau ist eine Maschine, deine Freunde, dein Chef – du lebst unter Maschinen. Du bist eine Maschine. Wie denn da bewußt werden?

Mullah Nasruddins Frau hat mir einmal erzählt, daß sie nicht gemerkt hätte, daß ihr Mann trinkt, bis er eines Nachts nüchtern nach Hause kam. Wenn ein Mann gewohnheitsmäßig trinkt, ist es sehr schwer zu erkennen, daß er trinkt. Man gewöhnt sich an seinen Zustand.

Du bist eine Maschine. Das tut weh – gerade deshalb nenne ich dich eine Maschine. Laß es weh tun. Wenn es dir nicht weh tut, dann bist du unheilbar. Wenn es dir weh tut, gibt es eine Chance. Wenn es dir weh tut, dann bedeutet das, daß du es irgendwie, tief in deinem Unterbewußtsein spürst: ja, es ist so. Lebst du in der Gegenwart? Erkennst du in diesem Augenblick die Dinge so, wie sie sind? Oder fährst du einfach fort, sie durch deine alte Brille zu sehen, durch den alten Verstand... durch die Erinnerung? Hast du keine Schablonen? Du steckst alles sofort in vorgefertigte Schubladen.

Zum Beispiel: du bist eine Hindufrau und du triffst einen Mann, den du sehr interessant findest. Der Mann sieht schön aus und ist sehr nett, und seine Ausstrahlung gefällt dir.

Dann fragst du ihn dies und das und er sagt: „Ich bin Mohammedaner." Sofort ist alles aus. Die Faszination, die du empfunden hast, ist plötzlich weg; du ziehst dich von ihm zurück. Du hast den Mann in eine Schublade gesteckt, eine Schublade mit dem Etikett „Mohammedaner sind nicht gut." Du bist Hindu und Mohammedaner sind schlecht. Du ordnest ihn sofort ein und stempelst ihn ab. Jetzt bist du an dem Mann selbst gar nicht mehr interessiert. Seine Realität entsprach nicht deinen Lieblingsvorstellungen und Theorien.

Ich habe gehört...
Eine junge Frau fuhr in die Großstadt, um sich dort Arbeit zu suchen. Sie waren sehr arm daheim. Die Mutter war alt, und da die junge Frau das einzige Kind war, mußte sie arbeiten gehen und Geld verdienen. Nach ein paar Monaten kam sie mit viel Geld wieder nach Hause. Die Mutter war sehr glücklich und sagte: „Und nun erzähle mir doch mal, was du in der Stadt gemacht hast."
Die Tochter war ganz ehrlich und sagte: „Ich bin eine Prostituierte geworden."
„Was!" schrie die Mutter und fiel in Ohnmacht.
Als sie nach einer halben Stunde wieder zu sich kam, fragte sie wieder: „Sag's mir noch einmal: was bist du geworden?"
Die Tochter sagte: „Ich habe es dir doch gesagt, Mutter, daß ich eine Prostituierte geworden bin."
Die Mutter atmete auf: „Gott sei Dank! Ich dachte, du hättest gesagt, du wärst Protestantin geworden."

Sie waren natürlich Katholiken. Der Kopf hört nie damit auf, alles einzuordnen.

Schau genau hin. Wenn du etwas tust, antwortest du dann auf das, was im Augenblick geschieht, oder folgst du gewissen Lieblingsvorstellungen? Wenn du etwas tust, tust du es mit Aufmerksamkeit, Bewußtheit? Oder tust du es einfach nur wie ein Roboter?

Neulich sprach ich über drei Bewußtheiten: „Bewußtheit Eins", „Bewußtheit Zwei", „Bewußtheit Drei". Dies ist die erste Bewußtheit: dich selbst zu beobachten, deine Handlungen zu beobachten, deine Reaktionen zu beobachten, zu beobachten, wie du auf alles eingehst. Wie verhältst du dich? Wie ein Mensch oder wie eine Maschine? Und du wirst entdecken, daß du dich in hundert Situationen neunundneunzig Mal wie eine Maschine verhalten hast. Aber wenn du anfängst, ein bißchen wacher zu werden, dann wirst du zu etwas mehr als nur eine Maschine; der Plusfaktor taucht in dir auf. Diese Bewußtheit wird dir helfen, ein Mensch zu werden. Nur wenn du bewußt bist, bist du ein Mensch. Voll bewußt, bist du voll Mensch. Voll unbewußt, bist du eine Maschine.

Seit ich hier bin, ist alles, was ich mir je gewünscht hatte, in Erfüllung gegangen. Nun habe ich alles, was ich wollte, und ich habe das Gefühl, mein Herz zerbricht. Was ist los?

Ein Mißverständnis. Dein Herz zerbricht vor lauter Freude; dein Herz zerbricht vor Wonne, vor reiner Wonne. In gewissen Momenten wird Freude unerträglich.

Wenn Freude unerträglich ist, dann bist du wirklich glücklich. Dann hat die Freude ihren Höhepunkt erreicht, sie schäumt über. Wenn du so viel Freude aushalten kannst, wirst du dich früher oder später in dieser Freude auflösen: du verschwindest in der Göttlichkeit. Hab keine Angst. Es geschieht dir nichts. Du bist gesegnet. Aber so geht es. Unsere Vorstellungen...

Wenn du siehst, daß jemand weint, denkst du, daß dieser Mensch traurig ist, daß es ihm schlecht geht. Du fängst an ihn zu trösten. Hast du schon einmal den Ausdruck „Tränen der Freude" gehört? Es gibt auch Tränen der Freude. Hab es also nicht so eilig mit deinem Trostspenden – vielleicht ist dieser

Mensch einfach glücklich. Aber die Leute, die wir kennen, weinen nur dann, wenn sie unglücklich sind. Wir kennen keine Leute, die weinen, weil sie glücklich sind, denn es gibt überhaupt keine glücklichen Leute. Also gibt es Freudentränen nur in der Poesie – in Gedichten zu finden, nicht in den Augen. Aber Tränen haben mit Traurigkeit gar nichts zu tun. Es ist ein häßliches Zeichen der Zeit, ein trauriger Zustand der Menschheit, daß die Menschen nur weinen, wenn sie traurig und unglücklich sind. Tränen haben mit Traurigkeit an sich nichts zu tun, die Tränen kommen nur, wenn etwas überfließt. Es kann Traurigkeit sein, es kann Freude sein, es kann Liebe sein, es kann Wut sein. Ihr könnt das bei Frauen beobachten. Wenn sie allzu wütend werden, fangen sie an zu weinen. Es ist Wut, keine Traurigkeit. Beobachtet ein kleines Kind: wenn es zuviel lacht, fängt es an zu weinen. Es ist zuviel, unerträglich – es fließt über und Tränen kommen. Tränen sind nur ein Zeichen dafür, daß der Becher mehr als voll ist; er fließt über.

Du sagst: *Seit ich hier bin, ist alles, was ich mir je gewünscht habe, in Erfüllung gegangen...* Deshalb ist die Freude unerträglich geworden. Du kommst der Erfüllung näher. *Nun habe ich alles, was ich wollte, und ich habe das Gefühl, mein Herz zerbricht. Was ist los?*

Die Frage kommt von Anand Pratima.

Etwas ungeheuer Schönes passiert mit dir. Analysiere es nicht und denke möglichst nicht darüber nach. Versuche nicht, es irgendwie zu deuten, sonst macht dir dein Verstand womöglich alles kaputt. Der Verstand versucht, sich in Angelegenheiten des Herzens einzumischen. Deine Frage kommt aus dem Verstand. Dein Herz fließt über vor Freude, deshalb bricht es – es kann die Freude nicht halten, sie ist zu groß. Laß das Herz zerbrechen. Dafür bin ich da, deshalb bist du zu mir gekommen. Laß es zerbrechen. Laß es in Scherben gehen. Laß es vor Freude explodieren.

Laß es im Unendlichen verschwinden.

Warum habe ich ständig Angst davor, was andere Leute über mich denken?

Weil du nicht bist, weil du noch nicht bist. Du bist weiter nichts als ein Sammelsurium der Meinungen anderer. Wer bist du? Irgendwer sagt, du bist schön, also bist du schön. Und irgendwer sagt, du bist häßlich, also bist du häßlich. Und irgendwer sagt, du bist wunderbar, also bist du wunderbar. Und irgendeiner sagt: „So eine fiese Person ist mir noch nie begegnet", also bist du eine fiese Person. Und die Leute urteilen und urteilen, und du sammelst diese Urteile und häufst sie auf. Und das ist dann dein Image. Daher kommt es, daß dein Image so widersprüchlich und unbestimmt ist. Der eine sagt, du bist hübsch, ein anderer sagt, du bist häßlich. Am liebsten möchtest du die Meinung der Person vergessen, die dich häßlich findet, aber das kannst du nicht; die Meinung ist nun mal da. Wenn du die Meinung aufbewahren willst, daß du hübsch bist, dann mußt du auch die Meinung aufbewahren, daß du häßlich bist.

Dein Image ist sehr vieldeutig.

Du weißt nicht genau, wer du bist. Du bist ein Mischmasch, du bist das, was wir in Indien ein kedgeree, nennen, eine Mixtur von allem möglichen. Du hast noch keine Seele. Du hast keine Individualität, du hast kein kristallisiertes Zentrum; du bist nur der Müllplatz für die Meinungen anderer Leute. Deshalb hast du Angst, denn wenn sich die Meinungen der anderen über dich ändern, änderst du dich. Du bist in ihrer Gewalt. Und das ist genau der Trick, mit dem die Gesellschaft seit jeher arbeitet.

Die Gesellschaft hat eine Methode: sie macht dich ganz scharf auf gesellschaftliche Achtung – damit manipuliert sie dich. Wenn du die Spielregeln der Gesellschaft befolgst, achtet sie dich. Wenn du die Spielregeln der Gesellschaft nicht befolgst, macht sie dich fertig, fügt sie dir schweren Schaden zu. Und die Spielregeln der Gesellschaft zu befolgen heißt,

Sklave zu werden. Ja, sie zollt dir großen Respekt dafür, Sklave zu sein, aber wenn du ein freier Mensch sein willst, schäumt die Gesellschaft: sie möchte nichts mit dir zu tun haben.

Wirklich ein freier Mensch zu sein und dabei in irgendeiner Gesellschaft zu leben, ist sehr schwer. Ich sage euch aus eigener Erfahrung: es ist fast unmöglich, mit der Gesellschaft zu koexistieren, denn die Gesellschaft will keinen freien Menschen. Der freie Mensch ist eine Gefahr für die Existenz der Gesellschaft. Die Gesellschaft bevorzugt Zombies, Maschinen, Roboter – Menschen, die auf Anhieb bereit sind, im Gänsemarsch zu gehen. Brülle nur laut genug: „Stillgestanden!" und schon stehen sie stramm – rein mechanisch. Sie stellen keine Fragen; sie sind Nachäffer.

Nun, die Gesellschaft belohnt sie reich. Sie zollt ihnen Respekt, sie gibt ihnen Preise, Titel, Ehrungen – das ist ihr Trick. Freie Menschen haben von ihr keine Titel und keine Ehrungen zu erwarten. Wie könnte die Gesellschaft sie auch ehren? – sie sind die Feinde. In einer unfreien Gesellschaft ist der freie Mensch der Feind. In einer unmoralischen Gesellschaft ist der moralische Mensch der Feind. In einer religionsfeindlichen Gesellschaft ist der religiöse Mensch der Feind. In einer Welt des Materialismus hat der spirituelle Mensch immer Schwierigkeiten: er paßt nirgendwo hinein. Damit du dich anderen anpaßt, gibt dir die Gesellschaft so viel du haben willst. Sie gibt dir ein gutes Image, sie stützt dich ab. Aber wenn du nicht auf sie hörst, überlegt sie es sich plötzlich anders. Sie kann dich innerhalb von Sekunden vernichten, denn die Gesellschaft hat dein ganzes Image in der Hand. Das ist also das erste, was du verstehen mußt.

Du fragst: *Warum habe ich ständig Angst davor, was andere Leute über mich denken?*

Weil du noch nicht bist. Du bist nichts anderes als die Meinung anderer, daher kommt deine Angst. Sie können ihre Meinung ändern. Der Priester hat gesagt, daß du ein sehr guter Mensch bist. Jetzt wirst du, sofern du dich benimmst, auch ein guter Mensch bleiben. Wenn du dich aber nicht nach seinen Vorstellungen benimmst – und er selber mag ein Neurotiker sein, aber du mußt dich trotzdem nach ihm richten –, wenn du nicht brav bist, wenn du tust, was du willst, wird dich der Priester anschauen und sagen: „Jetzt verstößt du gegen die Moral, verstößt du gegen die Religion, verstößt du gegen die Tradition. Du verfällst der Sünde!" Er hat seine Meinung über dich geändert. Und du warst nur deshalb gut, weil er das meinte.

Sei du selbst. Keiner kann dich gut und keiner kann dich schlecht machen, außer du selbst. Keiner kann dich gut und keiner kann dich schlecht machen. Diese Trugbilder existieren nur in Träumen.

Sagt der Doktor zu seinem Patienten: „Mann, Sie werden in die Geschichte der Medizin eingehen. Sie sind der erste Mann, der schwanger geworden ist." Der Mann antwortet: „Das ist ja schrecklich. Was werden bloß die Nachbarn sagen? Ich bin ja nicht einmal verheiratet!"

Dem Mann ist die Geschichte der Medizin und daß er ein medizinisches Wunder ist, völlig egal. Er hat nur eine Angst: Was werden die Nachbarn sagen, weil er nichtmal verheiratet ist! Wir haben ständig Angst. Diese Angst wird weitergehen, wenn ihr nicht das Sammeln von Meinungen fallenlaßt. Laßt sie fallen – alle Meinungen. Irgendwer meint, daß du ein Heiliger bist? Finger weg, denn der Mann ist gefährlich; er wird dich mit dieser Vorstellung manipulieren. Wenn du erst einmal auf ihn hörst und ihm glaubst, ist er der Herr, und du wirst der Knecht.

Manchmal kommen Leute zu mir und sagen: „Du bist ein großer Heiliger". Ich sage: „Es tut mir leid, aber sage so was nie wieder zu mir, denn ich lasse mich von niemandem manipulieren. Ich bin nur ich selbst; ob Heiliger oder Sünder, spielt keine Rolle." Der Mann glaubt wahrscheinlich, daß er mich nur verehrt. Er weiß womöglich gar nicht, was er da tut.

Wenn du einen Menschen lobst, gewinnst du Macht über ihn. Wenn du einen Menschen lobst, und er nimmt das Lob an, wird er dein Opfer. Jetzt kannst du ihn kontrollieren. Wenn er jetzt irgend etwas tun möchte – es mag noch so unschuldig sein…

Überlegt nur mal: Ihr nennt einen Menschen einen Heiligen, einen mahatma, einen großen Weisen. Jetzt möchte der aber eines Tages rauchen – was nun? Er kann nicht rauchen, denn was wird dann aus seiner Heiligkeit? Nun, das wäre doch ein zu hoher Preis – mit seiner Heiligkeit für eine Zigarette zu bezahlen! Er darf nicht rauchen, weil so viele Leute ihn einen Heiligen nennen. Oder aber er wird ein Scheinheiliger. Dann raucht er hinter verschlossenen Türen und verrät niemandem etwas davon. Dann hat er zwei Gesichter: ein öffentliches und ein privates. Dann ist er gespalten.

Nehmt nie die Meinungen anderer Leute an – gute oder schlechte. Sagt ihnen einfach: „Entschuldigung. Behalten Sie Ihre Meinung für sich. Ich bin ich."

Wenn du so wach sein kannst, dann kann dich niemand manipulieren; du bleibst frei. Und Freiheit ist Freude. Freiheit ist schwer, merke es dir, denn die Gesellschaft besteht aus Sklaven. Freiheit ist schwer, aber Freiheit ist die einzige Freude, die es gibt. Freiheit ist der einzige Tanz, den es gibt; und Freiheit ist das einzige Tor zu Gott. Ein Sklave kann niemals zu Gott gelangen; er kann nicht.

Osho, es heißt, daß die Engländer die besten Diener auf der Welt abgäben. Als du mir meinen Sanskrit-Namen gabst, hast du ihn übersetzt mit „der Liebe dienend". Ich weiß jetzt, daß man das auch mit „Dienerin der Liebe" übersetzen kann. Ich habe darüber nachgedacht. Manchmal scheint es so, daß ich besonders dann im Dienste der Liebe stehe, wenn ich ganz bei mir bin und überhaupt nicht die Absicht habe zu dienen. Sonst sieht es eher nach Unterordnung aus, als ob ich unter der in England so weit verbreiteten kulturellen Krankheit der Höflichkeit, Beflissenheit und Hilfsbereitschaft litte.
Kannst du bitte etwas dazu sagen?

Die Frage ist von Ma Prem Dasi.

Prem Dasi bedeutet tatsächlich „Dienerin der Liebe". Als ich ihr Sannyas gab, habe ich es aber ganz bewußt mit „der Liebe dienend" übersetzt. Die genaue Übersetzung ist „Diener der Liebe". Ich habe es aus einem bestimmten Grund mit „der Liebe dienend" übersetzt. Ich möchte gerne, daß ihr mehr und mehr dient, aber ich möchte nicht, daß ihr Diener werdet. Diener dienen nicht, nur Herren dienen; Diener tun nur ihre Pflicht. Pflicht ist ein häßliches Wort. Sie müssen ihre Pflicht tun; das hat keine Schönheit und keine Freude.

Dient also, aber werdet keine Diener – das ist das eine.

Das andere: wenn du deinen Dienst tust, nimmst du Gewohnheiten an. Dienst ist ein Routinevorgang. Wenn du deinen Dienst tust, mußt du dir einen Charakter zulegen, eine tote Charaktermaske. Jetzt wissen die Leute, du bist ein Diener der Öffentlichkeit. Die Leute wissen: dieser Mann ist Diener der Öffentlichkeit. Ein dienender Mensch ist etwas völlig anderes. Er ist nicht berechenbar. Er handelt aus dem Moment heraus. Du kannst aus seiner Vergangenheit keine Rückschlüsse ziehen. Deshalb habe ich es als „der Liebe dienend" übersetzt.

Dienen ist schön, aber es ist nicht gut, ein Diener zu werden. Dienen ist spontan. Wenn du zum Beispiel ein brennendes Haus siehst, springst du hinein und rettest einem Kind das Leben. Du mußtest es aber nicht tun. Du wolltest keine Pflicht erfüllen. Du bist einfach nur spazierengegangen und hast das brennende Haus gesehen. Du denkst nicht erst, du handelst aus der Situation heraus: du dienst.

Aber ein Diener ist gefährlich, denn wenn er niemanden findet, dem er dienen kann, wird er sich jemandem als Diener aufdrängen.

Es war einmal ein christlicher Missionar, der Sonntagsschüler unterrichtete, kleine Jungs und Mädchen. Er sagte ihnen, sie sollten mindestens einmal in der Woche eine gute Tat tun. Am nächsten Sonntag fragte er sie nach ihren guten Taten. Hatten sie etwas Gutes für die Allgemeinheit getan? Von dreißig Schülerinnen und Schülern meldeten sich drei Jungs, und der Missionar war sehr froh – immerhin drei. Mehr konnte man kaum erwarten.

Also fragte er den ersten Jungen: „Was war deine gute Tat? Erzähle es der Klasse."

Und der Junge sagte: „Hochwürden, ich habe einer alten Frau über die Straße geholfen."

Der Missionar sagte: „Sehr gut. Es ist gut, sich um alte Frauen zu kümmern."

Dann fragte er den nächsten Jungen, und der sagte: „Ich habe auch einer alten Frau über die Straße geholfen."

Der Missionar war erst ein bißchen verwundert, aber dann wieder dachte er, es gibt ja viele alte Frauen…

Also fragte er den dritten Jungen, und der sagte: „Ich habe auch einer alten Frau über die Straße geholfen."

Da sagte der Priester: „Das ist aber doch merkwürdig. Ihr habt drei Frauen geholfen?"

Sie sagten: „Nein, es waren nicht drei. Es war nur eine, aber wir haben alle drei geholfen."

Der Priester sagte: „Aber konnte das denn nicht einer alleine machen?"

„Nein! Selbst zu sechst wäre es schwer gewesen. Die wollte einfach nicht auf die andere Seite. Es war ganz schön schwer. Aber wir haben es geschafft. Es war ja Hausaufgabe. Sie war aber ganz schön wütend."

Seid keine Diener, denn sonst werdet ihr immer auf der Suche sein. Und wenn ihr keine Gelegenheit findet zu dienen, werdet ihr wütend. Diese Leute findet man überall auf der Welt – sie dienen der Öffentlichkeit! Sie sind die bösartigsten Menschen, die es gibt. Sie richten viel Unheil an, denn wenn die Leute ihren Dienst nicht wollen, dann überrumpeln sie sie trotzdem. Sie müssen Gewalt anwenden: es geht um ihr Selbstwertgefühl. Sie können die schöne Welt nicht so lassen, wie sie ist, denn was sollte sonst aus ihnen werden?

Stellt euch mal vor: keine Leprakranken mehr, keine Kranken mehr, keine Krankenhäuser mehr nötig... Und alle sind inzwischen erleuchtet, keine Schulen, keine Hochschulen, keine Universitäten mehr. Was soll dann aus den Dienern der Öffentlichkeit werden? Sie werden sich langsam umbringen. Niemand mehr, dem sie dienen können! Aber irgendwie werden sie es schon so einrichten, daß sie doch dienen können – ihr ganzes Prestige hängt daran. Es ist ein Ego-Trip.

Darum habe ich wohlwissend... ich erinnere mich genau: Just als ich Prem Dasi Sannyas gab und ihren Namen übersetzen wollte und mir schon „Dienerin der Liebe" auf der Zunge lag, fand ich, das wäre nicht richtig. Das bedeuten die Worte zwar, aber ich ich änderte es ab und sagte zu ihr: „der Liebe dienend". Diene, aber mache das Dienen nicht zu deinem Charakter. Ich liebe Menschen, die „charakterlos" leben, die von Moment zu Moment leben, die in jeder Situation ihre eigene Antwort finden. Andernfalls lebst du in Knechtschaft.

Du hast recht, Prem Dasi, wenn du sagst: *Ich diene besonders dann der Liebe, wenn ich ganz bei mir selbst bin und überhaupt nicht die Absicht habe zu dienen.* Vollkommen richtig. So ist es.

Wenn du mit Vorsatz dienst, dann ist es nicht mehr schön, dann ist es keine Liebe mehr. Wenn du ganz du selbst bist, absolut du selbst, dann entsteht aus dieser Unabhängigkeit, aus diesem Dasein heraus Liebe, und du dienst den Menschen. Und ohne jeden Anflug davon, daß du ein Diener wärst – und sie die Herren. Du dienst einfach, weil du so viel zu geben hast, daß du dich einfach verschenken mußt: du verströmst dich in deinem Geben, in deiner Liebe, in deinem Mitgefühl.

Kann Beten manchmal schädlich sein?

Nie davon gehört – mit einer Ausnahme. Und zwar folgende Geschichte:

Zwei Mädchen heirateten am gleichen Tag und zogen mit ihren Männern in das gleiche Flitterwochen-Hotel. Sie saßen zu viert in der Empfangshalle und unterhielten sich darüber, daß es doch sehr eindeutig aussehen würde, wenn sie alle vier so früh am Abend und alle auf einmal zu Bett gehen würden. Schließlich hatten sie die Idee, daß die Mädchen sich in Richtung Damentoilette zurückziehen und von dort heimlich auf ihre Zimmer gehen sollten. Die Männer würden an der Bar noch einen Drink nehmen und dann zehn oder fünfzehn Minuten später auf die gleiche Weise unauffällig verschwinden, um zu ihren Bräuten zu gehen.

Als die Männer aufstanden, um den Mädchen zu folgen, ging plötzlich das Licht aus – unangenehm in einem Haus, in dem man sich nicht auskennt. Aber sie waren überzeugt, daß sie ihre Zimmer finden würden, also gingen sie los.

Willy tastete sich durch die Flure. Er war ein sehr bedächtiger Mann und zählte deshalb die Türen, an denen er vorbeikam, bis er schließlich sein Zimmer fand. Um ganz sicher zu gehen, zündete er ein Streichholz an. Auf dem Boden sah er Konfetti von der Hochzeitsparty, also war er im richtigen Zimmer. Leise schloß er die Tür hinter sich, zog sich aus, zog den Schlafanzug an, kniete nieder, sprach sein Gebet, stieg ins Bett und war gerade im Begriff, zur Sache zu kommen, als das Licht wieder anging. Er erkannte, daß er zwar im richtigen Zimmer, aber auf dem falschen Flur war: er lag mit der Braut des anderen im Bett! Er schnappte seine Kleider, eilte zu seinem Zimmer, und was entdeckte er da?

Der andere Mann war Atheist!

Intelligenz
ist
Meditation

DER GEIST, DER INTELLEKT
MITSAMT SEINEM GESTALTETEN INHALT SIND ES...

Der Geist, der Intellekt
Mitsamt seinem gestalteten Inhalt, sind Es;
Ebenso die Welt und alles,
Was sich davon scheinbar unterscheidet,
Alle spürbaren Dinge, mitsamt dem, der wahrnimmt,
Ebenfalls Stumpfheit, Ablehnung,
Wunsch und Erleuchtung.

Wie ein Licht,
Das im Finstern spiritueller Unwissenheit leuchtet,
Entfernt es jegliche Verdunklung vom Geist –
Soweit die Brechungen des Intellekts nur reichen.
Wer kann sich das Selbst-Sein
Der Wunschlosigkeit vorstellen?

Es gibt nichts zu verneinen,
Nichts zu behaupten oder zu begreifen.
Denn Es ist ewig unvorstellbar.
Durch die Brechungen des Intellekts
Sind die Verblendeten gefesselt,
Ungeteilt und rein herrscht Spontaneität.

Wenn ihr Letztendliches mit euren Theorien
Vom Vielen und vom Einen hinterfragt,
Wird Einheit nicht zuteil.
Denn nur indem ein fühlend Wesen
Wissen transzendiert, wird es befreit.
Das Strahlende ist als Potenz verborgen im Intellekt,
Und Meditation macht dieses offenbar.
Regloser Geist ist unser wahrer Wesenskern.

Die tantrische Vision ist ein unmittelbarer Weg zu Gott, zur Wirklichkeit, zu dem, was ist. Tantra kennt keine Vermittler, keine Mittelsmänner – es gibt keine Priester. Und Tantra sagt: sobald ein Priester auftaucht, ist die Religion verdorben. Nicht der Teufel verdirbt die Religion, es ist der Priester. Der Priester steht im Dienst des Teufels.

Es gibt nur den direkten Weg zu Gott. Es gibt keine *via media*. Du kannst nicht via einen anderen zu Gott gelangen, denn Gott ist Unmittelbarkeit, Gott ist hier-jetzt, umfängt dich bereits. Drinnen wie draußen: nur Gott ist. Du brauchst niemanden zu suchen, der dir hilft, zu Gott zu finden. Du bist bereits drinnen, du warst niemals draußen. Selbst wenn du wolltest, könntest du nicht draußen sein. Selbst bei aller Anstrengung kannst du unmöglich fortgehen. Du kannst nirgendwo anders hin. Und du kannst nichts anderes sein. Tantra ist keine Religion im herkömmlichen Sinn, denn es hat keine Rituale, es hat keinen Priester, es hat keine Schriften. Es ist ein individueller Weg zur Wirklichkeit. Tantra ist ungeheuer rebellisch. Es vertraut nicht der Organisation, es vertraut nicht der Gemeinschaft. Es vertraut dem Individuum. Tantra glaubt an dich.

Ich habe gehört...
Es war auf einer Billy Graham-Veranstaltung...
Ein Mann sammelte die Spenden ein und war gerade im Begriff, mit dem Geld abzuhauen, als er von zwei Polizisten erwischt wurde. Sie brachten ihn zu Billy Grahams Füßen.
Billy Graham war natürlich sehr wütend und sagte zu dem Mann: „Dieses Geld gehört Gott! Und was hast du dir eigentlich dabei gedacht? Wolltest du Gott bestehlen?"
Der Mann sagte: „Sir, ich habe das Geld genommen, weil ich Gott näher kommen wollte – indem ich den Makler ausschaltete, natürlich."

Ein Makler ist überhaupt nicht nötig. Der wahre Meister

will kein Makler sein. Er hilft dir nicht, zu Gott zu kommen, er hilft dir nur dabei, dir bewußt zu machen, was schon da ist. Er ist nicht die Brücke zwischen dir und Gott, er ist nur die Brücke zwischen deiner Unbewußtheit und deiner Bewußtheit. In dem Moment, da du bewußt wirst, bist du direkt mit Gott verbunden, unmittelbar, und niemand steht zwischen dir und Gott.

Diese tantrische Vision ist eine der größten Visionen, die der Mensch je geträumt hat: eine Religion ohne den Priester, eine Religion ohne den Tempel, eine Religion ohne die Organisation, eine Religion, die das Individuum nicht vernichtet, sondern Individualität ungeheuer achtet, eine Religion, die dem einfachen Mann und der einfachen Frau vertraut. Und dieses Vertrauen geht sehr tief. Tantra vertraut deinem Körper. Keine andere Religion vertraut deinem Körper. Und wenn Religionen deinem Körper nicht vertrauen, schaffen sie eine Kluft zwischen dir und deinem Körper. Sie machen dich zum Feind deines Körpers, sie zerstören die Weisheit deines Körpers.

Tantra vertraut deinem Körper. Tantra vertraut deinen Sinnen. Tantra vertraut deiner Energie. Tantra vertraut dir – in toto. Tantra verneint nichts und transformiert alles.

Wie kann man diese tantrische Vision verwirklichen? Hier ist die Karte, dich auf den Weg zu bringen, dich nach innen zu bringen und dich über dich hinauszubringen:

Das erste ist der Körper. Der Körper ist deine Basis, er ist dein Boden; er ist es, wo du geerdet bist. Wenn man dich zum Feind des Körpers macht, vernichtet man dich, macht man dich schizophren, macht man dich unglücklich. Dein Leben wird zur Hölle. Du bist der Körper. Natürlich bist du mehr als der Körper, aber das „mehr" kommt später. Erst einmal bist du der Körper. Der Körper ist deine grundlegende Wahrheit, deshalb sei niemals gegen den Körper. Wann immer du gegen den Körper bist, wendest du dich gegen Gott. Wann immer du deinen Körper nicht respektierst, verlierst du den Kontakt mit der Wirklichkeit, denn dein Körper ist dein Kontaktpunkt. Dein Körper ist deine Brücke. Dein Körper ist dein Tempel. Tantra lehrt Ehrfurcht vor dem Körper, Liebe und Respekt für den Körper, Dankbarkeit gegenüber dem Körper. Der Körper ist wunderbar. Er ist das größte Geheimnis.

Aber man hat dir beigebracht, gegen den Körper zu sein. So kommt es, daß du zwar manchmal zutiefst über den Baum staunst – den grünen Baum! –, daß du manchmal tief vom Mond und von der Sonne berührt bist, daß du manchmal tief von einer Blume berührt bist, aber von deinem eigenen Körper noch nie überwältigt warst. Dabei ist dein Körper das komplexeste Phänomen in der ganzen Existenz. Keine Blume, kein Baum hat einen so schönen Körper wie du. Kein Mond, keine Sonne, kein Stern hat einen so hochentwickelten Mechanismus wie du.

Doch man hat dir beigebracht, eine Blume schön zu finden, ein einfaches Ding. Man hat dir beigebracht, einen Baum schön zu finden, ein einfaches Ding. Man hat dir sogar beigebracht, Steine, Felsen, Berge, Flüsse schön zu finden, aber niemals wurde dir beigebracht, deinen eigenen Körper zu achten und ihn zu bewundern. Ja, der ist einem sehr nah, und deshalb ist es so leicht, ihn zu vergessen. Ihr nehmt ihn für gegeben hin, und deshalb ist es so leicht, ihn zu vernachlässigen. Aber er ist das allerschönste Phänomen überhaupt.

Wenn du eine Blume bewunderst, sagen die Leute: „Wie ästhetisch!" Wenn du das Gesicht einer schönen Frau anschaust oder das schöne Gesicht eines Mannes, sagen die Leute: „Das ist Lüsternheit!" Wenn du zu einem Baum gehst und stehenbleibst und dir wie betäubt eine Blüte anschaust – deine Augen weit geöffnet, deine Sinne ganz empfänglich, um die Schönheit der Blüte in dich aufzunehmen – dann glauben die Leute, daß du ein Dichter bist oder ein Maler oder ein Mystiker. Aber wenn du zu einer Frau oder einem Mann hingehst, in größter Ehrfurcht und Hochachtung vor ihr stehst und die Frau mit großen Augen betrachtest, und deine Sinne ihre Schönheit trinken läßt, dann wirst du von der Polizei abgeführt. Keiner hält dich für einen Mystiker oder einen Dichter, keiner wird billigen, was du da tust.

Irgend etwas ist schiefgegangen.

Wenn du auf der Straße einen Fremden ansprichst und sagst: „Was für wunderschöne Augen Sie haben!" wirst du verlegen und fühlt er sich verlegen. Er kann nicht einfach „Dankeschön" zu dir sagen. Im Gegenteil, er ist beleidigt. Er wird einschnappen, denn wer bist du, daß du es wagst, dich in sein Privatleben einzumischen? Wie kannst du sowas wagen?

Wenn du einen Baum berührst, freut sich der Baum. Aber wenn du einen Menschen berührst, fühlt er sich beleidigt. Was ist schiefgelaufen? Irgend etwas ist da zerstört worden, gründlich und sehr tief.

Tantra lehrt dich, die Achtung und die Liebe zu deinem Körper zurückzugewinnen. Tantra lehrt dich, deinen Körper als Gottes größte Schöpfung zu betrachten. Tantra ist die Religion des Körpers. Natürlich geht Tantra über den Körper hinaus, aber es verläßt ihn niemals; Tantra ist im Körper verwurzelt. Tantra ist die einzige Religion, die tatsächlich in der Erde verwurzelt ist: es hat Wurzeln. Andere Religionen sind wie entwurzelte Bäume – morsch, abgestumpft, tot; es fließt kein Saft mehr in ihnen.

Tantra ist wirklich saftig, sehr lebendig.

Als erstes mußt du lernen, den Körper zu achten. Du mußt den ganzen Unsinn vergessen, den man dir über den Körper beigebracht hat. Sonst wird dich nichts je auf den Weg bringen, wird dich nichts nach innen bringen, wird dich nichts über dich selbst hinausbringen.

Fange beim Anfang an. Der Körper ist der Anfang.

Der Körper muß von vielen Repressionen gereinigt werden. Er braucht eine große Katharsis, eine große *rechana*. Der Körper ist vergiftet worden, weil du dich gegen ihn gestellt hast; du hast ihn auf vielerlei Weise unterdrückt. Dein Körper vegetiert am Minimum, deshalb bist du unglücklich. Tantra sagt: Seligkeit kommt erst, wenn du am Optimum existierst – niemals zuvor. Seligkeit wird nur möglich, wenn du intensiv lebst. Wie kannst du intensiv leben, wenn du gegen den Körper bist?

Du bist immer nur lauwarm. Das Feuer ist abgekühlt. Über Jahrhunderte hinweg hat man das Feuer gelöscht. Das Feuer muß neu entfacht werden. Tantra sagt: reinige zuerst den Körper – reinige ihn von allen Repressionen. Laß die Körperenergie fließen, beseitige die Blockaden.

Es ist sehr schwierig, jemanden zu treffen, der keine Blockaden hat, es ist sehr schwierig, jemanden zu treffen, dessen Körper nicht verspannt ist. Lockere diese Verspanntheit – die Verspanntheit blockiert deine Energie; bei dieser Verspanntheit ist kein Fließen möglich.

Warum sind alle so verklemmt? Warum kannst du dich nicht entspannen? Hast du einmal eine Katze beobachtet, wenn sie am Nachmittag ein Schläfchen hält? Wie einfach und wie schön sich die Katze entspannt. Kannst du dich nicht genauso entspannen? Du drehst und wirfst dich in deinem Bett von einer Seite auf die andere und kannst nicht entspannen. Und die Entspannung der Katze ist deshalb so schön, weil sie sich total entspannt und dabei doch total wach ist. Eine kleine Bewegung im Raum, und schon öffnet sie die Augen, ist sie auf dem Sprung. Sie ist nicht einfach nur eingeschlafen. Wir müssen lernen, wie die Katzen zu schlafen – der Mensch hat es vergessen.

Tantra sagt: lernt von den Katzen – wie sie schlafen, wie sie sich entspannen, wie unverkrampft sie leben. Die ganze Tierwelt lebt unverkrampft. Der Mensch muß es erst lernen, denn er ist falsch konditioniert worden. Der Mensch ist falsch programmiert worden. Schon in früher Kindheit hat man euch beigebracht, verspannt zu sein. Ihr atmet nicht... aus Angst. Aus Angst vor ihrer Sexualität atmen die Menschen nicht, denn wenn man tief atmet, geht der Atem direkt ins

Sexzentrum, massiert es von innen, erregt es. Weil man euch beigebracht hat, daß Sex gefährlich ist, atmet schon das Kind ganz flach – der Atem kommt nicht über die Brust hinaus. Weiter kommt das Kind nicht. Sobald es tiefer atmet, wird es plötzlich erregt: die Sexualität wird geweckt, und Angst kommt auf. Sobald ihr tief atmet, wird Sexenergie frei.

Die Sexenergie muß freigesetzt werden. Sie muß dein ganzes Wesen durchströmen. Dann wird dein Körper orgasmisch. Aber du hältst den Atem an vor lauter Angst, und die Lungen füllen sich bis fast bis zur Hälfte mit Kohlendioxid... In den Lungen gibt es sechstausend Hohlräume, und normalerweise werden dreitausend davon nie gereinigt; sie sind immer voller Kohlendioxid. Deshalb seid ihr träge, deshalb seht ihr nicht wach aus, deshalb fällt Bewußtheit so schwer. Es ist kein Zufall, daß sowohl Yoga als auch Tantra lehren tief zu atmen – *pranayama*, um die Lungen vom Kohlendioxid zu entlasten. Das Kohlendioxid ist nicht für euch bestimmt – es muß ständig ausgestoßen werden, man muß neue, frische Luft einatmen, man muß mehr Sauerstoff atmen. Sauerstoff entfacht euer inneres Feuer, Sauerstoff entflammt euch. Aber Sauerstoff wird auch eure Sexualität entfachen. Also kann nur Tantra wirklich tiefes Atmen zulassen, nicht einmal Yoga erlaubt euch, richtig tief zu atmen. Yoga erlaubt euch nur, bis zum Bauchnabel zu atmen, nicht darüber hinaus. Ihr sollt nicht durchs *hara*-Zentrum gehen, nicht durch den *swadhistan*-Punkt; denn wenn man erst einmal durch *swadhistan* geht, springt man ins *muladhar*.

Nur Tantra läßt euch total sein und total fließen. Tantra gibt euch bedingungslose Freiheit, so wie ihr seid und wie immer ihr eben zu sein vermögt. Tantra setzt euch keine Grenzen; es definiert euch nicht, es gibt euch einfach totale Freiheit. Die Erkenntnis dahinter ist die, daß wenn ihr total frei seid, vieles möglich ist.

Ich habe beobachtet, daß Leute, die sexuell unterdrückt sind, langsam verblöden. Nur sexuell sehr lebendige Menschen sind intelligente Menschen. Nun, es muß die Vorstellung gewesen sein, daß Sex Sünde ist, was die Intelligenz zerstört hat – und zwar sehr gründlich zerstört hat. Wenn du wirklich im Fluß bist und nicht gegen deine Sexualität ankämpfst, sondern mit ihr im Einklang bist, dann wird dein Verstand optimal funktionieren; du wirst intelligent, wach, lebendig sein.

Man muß sich den Körper zum Freund machen, sagt Tantra. Berührt ihr überhaupt euren eigenen Körper manchmal? Spürt ihr je euren eigenen Körper oder bleibt ihr eingesperrt wie in einem toten Ding? Genau so ist es doch!

Die Menschen sind beinah erstarrt; sie schleppen ihren Körper wie einen Sarg mit sich herum. Er ist schwer, er ist hinderlich, er hilft einem nicht, mit der Wirklichkeit in Kontakt zu kommen. Wenn ihr dem Strom der Körperelektrizität erlaubt, von der Fußspitze bis zum Kopf zu fließen, wenn ihr der Energie, der Bioenergie, totale Freiheit laßt, dann werdet ihr zu einem Fluß und spürt den Körper überhaupt nicht mehr. Ihr werdet euch beinah körperlos fühlen. Wenn ihr nicht mit dem Körper kämpft, werdet ihr körperlos. Wenn ihr gegen den Körper kämpft, wird der Körper zur Last. Und wenn ihr euren Körper wie eine Last mit euch herumschleppt, werdet ihr niemals zu Gott gelangen.

Der Körper muß schwerelos werden, so daß du den Boden fast nicht mehr berührst – das ist die tantrische Art zu gehen. Du bist so schwerelos, daß es keine Schwerkraft gibt – du kannst geradezu fliegen. Doch das kommt nur, wenn du Ja sagen kannst.

Es wird dir nicht leicht fallen, deinen Körper zu akzeptieren. Du verurteilst ihn, findest immer etwas daran auszusetzen. Du achtest ihn nicht, liebst ihn nicht, aber dann erwartest du ein Wunder: daß einer kommt und deinen Körper liebt. Wenn du selbst ihn nicht lieben kannst, wie willst du dann jemanden finden, der deinen Körper liebt? Wenn du selbst ihn nicht lieben kannst, wird niemand deinen Körper lieben, denn deine

Ausstrahlung wird die Leute abstoßen. Man kann sich nur in jemanden verlieben, der sich selbst liebt. Anders geht es nicht. Zuerst mußt du dich selbst lieben – und erst aus dieser Mitte heraus können sich andere Formen der Liebe entfalten. Du liebst deinen Körper nicht. Du versteckst ihn ständig auf tausendundeine Art. Du versteckst den Geruch deines Körpers, du versteckst deinen Körper in Kleidern, du versteckst deinen Körper hinter Schmuck. Du versuchst eine gewisse Schönheit herzustellen, die dir ständig zu fehlen scheint, und genau durch dieses Bemühen wirst du künstlich. Nun, man stelle sich nur eine Frau vor, die sich die Lippen bemalt hat... es ist schier abstoßend! Lippen sollten aus Lebensfülle rot sein, sie dürfen nicht bemalt werden. Sie sollten aus Liebe lebendig sein, sie sollten deshalb lebendig sein, weil du lebendig bist. Ihr malt die Lippen an... und ihr glaubt, daß ihr euch damit verschönert. Nur Leute, die sich ihrer Häßlichkeit sehr bewußt sind, gehen in Schönheitssalons, sonst wäre es doch völlig unnötig.

Habt ihr schon einmal einen häßlichen Vogel gesehen? Habt ihr schon einmal ein häßliches Reh gesehen? Das gibt es einfach nicht. Sie gehen in keinen Schönheitssalon und fragen keinen Fachmann. Sie akzeptieren sich einfach, und ihre Schönheit liegt in diesem Akzeptieren. Gerade in diesem Akzeptieren lassen sie Schönheit über sich regnen.

Sobald ihr euch akzeptiert, werdet ihr schön. Wenn ihr euch an eurem eigenen Körper erfreut, werdet ihr auch andere mit ihm erfreuen. Viele Leute werden sich in euch verlieben, denn ihr seid selbst in euch verliebt.

Aber so, wie ihr jetzt seid, seid ihr wütend auf euch: ihr wißt, daß ihr häßlich seid, ihr wißt, daß ihr abstoßend, schrecklich seid – diese Vorstellung wird die anderen abstoßen. Diese Vorstellung wird ihnen nicht helfen, sich in dich zu verlieben; sie werden dich meiden. Selbst wenn sie sich dir nähern sollten – sobald sie deine Ausstrahlung spüren, werden sie sich abwenden. Es ist nicht nötig, irgendwem nachzurennen. Dieses Hinterherlaufen kommt daher, daß wir nicht in uns selbst verliebt sind. Sonst kämen die Leute nämlich von selbst. Es wird ihnen geradezu unmöglich sein, sich nicht in dich zu verlieben, wenn du selbst in dich verliebt bist.

Warum kamen so viele Menschen zu Buddha, warum kamen so viele Menschen zu Saraha, warum kamen so viele Menschen zu Jesus? Diese Mystiker waren in sich selbst verliebt. Sie trugen solch eine Liebe in sich, sie freuten sich so sehr an ihrem Wesen, daß jeder, der vorbeikam, ganz natürlich von ihnen angezogen wurde; die Mystiker waren wie Magneten. Sie waren so bezaubert von ihrem eigenen Wesen – wie konnte man sich diesem Zauber entziehen? Einfach bei ihnen zu sein, war die reine Glückseligkeit.

Das erste, was Tantra lehrt, ist: sei liebevoll zu deinem Körper, mache dir deinen Körper zum Freund, achte und respektiere deinen Körper, sorge gut für deinen Körper – er ist ein Geschenk Gottes. Behandle ihn gut, und er wird dir große Geheimnisse offenbaren. Dein Wachstum hängt davon ab, was für eine Beziehung du zu deinem Körper hast.

Und das zweite, worüber Tantra spricht, sind die Sinne. Und wieder sind die Religionen gegen die Sinne. Sie versuchen, die Sinne und die Sensitivität abzustumpfen. Und die Sinne sind eure Tore der Wahrnehmung, die Sinne sind die Fenster zur Wirklichkeit. Was ist dein Auge? Was sind deine Ohren? Was ist deine Nase? Fenster zur Realität, Fenster zu Gott. Wenn du richtig sehen kannst, kannst du Gott überall sehen. Also dürfen die Augen nicht zu sein, sie müssen richtig aufgemacht werden. Die Augen dürfen nicht zerstört werden. Die Ohren dürfen nicht zerstört werden, denn alle diese Töne sind göttlich.

Diese Vögel singen *mantras*. Diese Bäume halten Predigten über das Schweigen. Alle Töne sind Gottes Töne, und alle Formen sind seine Formen. Wenn du also keine Sensitivität in dir hast, wie willst du Gott erkennen können? Und man schickt euch in eine Kirche, in einen Tempel, um ihn dort zu finden... dabei ist er doch überall. In eine Kirche von Menschenhand, in einen Tempel von Menschenhand geht ihr, um Gott zu finden? Die Dummheit des Menschen scheint keine Grenzen zu kennen. Gott ist überall, und überall gesund und munter! Aber wenn ihr das erkennen wollt, braucht ihr dazu klare, reine Sinne.

Tantra lehrt also, daß die Sinne die Tore der Wahrnehmung sind. Man hat sie abgestumpft. Diese Dumpfheit müßt ihr aufgeben, eure Sinne müssen gereinigt werden. Eure Sinne sind wie ein Spiegel, der stumpf geworden ist, weil sich so viel Staub auf ihm angesammelt hat. Der Staub muß weggewischt werden.

Seht euch den tantrischen Ansatz an – in allem. Andere sagen: betäube die Sinne, töte deinen Geschmack ab! Und Tantra sagt: Koste Gott in jedem Geschmack. Andere sagen: Töte deine Fähigkeit ab, Berührung zu genießen. Tantra sagt: Fließe total in deine Berührung ein, denn was immer du berührst, ist göttlich. Es ist die totale Umkehrung der sogenannten Religionen. Es ist eine radikale Revolution – sie setzt bei den Wurzeln an. Berühre, rieche, schmecke, schaue, höre so total wie möglich. Ihr werdet diese Sprache erst lernen müssen, denn die Gesellschaft hat euch hinters Licht geführt: sie hat euch vergessen lassen.

Jedes Kind wird mit wunderbaren Sinnen geboren. Beobachtet einmal ein Kind. Wenn es etwas anschaut, geht es völlig darin auf. Wenn es mit seinen Spielsachen spielt, geht es völlig darin auf. Wenn es schaut, wird es ganz Auge. Seht euch die Augen eines Kindes an. Wenn es hört, wird es ganz Ohr. Wenn es etwas ißt, dann ist es mit all seinen Sinnen Zunge. Es wird zu einem einzigen Schmecken. Seht euch ein Kind an, wenn es einen Apfel ißt. Mit welchem Genuß! Mit was für einer Energie! Mit welcher Lust! Seht euch ein Kind an, wenn es im Garten hinter einem Schmetterling herrennt... es geht so darin auf, daß selbst Gott es nicht ablenken könnte. So ein totaler, meditativer Zustand – und ohne jede

Anstrengung. Seht euch ein Kind an, das Muscheln am Strand sucht, als ob es Diamanten wären. Alles ist kostbar, wenn die Sinne lebendig sind, alles ist klar, wenn die Sinne lebendig sind.

Später im Leben wird dasselbe Kind die Wirklichkeit so wahrnehmen, als wäre sie hinter einer abgedunkelten Scheibe verborgen. Viel Rauch und Staub haben sich auf dem Glas niedergeschlagen, und du hast dich dahinter versteckt. Du guckst, und alles sieht dumpf und tot aus. Du betrachtest einen Baum, und der Baum sieht glanzlos aus, weil deine Augen stumpf sind. Du hörst ein Lied, und es spricht dich nicht an, weil deine Ohren abgestumpft sind. Selbst wenn du ein Lied von Saraha hörst, gefällt es dir nicht, weil deine Intelligenz abgestumpft ist. Versuche, deine vergessene Sprache zurückzugewinnen. Wann immer du Zeit hast, geh mehr in deine Sinne hinein. Wenn du ißt, iß nicht einfach nur, sondern versuche, die vergessene Sprache des Schmeckens wieder zu erlernen. Berühre das Brot, fühle seine Struktur. Fühle es mit offenen Augen, fühle es mit geschlossenen Augen. Wenn du es kaust, kaue wirklich: du kaust Gott. Vergiß das nicht! Es wäre respektlos, nicht richtig zu kauen, nicht richtig zu schmecken. Laß es ein Gebet sein, und ein neues Bewußtsein wird in dir aufsteigen. Du wirst in die Alchimie von Tantra eingeweiht werden.

Berühre die Menschen mehr. Wir sind voller Berührungsängste. Wenn jemand mit dir spricht und dir zu nahe kommt, weichst du zurück. Wir schützen unser Territorium. Wir berühren niemanden und erlauben auch anderen nicht, uns zu berühren; wir halten uns nicht an den Händen, wir umarmen uns nicht. Wir freuen uns nicht aneinander.

Geh zu einem Baum und berühre ihn. Berühre den Felsen. Geh zum Fluß und laß den Fluß durch deine Hände rinnen. Fühle ihn! Schwimme und spüre das Wasser so, wie der Fisch es spürt. Laß keine Gelegenheit aus, deine Sinne wiederzubeleben. Und es gibt jeden Tag tausendundeine Gelegenheit. Du brauchst dir nicht extra Zeit dafür zu nehmen. Der ganze Tag ist ein Sensitivitätstraining. Nutze alle Möglichkeiten. Wenn du duschst, nutze die Gelegenheit und spüre, wie sich das Wasser anfühlt, das dir über die Haut rinnt. Lege dich nackt auf den Boden und spüre die Erde. Lege dich an den Strand und fühle den Sand. Lausche dem Klang des Sandes, lausche dem Klang des Meeres. Nutze jede Gelegenheit – nur so kannst du die Sprache der Sinne wieder lernen. Und Tantra kann nur dann verstanden werden, wenn dein Körper lebendig ist und wenn deine Sinne fühlen können. Befreit eure Sinne von Gewohnheiten: Gewohnheiten sind eine der Ursachen für eure Abgestumpftheit. Sucht nach neuen Wegen. Erfindet neue Arten zu lieben. Die Leute haben so viel Angst!

Ich habe einmal gehört ...
Ein Arbeiter ist von einem Arzt untersucht worden und geht wieder nach Hause. Der Arzt schickt ihm als Boten einen kleinen Jungen nach, denn er hatte vergessen, eine Urinprobe zu nehmen. Der Junge holte also die Urinprobe in einem Glas, aber unterwegs verschüttete er fast den ganzen Inhalt. Um das Mißgeschick zu verbergen, läßt er eine Kuh auf der Weide in das Glas pinkeln.
Der Arzt bestellt den Mann sofort zu sich. Der kehrt wütend zu seiner Frau zurück. „Das hast du nun von deinen ausgefallenen Stellungen! Immer mußt du oben sein! Und jetzt bin ich schwanger!"

Die Menschen haben feste Gewohnheiten. Selbst beim Liebe-machen sind sie immer in der gleichen Stellung, der „Missionars-Stellung". Laßt euch mal was anderes einfallen! Jede Erfahrung sollte mit großer Einfühlsamkeit erlebt werden. Wenn du mit einer Frau oder einem Mann Liebe machst, mache ein Fest daraus. Und bring jedesmal neue Kreativität in den Liebesakt ein, laß dir jedes Mal etwas Neues einfallen. Ihr könnt tanzen, bevor ihr Liebe macht. Ihr könnt beten, bevor ihr ihr Liebe macht. Ihr könnt in den Wald laufen und danach Liebe machen. Ihr könnt schwimmen gehen, und dann macht ihr Liebe. So wird euch jedes Liebeserlebnis sensibler machen, und die Liebe wird nicht fad und langweilig werden.

Findet neue Wege, wie ihr den anderen entdecken könnt. Nichts sollte zur Routine erstarren. Jede Routine ist gegen das Leben: Routine steht im Dienst des Todes. Man kann sich immer etwas neues einfallen lassen, euren Erfindungen sind keine Grenzen gesetzt. Manchmal kann schon eine kleine Veränderung eine große Abwechslung bedeuten. Ihr eßt immer am Tisch – geht doch manchmal einfach hinaus auf den Rasen, setzt euch hin und eßt dort. Und ihr werdet ungeheuer überrascht sein: es ist eine völlig andere Erfahrung. Der Geruch des frischgeschnittenen Grases, die Vögel, die herumhüpfen und singen, und die frische Luft, und die Sonnenstrahlen, und das feuchte Gras unter dir. Das ist etwas völlig anderes, als wenn du auf einem Stuhl am Tisch sitzt und ißt; es ist eine völlig andere Erfahrung: alles ist anders.

Versuche einmal einfach nackt zu essen, und du wirst überrascht sein. Es ist nur eine kleine Veränderung, nicht viel, du sitzt nackt da, aber es wird eine völlig andere Erfahrung für dich sein, weil etwas Neues dazugekommen ist. Normalerweise ißt du mit Löffel und Gabel, nun iß zur Abwechslung mal mit den Händen – das wird eine ganz andere Erfahrung für dich sein; wenn du das Essen anfaßt, wird es viel besser schmecken. Ein Löffel ist ein lebloses Ding: wenn du mit einem Löffel oder einer Gabel ißt, schaffst du Distanz. Es ist dieselbe Angst, Angst vor Berührung – du kannst nicht einmal das Essen anfassen. Du weißt nichts von seiner Beschaffenheit, wie es sich anfaßt, wie es sich anfühlt. Essen schmeckt nicht nur, es fühlt sich auch an.

Manchmal freuen wir uns über etwas und wissen gar nicht, warum. Es mag viele verborgene Gründe dafür geben. Wir kennen sie nicht. Aber im Westen hat man damit experimentiert. Zum Beispiel: schließe deine Augen und deine Nase und dann iß eine Zwiebel. Jemand soll sie dir geben ohne daß du weißt, ob er dir nun eine Zwiebel oder einen Apfel zu essen gibt. Und es wird dir schwer fallen, einen Unterschied festzustellen, wenn die Nase vollkommen verschlossen ist und die Augen mit einer Augenbinde verbunden sind. Es wird dir nicht möglich sein, den Apfel von der Zwiebel zu unterscheiden, denn Geschmack ist nicht allein Geschmack; fünfzig Prozent davon kommt von der Nase. Und sehr viel kommt von den Augen. Es ist nicht allein der Geschmackssinn; alle Sinne sind beteiligt. Wenn du mit den Händen ißt, ist dein Berührungssinn beteiligt. Es schmeckt einfach besser. Es ist menschlicher, es ist natürlicher.

Entdeckt neue Wege in allem, was ihr tut. Macht dies zu einer eurer *sadhanas*.

Tantra sagt: Wenn ihr es schafft, jeden Tag neue Wege zu entdecken, wird euer Leben spannend, ein Abenteuer. Ihr werdet euch nie langweilen; und wer sich langweilt, ist ein irreligiöser Mensch. Ihr werdet immer wißbegierig sein, ihr werdet immer auf der Suche nach dem Neuen und Unbekannten sein. Eure Augen bleiben klar und eure Sinne bleiben klar, denn wenn ihr ständig bereit seid, Neues zu suchen, zu entdecken, herauszufinden, ist es gar nicht möglich, stumpfsinnig und dumm zu werden.

Die Psychologen sagen, daß Dummheit im Alter von sieben beginnt. Sie beginnt eigentlich schon im Alter von ungefähr vier Jahren, aber mit sieben wird sie dann ganz offensichtlich. Kinder werden dumm, sobald sie sieben sind. Tatsächlich ist es so, daß ein Kind fünfzig Prozent von allem, was es in seinem ganzen Leben lernen kann, mit sieben Jahren bereits gelernt hat. Wenn der Mensch siebzig wird, dann hat er dreiundsechzig Jahre gebraucht, um die anderen fünfzig Prozent zu lernen. Was passiert hier?

Der Mensch wird mit zunehmendem Alter stumpfsinnig,

er hört auf zu lernen. Was die Intelligenz angeht, so fängt ein Kind mit sieben Jahren an zu altern. Körperlich beginnt das Altern später – ab fünfunddreißig Jahren baut der Mensch körperlich ab – aber geistig hat der Verfall schon längst begonnen.

Ihr mögt es kaum glauben, daß euer geistiges Alter, das geistige Durchschnittsalter, bei zwölf Jahren liegt. Die Menschen wachsen geistig nicht weiter, sie bleiben stehen. Deshalb gibt es so viel kindisches Verhalten auf der Welt. Beleidige einmal einen Sechzigjährigen – in zwei Sekunden wird er zu einem zwölfjährigen Kind. Und er benimmt sich so, daß du es einfach nicht glauben kannst, eine erwachsene Person vor dir zu haben. Die Menschen sind immer in Gefahr zu regredieren. Ihr wahres geistiges Alter verbirgt sich unter einer hauchdünnen Oberfläche. Man braucht nur ein wenig zu kratzen, und ihr wahres geistiges Alter tritt zutage. Das körperliche Alter spielt keine große Rolle. Die Menschen sterben als Kinder; sie werden nie erwachsen.

Tantra sagt: Lerne alles auf immer neue Weise zu tun und befreie dich so weit wie möglich von Gewohnheiten. Und Tantra sagt: Imitiere nicht, sonst stumpfen deine Sinne ab. Äffe nicht nach. Finde deinen eigenen Weg, die Dinge anzugehen. Hinterlasse in allem, was du anpackst, deine eigene Handschrift.

Neulich sagte eine Sannyasin kurz vor ihrer Rückreise, daß es zwischen ihr und ihrem Mann keine Liebe mehr gebe. Sie blieben nur noch wegen der Kinder zusammen. Ich sagte ihr, sie solle meditieren und freundlich zu ihrem Mann sein: „Wenn die Liebe verschwunden ist, ist nicht alles verschwunden; Freundschaft ist immer noch möglich. Sei freundlich.“ Und sie sagte: „Das ist schwierig. Wenn eine Tasse zerbrochen ist, ist sie kaputt.“

Ich erzählte ihr, daß die Zen-Leute in Japan in den Supermarkt gehen, eine Tasse kaufen, mit nach Hause nehmen, kaputtschlagen und dann wieder zusammenkleben. So machen sie etwas Besonderes, Einmaliges aus der Tasse. Andernfalls wäre sie nur ein Ding aus dem Supermarkt. Und wenn ein Freund zu Besuch kommt und du ihm Tee aus einer ordinären Tasse mit Untertasse anbietest, ist das nicht gut; es ist häßlich und respektlos. Deshalb nehmen sie eine neue Tasse und zerbrechen sie. Natürlich gibt es dann auf der ganzen Welt keine Tasse, die genau wie diese eine aussieht, das wäre unmöglich. Wenn sie wieder zusammengefügt ist, besitzt sie Individualität, eine eigene Handschrift. Und wenn Zen-Leute einander in ihren Häusern oder Klöstern besuchen, dann trinken sie nicht einfach nur den Tee. Zuerst wird die Tasse gewürdigt, sie wird genau betrachtet. Die Art und Weise, wie die Tasse zusammengefügt ist, macht aus ihr ein Kunstwerk – es kommt darauf an, wie die Stücke gebrochen und wieder zusammengefügt wurden. Die Sannyasin hatte noch nie davon gehört. Sie verstand mich und fing an zu lachen. Sie sagte: „Ja, so ist es möglich. Ich kann freundlich zu meinem Mann sein."

Bringe Individualität in die Dinge, sei kein Nachäffer. Wer andere imitiert, lebt am Leben vorbei.

Ich habe gehört...

Mullah Nasruddin besaß einen sexbesessenen Papagei. Ununterbrochen redete er unflätiges Zeug, besonders wenn Gäste da waren, und Mullah war sehr beunruhigt. Es wurde immer schlimmer. Schließlich riet man ihm, den Papagei zum Tierarzt zu bringen.

Er bringt den Papagei also zum Tierarzt. Der untersucht ihn gründlich und sagt: „Also, Nasruddin, du hast einen sexbesessenen Papagei. Ich habe ein süßes junges Vogelweibchen. Wenn du mir fünfzehn Rupien gibst, kann dein Vogel zu meinem Vogel in den Käfig."

Mullahs Papagei sitzt im Käfig und hört zu. Mullah sagt: „Gott, ich weiß nicht ... fünfzehn Rupien?"

Der Papagei mischt sich ein: „Na los, Nasruddin, mach schon.

Was zum Teufel soll der Geiz?" Schließlich sagt Mullah: „In Ordnung," und gibt dem Tierarzt die fünfzehn Rupien.

Der Tierarzt nimmt den Papagei, setzt ihn in den Käfig zum Weibchen und läßt den Vorhang herunter. Die beiden Männer setzen sich hin. Ein Moment lang ist es still und dann ertönt plötzlich ein „Qua! Qua! Qua!", Federn fliegen über den Rand des Vorhangs.

„Du lieber Himmel", sagt der Tierarzt, rennt zum Käfig und öffnet den Vorhang. Der Papagei drückt das Weibchen mit der einen Kralle auf den Boden, reißt ihm mit der anderen die Federn heraus und schreit verzückt: „Für fünfzehn Rupien will ich dich nackt! Nackt!"

Dann sieht er den Tierarzt und Mullah Nasruddin an und schreit vor lauter Wonne: „Hey, Nasruddin, so magst du die Frauen doch auch am liebsten, oder?"

Selbst ein Papagei kann sich wie ein Mensch verhalten, kann nachahmen, neurotisch sein. Imitieren bedeutet, neurotisch zu sein. Der einzige Weg auf der Welt, gesund zu bleiben, ist, individuell, ein authentisches Individuum zu sein: sei du selbst.

Und drittens, sagt Tantra...

Erstens also muß der Körper von Repressionen gereinigt werden. Zweitens müssen die Sinne wieder lebendig werden, und drittens muß der Verstand alles neurotische Denken, zwanghafte Denken aufgeben und muß Wege der Stille lernen. Wann immer es möglich ist, entspanne dich. Wann immer es möglich ist, laß den Verstand aus dem Spiel. Jetzt werdet ihr sagen: „Das ist leicht gesagt, aber wie kann ich den Verstand beiseite lassen? Er rattert und rattert." Es gibt einen Weg.

Tantra sagt: Beobachte diese drei Bewußtheiten.

Bewußtheit Eins: laß den Verstand los; dein Kopf ist voller Gedanken, aber du schaust sie dir einfach nur an, unbeteiligt. Du brauchst dich nicht darüber zu beunruhigen – beobachte einfach. Sei einfach Beobachter, und nach und nach wirst du sehen, daß es zwischen den Gedanken auch Lücken der Stille gibt. Danach dann: *Bewußtheit Zwei* – sobald dir bewußt geworden ist, daß zwischen den Gedanken Lücken auftauchen, mache dir bewußt, daß das der Beobachtende ist. Beobachte den Beobachter, und neue Lücken werden auftauchen – der Beobachter wird allmählich verschwinden, genau wie die Gedanken. Eines Tages wird auch der Denker allmählich verschwinden. Dann entsteht die wirkliche Stille. Mit der dritten Bewußtheit gibt es kein Objekt und kein Subjekt mehr; du bist in die Dimension des Jenseits eingetreten.

Wenn du diese drei Dinge geschafft hast – der Körper ist gereinigt von Repressionen, die Sinne sind befreit von Dumpfheit, der Verstand ist erlöst von zwanghaftem Denken –, dann kann eine Vision in dir aufsteigen, die frei ist von allen Illusionen. Das ist die tantrische Vision.

Nun die Sutras:

Der Geist, der Intellekt
Mitsamt seinem gestalteten Inhalt, sind Es;
Ebenso die Welt und alles,
Was sich davon scheinbar unterscheidet,
Alle spürbaren Dinge, mitsamt dem, der wahrnimmt,
Ebenfalls Stumpfheit, Ablehnung,
Wunsch und Erleuchtung.

Wenn du einen Zustand der Stille erreichst, in dem der Beobachter und das Beobachtete verschwunden sind, dann werdet ihr verstehen, was dieses Sutra bedeutet: Der Geist, der Intellekt mitsamt seinem gestalteten Inhalt sind Es. Die Existenz ist eins. Alles ist eine Einheit. Es gibt keine Dualität in der Existenz – sie ist eins, sie ist ein Ozean. Alle Trennungen existieren nur deshalb, weil wir innerlich gespalten sind: unsere innere Zerrissenheit wird nach außen projiziert, und alles scheint voneinander getrennt zu sein. Wenn der Körper rein, die Sinne offen und der Verstand still ist, verschwinden die inneren Trennungen; in uns ist reine Leere. Wenn in dir reine Leere ist, kannst du erkennen, daß außen dieselbe reine Leere existiert – der Himmel ist innen wie außen derselbe. Tatsächlich gibt es gar kein „außen" und kein „innen" mehr, alles ist eins.

Der Geist, der Intellekt mitsamt seinem
Gestalteten Inhalt sind Es.

Jetzt erkennst du, daß selbst Gedanken keine Feinde waren, selbst Wünsche keine Feinde waren. Auch sie waren Formen derselben Göttlichkeit, derselben einen Existenz. Jetzt erkennst du, daß *nirvana* und *samsara* nicht zweierlei sind. Du lachst und lachst, bis dir die Tränen kommen: darüber, daß es keinen Unterschied zwischen Knechtschaft und Erleuchtung gibt, darüber, daß Wissen und Nichtwissen das gleiche ist, darüber, daß zwischen Buddha und einem Menschen, der noch nicht erleuchtet ist, kein Unterschied besteht, denn da läßt sich nichts unterscheiden.

Aber das weiß nur ein Buddha. Für den Unerleuchteten existiert ein großer Unterschied. Ein Buddha kann nicht denken, denn Denken führt immer zu Unterscheidungen; nur durch Nicht-Denken verschwinden die Trennungen.

Alle spürbaren Dinge mitsamt dem,
Der wahrnimmt,
Ebenfalls Stumpfheit, Ablehnung,
Wunsch und Erleuchtung.

Alles ist Es. Das ist Es! Diese Totalität ist das, was Tantra *Es* nennt. Nun sagt Saraha zum König: Sorge dich nicht. Ob im Palast oder auf der Verbrennungsstätte, ob du nun als gelehrter Brahmane oder als verrückter Hund bekannt bist, macht überhaupt keinen Unterschied. Es ist Es. Auch ich bin zu dieser unteilbaren Erfahrung gelangt, daß der Wahrnehmende und das Wahrgenommene eins sind, daß der Beobachter und das Beobachtete eins sind. Ich bin angekommen. Jetzt kann ich sehen, daß die Unterscheidungen – von Gut und Schlecht, Sünder und Heiliger – bedeutungslos waren. Es gibt keinen Unterschied zwischen Sünde und Heiligkeit. Deshalb nenne ich Tantra die großartigste und rebellischste Haltung in der gesamten Geschichte des menschlichen Bewußtseins.

Saraha sagt: Sir, für dich gibt es Trennungen. Dies ist eine Verbrennungsstätte, und wo du lebst, ist der Palast. Für mich gibt es keine Unterscheidungen. Auf dieser Verbrennungsstätte standen in der Vergangenheit viele Paläste, die nun verschwunden sind, und dein Palast wird früher oder später zu einer Verbrennungsstätte werden. Sei unbesorgt. Es ist nur eine Frage der Zeit. Aber wenn du sehen kannst... dann gibt es keinen Unterschied. Es ist dieselbe Wirklichkeit, die irgendwo zum Heiligen wird, irgendwo anders zum Sünder; es ist dasselbe Es.

Wie ein Licht,
Das im Finstern spiritueller Unwissenheit leuchtet,
Entfernt es jegliche Verdunklung vom Geist –
Soweit die Brechungen des Intellekts nur reichen.
Wer kann sich das Selbst-Sein
Der Wunschlosigkeit vorstellen?

Wie ein Licht... sagt Saraha. „Nun ist die dritte Bewußtheit in mir erwacht. Sie ist wie ein Licht, das im Dunkel der spirituellen Unwissenheit leuchtet. Nun kann ich zum ersten Mal sehen, daß Materie und Geist eins sind, daß außen und innen eins sind, daß Körper und Seele eins sind, daß Diesseits und Jenseits eins sind, daß diese Welt auch jene enthält. „Seit dieses Licht zu mir gekommen ist", sagt Saraha, „gibt es kein Problem mehr. Was immer ist, ist gut."

Wie ein Licht,
Das im Finstern spiritueller Unwissenheit leuchtet,
Entfernt es jegliche Verdunklung vom Geist

„Alle meine Unklarheiten, alle meine Blockaden – Dinge, die mir die Sicht versperrten – sind aus dem Weg geräumt. Ich kann die Wirklichkeit unmittelbar sehen. Es gibt keine Verklemmungen mehr; meine Energien fließen. Ich bin nicht gegen meinen Körper, mein Körper ist nicht mein Feind, ich bin eins mit meinem Körper.

Die Trennung ist aufgehoben. Alle meine Sinne sind offen und funktionieren auf höchster Stufe. Mein Verstand ist still, es gibt kein zwanghaftes Denken. Wenn es nötig ist, denke ich. Wenn es nicht nötig ist, denke ich nicht. Ich bin der Herr in meinem Haus. Ein Licht ist in mir erwacht, und in diesem Licht sind alle Unklarheiten verschwunden. Jetzt behindert mich nichts mehr, meine Sicht ist total. Die Mauer, die mich umgab, ist verschwunden."

Diese Mauer besteht aus dreierlei Dingen: Repressionen im Körper, Staub auf den Sinnen und Gedanken im Kopf. Dies sind die drei Bausteine, aus denen eure Chinesische Mauer besteht. Beseitigt diese Steine, und die Mauer fällt. Und wenn die Mauer weg ist, versteht ihr das Eine…

…soweit die Brechungen des Intellekts nur reichen.
Wer kann sich das Selbst-Sein der Wunschlosigkeit vorstellen?

Und du, Herr, bist zu mir gekommen, um dich zu erkundigen, was für eine Erfahrung ich da gemacht habe? Es wird dir schwerfallen, sie dir auch nur vorzustellen. Mir fällt es schwer, sie auszudrücken, und dir wird es schwerfallen, sie zu verstehen. Ich kann dir aber den Weg zeigen, wie du die gleichen Erfahrungen machen kannst; und der einzige Weg ist dieser: Bekomme erst einmal einen Geschmack davon, dann wirst du verstehen können.

Es gibt nichts zu verneinen,
Nichts zu behaupten oder zu begreifen.
Denn Es ist ewig unvorstellbar.
Durch die Brechungen des Intellekts
Sind die Verblendeten gefesselt,
Ungeteilt und rein herrscht Spontaneität.

Saraha sagt: „Ich kann nicht sagen: ‚Es ist nicht‘; ich kann nicht sagen: ‚Es ist‘. Ich kann es nicht leugnen, ich kann es nicht bestätigen. Das Ja taugt nicht und das Nein taugt nicht, denn beides ist ungenügend. Es ist größer als beides, es enthält beides und ist doch mehr: es geht über beides hinaus.

Wer sagt: „Gott ist“, der degradiert Gott, der zieht ihn herunter. Wer sagt: „Gott ist nicht“, der hat überhaupt nichts verstanden. Es ist das gleiche: der eine leugnet, der andere behauptet.“ Das Positive und das Negative gehören zum gleichen Verstand, dem gleichen denkenden Kopf. Ja und Nein sind Bestandteile der Sprache, des Denkens.

Saraha sagt: „Ich kann nicht sagen ‚Gott ist‘, ich kann nicht sagen ‚Gott ist nicht‘. Ich kann dir nur den Weg zeigen… wo Es ist, was Es ist, wie Es ist. Du kannst es erfahren. Du kannst deine Augen öffnen und Es sehen.“

Eines Tages wurde ein Blinder zu Buddha gebracht. Und der Blinde war kein gewöhnlicher Mann: er war ein bedeutender Akademiker, ein großer Gelehrter, ein sehr geübter Debattierer. Er fing an, mit Buddha zu argumentieren. Er sagte: „Die Leute behaupten, es gibt Licht, und ich sage, es gibt kein Licht. Sie sagen, ich sei blind, und ich sage, sie sind verblendet. Wenn es Licht gibt, Herr, dann mache es mir zugänglich, damit ich es anfassen kann. Wenn ich es anfassen oder zumindest schmecken oder riechen kann, werde ich es glauben. Oder wenn du das Licht wie eine Trommel schlagen kannst, sodaß ich es hören kann… Dies sind meine vier Sinne, und der fünfte Sinn, von dem die Leute sprechen, ist reine Einbildung. Die Leute täuschen sich, niemand hat Augen.“

Es war sehr schwierig, den Mann davon zu überzeugen, daß es Licht gibt, denn Licht kann man nicht anfassen, kann man nicht schmecken, kann man nicht riechen, kann man nicht hören. Und dieser Mann behauptete, die anderen würden sich täuschen: „Sie haben keine Augen!" Er war ein Blinder, aber er war ein logischer Denker. Er sagte: „Beweise, daß sie Augen haben. Welchen Beweis hast du dafür?"

Buddha sagte: „Ich werde nichts sagen, aber ich kenne einen Arzt, und ich werde dich zu ihm schicken. Ich weiß, daß er deine Augen heilen kann."Doch der Mann bestand darauf: „Ich bin gekommen, um darüber zu diskutieren!" Und Buddha sagte: „Dies ist mein Argument. Geh zum Arzt."

Der Mann wurde zum Arzt gebracht. Seine Augen wurden geheilt; nach sechs Monaten konnte er sehen. Er konnte es nicht glauben. Er war außer sich vor Glück. Tanzend kam er zu Buddha. Er war ganz aus dem Häuschen. Er fiel Buddha zu Füßen und sagte: „Dein Argument hat geholfen." Buddha sagte: „Es war kein Argument. Hätte ich argumentiert, hätte ich dir nicht helfen können, denn es gibt Dinge, über die man nicht argumentieren kann; man kann sie nur erfahren."

Gott ist kein Argument, ist kein Syllogismus. *Nirvana* ist kein Argument, ist kein logischer Schluß; es ist eine Erfahrung. Bevor du es nicht erfahren hast, gibt es keine Möglichkeit, zu verstehen, was es ist. Solange du es nicht erfährst, bleibt es einfach nur absurd, Unsinn.

Saraha sagt:

Es gibt nichts zu verneinen,
Nichts zu behaupten oder zu begreifen.
Denn Es ist ewig unvorstellbar.

Tatsächlich gibt es nichts zu begreifen und niemanden, der begreift, nichts zu verstehen und niemanden, der es verstehen könnte. Objekt und Subjekt verschwinden im Es. Der

Wissende und das Wissen verschwinden im Es. Dann herrscht die Erfahrung des Totalen, des Einen, des Es.

Durch die Brechungen des Intellekts
Sind die Verblendeten gefesselt,
Ungeteilt und rein herrscht Spontaneität.

Saraha sagt zum König: „Herr, die Menschen sind voller Vorurteile über die Wirklichkeit. Sie haben Vorstellungen von der Wirklichkeit, aber die Wirklichkeit ist keine Vorstellung. Gott ist keine Vorstellung. Gott ist nicht das Wort „Gott". Es ist keine Theorie, es ist keine Hypothese. Es ist der Geschmack von Wirklichkeit. Es ist eine orgasmische Erfahrung mit dem Gesamten.

Die Menschen sind durch ihren Verstand gefesselt. Sie haben bestimmte Vorstellungen, Meinungen, feste Philosophien. Sie blicken durch die Brille dieser Philosophien. Deshalb sagen sie, Saraha sei verrückt geworden. Sie haben eine bestimmte Vorstellung davon, was geistige Gesundheit sein sollte und wie geistige Gesundheit sein sollte, und deshalb denken sie, Saraha sei verrückt geworden. Sie blicken durch die Brille ihrer Vorurteile.

Ungeteilt und rein herrscht Spontaneität.

Aber Spontaneität ist ungeteilt und rein: sie ist die ursprüngliche Unschuld.

Schaut mich an, sagt Saraha. Schaut auf meine Spontaneität. Denkt nicht darüber nach, was die Leute sagen, denkt nicht in vorgefaßten Kategorien von Gut und Schlecht, Tugend und Sünde, Richtig und Falsch. Schaut mich einfach an! Ich bin hier. Es ist hier. Ich bin für euch da. Nehmt meine Gegenwart tief in euch auf. Seid spontan, seid unschuldig und rein – nur das wird euch helfen, nach innen zu gehen auf der tantrischen Reise.

Wenn ihr Letztendliches mit euren Theorien
Vom Vielen und vom Einen hinterfragt,
Wird Einheit nicht zuteil.
Denn nur indem ein fühlend Wesen
Wissen transzendiert, wird es befreit.
Das Strahlende ist als Potenz verborgen im Intellekt,
Und Meditation macht dieses offenbar.
Regloser Geist ist unser wahrer Wesenskern.

Wenn ihr Letztendliches mit euren Theorien vom Vielen und vom Einen hinterfragt, wird Einheit nicht zuteil... Wenn du Fragen stellst, gehst du schon fehl. Die Wirklichkeit ist keine Frage. Du kannst sie zu einer Suche machen, aber nicht zu einer Frage.

Und niemand kann dir eine Antwort geben, du kannst nur deine Erfahrungen machen. Deshalb sage ich, die Wirklichkeit kann eine Wahrheitssuche sein, aber niemals zu einer Frage gemacht werden. Eine Frage ist das, was beantwortet werden kann. Eine Wahrheitssuche ist das, was man nur erfahren kann. Nur wenn du ankommst, kommst du an – es gibt keinen anderen Weg. Es gibt keinen geborgten Weg. Alles Wissen ist geborgt.

Also sagt Saraha:

Denn nur indem ein fühlend Wesen
Wissen transzendiert, wird es befreit...

Man muß das Wissen transzendieren.

Das Wissen befreit dich nicht; es ist eine tiefsitzende, subtile Fessel. Wissen bringt dich von der Realität weg. Laß alles Wissen los. Wenn du alles angelernte Wissen losläßt, wird deine Erkenntnis klar und rein, dann bist du nicht mehr umwölkt. Wenn du geborgtes Wissen vergißt, ist dein Spiegel vom Staub befreit. Dann kannst du reflektieren. Dann wird die Wirklichkeit so widergespiegelt, wie sie ist.

Belade dich nicht mit Wissen, sonst kommst du nicht vom Fleck. Traue niemals geborgten Erfahrungen.

Ja, Buddha ist etwas widerfahren, doch es ist nicht deine Erfahrung. Christus ist etwas widerfahren, doch es ist nicht deine Erfahrung. Mir ist etwas widerfahren, doch es ist nicht deine Erfahrung. Was ich sage ist: wenn du geborgte Erfahrungen sammelst, verwandeln sie sich in Wissensballast. Was ich sage ist: erst wenn die Erfahrung der Meister dich auf den Weg bringt, führt sie zur Weisheit. Häufe nichts in deinem Kopf an.

Wissen in der Erinnerung zu speichern, belastet dich nur; es ist keine Befreiung.

Denn nur indem ein fühlend Wesen
Wissen transzendiert, wird es befreit.
Das Strahlende ist als Potenz verborgen im Intellekt,
Und Meditation macht dieses offenbar.

Und du besitzt diese Kraft, die zum *nirvana* erblühen kann, die zur Erleuchtung führen kann. Im Intellekt verbirgt sich die wahre Intelligenz.

Wenn du dem Intellekt zu sehr vertraust, übergehst du deine Intelligenz. Diese beiden Worte müssen verstanden werden. Sie entstammen derselben Wurzel, aber ihre Bedeutung ist verschieden. Ein Intellektueller ist nicht notwendigerweise auch intelligent. Ein intelligenter Mensch ist nicht notwendigerweise ein Intellektueller. Nicht-Intellektuelle können unglaublich intelligent sein.

Christus ist kein Intellektueller, Kabir ist kein Intellektueller, Meera ist keine Intellektuelle, aber alle sind sie ungeheuer intelligente Leute.

Intellekt ist ein Pseudo-Ersatz für Intelligenz. Intellekt ist geborgt, Intelligenz gehört dir. Intelligenz ist deine reine Fähigkeit zu erkennen, Intelligenz ist deine unschuldige

Fähigkeit zu verstehen. Intellekt ist geborgtes Wissen; Intellekt ist eine „Blüte", ist Falschgeld. Du sammelst von überall her Informationen ein, du häufst viel Wissen an und du wirst reich an Kenntnissen. Aber deine Intelligenz ist dabei nicht gewachsen, und deine Intelligenz ist nicht wirklich aufgeblüht. Tatsächlich belastet die intellektuelle Anstrengung nur deine Intelligenz. Wissen sammelt sich an wie Staub auf dem Spiegel – der Intellekt ist der Staub. Intelligenz ist die reine Eigenschaft des Spiegels – zu reflektieren.

Saraha sagt:

Das Strahlende ist als Potenz latent im Intellekt...

In jedem Intellekt gibt es potentielle Intelligenz. Überlade sie nicht mit geborgtem Wissen.

...und Meditation macht dieses offenbar.

Wenn du sie nicht mit Wissen belastest, wird deine Intelligenz zu deiner Meditation. Eine großartige Definition der Meditation: Intelligenz ist Meditation. Intelligent zu leben, heißt meditativ leben. Diese Definition ist von immenser Wichtigkeit: sie birgt eine enorme Tragweite. Und intelligent zu leben – genau das ist Meditation. Damit ist gesagt, daß Meditation sich nicht machen läßt; du brauchst nur Intelligenz auf dein Leben zu richten.

Gestern warst du wütend, vorgestern warst du wütend. Nun stehst du wieder vor der gleichen Situation und gleich wirst du wieder wütend werden. Was machst du nun? Wiederholst du dich – unintelligent, mechanisch? Oder richtest du deine Intelligenz darauf? Du warst schon tausendmal wütend – kannst du nicht etwas daraus lernen? Kannst du dich nicht dieses Mal intelligent verhalten? Kannst du nicht sehen, wie nutzlos es ist? Kannst du nicht sehen, daß es dir jedesmal nur Frust gebracht hat? Jedesmal war deine Wut reine Energieverschwendung, hat sie deine Energie abgelenkt, dir Probleme bereitet – und hat letztlich nichts geändert.

Wenn du das erkennst, dann bedeutet diese Erkenntnis Intelligenz. Wenn dich dann jemand beleidigt, gibt es keine Wut mehr. Tatsächlich wirst du statt Wut Mitleid mit diesem Menschen empfinden. Er ist wütend, er ist verletzt, er leidet – du empfindest Mitleid. Das ist Intelligenz, ist Meditation: in sein eigenes Leben hineinschauen, aus Erfahrung lernen, aus existentiellen Erfahrungen lernen, immer mehr lernen – nicht borgen...

Buddha sagt, Wut ist schlecht. Nun schau dir den Unterschied an. Wenn du Buddhist bist, glaubst du ihm – Buddha sagt, Wut ist schlecht, also muß Wut schlecht sein – wie kann Buddha sich irren?

Wann immer Wut in dir aufsteigt, wirst du sie unterdrücken, denn Buddha sagt, Wut ist schlecht. So ist das, wenn deine Handlungen von deinem angelernten Wissen bestimmt werden, von deinem Intellekt bestimmt werden. Was für eine Dummheit! Du warst schon so oft wütend. Ist es denn nötig, Buddha zu fragen, ob Wut richtig oder falsch ist? Kannst du das nicht aus deiner eigenen Erfahrung erkennen?

Wenn du dich an deinen eigenen Erfahrungen orientierst, weißt du, was Wut ist. Und wenn du ihr auf den Grund gehst, bist du die Wut los – das ist Intelligenz. Weil du intelligent bist, kannst du Buddhas Wahrheit bezeugen und sagen: „Ja, Buddha hat recht. Meine Erfahrung gibt ihm recht." Nicht umgekehrt, nicht etwa: „Buddha hat recht, deshalb muß ich die gleiche Erfahrung machen" – das ist Dummheit.

Wenn ich aus meiner eigenen Erfahrung heraus Buddha bestätigen kann, dann kann ich sagen: „Ja, er hat recht, denn das ist auch meine Erfahrung. Aber Buddhas Erfahrung kommt an zweiter Stelle, meine Erfahrung kommt an erster, sie ist wichtiger. Ich bin sein Zeuge, nicht sein Anhänger."

Ihr, die ihr hier als meine Sannyasins vor mir sitzt, werdet bitte zu meinen Zeugen, nicht zu meinen Anhängern! Laßt eure eigene Erfahrung dem recht geben, was ich sage. Dann habt ihr mich wirklich verstanden. Dann liebt ihr mich. Dann lebt ihr mit mir.

Wenn ihr nur einfach speichert, was ich sage, und wenn ihr darüber großartig diskutiert und philosophiert, dann habt ihr mich nicht verstanden. Dann werdet ihr zu Intellektuellen. Und intellektuell werden heißt, eure Intelligenz abzutöten.

Werdet nicht zu Intellektuellen. Ich gebe euch die echte Währung, warum wollt ich euch mit Falschgeld zufrieden geben? Das Leben kann genausogut euch als Lernprozeß dienen, wie es Buddha gedient hat oder mir. Warum solltet ihr nichts daraus lernen?

Intelligent zu werden heißt, meditativ sein. Ja, dies ist wohl die treffendste Definition von Meditation, die ich je gehört habe. Und ich bin Zeuge: das ist der Weg, sich spirituell zu entwickeln.

Das Strahlende ist als Potenz latent im Intellekt,
Und Meditation macht dieses offenbar.
Regloser Geist ist unser wahrer Wesenskern.

Und je intelligenter du wirst, desto mehr wird dir auffallen, daß dein Geist nicht mehr der alte ist.

Tantra gibt dem Begriff „Geist" zwei Bedeutungen. Die eine Bedeutung – Geist als Verstand – bezieht sich auf den Menschen und wird sozusagen klein geschrieben. Die andere ist der großgeschriebene Geist, der essentielle, der Buddha-Geist, die Buddha-Erkenntnis.

Der kleingeschriebene Geist, der Verstand, ist beschränkt und in angelerntem Wissen und in Vorurteilen befangen; den Geist, den wir hinduistisch nennen, der Geist, den wir moslemisch nennen, der Geist, den wir jüdisch nennen, christlich nennen, der winzige Geist, der von den Universitäten und Hochschulen gezüchtet wurde, der kleine Geist, der von der Gesellschaft programmiert wird, der Geist, den Tantra den

„kleinen Geist" nennt. Wenn diese Barrieren durchbrochen sind, wenn diese Hindernisse beseitigt sind, kannst du den großgeschriebenen Geist, die Erkenntnis des Buddhas erreichen. Sie ist so umfassend wie das Universum: es ist das Universum.

Regloser Geist ist unser wahrer Wesenskern.

Dies ist der Geist, der unser Wesenskern ist. Du kannst es Gott nennen, du kannst es *nirvana* nennen, oder wie immer du willst. Aber dies ist unsere Essenz: du erreichst einen Zustand absoluter Ruhe – unerschütterlich, unbeirrbar; einen Zustand der Ewigkeit, wo die Zeit nicht mehr ist, wo alle Trennungen verschwunden sind, wo es kein Subjekt und kein Objekt mehr gibt, wo es keinen Wissenden und kein Wissen mehr gibt, wo nur noch reine Bewußtheit ist – die dritte Bewußtheit.

Ihr solltet diese Sutras nicht einfach auswendig lernen, das wäre ein Verrat an Saraha, ein Verrat an mir. Diese Sutras sind dazu da, daß ihr darüber meditiert und sie dann vergeßt. Und wenn das Meditieren über diese Sutras eure Intelligenz wachruft, dann setzt sie auch in eurem Leben ein. Sorgt dafür, von Augenblick zu Augenblick, daß diese Intelligenz immer und immer wieder an allen möglichen Erfahrungen geschärft wird. Und diese Intelligenz wird die Tür zum Göttlichen werden: diese Intelligenz ist die Tür.

8

LIEBE WIRFT KEINE SCHATTEN

FRAGEN UND ANTWORTEN

Als du gestern darüber sprachst, daß Intelligenz zu Meditation wird, schoß etwas in mir hoch, und es fühlte sich an, als ob mein Herz zerspringen wollte. Es war, als hättest du da etwas gesagt, worauf ich lange gewartet hatte. Kannst du etwas dazu sagen?

Die Frage ist von Krishna Prem.

Intelligenz ist unveräußerlicher Teil des Lebens. Intelligenz ist eine natürliche Eigenschaft des Lebens. So wie das Feuer heiß ist, die Luft unsichtbar und das Wasser bergab fließt, so ist das Leben intelligent.

Intelligenz ist keine Errungenschaft; du wirst bereits intelligent geboren. Bäume sind auf ihre eigene Art intelligent, sie haben genügend Intelligenz für ihr eigenes Leben. Vögel sind intelligent, alle Tiere sind intelligent. Was die Religionen „Gott" nennen, ist genau dies: daß das Universum intelligent ist, daß in allem Intelligenz verborgen ist. Und wenn du genau hinschaust, kannst du sie überall erkennen.

Leben ist Intelligenz. Nur der Mensch ist unintelligent geworden. Der Mensch hat den natürlichen Fluß des Lebens beschädigt. Nur der Mensch ist dumm. Hast du jemals einen Vogel gesehen, den du dumm nennen könntest? Hast du jemals ein Tier gesehen, das du idiotisch nennen könntest? Nein, das passiert nur den Menschen. Etwas ist schiefgelaufen. Die Intelligenz des Menschen ist beschädigt, verdorben, verkrüppelt worden. Und Meditation bedeutet nichts anderes, als diesen Schaden rückgängig zu machen. Meditation wäre überhaupt nicht notwendig, wenn man den Menschen in Ruhe ließe. Wenn der Priester und der Politiker die Intelligenz des Menschen respektieren würden, gäbe es keinen Grund zu meditieren. Meditation ist Arznei. Erst muß die Krankheit künstlich erzeugt werden, dann braucht man Meditation. Wenn es keine Krankheit gibt, braucht man auch keine Meditation. Es ist kein Zufall, daß die Worte „Medizin" und „Meditation" dieselbe Wurzel haben. Meditation ist Medizin.

Jedes Kind wird intelligent geboren, und sobald es geboren ist, fallen wir über es her und fangen an, seine Intelligenz zu zerstören. Denn Intelligenz ist gefährlich für die politischen Strukturen, die sozialen Strukturen, die religiösen Strukturen. Sie ist gefährlich für den Papst, sie ist gefährlich für den *shankaracharya* von Puri, sie ist gefährlich für den Priester, sie ist gefährlich für den Machthaber. Sie ist gefährlich für den Status Quo, für das Establishment.

Intelligenz ist von Natur aus rebellisch. Intelligenz läßt sich nicht in die Knechtschaft zwingen. Intelligenz behauptet sich, ist individuell. Intelligenz läßt sich nicht zu mechanischer Nachahmung ummodeln. Die Menschen müssen zu Nachahmern umgemodelt werden; ihre Originalität muß zerstört werden, sonst wäre der ganze Unsinn, der sich bisher auf Erden abgespielt hat, unmöglich.

Ihr braucht nur einen Führer, weil man euch alle erst dumm gemacht hat – sonst wäre kein Führer nötig. Weshalb solltet ihr irgendwem folgen? Ihr folgt eurer eigenen Intelligenz. Wenn einer Führer werden will, muß erst einmal eines passieren: eure Intelligenz muß irgendwie zerstört werden. Ihr müßt von euren Wurzeln weggerissen werden, ihr müßt ängstlich gemacht werden. Ihr müßt selbstunsicher gemacht werden – das ist ein Muß, erst dann kann der Führer ins Spiel kommen.

Wenn du intelligent bist, löst du deine Probleme selbst. Intelligenz reicht, um alle Probleme zu lösen. Ja, bei allen Problemen, die auf der Welt erzeugt werden, ist eure Intelligenz größer als all diese Probleme. Sie ist eine Art Proviant, sie ein Geschenk Gottes. Aber es gibt Ehrgeizlinge, die wollen herrschen und unterwerfen; es gibt ehrgeizige Irre – sie machen euch Angst. Angst ist wie Rost: sie zerfrißt alle Intelligenz. Wenn du die Intelligenz eines Menschen vernichten willst, mußt du ihm als erstes Angst machen: erfinde die Hölle und mache den Leuten Angst. Wenn die Leute Angst vor der Hölle haben, gehen sie zum Priester und verbeugen sich vor ihm, werden sie auf ihn hören. Wenn sie nicht auf den Priester hören... ab in die Hölle! Dann haben sie natürlich Angst. Sie müssen vor dem Höllenfeuer in Deckung gehen, und dazu brauchen sie den Priester. Der Priester wird unentbehrlich.

Ich habe von zwei Männern gehört, die gemeinsam ein Geschäft betrieben. Ihr Geschäft war eine ganz ausgefallene Sache, und sie reisten im ganzen Land umher.

Erst kam immer der eine Partner in eine Stadt. Nachts ging er herum und beschmierte die Fensterscheiben mit Teer. Im Morgengrauen verschwand er. Zwei bis drei Tage später kam der andere. Er diente sich den Leuten an und putzte ihre Fenster. Und die Leute bezahlten natürlich – es blieb ihnen gar nichts anderes übrig.

Sie waren Geschäftspartner. Der eine richtete den Schaden an, und der andere beseitigte ihn wieder.

Angst muß erst künstlich erzeugt werden und Gier muß erst künstlich erzeugt werden.

Intelligenz ist nicht gierig. Ein intelligenter Mensch ist niemals gierig. Gier ist ein Zeichen von Dummheit. Ihr häuft Geld auf eurem Konto an, weil ihr nicht sicher seid, ob ihr morgen mit eurem Leben noch zurechtkommt, warum solltet ihr sonst sparen? Ihr werdet zu Geizhälsen, ihr werdet habgierig, weil ihr nicht wißt, ob eure Intelligenz genügt, um auch morgen noch mit dem Leben fertig zu werden. Wer weiß? Ihr seid euch eurer Intelligenz nicht sicher, also hortet ihr Sicherheiten, werdet ihr gierig.

Ein intelligenter Mensch hat keine Angst, ist nicht gierig. Gier und Angst gehen zusammen – deshalb gehören auch Himmel und Hölle zusammen: die Hölle ist Angst, der Himmel ist Gier. Erzeugt Angst in den Menschen und erzeugt Gier in den Menschen – macht sie so gierig wie nur möglich! Macht sie so gierig, daß das Leben sie nicht mehr befriedigen kann – dann rennen sie zum Priester und zum Führer. Dann fangen sie an, von einem zukünftigen Leben zu phantasieren, in dem ihre lächerlichen Wünsche und idiotischen Phantasien erfüllt werden. Paßt auf. Unmögliches zu verlangen, heißt unintelligent sein. Ein intelligenter Mensch ist vollkommen zufrieden mit dem Möglichen. Er arbeitet für das Wahrscheinliche, niemals für das Unmögliche und Unwahrscheinliche, nein. Er schaut sich das Leben und seine Beschränkungen an. Er ist kein Perfektionist. Ein Perfektionist ist neurotisch. Wenn du perfektionistisch bist, wirst du neurotisch.

Wenn du zum Beispiel eine Frau liebst und absolute Treue verlangst, wirst du verrückt und sie wird verrückt. Das ist nicht möglich: absolute Treue bedeutet, daß sie an einen anderen Mann nicht einmal denkt, nicht einmal von einem anderen träumt. Das ist einfach nicht möglich. Was bist du? Warum hat sie sich in dich verliebt? Weil du ein Mann bist. Wenn sie sich in dich verlieben kann, warum kann sie nicht auch an andere denken? Diese Möglichkeit gibt es immer. Und was soll sie tun, wenn ein schöner Mann vorbeikommt und Verlangen in ihr geweckt wird? Wenn sie sagt: „Dieser Mann ist schön", begehrt sie ihn damit schon – die Begierde ist da. Wenn du etwas schön findest, bedeutet das, daß du es gerne besitzen würdest, daß du es gerne genießen würdest. Es ist dir nicht gleichgültig.

Wenn du nun absolute Treue verlangst – was manche Leute tun –, ist der Konflikt schon vorprogrammiert, und du wirst mißtrauisch bleiben. Und du bleibst deshalb mißtrauisch, weil du ja auch weißt, was in deinem Kopf vorgeht – auch du denkst an andere Frauen. Wie kannst du also darauf vertrauen, daß deine Frau nicht an andere Männer denkt? Du weißt, daß du an andere Frauen denkst, also weißt du auch, daß sie an andere Männer denkt. Und nun... Argwohn, Konflikte, Qualen. Die Liebe, die möglich war, ist unmöglich geworden durch einen unmöglichen Wunsch.

Die Menschen verlangen das Unmögliche. Ihr wollt Sicherheit für die Zukunft; das ist nicht möglich. Ihr wollt absolute Sicherheit für morgen; das kann niemand garantieren – es liegt nicht in der Natur des Lebens. Ein intelligenter Mensch weiß, daß es nicht der Natur des Lebens entspricht – die Zukunft ist immer offen. Die Bank kann pleite gehen, die Frau kann mit einem anderen durchbrennen, der Mann kann sterben, die Kinder können Taugenichtse werden. Wer weiß, was morgen geschieht? Du kannst krank werden, du kannst zum Krüppel werden. Wer kennt schon das Morgen?

Sicherheit für morgen zu verlangen, heißt in ständiger Angst leben. Es ist nicht möglich, also kann man auch die Angst nicht auslöschen. Du hast Angst, du zitterst; und darüber verstreicht nur der gegenwärtige Moment. Mit dem Wunsch nach zukünftiger Sicherheit zerstörst du die Gegenwart, das einzige Leben, das du hast. Und immer mehr wirst du zittrig, ängstlich, gierig. Ein Kind kommt zur Welt; ein Kind ist ein sehr, sehr offenes Wesen, äußerst intelligent. Aber wir stürzen uns auf es und machen uns daran, seine Intelligenz zu zerstören. Wir jagen ihm Angst ein. Ihr nennt es Erziehung, ihr nennt es „das Kind lebensfähig machen". Das Kind ist angstlos. Ihr macht ihm Angst.

Und eure Schulen, Hochschulen, Universitäten – sie machen dieses Kind dann immer unintelligenter. Sie verlangen törichte Dinge. Sie trichtern ihm dummes Zeug ein, die es mit seiner natürlichen Intelligenz völlig unsinnig findet. Wozu? Das Kind versteht es nicht. Wozu diese Dinge pauken? Aber die Universität sagt, die Hochschule sagt, deine Familie, die Leute, die nur dein Bestes wollen, sagen: „Pauke! Jetzt weißt du noch nicht wofür, aber später wirst du wissen, warum es nötig war."

Pauke Geschichte – den ganzen Unsinn, den die Menschen anderen zugefügt haben, den ganzen Wahnsinn – pauke! Und das Kind versteht nicht, warum. Ist es denn wichtig, wann ein bestimmter König England regiert hat? Von wann bis wann? Solche idiotischen Dinge muß es lernen. Natürlich wird seine Intelligenz dadurch immer mehr belastet, sie verkümmert; seine Intelligenz verstaubt immer mehr. Sobald der Mensch die Universität abgeschlossen hat, ist er unintelligent; die Universität hat ihren Zweck erfüllt. Es kommt sehr selten vor, daß ein Mensch die Universität verläßt und immer noch intelligent ist, intelligent geblieben ist. Nur wenige Menschen haben es vermocht, der Universität zu entrinnen, sich der Universität zu entziehen, die Universität zu durchlaufen und sich dennoch ihre Intelligenz zu bewahren – höchst selten. Sie ist eine so großartige Maschinerie, um euch zu zerstören! Sobald du ausgebildet bist, bist du unintelligent geworden.

Könnt ihr das nicht erkennen? Ein gebildeter Mensch benimmt sich sehr unintelligent. Geht zu den primitiven Völkern, die keine Bildung genossen haben, und ihr werdet eine reine Intelligenz in Funktion finden.

Ich habe gehört ...
Eine Frau versuchte eine Konservendose zu öffnen, wußte aber nicht, wie. Also schaute sie im Kochbuch nach. Während sie noch blätterte, hatte der Koch die Dose geöffnet. Sie war überrascht.
Sie fragte den Koch: „Wie hast du das gemacht?"
Er sagte: „Lady, wer nicht lesen kann, muß seine Intelligenz benutzen."
Ja, das stimmt. Wenn du nicht lesen kannst, mußt du deine Intelligenz benutzen. Was bleibt dir anderes übrig? Sobald du lesen lernst, brauchst du keine eigene Intelligenz mehr, die Bücher sagen dir, was du machen sollst.

Habt ihr das schon einmal beobachtet? Wenn jemand sich daran gewöhnt, nur mit der Schreibmaschine zu schreiben, verliert er seine Handschrift; seine Handschrift sieht nicht mehr schön aus. Er braucht sie nicht mehr. Die Schreibmaschine macht das schon. Wenn du immer einen Taschenrechner bei dir hast, verlernst du das Rechnen – du brauchst keine Mathematik mehr. Früher oder später wird es ganz kleine Computer geben, und alle werden einen bei sich haben. Die Informationen der gesamten *Encyclopaedia Britannica* werden darin gespeichert sein. Wieso braucht man also überhaupt noch intelligent zu sein?– man hat ja seinen Computer.

Geht zu den primitiven Völkern, den Ungebildeten, den Dörflern, und ihr werdet eine ganz subtile Intelligenz finden. Ja, sie sind nicht besser informiert, das stimmt, sie haben keine Kenntnisse, das stimmt – aber sie sind ungeheuer intelligent. Ihre Intelligenz ist wie eine Flamme ohne Rauch.

Die Gesellschaft hat dem Menschen sehr geschadet – aus ganz bestimmten Gründen. Sie will, daß ihr Knechte seid, sie will, daß ihr ständig in Angst lebt, sie will, daß ihr ständig gierig seid, sie will, daß ihr immer ehrgeizig seid, sie will euch ständig in Konkurrenz mit anderen halten. Sie will, daß ihr lieblos seid, sie will, daß ihr voller Wut und Haß seid, sie will, daß ihr schwach bleibt, Nachahmer, Kopien. Die Gesellschaft will nicht, daß ihr zu einem Buddha, einem Krishna, einem Christus werdet. Deshalb hat man eure Intelligenz zerstört.

Meditation ist nur dafür nötig, um das rückgängig zu machen, was die Gesellschaft angerichtet hat. Meditation ist negativ: sie negiert einfach den Schaden, sie zerstört die Krankheit; sobald die Krankheit verschwunden ist, behauptet sich euer Wohlbefinden aus eigener Kraft. Und in diesem Jahrhundert hat man es zu weit getrieben: das Bildungswesen ist weltweit eine Katastrophe. Und denkt daran, ich bin nicht gegen Erziehung. Ich bin gegen diese Erziehung.

Es ist noch eine andere Art von Erziehung möglich, die deine Intelligenz schärft, anstatt sie zu zerstören; die sie nicht mit unnötigen Fakten befrachtet, die sie nicht mit unnötigem Wissen vollstopft, die überhaupt kein Ballast für sie ist, sondern ihr verhilft, strahlender, frischer, jünger zu werden.

Die herkömmliche Erziehung verhilft einem nur zu einem guten Gedächtnis. Die Erziehung, die ich meine, verhilft einem zu mehr Klarheit. Die alte Erziehung zerstört euren Erfindungsgeist. Die neue Erziehung macht euch ideenreicher.

Die Erziehung, die ich gerne hätte, verlangt von dem Kind nicht, daß es stereotype Antworten gibt. Sie verlangt kein Auswendiglernen und kein Nachplappern, sondern ermutigt das Kind vielmehr, eigene Ideen zu haben. Selbst wenn die eigene Antwort nicht so richtig ist, wie die auswendiggelernte Antwort, so unterstützt die neue Erziehung denjenigen Jungen, der eine neue Antwort für ein altes Problem gefunden hat. Sicher kann seine Antwort nicht so richtig sein wie die Antwort des Sokrates, natürlich nicht, er ist ein kleiner Junge... Seine Antwort kann nicht so exakt sein wie Albert Einsteins Antwort, natürlich nicht. Aber zu verlangen, seine Antwort solle genauso richtig sein wie die von Albert Einstein, ist töricht. Wenn er einfallsreich ist, geht er in die richtige Richtung – eines Tages wird er ein Albert Einstein werden. Wenn er versucht, etwas Neues zu schaffen, stößt er natürlich an seine Grenzen, aber allein sein Versuch, etwas Neues zu schaffen, verdient Anerkennung, verdient Lob.

Erziehung sollte kein Wettbewerb sein. Die Menschen sollten nicht gegeneinander ausgespielt werden. Konkurrenz ist sehr gewaltsam und destruktiv. Jemand ist nicht gut in Mathematik, und ihr nennt ihn mittelmäßig – aber vielleicht ist er gut als Schreiner. Aber da schaut niemand hin. Jemand ist nicht gut in Literatur, und ihr nennt ihn dumm – dafür ist er gut in Musik, im Tanzen. Eine wirkliche Erziehung hilft den Menschen, ihr eigenes Leben zu finden, in dem sie völlig lebendig sein können. Wenn ein Mensch zum Schreiner geboren ist, dann ist das Schreinern genau das, was er machen sollte. Niemand sollte sich da einmischen.

Diese Welt kann eine so großartige und intelligente Welt werden, wenn man dem Menschen erlaubt, er selbst zu sein, wenn man ihm hilft, er selbst zu sein, wenn man ihn auf jede erdenkliche Art darin unterstützt, er selbst zu sein, und wenn sich da keiner einmischt. Die neue Erziehung manipuliert das Kind nicht. Wenn es Tänzer werden will, dann ist das gut – Tänzer werden gebraucht. Die Welt braucht viel Tanz. Wenn es ein Dichter werden will – gut. Viel Poesie ist nötig; es kann nie genug davon geben. Wenn es Schreiner oder Fischer werden will – völlig in Ordnung. Wenn es Holzfäller werden will – völlig in Ordnung. Das Kind braucht kein Präsident oder Premierminister zu werden. Je weniger Leute auf solche Ziele erpicht sind, desto besser.

So wie es jetzt ist, steht alles Kopf. Einer, der Schreiner werden wollte, ist Arzt; einer der Arzt werden wollte, wurde Schreiner. Keiner ist da, wo er hingehört; deshalb gibt es so wenig Intelligenz – jeder macht den Job eines anderen. Wenn ihr das einmal erkannt habt, wird euch auch klar, warum sich die Menschen so unintelligent verhalten. In Indien meditieren wir darüber schon lange, und wir haben ein Wort gefunden: *swadharma,* „deine eigene Natur“. Es wird für die zukünftige Welt von größter Bedeutung sein.

Krishna sagte: *Swadharma nadhanam shreyah*: „Es ist gut, als der zu sterben, der du deiner nach Natur bist; es ist gut, deiner eigenen Natur zu folgen.“ *Per dharmo bavaha baha:* Die Natur eines anderen anzunehmen ist sehr gefährlich. Werde kein Nachahmer. Sei du selbst.“

Ich habe gehört...
Bill wollte schon lange einmal auf Elchjagd gehen, also nahm er sein Erspartes und fuhr in die nördlichen Wälder. Dort kaufte er die nötige Ausrüstung, und der Händler gab ihm den Rat, Pierre anzuheuern, einen Stimmenimitator, der im ganzen Land für seine Lockrufe berühmt war.

„Ja“, sagt der Ladenbesitzer, „Pierre ist zwar teuer, aber sein Lockruf ist sexy, und kein Elch kann ihm widerstehen.“

„Wie macht er das denn?“ fragt Bill.

„Also“, sagt der andere, „Pierre erspäht einen Elch in dreihundert Meter Entfernung, dann formt er die Hand zu einer Muschel und stößt den ersten Lockruf aus. Wenn der Elch das hört, wird er ganz aufgeregt und kommt voller Vorfreude auf zweihundert Meter heran. Dann stößt Pierre den zweiten Lockruf aus, legt etwas mehr Lüsternheit hinein, und der Elch kommt ganz geil und übermütig auf hundert Meter heran. In seinen nächsten Lockruf legt Pierre einen liebestollen Ausdruck. Er dehnt ihn ein bißchen aus, der Elch bebt vor sinnlicher Begierde und kommt auf fünfundzwanzig Meter heran. Und das ist der Zeitpunkt für dich, mein Freund. Du legst an und drückst ab."

„Und wenn ich danebenschieße?" fragt Bill.

„Oh, das wäre fürchterlich!" sagt der Ladenbesitzer.

„Warum denn?" wundert sich Bill.

„Weil der arme Pierre dann bestiegen wird."

Das ist mit den Menschen passiert – sie imitieren und imitieren. Der Mensch hat den Blick für seine eigene Wirklichkeit völlig verloren. Die Zen-Leute sagen: Finde dein ursprüngliches Gesicht.

Tantra sagt das gleiche. Tantra sagt: Finde deine Authentizität. Wer bist du? Wenn du nicht weißt, wer du bist, bist du ständig irgendwelchen Zufällen ausgesetzt. Dein ganzes Leben besteht aus einer Kette von Zufällen, und was immer sich ereignet, wird dich nicht glücklich machen. Unzufriedenheit wird das einzige sein, was du im Leben zu schmecken bekommst.

Ihr könnt es überall beobachten. Warum sehen so viele Leute so dumpf aus, so gelangweilt – schlagen die Zeit irgendwie tot? Sie vergeuden ihre ungeheuer wertvolle Zeit, die sie nie wieder zurückbekommen können – und sie vergeuden sie mit solch einer Dumpfheit, als ob sie nur auf den Tod warten würden. Was ist los mit diesen Leuten? Warum haben sie nicht die gleiche Frische wie die Bäume? Warum singt der Mensch nicht wie der Vogel? Was ist mit dem Menschen passiert? Dies ist passiert: Der Mensch imitiert. Der Mensch möchte ständig ein anderer sein, als er ist. Keiner ist bei sich selbst zu Hause. Jeder klopft an die Tür eines anderen, und so entstehen Unzufriedenheit, Stumpfsinn, Langeweile und Qual.

Wenn Saraha sagt, daß die Essenz der Meditation Intelligenz ist, meint er damit: ein intelligenter Mensch versucht einfach nur, er selbst zu sein, was immer es auch kosten mag. Ein intelligenter Mensch kopiert niemanden, will nicht sein wie ein anderer. Er plappert nichts nach. Ein intelligenter Mensch hört auf seine eigene innere Stimme. Er fühlt sein eigenes Wesen und handelt danach, egal wie hoch das Risiko sein mag. Ein Risiko ist dabei! Wenn du andere nachahmst, ist das Risiko geringer. Wenn du niemanden kopierst, bist du alleine. Ein Risiko ist dabei! Aber das Leben findet nur für Leute statt, die gefährlich leben. Das Leben findet nur für Leute statt, die das Abenteuer lieben, die mutig, ja beinahe tollkühn sind – nur für die findet das Leben statt. Für die lauwarmen Leute findet das Leben nicht statt.

Ein intelligenter Mensch vertraut sich selbst. Sein Vertrauen ist absolut. Wie kannst du einem anderen vertrauen, wenn du nicht einmal dir selbst vertraust?

Zu mir kommen Leute und sagen: „Osho, wir möchten dir gerne vertrauen." Ich frage sie: „Vertraut ihr euch selbst? Wenn ihr euch selbst vertraut, dann ist es möglich, daß ihr auch mir vertrauen könnt, es gibt keinen anderen Weg."

Wie kann man mir vertrauen, wenn man sich selbst nicht vertraut? Du stehst dir selbst am nächsten. Du kannst erst dann mir vertrauen, wenn du dir selbst vertraust. Wenn du dir selbst vertraust, vertraust du deinem Vertrauen zu mir – es gibt keinen anderen Weg.

Intelligenz ist Vertrauen in dein eigenes Wesen. Intelligenz ist Abenteuer, Spaß, Freude. Intelligenz heißt, in diesem Moment zu leben und sich nicht nach der Zukunft zu sehnen: die Vergangenheit ist nicht mehr, und die Zukunft ist noch nicht. Intelligenz ist, alles aus dem gegenwärtigen Moment herauszuholen, was in ihm steckt – aus ihm ergibt sich die Zukunft. Wenn dieser Moment mit Begeisterung und Freude gelebt wird, wird der nächste Moment aus dieser Freude geboren. Er wird noch mehr Freude bringen, doch darüber braucht man sich keine Sorgen machen. Wenn mein Heute golden ist, wird mein Morgen erst recht golden sein.

Woher sonst soll es kommen? Es erwächst aus dem Heute. Wenn dieses Leben ein Segen war, wird mein nächstes Leben ein noch größerer Segen sein. Woher sonst kommt es? Es erwächst aus mir, aus meiner gelebten Erfahrung. Also sorgt sich ein intelligenter Mensch nicht um Himmel und Hölle, er sorgt sich nicht um ein Leben nach dem Tod, er kümmert sich nichtmal um Gott, er kümmert sich nichtmal um die Seele. Ein intelligenter Mensch lebt einfach intelligent, und dann kommt Gott – kommen Seele, Paradies und *nirvana* – alle ganz von allein. Ihr lebt in einer Welt des Glaubens; Glauben ist unintelligent. Lebt aus eurem eigenen Wissen heraus: euer eigenes Wissen ist Intelligenz. Und Saraha hat vollkommen recht: Intelligenz ist Meditation.

Auch unintelligente Leute meditieren, aber mit Sicherheit meditieren sie auf unintelligente Weise. Sie denken, daß man jeden Sonntag in die Kirche gehen muß, eine Stunde lang – so viel sollte man für die Religion schon übrig haben! Dies ist eine unintelligente Art, religiös zu sein. Was hat denn Kirche damit zu tun? An sechs Tagen in der Woche lebst du dein wirkliches, dein sündiges Leben. Du lebst sechs Tage die Woche unreligiös, und dann gehst du am Sonntag für ein oder zwei Stunden in die Kirche. Wen verkaufst du eigentlich für dumm? Gott willst du für dumm verkaufen, weil du ein Kirchgänger bist?!

Oder, wenn du dir schon etwas mehr Mühe gibst, dann machst du jeden Tag – zwanzig Minuten am Morgen und zwanzig am Abend – die Transzendentale Meditation. Du sitzt mit geschlossenen Augen und wiederholst stupide ein Mantra „Om, Om, Om". Das stumpft den Verstand noch mehr ab. Es macht dich dumm, wenn du mechanisch ein Mantra herleierst. Es schenkt dir keine Intelligenz; es raubt dir die Intelligenz, es ist wie ein Wiegenlied. Die Mütter wissen das seit Jahrhunderten. Wann immer ein Kind unruhig ist und nicht schlafen will, kommt die Mutter und singt ihm ein Wiegenlied. Das ist zwar langweilig für das Kind, aber es kann nicht weglaufen. Wo sollte es hin? Die Mutter hält es fest. Die einzige Fluchtmöglichkeit ist der Schlaf. Also schläft es ein, unterwirft es sich einfach. Es sagt: „Es ist albern, jetzt wach zu bleiben, wenn sie so etwas Langweiliges macht – eine einzige Zeile, und die wiederholt sie ständig."

Es gibt Geschichten, die die Mütter und Großmütter den Kindern erzählen, wenn sie nicht einschlafen wollen. Wenn man sich diese Geschichten anschaut, findet man ein bestimmtes Muster, das sich immer wiederholt.

Neulich habe ich so eine Geschichte gelesen, die eine Großmutter einem kleinen Kind erzählte, das nicht zu Bett gehen wollte – weil es einfach noch nicht müde war... Seine Intelligenz sagt ihm, daß es ganz wach ist. Aber die Großmutter versucht es zu zwingen, weil sie noch etwas anderes zu tun hat – das Kind ist nicht so wichtig. Die Kinder sind völlig verwirrt: alles scheint so absurd. Morgens, wenn sie schlafen wollen, sollen sie aufstehen. Abends, wenn sie nicht müde sind, zwingt sie jeder zu schlafen. Sie werden ganz verwirrt. Was ist los mit diesen Leuten? Wenn der Schlaf kommt, gut – das ist Intelligenz. Wenn er nicht kommt, ist es ebenso total in Ordnung, wach zu bleiben... Also erzählt diese alte Großmutter eine Geschichte. Zuerst ist das Kind interessiert, aber nach und nach... Jedes intelligente Kind fängt an, sich zu langweilen, nur ein dummes Kind langweilt sich nicht.

Die Geschichte geht so:
Ein Mann legt sich schlafen und träumt, daß er vor einem großen Palast steht. Und in dem Palast gibt es tausendundein Zimmer. So geht er von einem Zimmer zum andern – tausend Zimmer – und gelangt zum letzten. Und dort steht ein schönes Bett, und er fällt auf das Bett, schläft ein und

träumt... daß er vor der Tür zu einem großen Palast steht, der tausendundein Zimmer hat. So geht er in tausend Zimmer hinein, dann kommt er zum letzten Zimmer. Wieder steht da ein schönes Bett, und er legt sich schlafen... und träumt, daß er vor einem Palast steht ...

So geht das!

Wie lange kann das Kind wohl wachbleiben? Aus purer Langeweile schläft es einfach ein. Es sagt sich: „Jetzt reicht's!"

Ein Mantra macht das gleiche. Du wiederholst „Ram, Ram", „Om, Om", „Allah, Allah" – oder was auch immer. Du wiederholst und wiederholst, du wiederholst und wiederholst. Und du übernimmst beide Rollen gleichzeitig: die der Großmutter und die des Kindes. Deine Intelligenz ist wie das Kind, und dein Mantralernen ist wie die Großmutter. Das Kind versucht dich zu stoppen, fängt an, sich für andere Dinge zu interessieren, denkt an schöne Dinge – schöne Frauen, schöne Erlebnisse – aber du ertappst es auf frischer Tat und zerrst es zurück zu „Om, Om, Om". Nach und nach merkt dein inneres Kind, daß jeder Widerstand zwecklos ist; das innere Kind geht schlafen. Ja, das Mantra kann dich in eine Art Schlaf versetzen: es ist Selbsthypnose-Schlaf. Das ist völlig in Ordnung, wenn du Schlafprobleme hast – wenn du unter Schlaflosigkeit leidest, ist es nützlich. Aber mit Spiritualität hat es nichts zu tun; es ist eine sehr unintelligente Art zu meditieren. Wie meditiert man dann auf intelligente Art und Weise?

Der intelligente Weg ist, auf alles, was ihr tut, eure Intelligenz zu richten. Wenn du läufst, laufe intelligent, mit Bewußtheit; wenn du ißt, iß intelligent, mit Bewußtheit. Könnt ihr euch erinnern? Habt ihr jemals intelligent gegessen? Jemals darüber nachgedacht, was ihr eßt? Ist es nahrhaft? Hat es einen Nährwert? Oder stopft ihr euch einfach voll mit wertlosem Zeug?

Habt ihr jemals beobachtet, was ihr tut? Du rauchst immer noch... nun brauchst du Intelligenz. Was machst du da eigentlich, inhalierst Rauch und bläst ihn wieder aus und machst dir damit deine Lungen kaputt! Was machst du da wirklich? Du verschwendest Geld, vergeudest deine Gesundheit. Richte Intelligenz darauf, wenn du rauchst, wenn du ißt. Richte Intelligenz darauf, wenn du mit deiner Frau oder deinem Mann schläfst. Was machst du? Hast du wirklich Liebe in dir? Manchmal macht ihr nur aus Gewohnheit Liebe. Das ist häßlich, das ist unmoralisch. Liebe muß sehr bewußt sein, nur dann wird sie zum Gebet.

Wenn du mit deiner Frau schläfst, was genau machst du? Benutzt du den Körper der Frau, um überschüssige Energie loszuwerden? Oder achtest du sie, bist du liebevoll zu der Frau, hast du Ehrfurcht vor ihr? Ich sehe das nicht. Ehemänner achten ihre Frauen nicht, sie benutzen sie. Ehefrauen benutzen ihre Männer, sie achten sie nicht. Wenn keine Ehrfurcht aus der Liebe erwächst, dann fehlt es irgendwo an Intelligenz. Denn sonst empfindet ihr eine ungeheure Dankbarkeit gegenüber dem anderen, und euer Liebesakt wird zu einer großartigen Meditation.

Was immer ihr tut, bringt die Qualität der Intelligenz hinein. Tut es intelligent; das ist Meditation. Und Sarahas Aussage ist von ungeheurer Bedeutung: Intelligenz ist Meditation. Intelligenz muß sich durch euer gesamtes Leben ziehen. Sie ist kein Sonntagsgottesdienst. Und ihr könnt sie nicht zwanzig Minuten lang praktizieren und dann wieder vergessen. Intelligenz muß wie eure Atmung sein.

Was immer ihr tut, sei es groß, sei es klein, was auch immer, selbst wenn es Fußbodenscheuern ist – ihr könnt es auf intelligente oder unintelligente Weise tun. Und ihr wißt, daß es keinen Spaß macht, wenn ihr es unintelligent tut – ihr tut eine Pflicht; es wird zur Last.

Ich habe von einer Geschichte gehört, die sehr gut beleuchtet, wie Liebe zur Pflicht reduziert und damit zerstört werden kann.

Es war in einer Sonntagsschule mit Mädchen der neunten Klasse. Die Schülerinnen nahmen die christliche Nächstenliebe durch und was sie für ihr Leben bedeuten könnte. Schließlich einigten sie sich darauf, daß christliche Nächstenliebe bedeute, etwas Liebevolles für jemanden zu tun, den du noch nie ausstehen konntest.

Kinder sind sehr intelligent. Ihr Resultat ist völlig richtig. Hört noch einmal zu: Schließlich einigten sie sich darauf, daß christliche Nächstenliebe bedeute, etwas Liebevolles zu tun für jemanden, den du noch nie ausstehen konntest.

Die Religionslehrerin schlug vor, daß sie während der Woche ihre Definition in der Praxis ausprobieren sollten. Als sie in der nächsten Woche zurückkamen, fragte die Lehrerin nach ihren Erlebnissen. Ein Mädchen hob die Hand und sagte: „Ich habe etwas unternommen."

Die Lehrerin antwortete: „Wunderbar! Was hast du gemacht?"

„Also", sagte das Mädchen, „in meiner Mathematikklasse in der Schule ist so ein ulkiges Mädchen…"

Die Lehrerin sagte „Ulkig …?"

Und das Mädchen antwortete: „Na ja, wissen Sie …. einfach ulkig. Sie hat vier Köpfe, sie hat diese riesengroßen Daumen, sie hat drei linke Füße, und wenn sie durch die Eingangshalle kommt, sagen alle: „Hier kommt schon wieder unsere Ulkige." Sie hat keine Freunde, und keiner lädt sie zu Parties ein, und wissen Sie, sie ist halt ulkig."

Die Lehrerin sagte: „Ich glaube, ich weiß, was du meinst. Was hast du unternommen?"

„Also, die Ulkige ist in meiner Matheklasse und tut sich schwer. Ich bin ganz gut in Mathe und habe ihr deshalb angeboten, ihr bei den Hausaufgaben zu helfen."

„Wunderbar", sagte die Lehrerin. „Und wie ging's weiter?"

„Also, ich habe ihr geholfen, und es hat Spaß gemacht, und sie war mir unendlich dankbar. Aber jetzt werde ich sie nicht mehr los!"

Wenn du etwas aus reiner Pflichtübung tust – du empfindest keine Liebe, du tust es ungern und du tust es nur aus Pflichtgefühl – schnappt die Falle früher oder später zu. Und dann hast du das Problem, wie du da wieder rauskommst. Beobachte doch einfach mal vierundzwanzig Stunden lang deinen Alltag: wieviele Dinge tust du, die dir keinen Spaß machen, die nichts zu deinem Wachstum beitragen? Tatsächlich würdest du sie gerne los sein. Wenn du zu viele Dinge in deinem Leben tust, die du in Wirklichkeit gerne los sein möchtest, lebst du unintelligent.

Ein intelligenter Mensch gestaltet sein Leben so, daß daraus ein Gedicht der Spontaneität, Liebe und Freude wird. Es ist dein Leben, und wenn du nicht gut zu dir selber bist, wer soll dann gut zu dir sein? Wenn du dein Leben vergeudest, ist kein anderer dafür verantwortlich. Ich lehre dich, verantwortlich für dich selbst zu sein, das ist deine erste Pflicht. Alles andere ist zweitrangig – alles andere. Sogar Gott kommt erst an zweiter Stelle! Denn er kann erst dann kommen, wenn du bist. Du bist das Zentrum deiner Welt, deiner Existenz.

Seid also intelligent. Richtet Intelligenz auf euer Leben. Und je intelligenter du wirst, desto mehr Intelligenz kannst du in dein Leben einbringen. Jeder einzelne Moment kann so von Intelligenz strahlen... dann brauchst du keine Religion, dann brauchst du nicht zu meditieren, dann brauchst du nicht in die Kirche zu gehen, dann brauchst du nicht in einen Tempel zu gehen, du brauchst überhaupt nichts außer deiner Intelligenz.

Das Leben ist im Kern intelligent. Lebe einfach total, harmonisch, in Bewußtheit, und alles andere ergibt sich auf schönste Weise von selbst. Ein Leben voller Ekstase folgt auf das Licht der Intelligenz.

Den Menschen aus Pflichtgefühl heraus zu dienen – ist das nicht gut?

Wie gesag...

Nein, überhaupt nicht, es ist häßlich. Wenn du etwas nur aus Pflichtgefühl, ohne Liebe tust, schadest du dir selbst und dem anderen auch. Denn wenn du es nicht aus Liebe tust, meinst du, der andere müsse dir dankbar sein: du meinst, er stehe in deiner Schuld. Du erwartest eine Gegenleistung; du stellst tatsächlich eine Forderung, geradezu oder subtil: „Jetzt kannst du etwas für mich tun, ich habe so viel für dich getan."

Wenn du etwas aus Liebe tust, dann tust du es ohne die Erwartung, etwas zurückzubekommen. Es ist kein Kuhhandel – du tust es, weil es dir Spaß macht; der andere schuldet dir nichts. Nicht etwa, daß deine Liebe nicht erwidert würde – die Liebe kommt tausendfach zu dir zurück – aber nur Liebe kann erwidert werden, niemals Pflicht.

Vielmehr ist es so, daß der andere es dir niemals verzeihen wird, wenn du ihm gegenüber eine Pflicht erfüllst. Ihr könnt es den Kindern ansehen: sie können ihren Eltern niemals verzeihen. Ihre Eltern haben wahrscheinlich ihre Pflicht großartig erfüllt. Es ist nicht leicht, Menschen zu verzeihen, die ihre Pflicht getan haben. Man empfindet Achtung nur vor den Menschen, die einen geliebt haben, nicht aus Pflichtgefühl, sondern einfach aus reiner Freude. Siehst du den Unterschied? Eine Mutter liebt dich einfach, weil sie Liebe für dich empfindet – ob du die Liebe erwiderst oder nicht, ist unwichtig. Es findet kein Kuhhandel statt; es ist kein Vertrag, es ist kein Geschäft. Wenn nichts von dir zurückkommt, wird sie es niemals erwähnen, wird sie keinen Gedanken daran verschwenden. Denn tatsächlich hat sie durch die Liebe zu dir so viel Freude erfahren – was will sie mehr?

Eine Mutter hat immer das Gefühl, daß sie nie so viel für ihr Kind tun konnte, wie sie eigentlich wollte. Aber wenn die Mutter nur aus Pflichtgefühl handelt, denkt sie, sie hat zuviel getan und du hättest sie verraten – du würdest ihre Liebe nicht erwidern. Und sie hämmert dir ohne Unterlaß ein, daß sie dies und das getan hat, und daß sie dich neun Monate lang in ihrem Bauch getragen hat. Und sie erzählt die ganze Geschichte immer und immer wieder. Das läßt keine Liebe entstehen; es führt eher zur Trennung. Die Kinder werden sehr, sehr böse.

Ich wohnte einmal bei einer Familie, in der es auch einen kleinen Jungen gab. Die Mutter führte mir den Jungen vor: sie wollte, daß ich dem Jungen eine Lehre erteilte, weil er so undankbar wäre. Ich kannte die Familie sehr gut, ich kannte den Vater und die Mutter, deshalb wußte ich auch, warum er undankbar war. Sie hatten alles getan, was sie konnten, aber immer nur aus reinem Pflichtgefühl.

Ich sagte ihnen: „Ihr seid selber schuld, ihr habt den Jungen nie geliebt. Er fühlt sich verletzt. Ihr habt ihm nie das Gefühl gegeben, daß er etwas wert ist. Eure Liebe ist keine Liebe, sie drückt wie ein Stein auf das Herz des Jungen. Jetzt wird er größer und kann sich schon gegen euch zur Wehr setzen, deshalb rebelliert er auch. Der Junge sah mich mit solcher Dankbarkeit an! Er fing an zu weinen. Er sagte: „Egal wer in diese Familie kommt, jeder Gast, jeder Freund, immer werde ich einem Richter vorgeführt – jeder soll mir eine Lektion erteilen. Du bist der erste... es ist genau, wie du sagst. Diese Leute quälen mich, und meine Mutter sagt dauernd: „Ich habe dich neun Monate lang unter dem Herzen getragen." Und ich sage zu ihr: „Aber ich habe dich nicht darum gebeten. Das hatte nichts mit mir zu tun, es war deine Sache. Es war deine Entscheidung. Warum hast du keine Abtreibung machen lassen? Ich hätte dich nicht daran gehindert. Warum bist du überhaupt schwanger geworden? Ich habe dich nicht darum gebeten!" Und ich wußte, daß er wütend war, aber er hatte recht.

Nun fragst du: *Den Menschen aus Pflichtgefühl zu dienen – ist das nicht gut?* Nein, denn wenn du den Menschen aus Pflichtgefühl dienst, werdet ihr zu ihren Folterknechten: ihr beherrscht sie. Es ist ein Mittel, andere zu beherrschen, es ist Politik. Erst fangt ihr damit an, ihnen die Füße zu massieren, aus Pflichtgefühl, und in nullkommanichts habt ihr sie schon an der Gurgel. Und als nächstes bringt ihr sie um. Und natürlich, wenn ihr anfangt, ihnen die Füße zu massieren, fühlen sie sich wohl und machen die Beine breit. Sie sagen „Wunderbar", und sie ahnen nicht, was ihnen blüht.

Alle, die „der Allgemeinheit dienen", werden früher oder später Politiker. Das ist der richtige Weg, deine politische Karriere zu beginnen: werde ein Diener der Allgemeinheit. Dient den Menschen aus Pflichtgefühl, und dann könnt ihr früher oder später über sie herfallen, dann könnt ihr sie ausbeuten. Dann könnt ihr sie zerschmettern, und sie können nicht einmal einen Schrei ausstoßen, denn ihr dient ja der Allgemeinheit. Will man Herrscher über die Menschen werden, muß man als Diener der Allgemeinheit anfangen.

Mein ganzes Bestreben hier ist, euch auf diese Fallen aufmerksam zu machen. Es sind Trips, Ego-Trips. Im Namen von Bescheidenheit, Demut, Pflichterfüllung fährt man auf einem Ego-Trip ab. Tut was, aber tut es nur aus Liebe, sonst tut lieber gar nichts. Bitte tut nichts. Es ist besser, ihr tut gar nichts. Ihr werdet schon etwas tun können, denn keiner kann dauernd tatenlos bleiben. Energie entsteht, und man muß sie weitergeben – aber gebt sie aus Liebe weiter. Wenn du aus Liebe gibst, bist du dem anderen dafür dankbar, daß er deine Liebe akzeptiert hat, daß er deine Energie akzeptiert hat, daß er mit dir geteilt hat, daß er dich entlastet hat.

Tue nur etwas, wenn du dem Menschen, für den du etwas tust, dankbar sein kannst – sonst gar nicht.

Warum folgt Eifersucht der Liebe immer wie ein Schatten?

Eifersucht hat mit Liebe nichts zu tun.

Ja, auch eure sogenannte Liebe hat mit Liebe nichts zu tun. Es sind schöne Worte, die ihr benutzt, ohne daß ihr wißt, was sie bedeuten, ohne daß ihr je erfahrt, was sie bedeuten. Ihr benutzt das Wort „Liebe" immer und immer wieder. Ihr benutzt es so oft, daß ihr die Tatsache vergeßt, daß ihr gar nicht wißt, was Liebe ist. Das ist eine der Gefahren, wenn man lauter so schöne Worte benutzt: Gott, Liebe, *nirvana*, Gebet – schöne Worte. Ihr benutzt sie immerzu, ihr wiederholt sie immerzu, und nach und nach gibt euch die Wiederholung das Gefühl, daß ihr wißt, wovon ihr redet.

Was weißt du von Liebe? Wenn du etwas von Liebe wüßtest, könntest du diese Frage gar nicht stellen, denn in der Liebe kann es keine Eifersucht geben. Wo Eifersucht da ist, ist keine Liebe da. Eifersucht ist nicht ein Teil der Liebe, Eifersucht ist ein Teil der Besitzgier. Besitzgier hat mit Liebe nichts zu tun. Du willst besitzen. Wenn du besitzt, fühlst du dich stark: dein Territorium wird dadurch größer. Und wenn ein anderer in dein Territorium eindringt, wirst du wütend. Oder wenn jemand ein größeres Haus hat als du, wirst du eifersüchtig. Oder wenn jemand versucht, dir deinen Besitz wegzunehmen, wirst du eifersüchtig und wütend.

Wenn du liebst, ist Eifersucht unmöglich – absolut unmöglich.

Ich habe gehört …
Hoch oben am vereisten Yukon kamen zwei Trapper zur letzten Bergstation, um sich mit Vorräten für den langen kalten Winter einzudecken. Sie hatten ihre Schlitten mit Mehl, Konservendosen, Kerosin, Streichhölzern und Munition vollgepackt und wollten sich gerade auf den Weg durch den Schnee

machen, um sechs Monate in der Wildnis zu verbringen.

Da rief der Ladenbesitzer: „Wartet mal! Wollt ihr nicht noch das hier mitnehmen?" Und er zeigte ihnen eine lange Holzplanke, die wie eine Eieruhr geformt war.

„Was ist das?", fragte einer der Trapper.

Der Ladenbesitzer zwinkerte mit den Augen. „Das nennt man Liebesholz. Ihr könnt es in die Arme nehmen, wenn ihr euch einsam fühlt."

„Wir nehmen zwei!" riefen die Männer.

Sechs Monate später kehrte einer der Trapper zurück, bärtig und abgezehrt.

„Wo ist dein Kumpel?" fragte der Ladenbesitzer.

„Mußte ihn erschießen", brummte der Trapper, „hab ihn erwischt, wie er mit meinem Liebesholz ´rumgemacht hat."

Eifersucht hat nichts mit Liebe zu tun. Wenn du deine Frau liebst, wie kannst du eifersüchtig sein? Wenn du deinen Mann liebst, wie kannst du eifersüchtig sein? Wenn deine Frau mit einem anderen lacht, wie kannst du eifersüchtig sein? Du solltest glücklich sein: es ist deine Frau, die glücklich ist; ihr Glück ist dein Glück. Wie kannst du etwas gegen ihr Glück haben?

Aber schaut hin, beobachtet. Ihr habt über diese Geschichte gelacht, aber das gleiche passiert überall, in jeder Familie. Die Ehefrau wird sogar auf die Zeitung eifersüchtig, wenn ihr Mann nicht aufhört zu lesen. Sie reißt sie ihm aus den Händen: sie ist eifersüchtig. Sie fühlt, daß die Zeitung ihren Platz einnimmt: Wie kannst du es wagen, in ihrer Anwesenheit deine Zeitung zu lesen? Das ist eine Beleidigung! Solange sie da ist, sollst du ganz in ihrem Bann stehen – nicht einmal eine Zeitung... Die Zeitung wird zur Konkurrentin.

Und dann erst, wenn Menschen ins Spiel kommen! Wenn der Mann sich in Gegenwart seiner Ehefrau mit einer anderen Frau unterhält und ein bißchen glücklich dabei aussieht, wird die Ehefrau wütend. Dabei ist das doch ganz normal:

das Paar fängt an, sich zu langweilen, und irgendwas Neues bringt eine kleine Abwechslung, und man ist ein bißchen erregt. Man kann es genau sehen: ein Paar geht vorüber und der Mann sieht muffig aus; du kannst wetten, daß er der Ehemann ist. Wenn er glücklich aussieht, ist er nicht mit der Frau verheiratet. Sie ist nicht seine Frau.

Ich reiste einmal mit dem Zug, und im gleichen Abteil war auch eine Frau. An jeder Station kam ein Mann herein. Mal brachte er Bananen, mal brachte er Tee, und ein Eis und dies und das.

Ich fragte sie: „Wer ist dieser Mann?"

Sie sagte: „Er ist mein Mann."

Ich sagte: „Das glaube ich nicht. Das kann nicht sein. Wie lange sind Sie schon verheiratet?"

Sie wurde ein bißchen unruhig. Sie sagte: „Gut, wenn Sie darauf bestehen, wir sind nicht verheiratet. Aber woher wissen Sie das?"

Ich sagte: „Ich habe noch nie einen Ehemann erlebt, der an jeder Station hereinkommt. Wenn er seine Frau endlich losgeworden ist, kommt er an der letzten Station herein und hofft, daß sie irgendwo auf halber Strecke verlorengegangen ist. An jeder Station etwas hereinbringen... dies und das... hin und her?"

Sie sagte: „Sie haben recht, er ist nicht mein Mann. Er ist ein Freund meines Mannes."

Richtig – so muß es sein.

Du bist nicht wirklich in deine Frau oder in deinen Mann oder in deinen Freund verliebt. Wenn du verliebt bist, dann ist sein oder ihr Glück auch dein Glück. Wenn du verliebt bist, willst den anderen nicht besitzen.

Liebe kann totale Freiheit geben. Nur Liebe kann totale Freiheit geben. Und wenn Freiheit nicht gegeben wird, dann kann es sich nicht um Liebe handeln. Es ist eine bestimmte Art von Ego-Trip. Du hast eine schöne Frau. Du möchtest allen, der ganzen Stadt, zeigen, daß du eine schöne Frau hast –

daß du sie besitzt. Es ist genau wie mit deinem Auto, in das du total vernarrt bist. Alle sollen wissen, daß du das schönste Auto hast. Bei deiner Frau ist es dasselbe. Du kaufst ihr Diamanten, aber nicht aus Liebe. Sie soll nur dein Ego schmücken. Du führst sie in jedem Club vor, aber sie muß sich an dir festklammern, damit alle sehen können, daß sie dir gehört. Wenn sie flirtet und ein anderer darauf eingeht, gehst du hoch. Das ist ein Angriff auf dein Besitzrecht – du könntest die Frau umbringen... dabei glaubst du doch, sie zu lieben. Überall ist viel Ego am Werk. Wir wollen, daß die Menschen wie Sachen sind. Wir besitzen sie wie Sachen, wir reduzieren Menschen zu Gegenständen. Wir verhalten uns ihnen gegenüber genau so, wie wir uns gegenüber Sachen verhalten.

Ich habe gehört ...
Ein Rabbi und ein Pfarrer waren Nachbarn, und es gab immer irgendwelche Sticheleien zwischen den beiden. Wenn die Cohens ihre Auffahrt erneuerten, ließ Vater O'Flynn seine auch ausbessern, und so ging es weiter.
Eines Tages hatte der Pastor einen neuen Jaguar, also kaufte sich der Rabbi einen Bentley. Als der Rabbi aus dem Fenster schaute, fiel sein Blick auf den Pfarrer, der damit beschäftigt war, Wasser über die geschlossene Motorhaube zu gießen.
Er öffnete das Fenster und rief: „So werden Sie den Kühler wohl kaum voll bekommen!"
„Wie?", sagte der Pastor, „ich taufe meinen Jaguar mit Weihwasser, das ist mehr, als Sie je für Ihr Auto tun können." Kurze Zeit später konnte der verblüffte Pfarrer beobachten, wie der Rabbi auf der Straße lag und mit der Handsäge einen Zentimeter vom Auspuffrohr absägte.

So ist der Verstand – pausenlos im Wettbewerb mit anderen. Nun macht er eine Beschneidung; jetzt ist der Pfarrer wieder dran. So leben wir: so ist das Ego. Das Ego kennt keine Liebe, das Ego kennt keine Freundschaft, das Ego kennt kein Mitgefühl. Das Ego ist Aggression, Gewalt.

Und du fragst: *Warum folgt Eifersucht der Liebe immer wie ein Schatten?*

Niemals. Liebe wirft überhaupt keinen Schatten.

Liebe ist so transparent, daß sie keinen Schatten wirft. Liebe ist kein festes Ding, sie ist Transparenz. Aus Liebe entsteht kein Schatten. Liebe ist das einzige Phänomen auf der Welt, das keinen Schatten wirft.

Was ist Repression?

Repression heißt: ein Leben zu leben, für das du nicht bestimmt warst.

Repression heißt: Dinge zu tun, die du nie tun wolltest.

Repression heißt: jemand zu sein, der du nicht bist.

Repression heißt: eine Methode, dich selbst zu zerstören.

Repression heißt: Selbstmord – ein sehr langsamer natürlich, aber ein ganz sicherer, ein langsamer Vergiftungsprozeß.

Expressivität ist Leben; Repression ist Selbstmord.

Das ist die Botschaft des Tantra: Lebe kein Leben der Repression, sonst lebst du gar nicht. Lebe ein Leben voller Ausdruck, Kreativität, Freude. Lebe so, wie Gott es dir bestimmt hat; lebe natürlich. Und laß dir von den Priestern keine Angst einjagen. Höre auf deine Instinkte, höre auf deinen Körper, höre auf dein Herz, höre auf deine Intelligenz. Verlasse dich nur auf dich selbst, folge deiner Spontaneität, wohin sie dich auch führt, und du bist immer auf dem richtigen Weg. Und wenn du spontan deiner Natürlichkeit folgst, dann gelangst du eines Tages zu den Toren des Göttlichen.

Gott ist deine innerste Natur. Der Ruf dieser Natur ist Gottes Stimme in dir. Höre nicht auf die, die dich vergiften wollen, höre auf die Stimme der Natur. Ja, die Natur ist nicht genug – es gibt auch eine höhere Natur –, aber die höhere kommt durch die niedere. Der Lotus wächst aus dem Schlamm hervor. Aus dem Körper wächst die Seele hervor. Aus dem Sex wächst *samadhi* hervor.

Denkt daran, durch Essen wächst das Bewußtsein. Im Osten sagt man: *annam brahm*: „Essen ist Gott". Was für eine Behauptung – Essen ist Gott! Gott wächst aus dem Essen hervor: das Niedrigste ist mit dem Höchsten verbunden, das Oberflächlichste ist mit dem Tiefsten verbunden. Heute haben euch die Priester beigebracht, das Niedere zu unterdrücken. Und sie erklären das ganz logisch. Sie haben nur eines dabei vergessen – daß Gott unlogisch ist. Sie sind völlig logisch, und das verlockt euch. Deshalb habt ihr seit Jahrhunderten auf sie gehört und folgt ihnen. Es leuchtet dem Verstand ein, daß man nicht auf das Niedrige hören soll, wenn man Höheres erreichen will – es klingt logisch. Wenn du hoch hinaus willst, darfst du nicht hinabsteigen; also geh nicht nach unten, geh nach oben – völlig rational. Das einzige Problem ist nur, daß Gott irrational ist.

Neulich hat Dhruva mit mir gesprochen. In seiner Sahaj-Gruppe gibt es manchmal Momente, wenn die ganze Gruppe plötzlich still wird – ohne Anlaß, einfach so. Und diese wenigen Augenblicke der Stille sind von ungeheurer Schönheit. Und er sagte: „Sie haben so etwas Geheimnisvolles, diese Momente. Wir planen sie nicht, wir denken nicht über sie nach, sie kommen einfach manchmal. Aber wenn sie kommen, fühlt plötzlich die ganze Gruppe die Gegenwart von etwas Göttlichem, von etwas Höherem, etwas, das größer ist als wir. Und sofort wird allen bewußt, daß da etwas ist, etwas Geheimnisvolles. Und jeder wird ganz still in diesen Momenten." Nun meinte sein logischer Verstand: „Wäre es nicht am besten, von vornherein die Gruppe ohne Worte stattfinden zu lassen?" Er hat wahrscheinlich gedacht: „Wenn diese seltenen Momente – diese Perlen – so schön sind, warum sollte ich nicht die ganze Gruppe schweigend machen?"

Ich sagte: „Von wegen – du bist logisch, und Gott ist nicht logisch. Wenn du die ganze Zeit still wärst, könnten sich diese Momente nicht ereignen."

Es gibt eine Polarität im Leben. Den ganzen Tag lang arbeitest du hart, fällst du Holz, und dann versinkst du nachts in deinen tiefsten Schlaf. Und dann denkst du am nächsten Morgen – logisch natürlich und ganz mathematisch: „Den ganzen Tag habe ich so hart gearbeitet und war dauernd müde, und doch habe ich es geschafft, in der Nacht tief zu schlafen. Wie tief werde ich erst schlafen, wenn ich mich den ganzen Tag ausruhe!" Also legst du dich am nächsten Tag einfach in den Liegestuhl: du übst dich im Nichtstun. Glaubst du, daß du danach gut schlafen wirst? Du wirst überhaupt nicht schlafen. So ist die Logik der reichen Leute, die an Schlaflosigkeit leiden.

Gott ist nicht logisch. Gott gibt den Bettlern Schlaf, die den ganzen Tag gearbeitet haben, als sie in der Hitze des Sommers bettelnd von einem Ort zum anderen gezogen sind. Gott segnet die Arbeiter mit einem gesunden Schlaf, die Steinmetze, die Holzfäller. Den ganzen Tag haben sie geschuftet und waren schon müde. Aus dieser Müdigkeit heraus sinken sie in einen tiefen Schlaf.

Das ist die Polarität. Je mehr du deine Energie erschöpfst, desto größer ist dein Bedürfnis nach Schlaf, denn nur tiefer Schlaf gibt dir wieder Energie. Erst muß deine Energie erschöpft sein, dann kommt der tiefe Schlaf. Gott muß dir einen tiefen Schlaf geben. Wenn du überhaupt nicht arbeitest, brauchst du keinen tiefen Schlaf. Du hast nicht einmal die Energie genutzt, die dir gegeben ist, warum solltest du zusätzliche Energie bekommen? Enegie bekommen diejenigen, die sie benutzen.

Dhruva geht logisch vor. Er denkt: „Wenn wir die ganze Gruppe schweigend machen…" Aber dann gehen selbst diese wenigen Momente der Stille verloren, und es wird sich viel Geschwätz in den Köpfen der Gruppenteilnehmer abspielen.

Äußerlich sind sie ganz still, aber in ihren Köpfen wird der Teufel los sein. Jetzt arbeiten sie hart, bringen ihre Emotionen zum Ausdruck, haben eine Katharsis nach der anderen, bringen alles hoch, entladen sich; dabei erschöpfen sie sich. Wenn sie so erschöpft sind, daß es nichts mehr zu entladen gibt, dann kommen diese wenigen Momente. In diesen Momenten ist plötzlich eine Verbindung hergestellt – es wird ganz still.

Aus der Arbeit kommt das Ruhen. Aus dem Ausdruck erwächst die Stille. So wirkt Gott. Seine Wege sind sehr unlogisch. Wenn du dich wirklich sicher fühlen willst, mußt du ein Leben in Unsicherheit leben.

Wenn du wirklich lebendig sein willst, mußt du bereit sein, jeden Moment zu sterben. Das ist Gottes Unlogik! Wenn du wirklich authentisch und wahrhaftig sein willst, mußt du Risiken eingehen. Repression ist ein Weg, das Risiko zu vermeiden. Zum Beispiel hat man dir beigebracht, niemals wütend zu sein, und du denkst, daß jemand, der nie wütend ist, zwangsläufig sehr liebevoll sein muß. Das stimmt nicht. Jemand, der nie wütend ist, kann auch nicht lieben. Beides gehört zusammen, beides stammt aus einer Packung.

Ein Mann, der wirklich liebt, ist manchmal auch richtig wütend. Aber seine Wut ist schön, sie kommt aus Liebe. Seine Energie kocht, und du fühlst dich nicht durch seine Wut verletzt. Tatsächlich bist du ihm dankbar für seine Wut. Habt ihr es schon mal beobachtet? Du liebst jemanden und tust etwas, das ihn wütend macht, und er wird wirklich wütend und zeigt es auch. Dann bist du ihm dankbar, weil er dich so sehr liebt, daß er es sich erlauben kann, wütend zu werden. Wozu sonst die Mühe?

Wenn du dir die Wut nicht erlaubst, bleibst du höflich. Wenn du deine Wut nicht riskieren willst, lächelst du weiter und zeigst damit deine Gleichgültigkeit.

Wenn dein Kind drauf und dran ist, in einen Abgrund zu springen, hältst du dich zurück? Schreist du etwa nicht? Wirst du nicht ein tobendes Energiephänomen? Lächelst du weiter? Das ist nicht möglich.

Es gibt eine Geschichte:
An Salomons Hof trug es sich zu, daß zwei Frauen sich um ein Kind stritten. Beide behaupteten, es sei ihr Kind. Es war sehr schwierig. Wie sollte man entscheiden? Das Kind war zu klein und konnte noch nicht sprechen.
Salomon überlegte und sagte: „Eines kann ich tun – ich schneide das Kind in zwei Hälften, und ihr bekommt jeder eine Hälfte. Das ist die einzige Lösung. Ich muß ein gerechtes Urteil fällen. Es gibt keinen Beweis dafür, wem das Kind gehört, A oder B. Also habe ich als König entschieden: schneidet das Kind entzwei, und gebt jeder Frau die Hälfte."
Die Frau, die das Kind hielt, lächelte weiter. Sie freute sich. Aber die andere Frau wurde fast wahnsinnig, und es schien, als wollte sie den König umbringen. Sie sagte: „Was sprichst du da? Bist du verrückt geworden?" Sie raste vor Empörung. Sie war keine gewöhnliche Frau mehr: sie wurde zur Furie, sie spie Feuer! Und die Frau sagte: „Wenn das Gerechtigkeit sein soll, verzichte ich auf meinen Anspruch. Das Kind soll bei der anderen Frau bleiben. Es ist ihr Kind, es ist nicht mein Kind!" Trotz ihrer Wut flossen ihr Tränen übers Gesicht.
Und der König sagte: „Das Kind gehört dir. Nimm es. Die andere Frau ist die falsche Mutter."
Der war das Kind letztlich egal.
Das Kind sollte getötet werden, und sie lächelte tatsächlich weiter. Es war ihr egal.

Wenn du liebst, kannst du auch wütend werden. Wenn du liebst, kannst du es dir leisten. Wenn du dich selbst liebst – und das ist unerläßlich im Leben, sonst verpaßt du dein Leben – dann unterdrückst du auch nichts, vielmehr drückst du alles aus, was das Leben dir bietet. Alles drückst du aus – seine Freuden, seine Traurigkeit, seine Höhen, seine Tiefen, seine Tage, seine Nächte. Aber ihr seid dazu erzogen worden, falsch zu werden, man hat euch zu Heuchlern gemacht. Wenn ihr wütend seid, lächelt ihr euer künstliches Lächeln weiter. Wenn ihr rasend seid vor Wut, unterdrückt ihr die Wut. Wenn ihr Sexualität spürt, unterdrückt ihr sie und singt stattdessen euer Mantra. Ihr seid niemals wahrhaftig mit dem, was in euch ist.

Folgende Geschichte...
Hans und seine kleine Tochter Inge machten einen Ausflug in einen Vergnügungspark. Unterwegs hielten sie an und aßen eine fette Mahlzeit. Im Park kamen sie an einer Imbiß-Bude vorbei und Inge sagte: „Papi, ich will..." Hans unterbrach sie und stopfte ihr Popcorn in den Mund.
Als sie beim Eisverkäufer vorbeikamen, rief die kleine Inge noch einmal: „Papi, ich will ..." Hans ließ sie schon wieder nicht ausreden und sagte diesmal: „Du willst, du willst! Ich weiß schon, was du willst – Eis."
„Nein, Papi", flehte sie. „Ich will kotzen."
Das wollte sie von Anfang an. Aber wer hört schon hin?

Repression bedeutet, nicht auf deine Natur zu hören. Represssion ist ein Trick, dich zu zerstören.

Zwölf Skinheads kommen in eine Kneipe mit ihren Springerstiefeln und dem ganzen Arsenal.
Sie gehen zum Wirt und bestellen: „Dreizehn Bier, bitte."
„Aber ihr seid doch nur zwölf."
„Wir haben gesagt: dreizehn Bier."
Also gibt er ihnen das Bier, und alle setzen sich hin. Ein kleiner alter Herr sitzt in einer Ecke und der Skin-Head-Chef geht zu ihm hinüber und sagt: „Hier, Papa, ein Glas Bier für dich."
Das kleine Männchen sagt: „Danke, danke, sehr großzügig, mein Sohn."

„Schon in Ordnung, Krüppeln helfen wir immer gern."
„Ich bin aber kein Krüppel."
„Wenn du die nächste Runde nicht bezahlst, bist du einer."

Genau das ist Repression: es ist ein Trick, dich zum Krüppel zu machen. Es ist ein Trick, dich zu zerstören, es ist ein Trick, dich schwach zu machen. Es ist ein Trick, dich gegen dich selbst zu stellen. Es ist ein Mittel, in dir einen Konflikt anzuzetteln, und wann immer ein Mensch im Konflikt mit sich ist, ist er natürlich sehr schwach.

Die Gesellschaft hat ein großartiges Spiel gespielt – sie hat euch soweit gebracht, daß ihr gegen euch selbst seid. Also kämpft ihr ständig mit euch selbst. Ihr habt keine Energie für irgendwas anderes. Könnt ihr nicht sehen, was mit euch los ist? Ihr kämpft ununterbrochen. Die Gesellschaft hat euch gespalten: sie hat euch schizophren gemacht, und sie hat euch verwirrt. Ihr seid wie Treibholz.

Ihr wißt nicht, wer ihr seid, ihr wißt nicht, wohin ihr geht, ihr wißt nicht, was ihr hier macht. Ihr wißt nicht einmal, warum ihr überhaupt hier seid. Die Gesellschaft hat euch gründlich konfus gemacht. Und aus dieser Verwirrung heraus werden große Führer geboren: Adolf Hitler, Mao Tse-tung, Josef Stalin. Und aus dieser Verwirrung heraus kommt der vatikanische Papst, und aus dieser Verwirrung heraus entstehen tausendundein Übel. Und du gehst dabei kaputt.

Tantra sagt: Sei expressiv. Aber bedenke, sich auszudrücken bedeutet nicht, Verantwortung abzugeben. Tantra sagt: Sei auf intelligente Weise expressiv, dann kannst du niemandem schaden. Einer, der sich selbst kein Leid antun kann, der kann auch keinem anderen schaden. Und ein Mensch, der sich selbst schadet, ist ein gefährlicher Mensch. Wenn er nicht einmal sich selbst liebt, ist er gefährlich; er kann jeden verletzen. Er wird es tatsächlich auch tun.

Wer traurig und deprimiert ist, umgibt sich gerne mit Leuten, die traurig und deprimiert sind. Wenn du glücklich bist, möchtest du eine glückliche Gesellschaft schaffen, denn Glück kann es nur in einer glücklichen Welt geben. Wenn du Spaß hast am Leben, möchtest du, daß jeder Spaß hat – das ist wahre Religion. In deiner Freude segnest du die ganze Existenz. Aber Repression macht dich falsch.

Wut, Sex und Gier werden nicht etwa zerstört, wenn sie unterdrückt werden. Sie existieren weiter – nur unter anderen Etiketten. Sie tauchen ins Unbewußte ab und setzen ihre Arbeit dort fort: sie gehen in den Untergrund. Und wenn sie im Untergrund sind, haben sie natürlich mehr Macht. Die ganze psychoanalytische Bewegung versucht alles, was sich im Untergrund befindet, an die Oberfläche zu bringen. Wenn es dir bewußt geworden ist, kannst du dich davon befreien.

Ein Franzose lebte in England, und ein Freund fragte ihn, wie er denn zurechtkomme. Er sagte, es ginge sehr gut, aber es gäbe doch ein Problem. „Wenn ich zu einer Party gehe, sagt mir die Gastgeberin nie, wo das Pissoir ist...“
„Ah, Georges, du meinst, sie sagt dir nicht, wo das Klo ist? Das ist einfach unsere englische Prüderie. Sie wird dir wohl eher sagen: ‚Wenn Sie sich die Hände waschen wollen...?‘ – das bedeutet dann das gleiche.“
Der Franzose notierte sich das im Geiste, und als er das nächste Mal auf eine Party ging und ihn die Gastgeberin begrüßte, mußten sich die umstehenden Gäste folgendes anhören: „Guten Abend, Mr. DuPont, möchten Sie sich die Hände waschen?“
„Nein danke, Madame, ich habe sie mir gerade am Baum im Vorgarten gewaschen.“

Genau das passiert; es ändern sich nur die Namen. Ihr verwirrt euch, wißt nicht, was was ist. Alles bleibt beim alten – nur die Etiketten ändern sich, und das erzeugt eine Art geisteskranke Menschheit. Eure Eltern, eure Gesellschaft haben euch zerstört – ihr zerstört jetzt eure Kinder. Es ist ein Teufelskreis. Einer muß den Anfang machen und aus dem Teufelskreis ausbrechen.

Wenn ihr mich richtig versteht, dann ist mein Sannyas ein Versuch, euch aus dem Teufelskreis herauszubringen. Seid nicht böse auf eure Eltern – sie haben ihr Bestes getan.

Aber werdet jetzt bewußter und tut euren Kindern nicht dasselbe an. Laßt sie expressiver werden, bringt ihnen bei, sich unbefangener auszudrücken. Helft ihnen, authentischer zu werden, damit sie das aus sich herausholen können, was in ihnen steckt. Und sie werden euch für immer ungeheuer dankbar sein, weil sie ungespalten sein werden. Sie werden aus einem Guß sein; sie werden nicht zerrissen sein. Und sie werden nie konfus sein, sie werden immer wissen, was sie wollen.

Und wenn du genau weißt, was du willst, kannst du darauf hinarbeiten. Wenn du nichtmal weißt, was du eigentlich willst – wie kannst du darauf hinarbeiten? Dann kann jeder, der dich einfängt, jeder, der dir irgendwelche Ideen in den Kopf setzt... schon folgst du ihm. Jeder Führer, der kommt – jeder kann dich mit Argumenten rumkriegen – und schon folgst du ihm. Du bist schon vielen Menschen gefolgt, und sie haben alles kaputtgemacht.

Folge deiner Natur.

Jede Generation zerstört die nachfolgende. Erst wenn jemand sehr wachsam, bewußt wird, kann die Zerstörung aufhören.

Osho, warum habe ich eine Frau geheiratet, die mich haßt? Ich hasse sie auch.

Woher soll ich wissen, warum du eine Frau geheiratet hast, die du haßt und die dich haßt? Vielleicht – das ist nur eine Vermutung – habt ihr geheiratet, weil ihr einander haßt. Es gibt zwei Arten von Ehen: Liebes-Ehen und Haß-Ehen. Liebes-Ehen sind sehr selten; eigentlich gibt es sie gar nicht. Alle sogenannten Ehen sind Haß-Ehen. Zumindest für die Frauen trifft das zu. Wenn sie dich quälen wollen, heiraten sie dich, denn es gibt keinen sichereren Weg, dich zu quälen – das ist der beste Weg.

Ich habe gehört ...
Mullah Nasruddin war in eine sehr unangenehme Situation geraten. Er hatte mit nicht weniger als drei Frauen gleichzeitig ein Verhältnis und hatte jeder versprochen, sie zu heiraten. Seit einiger Zeit bedrängten sie ihn nun, sein Versprechen einzulösen. Er war mit seiner Weisheit am Ende und ging zu seinem Anwalt.
„Ich schlage vor", sagte der Anwalt, „daß ich in allen Zeitungen inseriere, du hättest Selbstmord begangen. Dann werden wir eine Scheinbeerdigung inszenieren. Damit müßte das Problem eigentlich gelöst sein." Sie machten sich sofort ans Werk. Während der Anwalt mit den Zeitungen telefonierte, traf Mullah die nötigen Vorkehrungen mit dem Bestattungsinstitut. Es war eine beeindruckende Beerdigung. Zur festgesetzten Zeit defilierten alle feierlich am Sarg vorbei und erwiesen dem Verblichenen die letzte Ehre. Und dann kamen seine drei Freundinnen.
„Armer Nasruddin", seufzte die erste mit einem Blick auf den Leichnam. „Er war ein Schwein, aber ich werde ihn bestimmt vermissen."
„Leb wohl, Nasruddin", weinte das zweite Mädchen. „Eine Schande, daß das passieren mußte."

Aber das dritte Mädchen war wütend. „Du dreckige Ratte! Da stirbst du mir weg, nachdem du mir versprochen hast, daß wir heiraten. Dafür erschieß ich dich, auch wenn du schon tot bist! Wenigstens dieses Vergnügen bleibt mir!"

Sie zog einen Revolver und zielte auf den hingestreckten Nasruddin. „Halt! Reg dich bloß nicht so auf!" schrie der Leichnam und setzte sich auf. „Ich heirate."

Ich weiß nicht, warum du eine Frau geheiratet hast, die dich haßt und die du haßt. Aber nimm dich in acht. Du mußt ganz schön in der Tinte sitzen – aber da sitzt jeder drin, also mache dir keine Sorgen. Das ist der natürliche, normale Zustand der Menschheit.

Alle sitzen sie in der Tinte. Niemand weiß, warum er dies oder das macht. Manchmal heiratest du eine Frau, weil ihr Gesicht attraktiv ist. Aber was hat eine Ehe mit dem Gesicht zu tun? Nach zwei, drei Tagen sind die Flitterwochen vorbei, und du schaust dir das Gesicht nie wieder an. Und du hast nie die Frau geheiratet – du hast nur ein Gesicht geheiratet, eine bestimmte Figur, und die Figur hat nichts damit zu tun.

Oder vielleicht hat dir die Stimme der Frau gefallen, der Singsang, mit dem sie spricht, und du hast sie geheiratet. Die Menschen heiraten aus albernen Gründen. Die Singsang-Stimme kocht dir kein Essen und macht dir nicht das Bett. Nach wenigen Tagen vergißt du die Stimme.

Die Wirklichkeit, mit der du leben mußt, hat nichts mit diesen Dingen zu tun. Oder eine andere Frau hat eine gewisse Figur, gewisse Rundungen – aber was haben Rundungen mit dem Leben zu tun? Wieder eine andere Frau hat eine bestimmte Art zu gehen – und das gefällt dir. Aber kannst du dein Leben, dein Eheleben, mit solchen Nichtigkeiten verplempern? Das ist nicht möglich.

Das Leben muß man etwas realistischer angehen, es braucht realistischere Grundlagen.

Aber ihr macht immerzu weiter mit solchen Oberflächlichkeiten. Der Grund ist eure Unbewußtheit. Sie betrifft ja nicht nur die Ehe – sie betrifft die ganze Art, wie ihr euer Leben lebt. Und das passiert euch wieder und immer wieder. Ihr handelt immer impulsiv aus dem Moment heraus – ohne je zu erkennen, daß das Leben mehr Bewußtheit, mehr Verantwortung, mehr Verständnis, mehr Intelligenz erfordert.

Fang an, intelligenter zu werden, und du wirst weniger Probleme haben.

Sei aufmerksamer, werde ein Zeuge.

Nicht-denken
ist
das Tor

EINMAL IM REICH, DAS VOLLER FREUDE IST

Einmal im Reich, das voller Freude ist,
Wird der sehende Geist bereichert.
Und dadurch höchst nützlich für dieses und jenes.
Selbst wenn er Zielen nachläuft,
Wird er sich selber nicht entfremdet.

Die Knospen von Freude und Genuß
Und die Blätter der Herrlichkeit wachsen.
Wenn nirgends etwas abfließt,
Kommt die unaussprechliche Wonne zum Tragen.

Was geschehen ist, und wo und wann,
Und was es in sich selber werden wird, ist nichts:
Für dies und jenes aber war es dadurch nützlich.
Ob leidenschaftlich oder nicht –
Das Muster ist das Nichts.

Wenn ich dem Schweine gleiche,
Das nach dem Schlamm der Welt begehrt
So sag mir doch,
Was ist verkehrt an einem fleckenlosen Geist?
Durch etwas was dich nich berührt –
Wie kannst du noch gefesselt werden?

*E*s gibt zwei Wege, Realität wahrzunehmen: den Weg des Intellekts und den Weg der Intelligenz.

Der Weg des Intellekts ist, über die Realität zu theoretisieren, über sie nachzudenken, über sie zu spekulieren. Und alle Spekulationen sind sinnlos, denn wie kannst du über das spekulieren, was du nicht kennst? Wie kannst du überhaupt über etwas nachdenken, das du nicht kennst?

Das Unbekannte kann nicht gedacht werden - es gibt keine Möglichkeit, über das Unbekannte nachzudenken. Alles was du denkst, kennst du schon und es wiederholt sich ständig in deinem Kopf. Ja, du kannst dir neue Kombinationen alter Gedanken ausdenken, aber durch neue Kombinationen allein wirst du das Wirkliche nicht entdecken. Du wirst nur betrügen.

Der Intellekt ist der größte Betrüger der Welt. Durch den Intellekt macht sich der Mensch seit Urzeiten etwas vor. Durch den Intellekt zerredet ihr die Wirklichkeit – erklären tut ihr sie nicht. Durch den Intellekt wirbelt ihr so viel Staub auf, daß ihr die Wirklichkeit überhaupt nicht mehr wahrnehmen könnt und von der Existenz abgeschnitten seid. Ihr verliert euch in euren Heiligen Schriften – woanders ist noch nie ein Mensch verlorengegangen. Nur im Dschungel der Schriften gehen die Menschen immer verloren.

Tantra ist der Weg der Intelligenz, nicht des Intellekts. Es beantwortet keine Fragen, es gibt überhaupt keine Erklärungen; es erklärt gar nichts. Es ist kein Fragen, es ist ein Suchen. Tantra erkundigt sich nicht über die Wahrheit, Tantra erkundet die Wahrheit. Es dringt in die Wirklichkeit ein. Es versucht, alle Wolken aufzulösen, die dich umfangen, damit du die Wirklichkeit so wahrnehmen kannst, wie sie ist.

Tantra bedeutet, über das Denken hinauszugehen. Deshalb haben die Tantriker die Liebe so sehr gepriesen. Deshalb konnte der Liebesorgasmus zum Symbol für die höchste Wirklichkeit werden. Und zwar, weil ihr nur im Liebesorgasmus für kurze Augenblicke den Kopf verliert. Nur auf diesem Wege kann der gewöhnliche Mensch den Zustand von Nicht-Denken erreichen. Das ist die einzige Möglichkeit, die ihr habt, einen Einblick in die Realität zu bekommen.

Deshalb ist der sexuelle Orgasmus auf dem tantrischen Wege so ungeheuer wichtig geworden. Nicht etwa, daß er euch die höchste Wirklichkeit bescherte, aber er gibt euch wenigstens eine Chance, einen Blick über den Verstand hinauszuwerfen. Er öffnet euch ein kleines Fenster – nur kurz, nur für einen Augenblick – dennoch ist das die einzige Möglichkeit für euch, mit der Wirklichkeit in Kontakt zu kommen. Sonst seid ihr ständig von euren Gedanken umnebelt, und die Gedanken erklären euch nichts. Alle Erklärungen sind reiner Unsinn.

Nun möchte ich euch gerne einen Witz erzählen. Ihr wißt ja, ich erzähle nicht oft Witze...

Der Witz handelt von diesem Typen an der Ecke – einem Farbigen. Und er steht da an der Ecke und er schaut himmelwärts und er sagt: „Herr!". Er ist mit ihm per du. Er sagt: „Herr! Warum hast du mich so dunkel gemacht?"

Und Gott denkt, und Gott grübelt, und Gott versucht es mit Philosophie – er braucht ja eine Antwort – und schließlich sagt Gott: „Mein Junge..."

Und das war schon mal der falsche Anfang, denn der Schwarze weiß natürlich, daß er nicht Gottes Sohn ist. Gott sagt: „Mein Junge, der Grund, warum ich dich so dunkel gemacht habe, ist ganz einfach: damit du keinen Sonnenbrand bekommst, wenn du durch den Dschungel rennst."

Der Schwarze sagt: „Yeah. Yeah, da bin ich voll dabei." Er sagt: „Herr! Warum hast du mein Haar so kraus gemacht?"

Gott sagt: „Der Grund, warum ich das getan habe, mein Junge, ist ganz einfach der: wenn du durch den Dschungel rennst, auf der Jagd nach dem Wild und dem Wasserbüffel und dem Löwen, soll sich dein Haar nicht im Dornengestrüpp verfangen."

Er sagt: „Yeah, yeah." Er sagt: „Herr! Warum hast du meine Beine so lang gemacht?"

Gott sagt: „Der Grund, warum ich deine Beine lang gemacht habe, mein Sohn, ist ganz einfach der: wenn du durch den Dschungel rennst, auf der Jagd nach den wilden Tieren und dem Rhinozeros und dem Bullen und dem Elefanten, sollst du flink und geschickt rennen können. Hast du noch weitere Fragen?"

Er sagt: „Yeah, Herr! Was zum Teufel mache ich hier in Poona?"

Da helfen keine Erklärungen – keine Erklärung erklärt je etwas. Nun wußte Gott der Herr wahrscheinlich nicht weiter. Die Wirklichkeit des Menschen ist ein Mysterium. Es gibt keine Antwort auf sie, denn sie ist keine Frage. Sie ist ein Mysterium, das gelebt werden muß, nicht ein Problem, das gelöst werden muß. Und bedenkt den Unterschied zwischen einem Problem und einem Mysterium: ein Mysterium ist existentiell, ein Problem ist intellektuell.

Das Mysterium kommt nicht aus dem Verstand, also kann es der Verstand auch nicht lösen. Das Problem kommt aus dem Verstand, also kann es der Verstand auch lösen. Das Problem wird vom Verstand erzeugt, also kann es der Verstand auch lösen – das ist gar kein Problem. Aber das Mysterium des Lebens, dieses Mysterium der Existenz, das euch umgibt – diese Bäume, diese Sterne, diese Vögel, Menschen, du selbst – wie kannst du es über den Verstand begreifen? In der Existenz ist der Verstand ein „Neuling", eben erst angekommen. Die Existenz hat lange, lange ohne den Verstand existiert. Der Verstand ist einfach dazugekommen; er hat sich einfach ereignet. Die Wissenschaftler sagen, wenn wir die Geschichte der Menschen in vierundzwanzig Stunden einteilen – ein einziger Tag –, dann ist der Verstand gerade erst vor zwei Sekunden dazugekommen… gerade vor zwei Sekunden.

Wenn dies die Meßlatte ist – vierundzwanzig Stunden als

gesamte Menschheitsgeschichte – dann kam der Verstand erst vor zwei Sekunden hinzu. Wie also sollte er irgendetwas lösen können? Was kann er lösen? Er kennt nicht den Anfang, er kennt nicht das Ende; er ist gerade erst angekommen, jetzt, mittendrin. Er hat keine Perspektive.

Wer wirklich wissen will, was dieses Unbekannte ist, muß aus dem Verstand aussteigen, muß in der Existenz aufgehen. Das ist der Weg des Tantra.

Tantra ist keine Philosophie. Tantra ist durch und durch existentiell. Und vergeßt nicht, wenn ich sage, Tantra ist existentiell, dann meine ich damit nicht den Existentialismus von Sartre, Camus, Marcel und anderen. Dieser Existentialismus ist schon wieder eine Philosophie, eine Philosophie über die Existenz, aber nicht der Weg des Tantra. Und der Unterschied ist immens.

Die Existentialisten im Westen sind nur auf das Negative gestoßen: Schmerz, Angst, Depression, Traurigkeit, Sorge, Hofnungslosigkeit, Sinnlosigkeit, Zwecklosigkeit – alles Negative. Tantra ist auf alles gestoßen, was schön, freudig, glückselig ist. Tantra sagt: Die Existenz ist ein Orgasmus, ein ewiger Orgasmus, der weiter und weiter und weiter geht. Die Existenz ist für immer und ewig ein Orgasmus, eine Ekstase. Sie müssen zwangsläufig in verschiedene Richtungen gehen. Sartre denkt ständig über die Existenz nach.

Tantra sagt: Denken ist nicht die Tür; es führt nirgendwohin, es ist eine Sackgasse. Es führt dich nur in eine Sackgasse. Philosophie ist wunderbar, wenn du einfach nur ein bißchen spinnen willst. Dann ist Philosophie großartig: du kannst Maulwurfshügel zu Bergen machen und deinen Spaß dabei haben.

Neulich habe ich ein sehr, sehr philosophisches Stück gelesen. Meditiert einmal darüber: „Mir ist etwas sehr Sonderbares passiert. Und ich erzähle es Ihnen, weil es Ihnen vielleicht auch schon passiert ist, irgendwann einmal, und wenn Sie meine Geschichte hören, können Sie mit der Situation vielleicht besser umgehen, wenn sie das nächste Mal auftaucht.

Gestern war ich in einem Restaurant und bestellte etwas zu essen. Ich saß am Tisch mit einer kleinen Gruppe von Leuten, die sich alle eine Kleinigkeit bestellt hatten. Nicht etwa, na ja, sechs, sieben Personen am Tisch... ich weiß nicht, vielleicht waren es acht Leute, neun... na, an die vierzig Leute aßen zu Mittag. Eine kleine Gruppe von Leuten.

Zu trinken hatte ich ein Glas Milch bestellt. Ich trinke ja gerne Milch. Sie wissen ja, was ich von Buttermilch halte. Aber Milch trinke ich gerne. Ich liebe Milch. Am liebsten frische, kalte Milch. Warme Milch ... e-kel-haft! Wenn ich sie nur rieche... Jedenfalls, die Milch kam. Und ich wollte gerade trinken, als ich bemerkte, daß oben auf der Milch ein winziges, klitzekleines schwarzes Pünktchen schwamm. Und glauben Sie mir, so wahr ich hier sitze, es gab für mich nichts Wichtigeres mehr auf der Welt als diesen kleinen schwarzen Punkt. Er wurde für die nächsten Minuten zur allerwichtigsten Sache in meinem Leben. Zuallererst einmal würde ich dieses verdammte Ding nicht runterschlucken, das war mal sicher!

Wer weiß denn heutzutage schon, was es ist? Es hätte ja eine fette Portion Strontium 90 sein können, oder? Oder vielleicht eine ganze Kolonie von Typhuserregern. Jedenfalls, ich wollte es nicht schlucken.

Natürlich habe ich früher schon schwarze Punkte gesehen – ich bin ein Mann von Welt – ich kenne das Leben. Und bestimmt haben Sie sie auch schon gesehen. Man findet sie überall. Jedenfalls am häufigsten, glaub ich, entdeckt man sie in Zuckerdosen. Ab und zu erwischt man auch einen, der sich in der Kartoffelmehldose versteckt hat. Haferflocken sind voller schwarzer Punkte. Ehrlich gesagt, ich glaube, Haferflocken bestehen fast nur aus schwarzen Punkten. Aber das nur nebenbei. Also, was mich bedenklich stimmte über diesen schwarzen Punkt war, daß ich nicht wußte, wo er herkam, das beunruhigte mich wirklich. Ich wußte, wo die Milch herkam. Das beunruhigte mich eigentlich auch. Aber wenigstens wußte ich, wo sie herkam. Also entschloß ich mich, den schwarzen Punkt aus der Milch herauszuholen.

Wissen Sie, was das für eine Arbeit ist? Diese schwarzen Punkte sind gerissen wie der Teufel! Sie riechen einen Löffel schon auf einen Kilometer Entfernung. Sobald du den Löffel in die Hand nimmst, fangen sie an, im Glas herumzuflitzen. Du pickst sie heraus und sie springen zurück. Du fischst sie heraus und sie entkommen. Und du mußt ganz behutsam sein, sonst kommen sie dir auf die Schliche und tauchen unter bis auf den Grund! Und dann sitzt du da wie ein Idiot und wartest, bis sie wieder auftauchen.

Aber da gibt es eines, was du machen kannst … Du nimmst einfach die Spitze deines Fingers und berührst den Punkt ganz sanft, und er bleibt an deinem Finger kleben – zusammen mit einem großen Milchtropfen – und der Punkt ist draußen. Aber du weißt ja, wenn du in einer Gruppe von Leuten bist, dann wirst du wohl kaum deinen Finger in die Milch stecken, oder? Irgendein Klugscheißer kann es sich sonst nicht verkneifen zu sagen: „Na sowas! Was machst du eigentlich mit deinem Finger in der Milch?"

Und was sagst du dann? „Ich versuche, einen schwarzen Punkt herauszufischen?" Oder was? Da fällt dir nichts ein.

Es gibt noch etwas anderes, was du machen kannst. Du kannst die Milch ganz vorsichtig trinken und dabei die ganze Zeit den schwarzen Punkt im Auge behalten! Sobald er sich auf dich zubewegt, hörst du auf! Du führst den kleinen Teufel einfach an der Nase herum! Aber das geht auch nur, wenn der Punkt auf der dir abgewandten Seite vom Glas ist. In diesem Fall war er direkt vor mir – und wartete. Also, was machst du? Du drehst das Glas…

Und das verdammte Ding bleibt an der gleichen Stelle! Also, ich sage Ihnen jetzt, was ich getan habe, damit Sie sich, wenn es Ihnen passiert, in dieser Situation ähnlich verhalten können.

Ich stand auf, ging um den Tisch herum auf die gegen-
überliegende Seite... und trank es dort.

Der Punkt hat es bis heute nicht gemerkt!"

Philosophie macht aus Maulwurfshügeln Berge. Damit
kann man ewig weitermachen – es ist kein Ende abzusehen.
Seit mindestens fünftausend Jahren philosophieren die Menschen über alles und jedes: über den Anfang, über das Ende,
über die Mitte – über alles und jedes. Und nicht eine einzige
Frage wurde gelöst. Nicht eine einzige, nicht einmal die
kleinste Frage wurde gelöst oder aufgelöst.

Die Philosophie hat sich als die vergeblichste aller Mühen
erwiesen. Aber der Mensch macht immer noch weiter,
obwohl er genau weiß, daß nie etwas dabei herauskommt.
Warum? Trotz aller Verheißungen kommt nie etwas bei der
Philosophie heraus. Warum nur setzt der Mensch dann seine
Bemühungen fort?

Weil es so billig ist. Philosophie verlangt keinen Einsatz von
dir, sie ist völlig unverbindlich. Du kannst in deinem Sessel sit-
zenbleiben und weiterdenken. Sie ist ein Traum. Sie verlangt
nicht von dir, daß du dich erst veränderst, bevor du die Wirklichkeit wahrnehmen kannst. Dazu gehört Mut; Mut und
Abenteuerlust. Um die Wahrheit zu erkennen, mußt du dich
in das größte Abenteuer stürzen, das es gibt. Du kannst dich
verirren, wer weiß? Du kommst vielleicht nie mehr zurück,
wer weiß? Oder du kommst zurück und hast dich völlig verändert, und wer weiß, ob zum Guten oder zum Schlechten?

Der Weg ist unbekannt, die Route ist so unbekannt, daß du
sie nicht einmal planen kannst. Du mußt einen Sprung
wagen. Mit verbundenen Augen mußt du hineinspringen,
bei dunkler Nacht, ohne Wegkarte, ohne zu wissen, wohin
du springst, ohne zu wissen, was dich erwartet. Nur einige
wenige Tollkühne machen sich auf diese existentielle Suche.
Deshalb hat Tantra immer nur wenige Menschen angezogen,
aber sie waren das Salz der Erde. Saraha ist einer von ihnen.

Nun die Sutras. Dies sind die letzten vier Sutras von Saraha Lied an den König.

Einmal im Reich, das voller Freude ist,
Wird der sehende Geist bereichert
Und dadurch höchst nützlich für dieses und jenes.
Selbst wenn er Zielen nachläuft
Wird er sich selber nicht entfremdet.

Der König hat Saraha wahrscheinlich erzählt, was die Leute alles über ihn redeten. Sie hatten über ihn gesagt, daß er in sinnlichen Freuden schwelge, daß er sich allen Genüssen hingebe. Er sei kein Sannyasin mehr – seine Entsagung des Weltlichen sei nicht echt gewesen; er sei tief gefallen. Er hatte den König um Erlaubnis gebeten, ein buddhistischer Mönch zu werden, und er war ein buddhistischer Mönch geworden. Er hatte das kontrollierte und disziplinierte Leben eines buddhistischen Mönchs gelebt. Und dann war diese revolutionäre Frau in sein Leben getreten, diese Pfeilmacherin, und hatte sein ganzes Wesen, sein ganzes Leben und seinen ganzen Lebensstil transformiert. Sie hatte seinen Charakter zerstört. Sie hatte ihm die Freiheit geschenkt – die Freiheit zu sein, die Freiheit, im Augenblick zu leben, ohne Vergangenheit, ohne Zukunft.

Da war es nur natürlich, daß die gewöhnlichen, einfachen Leute dachten, er sei ein Abtrünniger, er sei ein Verräter. Dabei war er ein berühmter Brahmane gewesen und ein großer Gelehrter. Sie hatten sich viel von ihm erhofft – daß er das Land aufklären würde –, und nun benahm er sich wie ein tollwütiger Hund.

Tausende von Geschichten hatte man sich wahrscheinlich im ganzen Land über Saraha erzählt, und der König hatte ihm wahrscheinlich gesagt, was die Leute über ihn dachten. Der König war verletzt: er hatte diesen Mann geliebt, er hatte diesen Mann geachtet, aber der König gehörte ja zur selben Welt wie alle anderen. Seine Denkweise war ähnlich wie die der Leute. Er hatte keine Einsicht in die Wirklichkeit oder in sich selbst.

Saraha sagt zum König: Wenn du einmal, nur ein einziges Mal wirkliche Freude empfunden hast, wirst du alle diese Geschichten über mich vergessen. Wenn du einmal, nur ein einziges Mal, einen Geschmack vom Leben bekommen hast, wirst du diesen ganzen Unsinn von Charakter, Tugend, Ansehen vergessen. Du kannst nur so lange auf ehrbare Weise leben, bis du dem wirklichen Leben noch nicht begegnet bist. Das wirkliche Leben ist ein radikales Phänomen. Es ist ein Chaos – ein sehr kreatives Chaos, aber dennoch ein Chaos.

Saraha sagt:

Einmal im Reich, das voller Freude ist,
Wird der sehende Geist bereichert...

Aber es kommt darauf an, es zu erfahren!.

Saraha sagt: Ich kann nicht erklären, was mit mir geschehen ist, aber so viel kann ich sagen – selbst wenn du nur ein einziges Mal einen Geschmack davon bekommen hast, wird es dich vollkommen verändern. Diese Erfahrung transformiert dich.

Ich versuche nicht, dich mit Argumenten zu überzeugen. Ich besitze keine Philosophie, sagt Saraha. Ich habe eine bestimmte Erfahrung. Ich kann diese Erfahrung mit dir teilen. Aber das Teilen kann nicht nur einseitig von mir aus kommen – du mußt deinen dogmatischen Standpunkt verlassen. Du mußt dich mit mir zusammen ins Unbekannte aufmachen. Ich kann dich zu dem Fenster führen, von dem aus die Existenz klar und durchsichtig ist. Du mußt meine Hand ergreifen und mit mir an dieses Fenster treten.

So macht es ein Meister: er ergreift die Hand des Schülers und führt ihn zu der Öffnung hin, durch die er in Gott hineingeschaut hat. Metaphorisch ausgedrückt, leiht er dir seine

Augen. Wenn du erst einmal auf den Geschmack gekommen bist, gibt es kein Problem mehr; dann wird dieser Vorgeschmack dich immer weiter ziehen. Dann wird der Sog so unwiderstehlich, daß du nicht dort verharren kannst, wo du bisher gelebt und vegetiert hast.

Einmal im Reich, das voller Freude ist,
Wird der sehende Geist bereichert…

Aber es gehört ein sehender Geist dazu, um diese Freuden zu genießen – ein Geist ohne Scheuklappen, ein Geist, der offen ist. Denn das ist das Problem mit Leuten, die sich zu sehr an Philosophien, Religionen, Schriften, Theorien, Dogmen hängen: ihr Problem ist, daß sie zu viele Scheuklappen haben – Schichten über Schichten. Ihre Augen irren hinter lauter Schleiern und Schleiern und Schleiern herum. Diese Schleier müssen Schicht für Schicht entfernt werden, so wie man eine Zwiebel schält.

Alle diese Schleier müssen beseitigt werden, erst dann wird euer Geist sehend werden. Euer Geist, so wie er jetzt ist, ist ein nichtsehender Geist. Er tut nur so, als sähe er; er sagt nur, glaubt nur, daß er sieht.

Eure Augen sehen nicht, eure Ohren hören nicht und eure Hände fühlen nicht – weil ihr diese Empfindsamkeit verloren habt, dieses Fließen, das eure Augen zu sehenden Augen macht, das eure Ohren zu hörenden Ohren macht. Deshalb mußte Jesus immer und immer wieder zu seinen Jüngern sagen: „Wer sehen kann, der sehe! Wer Augen hat, der sehe! Wer Ohren hat, der lausche, der höre!"

Er sprach zu Menschen, die weder blind noch taub waren. Sie sahen genauso gut wie ihr und sie hörten genauso gut wie ihr; sie waren ganz normale Menschen. Aber warum beharrte er so darauf, immer und immer wieder: „Wenn ihr Augen habt… "? Sprach er immer zu Blinden wie euch? Oder was meinte er, wenn er sagte: „Wenn ihr Augen habt…"? Warum dieses „wenn"? Es ist ein großartiges „wenn", denn allem Anschein nach haben die Menschen Augen und haben dennoch keine. Und dieser Anschein ist sehr gefährlich, denn sie bestehen darauf, daß sie Augen hätten.

Habt ihr euch jemals etwas angeschaut, ohne daß Gedanken aktiv wurden, sich einmischten, ablenkten, interpretierten? Habt ihr jemals eine Rose betrachtet, ohne ihr sofort eure Sprache überzustülpen, ohne daß der Kopf sofort sagte: „Eine Rose! Was für eine schöne Blume!?..." oder dieses und jenes?

Sobald du sagst: „Es ist eine Rose", siehst du diese Blume nicht mehr. Dann stehen all die Rosen, die du schon einmal gesehen hast und von denen du gehört hast, in einer Reihe da, und diese reale Rose direkt vor dir stellt sich ganz hinten an. Sobald du sagst, es ist eine Rose, ziehst du einen Schleier über deine Augen.

Sprache ist der beste Schleier. Kannst du diese Blume nicht einfach so sehen, wie sie ist, ohne sie eine Rose zu nennen, ohne sie auch nur eine Blume zu nennen? Wozu sollte das gut sein? Kannst du nicht einfach in diese Wirklichkeit hineinsehen ohne eine Vorstellung, ohne eine Wolke, die dich einnebelt? Kannst du nicht einen Moment lang sprachlos sein? Wenn du einen Moment lang ohne Sprache sein kannst, hast du den „sehenden Geist".

Probiere es einfach mal aus. Wenn du neben einem Baum sitzt, schau dir einfach den Baum an und überlege nicht erst, was das für ein Baum ist. Und denke nicht, daß es ein Baum ist und denke nicht, daß er schön ist oder häßlich. Laß deinen Kopf außen vor. Beobachte einfach, was immer es sein mag – X, Y, Z. Laß es so sein wie es ist. Urteile nicht.

Jesus sagt: „Urteile nicht." Sprache heißt Urteilen.

Mit dem Urteilen kommen all die Vorurteile. Mit dem Urteilen kommt eure ganze Vergangenheit ins Spiel; und wann immer die Vergangenheit auftaucht, entfernt ihr euch von der Gegenwart.

Ich habe gelesen …

Es war einmal ein Mann, der hatte eine Tankstelle und eine Katze. Eines Tages tankte er das Auto eines Kunden auf und verschüttete dabei etwas Benzin in den Milchnapf der Katze. Die Katze schleckte alles aus, und dann raste sie mit sechzig Stundenkilometern um den Platz herum. Plötzlich stoppte sie und fiel wie tot um.

Der Kunde fragte: „Ist die Katze tot?"

„Nein", sagte der Tankstellenbesitzer, „ich glaube, sie hat kein Benzin mehr."

Ein Tankstellenwart hat seine eigene Sprache, seine eigene Vergangenheit, seine Vorurteile. Er versteht die Dinge auf seine eigene Art.

Er sagt: „Nein, ich glaube, sie hat kein Benzin mehr." Und das passiert ständig.

Folgende Geschichte…

Es war, als Sarvesh, unser Bauchredner-Sannyasin hier war und eine Show in der Radha-Halle veranstaltete. Er erzählte lauter Witze über verschiedene Religionen und Rassen und alles mögliche. Dann sagte er: „Also, jetzt wollen wir mal einen Witz über die Deutschen erzählen."

Da stand ein deutscher Sannyasin auf – nicht Haridas, wohlgemerkt – und sagte: „Ich will nicht, daß du Witze über die Deutschen erzählst! Wir sind nämlich nicht so blöd wie du denkst."

„Beruhige dich, Sir," sagte Sarvesh. „Bitte beruhige dich und setz dich. Es ist überhaupt nicht persönlich gemeint."

„Ich rede gar nicht mit dir," sagte der Deutsche. „Ich rede mit dem kleinen Mann auf deinem Knie."

Du verstehst's, wie du's verstehst. Dein Verstand ist immer mit von der Partie – dumm oder gescheit, gut oder schlecht. Er ist immer dabei – intelligent oder unintelligent – er ist immer dabei. Kenntnisreich oder ignorant, er ist immer dabei. Gebildet oder ungebildet, er ist immer dabei. Deutsch, indisch, amerikanisch, er ist immer dabei. Und die Wirklichkeit ist nicht deutsch, und die Wirklichkeit ist nicht amerikanisch, und die Wirklichkeit ist nicht indisch. Wenn ihr also durch deutsche Augen, durch indische Augen, durch amerikanische Augen, durch hinduistische Augen, durch mohammedanische Augen, durch christliche Augen schaut, könnt ihr die Wirklichkeit nicht sehen.

Fangt an.

Das ist eine wunderbare Vorbereitung für den Sprung ins Tantra. Fang an: wann immer du sitzt, dich bewegst, gehst, sprichst, versuche immer und immer wieder in der Realität zu bleiben – in der uninterpretierten, unbeurteilten Realität. Und langsam, langsam öffnen sich Türen. Langsam, langsam kommen Momente, die nichts mit dem Verstand zu tun haben – Einblicke in die Wirklichkeit ohne Sprache, Einblicke in die Wirklichkeit ohne Kopf; und diese Momente bereiten dich vor.

Saraha sagt:

Einmal im Reich, das voller Freude ist,
Wird der sehende Geist bereichert…

Das erste ist also: der sehende Geist. Und das zweite ist: umgehe die Freuden nicht. Gehe mit offenem Herzen auf sie zu, mit Empfänglichkeit, mit einem einladenden Wesen; nimm sie in dich auf. Wo immer Freude ist, ist Gott. Das ist die Botschaft des Tantra in Kürze: Wo immer Gott ist, ist Freude.

Und Freude hat drei Ebenen. Die erste Ebene ist das, was wir „Genuß" nennen; Genuß gehört dem Körper an. Die zweite ist Glücklichsein; das Glücklichsein gehört dem Geist an. Die dritte ist Glückseligkeit: Glückseligkeit ist spirituell. Alle drei haben aber eine Wirklichkeit gemein, und diese Wirklichkeit ist Freude. Freude, umgewandelt in die Sprache des Körpers, wird zu Genuß. Freude, die über den Körper empfangen wird, verwandelt sich in Genuß. Freude, die über den Geist empfangen wird, wird zu Glück. Freude, weder durch den Geist noch durch den Körper empfangen – ohne den Körper und ohne den Geist aufgenommen, wird zu Glückseligkeit. Dies sind die drei Schichten der Freude.

Freude ist die einzige Wirklichkeit. Freude ist Gott! Freude ist der Stoff, aus dem die Existenz gemacht ist.

Saraha sagt: Sei offen für Freude, woher auch immer sie kommen mag. Lehne sie niemals ab. Verdamme sie nicht. Wenn sie körperlich ist, warum nicht? Dann klopft Gott an die Tür deines Körpers. Wenn du beim Essen Freude empfindest, wenn du dein Essen genießt, ist es Gott. Du nimmst ihn auf.

Du hältst die Hand einer Frau oder eines Mannes oder eines Freundes oder irgendeines Wesens, sehr liebevoll, und eine erregende Spannung kommt auf, es beginnt ein Tanz, ein inniger Tanz eurer Körperenergien – du bist erregt, etwas vibriert in dir wie Elektrizität, etwas kräftigt dich, verjüngt dich, etwas macht dich lebendiger, als du jemals warst – das ist Freude, ist Gott, der durch den Körper wirkt. Wenn du beim Musikhören ein ungeheures Glücksgefühl empfindest, ist es Freude, die über den Geist kommt. Wenn du eine Blume anschaust, ohne sie zu berühren und ohne den Geist ins Spiel zu bringen, kommt ein Moment, da Glückseligkeit herrscht, subtile, stille, tiefe Seligkeit – eine Segnung. Aber all das sind verschiedene Manifestationen von Freude.

Joy – Freude – ist eines der schönsten Wörter der englischen Sprache. Es schließt die ganze Palette des Glücks in sich ein.

Tantra sagt, das Wichtigste ist, daß du offen für die Freude bist. Ihr werdet euch überrascht fragen, warum ich so sehr darauf beharre: „Sind wir denn etwa nicht offen für Freude?" Ihr seid nicht offen, keiner ist offen dafür; ja, es ist traurig genug, das zu sagen, aber es ist so. Gegenüber dem Leiden sind wir sehr viel empfänglicher; wir sind eher bereit, zu leiden, als daß wir bereit sind, uns zu freuen; wir sind weitaus offener für das Leiden als für die Freude. Damit hat es seine Bewandtnis. Die Freude raubt dir dein Ego, und das Unglücklichsein stärkt dein Ego. Unglücklichsein erzeugt Ego, und Freude raubt dir das Ego. Ein Moment der Freude... und du verlierst dich in ihm. Der Moment der Freude ist kein Ego-Moment; der Moment des Unglücklichseins ist ein sehr komprimierter Ego-Moment. Wenn du unglücklich bist, bist du; wenn du glücklich bist, bist du nicht. Also noch einmal: weil wir Egoisten sind, sind wir offener für das Leiden, für das Unglück, die Traurigkeit, die Niedergeschlagenheit. Wir schaffen uns ein freudloses Leben. Wir kehren alle Möglichkeiten zur Freude in Traurigkeit um, weil das für das Ego die einzige Möglichkeit ist, sich zu behaupten. Das Ego kann nur in der Hölle existieren. Im Himmel kann das Ego nicht existieren.

Seit Jahrhunderten erzählt man euch, daß ihr in den Himmel eingeht, wenn ihr das Ego loslaßt. Ich sage euch: Wenn ihr das Ego loslaßt, zieht der Himmel in euch ein. Der Himmel ist nichts Geographisches, kein Ort, wo man hingehen könnte. Wenn ihr ohne Ego seid, seid ihr der Himmel. Wenn ihr voller Ego seid, seid ihr die Hölle. Die Hölle ist nicht etwa irgendwo unten im Keller der Existenz, und der Himmel ist nicht irgendwo oben am Giebel der Existenz – das sind nur Metaphern. Himmel und Hölle sind Seins-Zustände.

Wenn du bist, bist du in der Hölle. Wenn du nicht bist, bist du im Himmel. Und wenn du zu sehr an deinem Ego hängst und dich fühlen willst, als etwas Besonderes, als andersartig, als einzigartig, als dieses und jenes – dann bleibst du unglücklich. Und nun das Paradoxe: das Ego produziert Unglück, aber das Ego möchte glücklich sein.

Das Ego sucht Freude, ist äußerst gierig nach Freude; es will alle möglichen Freuden haben – aber es produziert Unglück. Nun sitzt du in der Falle. Je mehr Unglück das Ego produziert, desto mehr interessiert es sich für Freude. Aber es kann keine Freude erzeugen: Freude ist nicht seine Sache.

Diese Einsicht ist eine tantrische Einsicht.

Und ein Moment der Freude... sogar ein einziges Mal, sagt Saraha, reicht aus, dich zu verändern, Sir. Er sagt zum König: Ein Moment, ein einziger Augenblick der Freude für dich und du wirst verstehen, was für eine Art Leben ich lebe, was für eine Art Wesen ich bin.

Einmal im Reich, das voller Freude ist,
Wird der sehende Geist bereichert...

Und der Geist wird niemals durch Philosophieren bereichert. Er wird nicht durch Theorien bereichert, nicht durch Wissen bereichert, nur durch Erfahrung. Ein reicher Geist ist ein Geist, der etwas vom Wirklichen, etwas von der Wahrheit erfahren hat. Es gibt nur einen Reichtum – den der Wahrheit; und es gibt nur eine Armut – die der Lügen. Solange du die Wahrheit nicht kennst, lebst du mit Lügen, Illusionen, Projektionen, Träumen.

Und dadurch höchst nützlich für dieses und jenes.
Selbst wenn er Zielen nachläuft
Wird er sich selber nicht entfremdet.

Warum fiebern die Leute gewöhnlich nach äußeren Dingen? Der eine will ein Auto, der andere will ein Haus, wieder ein anderer will Macht – warum rennen die Leute Objekten nach? Was ist die Ursprung, der eigentliche Grund für ihre Sucht und ihre hektischen Aktivitäten? Ihr werdet es kaum glauben.

Tantra sagt: Sie wollen vor sich selbst davonlaufen. Sie rennen nicht Objekten nach, sie wollen ganz einfach vor sich selbst fliehen. Die Objekte sind Vorwände – sie helfen dir, dir selbst den Rücken zuzukehren. Du hast Angst vor dir selbst. Du hast viel Angst um dich selbst.

Es passiert hier jeden Tag. Wann immer jemand der Meditation näher kommt, kriegt er Angst. Warum? Weil du niemanden vorfindest, wenn du in dich hineinschaust. Das reine Nichts, ein Abgrund – abgrundtiefes Nichts. Du zitterst, du stehst auf einer Klippe... ein falscher Schritt und es ist aus mit dir. Man rennt vor sich selbst davon. Die Leute rennen nicht hinter etwas her, sie rennen vor etwas davon. Und dieses Etwas ist ihr eigenes Sein.

Deshalb geht es euch gut, solange ihr beschäftigt seid. Sobald du keine Beschäftigung hast, wirst du sehr unruhig, sehr nervös. Gibt es denn gar nichts zu tun? – du fällst dir selbst auf die Nerven. Wenn du was zu tun hast, wenn du abgelenkt bist, dann kannst du diesen Abgrund vergessen, der dich in deinem Innern ständig ruft. Dieser Abgrund ist Gott. Wer diesen Abgrund akzeptiert, wer sich mit diesem Abgrund anfreundet, macht den ersten Schritt in Richtung Wirklichkeit.

Und dadurch höchst nützlich für dieses und jenes.
Selbst wenn er Zielen nachläuft...

Saraha sagt: Gewöhnliche Leute rennen den Dingen nach, weil sie vor sich selbst davonlaufen. Aber ein Mensch, der erfahren hat, was die Wahrheit ist, läßt sich nicht täuschen, auch dann nicht, wenn er sich Objekten zuwendet, denn er kann auch genießen. Tatsächlich ist er der einzige, der die Dinge auch genießen kann. Ihr rennt den Dingen nach, weil ihr vor euch selbst davonlaufen möchtet.

Aber wer die Wahrheit erfahren hat, braucht vor nichts wegzulaufen. Er flieht vor nichts. Er kann die Dinge genießen, tatsächlich kann nur er sich an ihnen erfreuen. Wie solltet ihr die Dinge genießen können? – wo ihr doch ständig vor eurem eigenen Sein Angst habt...

Saraha sagt: Wenn du einen Tantriker siehst, der sich mit einer Frau vergnügt oder sich das Essen schmecken läßt oder

Wein trinkt, dann verurteile ihn nicht, auch wenn er aussieht wie ein gewöhnlicher Mann; er ist nicht gewöhnlich. Der Unterschied geht sehr tief. Der Unterschied ist sehr wesentlich. An der Oberfläche sehen beide gleich aus. Wie kann man unterscheiden, ob ein Mann, der einer Frau nachläuft, ein gewöhnlicher Mann ist oder ein Tantriker? Von außen kann man das sehr schwer feststellen, denn von außen sehen beide fast gleich aus.

Einige Beispiele:

Zwei Tänzer tanzen. Ein Tänzer tanzt nur, um etwas darzustellen, um sein Ego zu spüren – er hält sich für einen großartigen Tänzer. Es ist reine Show. Er schaut den Leuten in die Augen – was sie wohl denken. Er wartet auf ihren Beifall, er hofft, daß sie ihm Beifall klatschen. Sie helfen ihm, sein Ego noch ein bißchen weiter aufzublasen.

Und auf der gleichen Bühne tanzt der andere Tänzer – er tanzt, weil ihm das Tanzen Spaß macht. Er stellt nichts dar. Es kümmert ihn nicht, ob die Leute Beifall klatschen oder nicht, ob Leute da sind oder nicht. Er ist in seinen Tanz versunken, geht vollkommen darin auf. Kann man von außen einen Unterschied feststellen? Es ist sehr schwierig. Wahrscheinlich sieht man überhaupt keinen Unterschied. Wahrscheinlich hält man sogar den Selbstdarsteller für einen großartigen Tänzer, weil er die Sprache des Ego spricht, die auch ihr beherrscht. Der Tänzer, der nichts darstellen will, sieht vielleicht ein bißchen daneben aus. Er ist so spontan, daß ihr ihn nur verstehen könnt, wenn auch ihr die Sprache der Spontaneität versteht. Wenn man etwas verstehen will, muß man zumindest die Sprache kennen.

Ein *tantrika* – ein Tantriker – sitzt neben einer Frau und hält ihre Hand, und ein gewöhnlicher Mann tut das gleiche, er hält die Hand einer Frau – wie kann man einen Unterschied zwischen den beiden feststellen? Der gewöhnliche Mann ist auf der Flucht vor sich selbst; er möchte sich in der Frau verlieren, damit er sich selbst vergessen kann. Sich selbst liebt er nicht, deshalb liebt er diese Frau – um seine Realität zu vergessen. Er benutzt die Frau wie ein alkoholisches Getränk: diese Frau macht ihn betrunken, und er vergißt sich. Es hilft ihm, es verschafft ihm eine gewisse Entspannung. Wenigstens für ein paar Augenblicke steckt er nicht in seinen üblichen Ängsten.

Und der Tantriker hält mit innigster Freude die Hand der Frau... Er will nicht fliehen – wohin sollte er fliehen und wer sollte fliehen, da es ihn doch als Ego gar nicht mehr gibt? Er hält einfach die Hand dieser Frau, um ihr etwas ungeheuer Wertvolles zu geben.

Du kannst nicht alles jedem geben; es gibt einige wenige Dinge, die du nur in der Liebe geben kannst. Es gibt einige wenige Dinge, die du nur im Vertrauen geben kannst.

Die Leute fragen mich, warum ich nicht zu den Massen spreche. Ich spreche nicht zu ihnen, weil ich etwas zu geben habe – und das kann nur in tiefem Vertrauen gegeben werden, und das kann nur in tiefer Liebe gegeben werden. Ich kann nur zu Menschen sprechen, die mich lieben, sonst ist es sinnlos – sie würden mich nicht verstehen, sie würden mich mißverstehen. Es gäbe keine Möglichkeit, mich verständlich zu machen. Es kann nur dann weitergegeben werden, wenn ihr es in euch aufnehmen könnt. Wenn eure Herzen bereit sind, offen sind, kann ich eure Herzen erklingen lassen, und dann kann eine wunderschöne Musik daraus entstehen. Wenn ihr aber verschlossen seid, ohne Vertrauen, voller Zweifel, kann ich mit euren Herzen nicht musizieren. Es ist unmöglich, weil ihr mir nicht erlaubt, in euren innersten Wesenskern einzudringen, um auf euren Herzen zu spielen. Wenn ihr es mir nicht erlaubt, wird auch keine Musik geboren.

Und dann wollt ihr wissen, ob die Musik existiert... Der einzige Weg, euch bewußt zu machen, daß sie existiert, ist der, sie in euch zu erzeugen.

Ihr sagt: „Ja, wenn ich die Musik erfahren kann, werde ich auch Vertrauen haben." Das Problem ist, daß ihr die Musik erst erfahren könnt, wenn ihr Vertrauen habt. Sie muß erzeugt werden, erst dann könnt ihr erkennen, daß es sie gibt. Aber bevor es erkannt werden kann, ist Vertrauen die Grundvoraussetzung.

Der Tantriker hält die Hand einer Frau... Er kann die Hand jedes beliebigen Menschen halten, aber die Energie, die ihm widerfahren ist, die kann er nur einem Menschen geben, der liebt. Und die Energie kann auch nur in bestimmten Momenten übertragen werden.

Es gibt bestimmte Momente, in denen zwei Menschen einander so nahe kommen, daß die Energie überspringt. Ihr kennt diese Momente – wenn du jemanden liebst, kennst du sie: es gibt sie nicht rund um die Uhr. Selbst wenn du eine Frau liebst – deine Frau, dein Kind, deinen Mann –, auch dann weißt du, daß diese Momente nicht rund um die Uhr vorkommen; sie passieren selten. Sie passieren ab und zu. Manchmal ist da so etwas... und ihr verschmelzt. Manchmal fühlt ihr, daß euch der andere sehr, sehr nahe gekommen ist: eure Grenzen überschneiden sich. Das ist der Moment, wenn etwas übertragen werden kann.

Nun sagt Saraha: Wenn du es von außen betrachtest, Herr, dann sind wir Tantriker den gewöhnlichen Leuten gleich, die den Dingen, den alltäglichen Freuden des Lebens nachrennen. Wir sind es nicht.

Und er sagt:

Einmal im Reich, das voller Freude ist,
Wird der sehende Geist bereichert
Und dadurch höchst nützlich für dieses und jenes...
Dieses ist samsara; *und jenes ist* nirvana.

Saraha sagt: Dieser reiche Geist – bereichert durch Freude – wird nützlich für beides, für diese und für jene Welt, für samsara und nirvana, für das Äußere und das Innere, für das Körperliche und das Spirituelle, für das Sichtbare und das

Unsichtbare. Er ist geeignet für beides und ist nützlich für beides, für dieses und jenes. Das ist eine wunderbare Aussage. Normalerweise denken die sogenannten spirituellen Leute, daß uns der Geist entweder nur in der Welt oder in Gott nutzen kann. Sie denken in Kategorien von „Entweder-Oder".

Tantra sagt: Diese Denkweise spaltet das Leben in nieder und höher, in materiell und spirituell, in samsara und nirvana. Diese Einteilung ist falsch, denn das Leben ist unteilbar. Und es ist wirklich so. Wenn du intelligent bist, kannst du dich nicht nur an Gott erfreuen, kannst du dich auch an ganz alltäglichen Dingen erfreuen, kannst du dich über einen Felsen genau so freuen, wie du dich über Gott freuen kannst.

Schau dir diese wunderbare Aussage einmal genau an. Wenn der Geist wirklich intelligent ist und durch Freuden bereichert wird, dann kannst du die Seligkeit genießen, kannst du das Glück genießen, kannst du auch den Genuß genießen, denn alles gehört zu Gott – das Niedrigste wie das Höchste.

Und dadurch höchst nützlich für dieses und jenes.
Selbst wenn er Zielen nachläuft
Wird er sich selber nicht entfremdet....

Und Saraha sagt: „Selbst wenn du mich rennen siehst, ist dieses Rennen nach Objekten deine Interpretation. Ich renne nicht, denn es gibt keinen Ort, zu dem ich hinrennen könnte, und es ist niemand da, der rennt, da ich als Ego nicht mehr existiere." Wenn du die innere Klarheit erlangt hast, dann bist du in einem Zustand, in dem man alles genießen kann: vom Essen bis zu Gott, vom Sex bis zum *samadhi* – es gibt keine Trennung. Es sollte keine Trennungen geben, es ist nicht nötig zu trennen.

Tantra schenkt euch beide Welten.

Tantra ist kein Standpunkt des „Entweder-Oder", sondern des „Sowohl-als-auch"; es ist allumfassend. Alle Religionen wirken in dieser Hinsicht arm, denn sie nehmen euch die Welt weg und setzen euch unnötigerweise die Pistole auf die Brust. Sie sagen: Entscheide dich entweder für die Welt oder für Gott. Sie setzen Gott gegen die Welt. Tantra ist die einzige totale Religion – die einzige totale Religion. Keine Religion wurde auf Erden geboren, die eine so totale Vision hätte.

Beides...

Tantra sagt: Da gibt es überhaupt nichts zu entscheiden; es gehört alles euch. Ihr könnt auf dem Marktplatz sein und ihr könnt den Marktplatz genießen; und dennoch könnt ihr über ihn hinausgehen und könnt auch das genießen. Tantra zwingt euch nicht, euch zu entscheiden. Entscheidungen sind immer destruktiv. Und es liegt nur an diesen Religionen mit der „Entweder-Oder"-Haltung, daß die Welt noch immer weltlich ist. Wer schert sich schon um Gott? Gott ist so weit weg, ist nicht besonders real. Und dann denkt man sich: „Später mal... Gott läßt sich auf die lange Bank schieben, das Leben ist so schnell vorbei – genieße es erst einmal."

Die Religionen, die den Menschen diese Entscheidung aufzwingen, haben ihn gezwungen, weltlich zu bleiben. Von einer Million Menschen wird einer religiös. Eine unnötig schwere Wahl: er muß der Welt entsagen, er muß sich von seiner Familie lösen, er muß Freunde verlassen, er muß sich gegen alles entscheiden, was ihm lieb ist. Ihr zwingt ihn unnötigerweise.

Und dann taucht ein weiteres Problem auf. Diese Leute, die bereit sind, sich für Gott und gegen die Welt zu entscheiden, sind mehr oder weniger perverse Menschen, die im Leben irgendwie gescheitert sind; die irgendwo nicht intelligent genug sind, das Leben zu meistern; die irgendwo dumm sind, die irgendwo sadistisch, masochistisch sind; Leute, die irgendwo neurotisch, egoistisch sind. Sie können nur vor der Welt fliehen. Sie können sich nur selber quälen. Genau das heißt – bis auf den heutigen Tag – „Askese": quäle dich selbst. Tu dir Gewalt an. Bringe dich um. Vergifte langsam, langsam dein

Wesen. Diese Leute sind keine gesunden Leute.

Von einer Million Menschen ist also nur einer daran interessiert, sich für Gott zu entscheiden. Und von Hunderten sogenannter religiöser Leute scheinen neunundneunzig Prozent neurotisch zu sein. Also wird nur von hundert Millionen Menschen einer zum Buddha oder zum Christus oder zum Krishna. Das ist reine Verschwendung.

Stellt euch einmal einen Garten vor, in dem zehn Millionen Bäume wachsen – und nur ein einziger Baum blüht. Würdet ihr den Gärtner einen Gärtner nennen? Ihr würdet eher zu der naheliegenden Schlußfolgerung kommen, daß der Baum nicht wegen des Gärtners, sondern trotz des Gärtners Blüten getrieben hat. Zehn Millionen Bäume hat er gepflanzt, und nur ein Baum hat geblüht und trägt Früchte. Das kann nicht das Verdienst des Gärtners sein. Dieser Baum muß dem Gärtner vielmehr irgendwie entwischt sein; der Gärtner konnte ihn nicht kaputtmachen. Der Gärtner hat ihn irgendwie vernachlässigt, irgendwie hat der Gärtner ihn vergessen. Vielleicht... bei zehn Millionen Bäumen!... hat er diesen einen übersehen. Also wurde er ausgelassen und hat geblüht. Jeder Baum hat das Potential, Früchte zu tragen, hat die Fähigkeit zu blühen; und jeder Mensch hat die Möglichkeit, ein Gott zu werden.

Tantra stiftet eine völlig neue Religion. Es besagt, daß man sich nicht zu entscheiden braucht. Wo immer du auch bist – genau da – kann Gott erfahren werden. Tantra ist nicht gegen die Welt – es ist für Gott. Und sein Gott ist so grenzenlos, daß er die Welt einbeziehen kann.

Und mir scheint es sehr, sehr einleuchtend, daß die Schöpfung in den Schöpfer mit einbezogen wird. Wie kann sie denn gegen ihn sein? Was für eine Logik ist das, die sagt, daß die Schöpfung gegen den Schöpfer ist? Wenn Gott dich erschaffen hat, wenn Gott deinen Körper erschaffen hat, deine Sexualität, deine Sinnlichkeit, dann kann das doch nicht gegen Gott gerichtet sein.

George Gurdjieff sagte immer, alle Religionen seien gegen Gott. Und er hatte recht – er hatte recht, wenn man Tantra ausnimmt. Alle Religionen sind gegen Gott. Wenn du gegen die Schöpfung Gottes bist, zeigst du damit, daß du gegen Gott bist. Wenn man das Gemälde kritisiert, kritisiert man damit etwa nicht den Künstler? Wenn man das Gedicht kritisiert, sagt man damit nicht indirekt, daß man etwas am Dichter auszusetzen hat?

Wenn Gott der Schöpfer ist, dann ist die Schöpfung seine Schöpfung und muß in allem seine Handschrift tragen. Ja, das tut sie, und Tantra sagt, daß Gottes Handschrift überall ist. Ihr braucht dazu nur sehende Augen, einen sehenden Geist und ein bißchen Empfänglichkeit für Freude – und es wird langsam kommen.

Die Knospen von Freude und Genuß
Und die Blätter des Ruhmes wachsen.
Wenn nirgends etwas abfließt,
Kommt die unaussprechliche Wonne zum Tragen.

Der Schlüssel... das Geheimnis. Dies sind die letzten Sutras von Saraha. Er setzt allem, was er bis jetzt gesagt hat, das letzte Glanzlicht auf. Er spricht das Schlußwort.

Er sagt: „Genüsse gehören zum Körper; Genüsse sind nach außen gerichtet. Genuß braucht den andern, Genuß verlangt nach dem Objekt; Genuß ist eine extravertierte Reise. Gut! Daran ist nichts auszusetzen. Freude dagegen ist eine introvertierte Reise. Freude ist mehr an einem selbst interessiert; Freude ist subjektiver. Zum Genuß brauchst du den andern; zur Freude genügst du dir selbst."

Genuß ist körperlich, Freude ist psychologisch. Aber beide bleiben Knospen, bis sich schließlich das dritte, die höchste Vollendung der Freude, ereignet – Glückseligkeit. Diese Glückseligkeit ist der tausendblättrige Lotus: der höchste Gipfel deines Bewußtseins. Wenn er sich öffnet, erblühen alle Knospen. Dies muß nun verstanden werden. Ein gewöhnlicher Mensch kann über seinen Körper nur sehr begrenzt Freude erfahren, ein tantrika jedoch kann über seinen Körper ungeheure Freude erleben. Sie ist keine einfache Knospe mehr, sie ist ein Aufblühen.

Ein gewöhnlicher Mensch kann nur eine begrenzte Freude erleben – in der Musik, in der Meditation, im Tanz; aber ein Tantriker erfährt grenzenlose Freude. Wenn du die letzte Vollendung kennst, spiegelt sich das Letztendliche in allem, was du tust. Wenn du Gott erfahren hast, dann kannst du hingehen, wo du willst – du gehst auf heiligem Boden. Dann kannst du hinsehen, wo du willst – du siehst Gott. Dann kann dir begegnen, wer will – dir begegnet Gott.

Denkt immer daran: eure höchste Erfahrung spiegelt sich auch in euren niedrigsten Erfahrungen. Ohne die höchste Erfahrung ist die niedere sehr ordinär. Das ist das Problem. Deshalb können die Leute die Tantriker nicht verstehen, die sagen, daß selbst im Sex *samadhi* möglich ist. Sie können es nicht verstehen. Und es ist verständlich, warum sie es nicht verstehen. Sie kennen kein *samadhi*. Sie kennen nur den ordinären, häßlichen Sex. Sie kennen nur Frustration durch ihn, sie kennen nur Wollust durch ihn.

Das englische Wort love ist sehr aufschlußreich. Es stammt aus der Sanskrit-Wurzel *lobha*: – *lobha* bedeutet Gier, Wollust. Die gewöhnliche Liebe ist weiter nichts als Wollust und Gier. Wie kann der einfache Mensch verstehen, daß sich in der Liebe das Absolute widerspiegeln kann? Wenn du aber das Absolute, das Höchste erfahren hast, dann ist selbst das Niederste daran geknüpft. Dann wird es durch alles angeregt, dann wird alles zu einer Botschaft von ihm.

Es ist ungefähr so: Du findest ein Taschentuch auf der Straße. Es ist ein ganz einfaches Taschentuch, nicht mehr wert als ein Rupie. Aber eines Tages verliebst du dich in eine Frau, und dann findest du ein Taschentuch auf der Straße – das gleiche Taschentuch für eine Rupie, aber nun gehört es der Frau, die du liebst. Nun steigt sein Wert ins Unermeßliche, nun geht es nicht mehr um eine Rupie. Wenn dir jemand tausend Rupien bieten würde, würdest du dieses Taschentuch nicht hergeben wollen – es gehört der Frau, die du liebst. Dieses ordinäre Taschentuch hat nun etwas, was vorher nicht da war: es erinnert dich an deine Geliebte. Genau so ist es. Wenn du *samadhi* erfahren hast, erinnert dich selbst der sexuelle Orgasmus an *samadhi*. Dann erinnert dich alles an *samadhi*. Dann füllt sich die ganze Existenz mit Gott, und Gott ist überall.

> *Die Knospen von Freude und Genuß*
> *Und Blätter der Herrlichkeit wachsen.*

Die Knospen sind von Genuß und Freude, die Blätter sind von Herrlichkeit. Aber gewöhnlich werdet ihr nur einfache Blätter sehen – es sei denn, das Höchste hat sich ereignet. Wenn euch das Absolute widerfährt, erkennt ihr, daß selbst die einfachen Blätter eures Lebens keine einfachen Blätter sind: erst durch sie konnte sich die höchste Blüte entfalten. Und nun wißt ihr, daß der gleiche Saft, der zur höchsten Blüte fließt, zu den Knospen von Genuß und Freude, auch der gleiche Saft ist, der zu den Blättern fließt. Sie tragen allesamt dazu bei, den tausendblättrigen Lotus hervorzubringen. Blätter der Herrlichkeit bedeutet: Blätter der Gnade und Dankbarkeit. Du fühlst das Herrliche der Existenz; dein Leben ist herrlich. Es ist kein gewöhnliches Leben mehr; es strahlt vor Göttlichkeit.

> *Wenn nirgends etwas abfließt...*

Und wann öffnet sich dieser tausendblättrige Lotus? Er öffnet sich, wenn nichts hinausfließt.

Hört zu. Erstens: Genuß ist, wenn die Energie nach außen fließt – körperlicher Genuß. Freude ist, wenn die Energie nach innen fließt – subjektive, psychologische Freude. Und wann kommt Glückseligkeit? – wenn die Energie nirgendwo hinfließt, wenn sie einfach nur da ist.

Du gehst nirgendwo hin, du bist einfach da: du bist einfach nur. Nun hast du keine Ziele, nun hast du keine Wünsche, die du dir erfüllen mußt. Du hast keine Zukunft: du bist einfach im Hier und Jetzt. Wenn die Energie sich in einem Sammelbecken sammelt, nirgendwo hingeht, nirgendwo hinfließt... kein Ziel, das es zu erreichen gilt, nichts, das es zu finden gilt, du bist einfach hier, mit deiner ganzen Präsenz, du bist total hier – dieses Jetzt ist die einzige Zeit, die dir bleibt, und dieses Hier ist der einzige Raum... Dann plötzlich wallt diese gesammelte Energie, die nirgendwohin will, die weder vom Körper noch vom Geist abgelenkt wird, in dir hoch – und der tausendblättrige Lotus öffnet sich.

Wenn nirgends etwas abfließt,
Kommt die unaussprechliche Wonne zum Tragen...

Und dann kommt die Frucht. Freude und Genuß sind also die Knospen, Gnade und Dankbarkeit und Herrlichkeit sind die Blätter, und diese höchste Blüte der Seligkeit ist die Erfüllung, die Frucht. Du bist nach Hause gekommen

Was geschehen ist, und wo und wann
Und was es in sich selber werden wird, ist nichts...

Und nun weißt du, daß alles, was geschehen ist oder nicht geschehen ist, nur ein Traum war. Nun weißt du, daß Karma, alles Handeln, bedeutungslos ist. Du hast nur Linien aufs Wasser gezogen, die immer wieder verschwinden. Nichts bleibt. Nichts geschieht wirklich. Alles ist. Nichts geschieht.

Was geschehen ist, und wo und wann
Und was es in sich selber werden wird, ist nichts...

Saraha sagt: Sieh, Herr, alles was ich tue und was ich getan habe und was geschehen ist, ist bedeutungslos – nun, da ich weiß, daß es nur ein Traum ist.

Für dies und jenes aber war es dadurch nützlich.

Aber eines ist wahr, sagt Saraha – es war hilfreich für diese und für jene Welt. Selbst im Traum war es nützlich – es hat mich zu dieser Wirklichkeit geführt. Ich habe diesen Traum hinter mir gelassen, aber jetzt weiß ich, daß es ein Traum war. Jetzt weiß ich, daß es Illusion war. Ich habe nichts getan, denn nichts kann je getan werden; es ist alles nur Traum, aber er hat mir geholfen, er hat mich zu dieser höchsten Blüte gebracht.

Dieses *samsara* und jenes *nirvana* sind beide durch diesen Traum bereichert word en. Der Traum war nicht einfach umsonst; er war hilfreich, zweckdienlich, aber nicht wahr.

Ich möchte euch eine Anekdote erzählen.

Es war einmal ein Jäger, der ging durch den Dschungel, und auf seinem Weg kam ihm ein fauchender Tiger entgegen. Der Jäger griff nach seinem Gewehr. Zu seinem Entsetzen sah er, daß er keine Patronen hatte. Der Tiger kam immer näher. Gleich würde er angreifen. „Was soll ich nur machen? Gleich werde ich aufgefressen", dachte der Jäger, starr vor Angst.

Gerade als der Tiger zum Sprung ansetzte, hatte der Jäger plötzlich einen komischen Einfall. „Ich glaube jetzt einfach, daß das alles nur ein Traum ist", sagte er zu sich selbst. „Wenn ich mir richtig Mühe gebe, wache ich ganz bestimmt auf."

Also kniff er sich ordentlich, schüttelte sich und blinzelte. Im gleichen Moment war der Tiger weg, der Tiger war verschwunden; der Jäger lag sicher in seinem Bett.

Was für eine Erleichterung! Er zitterte zwar noch vor Angst, aber jetzt mußte er doch lachen. Wie echt der Tiger ausgesehen hatte! Gottseidank war es nur ein Traum gewesen. Als er sich wieder beruhigt hatte, stand der Jäger auf und machte sich eine Tasse Tee. Er war immer noch müde, also setzte er sich vor seiner Hütte in einen Lehnstuhl und rauchte seine Pfeife.

Er war ziemlich schläfrig, zog sich den Hut übers Gesicht und schloß die Augen. „Ich könnte den ganzen Tag schlafen", sagte er.

Nach einer Weile hörte er ein Knurren. „Hoppla!", sagte der Jäger. „Ich muß wohl wieder eingeschlafen sein. Da kommt der Tiger wieder. Geh weg, du alberner Tiger, ich habe keine Lust, von dir zu träumen!"

Der Tiger knurrte noch einmal und kam näher.

„Ich habe keine Angst vor dir. Du bist nur ein Traum", sagte der Jäger. Dann stand er auf, ging auf den Tiger zu und haute ihm kräftig auf die Schnauze.

„Was für ein komischer Mensch", dachte der Tiger. „Normalerweise rennen die Menschen vor mir weg."

Verwundert schaute er diesen seltsamen Menschen an und ergriff natürlich die Flucht.

Gerade als der Tiger durch die Gartentür entfloh, begriff der Jäger, daß er hellwach war, und daß der Tiger kein Traum war; er war Realität.

Aber was war passiert? Der Traum hat ihm geholfen, selbst mit einem echten Tiger fertigzuwerden. Natürlich, der Tiger war ziemlich verwirrt. „Das ist mir ja noch nie passiert! Was für ein Mensch ist das, der einfach aufsteht und mir ins Gesicht schlägt?" Alles ist ein Traum, aber Träume können eine Hilfe sein, die Wirklichkeit zu verstehen, ja sogar die Wirklichkeit zu meistern.

Saraha sagt:

Was geschehen ist, und wo und wann
Und was es in sich selber werden wird, ist nichts:
Für dies und jenes aber war es dadurch nützlich.
Ob leidenschaftlich oder nicht –
Das Muster ist das Nichts.

Saraha sagt: Ob du ein Leben voller Leidenschaft oder ein Leben ohne Leidenschaft lebst, die Weisen wissen, daß tief drinnen kein Unterschied ist zwischen Leidenschaft und Nicht-Leidenschaft. Tief drinnen waltet das reine Nichts. Es ist wie eine Leinwand, auf die ein Film projiziert wird. Wenn eine schöne Szene projiziert wird, bist du hingerissen von ihrer Schönheit. Wenn eine schreckliche Szene projiziert wird, fängst du an zu zittern. Saraha sagt aber: Am selben Tag, da du verstehst, bleiben nur noch Schatten auf einer leeren Leinwand übrig. Der Sünder ist eine Projektion und der Heilige auch. Das Gute ist eine Projektion und das Böse auch. Alles was auf die leere Leinwand der Wirklichkeit projiziert wird, kommt aus dem Kopf.

Also sagt Saraha: „Herr, laß dich nicht zu sehr von dem verwirren, was die Leute sagen. Ich weiß, daß es nur eine leere Leinwand ist. Ob Saraha ein Mann von hervorragendem Charakter ist, oder ein charakterloser Gammler, ob Saraha von den Leuten geachtet wird oder verdammt und geschmäht wird, spielt keine Rolle – es ist eine leere Leinwand. Die Leute projizieren ihre Vorstellungen auf die Leinwand. Ich habe das reine Nichts erfahren." Und diese Erfahrung des Nichts und die Erfahrung des tausendblättrigen Lotus sind zwei Aspekte desselben Phänomens. Auf der einen Seite erreichst du höchste Glückseligkeit, auf der anderen Seite weißt du, daß alles nur ein leerer Traum ist.

Es gibt nichts, was du verlassen könntest, und es gibt keinen Ort, wohin du gehen könntest; es gibt niemanden, der aufbricht und keinen, der irgendwohin geht. Nicht nur die Dinge sind leer, auch du bist leer. Alles ist Leere – innen, außen –, genau wie ein Traum. Was geschieht in einem Traum? Du produziert ihn: er ist Phantasie.

Das letzte Sutra:

Wenn ich dem Schweine gleiche,
Das nach dem Schlamm der Welt begehrt,

So sagt mir doch,
Was ist verkehrt an einem fleckenlosen Geist?
Durch etwas, das dich nicht berührt –
Wie kannst du noch gefesselt werden?

Saraha sagt: Wenn ich wie ein Schwein bin, ist das okay. Wenn die Leute sagen, daß Saraha ein Schwein ist, ein tollwütiger Hund, dann ist das völlig okay. Es macht überhaupt keinen Unterschied, ob sie sagen, Saraha ist ein großer Heiliger geworden oder ob sie sagen, er ist... *wie ein Schwein, das nach dem Schlamm der Welt begehrt,*

So sagt mir doch,
Was ist verkehrt an einem fleckenlosen Geist?

Was ich tue, macht keinen Unterschied. Innerlich weiß ich nichts, innerlich kenne ich nur die Leere. Meine Reinheit bleibt unberührt von dem, was ich tue.

Mein Tun berührt mein Sein überhaupt nicht.

Sage mir also, Herr:

...Was ist verkehrt an einem fleckenlosen Geist?
Durch etwas, das dich nicht berührt –
Wie kannst du noch gefesselt werden?

Und diese Dinge berühren mich nicht, so oder so. Weder bin ich distanziert noch bin ich identifiziert. Ich lasse die Dinge geschehen – was auch immer geschieht. Ich habe keinen Plan mehr, und ich habe keinen Stil mehr, den ich dem Leben aufdrängen möchte. Ich lebe spontan. Was immer geschieht, geschieht, und ich urteile nicht. Und ich sage nicht: „Es sollte lieber anders sein." Für mich gibt es kein „Sollte" und für mich gibt es kein „Darf nicht". Meditiert einmal über diesen Zustand: kein „Sollte", kein „Darf nicht", kein Plan, keine Frustration, keine Reue – weil nie etwas schief geht. Wie kann etwas schiefgehen, wenn du keine Vorstellung davon hast, wie etwas sein sollte? Dies ist höchste Freiheit, die höchste Befreiung. Wie kann irgend etwas schiefgehen? Schiefgehen kann es nur, wenn du eine bestimmte Idee davon hast, wie es richtig sein sollte. Wenn du keine Idee davon hast, wenn du keine Ideologie hast, hast du auch keine Ideale...

Saraha sagt:

Durch etwas, das dich nicht berührt –
Wie kannst du noch gefesselt werden?

Und der letzte Satz des Sutra ist von großer Schönheit. Wenn du wirklich nach Hause kommst und siehst, was ist, wirst du nicht das Gefühl haben, befreit zu sein. Im Gegenteil, du wirst denken: „Wie lächerlich, daß ich je geglaubt habe, nicht befreit zu sein." Ein großer Unterschied. Falls du – wenn du nach Hause gekommen bist, wenn du erkannt hast, was ist – ein erhabenes Gefühl bekommst und total euphorisch wirst und sagst: „Jetzt bin ich befreit", dann beweist das nur, daß du noch nicht befreit bist.

Dann glaubst du immer noch, die Knechtschaft sei real gewesen. Du träumst immer noch, nur jetzt bist du in einem anderen Traum: der eine Traum hieß Knechtschaft, der neue Traum heißt Befreiung – aber es ist schon wieder ein Traum.

Saraha sagt: Wenn du wirklich befreit bist – befreit von allem Richtig und allem Falsch, befreit von allem Gut und allem Böse – dann bist du nicht nur von aller Knechtschaft befreit, dann bist du auch von aller Befreiung befreit. Dann fängst du plötzlich an zu lachen. „Wie lächerlich! Knechtschaft kann es ja gar nicht geben, Knechtschaft hat es nie gegeben! Es war nur ein Glaube. Ich habe es nur geglaubt, und durch mein Glauben habe ich die Knechtschaft erzeugt. Es war ein Traum; nun ist der Traum zu Ende."

Deshalb endet der letzte Satz mit einem Fragezeichen. Habt ihr jemals eine heilige Schrift gesehen, die mit einem

Fragezeichen endet? Das hier ist die einzige. Eine andere ist mir noch nicht untergekommen. Alle heiligen Schriften beginnen mit einem Fragezeichen und enden mit einer Antwort. So muß ein logisches Traktat auch sein. Die Einleitung darf eine Frage sein, der Epilog nicht.

Aber dieses schöne Lied von Saraha endet mit einem Fragezeichen.

Wenn ich dem Schweine gleiche,
Das nach dem Schlamm der Welt begehrt,
So sagt mir doch,
Was ist verkehrt an einem fleckenlosen Geist?
Durch etwas, das dich nicht berührt –
Wie kannst du noch gefesselt werden?

Er erklärt sich nicht für erleuchtet. Er erklärt sich nicht für befreit. Er erklärt nicht, daß er angekommen ist. Er sagt einfach: Ich lache schon über die bloße Vorstellung, daß ich je irgendwo hingegangen sein soll. Ich bin niemals irgendwo hingegangen. Ich war seit eh und je nur bei mir zu Hause. Ich war seit eh und je hier und jetzt. Ich träumte nur, und folglich haben die Träume die Illusion erzeugt, daß ich irgendwohin gegangen wäre. Nun ist der Traum verschwunden, und ich bin da, wo ich immer schon war.

Deshalb sagt er:

Wie kannst du noch gefesselt werden?

Niemand ist da, der gefesselt werden könnte; es gibt nichts zu fesseln. Die Fessel ist verschwunden, und mit ihr der Gefesselte.

Wenn die Welt verschwindet, verschwindet das Ego – zugleich; sie gehören zum gleichen Spiel. Innen ist es Ego, außen ist es Welt. Getrennt können sie nicht existieren: sie gehören immer zusammen. Wenn das eine verschwindet,

verschwindet das andere mit. Nun ist das Ego nicht da und ist die Welt nicht da.

Saraha verkündet hier Buddhas größte Erkenntnis. Buddha sagt: Es gibt keine Substanz und es gibt kein Selbst. Substanz existiert nicht – alles ist leer. Und das Selbst ist nicht in dir, auch dort ist alles leer. Diese Leere endlich erkennend... in Leere schwebende Bewußtheit, reine Bewußtheit, grenzenlose Bewußtheit...

Diese Bewußtheit ist Leere selbst; oder andersherum: diese Leere ist Bewußtheit. Diese Leere leuchtet vor Bewußtheit, voller Bewußtheit.

Tantra ist eine großartige Einsicht in die Dinge, wie sie wirklich sind. Aber vergeßt nicht, es ist letztlich keine Philosophie, es ist eine Einsicht. Und wenn ihr dahinterkommen wollt, müßt ihr nicht durch den Verstand gehen, sondern ohne den Verstand.

Nicht-Denken ist die Tür zu Tantra.

Nicht-Denken ist der Weg zu Tantra.

Der Schlüssel zu Tantra heißt: Erfahren.

KAPITEL 10

Nur ein erinnern

FRAGEN UND ANTWORTEN

Wie kommt es, daß ich immer, wenn ich aus deinen Vorträgen komme, so schnell desillusioniert von mir bin? Ich kann einfach nicht nach den Idealen leben, die du uns täglich vorhälst.

Wovon redest du? Ideale? Genau das ist es doch, was ich immerzu zerstöre! Ich halte euch keine Ideale vor. Ich gebe euch keinerlei Fantasien für die Zukunft. Ich gebe euch überhaupt keine Zukunft, denn die Zukunft ist nur ein Trick, um die Gegenwart aufzuschieben. Sie ist ein Trick, um dir selbst auszuweichen, ein Mittel, um vor dir selbst zu fliehen.

Wunsch ist Täuschung, und Ideale erzeugen Wünsche. Ich gebe euch kein „Sollte" und kein „Darf nicht" – weder positiv noch negativ. Ich sage euch einfach: Laßt alle eure Ideale los und seid.

Aber ich kann deine Frage verstehen. Du machst ein Ideal daraus. Du überlegst: „Wie sollte ich sein?" Du denkst: „Was sollte ich tun, um zu sein?" Ich versuche, dir die Ideale wegzunehmen, und du machst ein Ideal daraus: „Wie geht das, alle Ideale loszulassen?" Du mißverstehst mich, du mißinterpretierst mich. Du hörst nicht, was ich sage, du hörst etwas, das ich gar nicht sage. Höre genauer hin.

Es war schon immer so. Wir wissen nicht, was Buddha genau gesagt hat, denn die, die über ihn berichteten, waren Menschen genau wie du. Wir wissen nicht, was Jesus gesagt hat, denn die Leute, die darüber berichteten, waren wiederum Menschen wie du. Ihr Bericht ist sicher das, was sie gehört haben, aber sagt nichts darüber aus, was er gesagt hat. Und beides kann diametral entgegengesetzt sein.

Ich spreche eine völlig andere Sprache.

Ihr engt sie ein und macht sie zu etwas anderem – zu eurer eigenen Sprache. Ihr habt eure eigenen Vorstellungen und mischt euch ein. Du fragst: *Wie kommt es, daß ich immer so schnell desillusioniert von mir bin, wenn ich aus deinen Vorträgen komme?*

Du bist desillusioniert von dir, weil du nicht weißt, wer du bist, und ein bestimmtes Bild von dir hast. Dieses Bild bist nicht du, dieses Bild kann nicht du sein – dieses Bild ist eine Konstruktion deines Gehirns. Du hast dir ein Image von dir selbst geschaffen, du denkst: „Das bin ich“, und wenn du mir zuhörst und ich dich auf den Arm nehme, bist du „desillusioniert“. Dein Bild wird zerstört, dein Image hat einen Knacks bekommen.

Aber du bist nicht zerstört worden. In Wirklichkeit ist es so, daß dir dein Image gar keinen Raum läßt, dir gar nicht gestattet, zu sein. Du mußt dich erst von deinem Image trennen, damit du genügend Raum hast zu wachsen. Das Image ist zu stark, zu mächtig geworden. Es hat dein ganzes Haus in Besitz genommen, und du lebst auf der Veranda. Es läßt dich nicht rein. Und das Image, das du dir aus Idealen zusammengebastelt hast, wird dich stets verurteilen: das Geschöpf wird nicht müde, seinen Schöpfer zu verurteilen!

Sieh doch, wie dumm, wie lächerlich das ist! Du schaffst dir ein Image – ein schönes, natürlich; wenn schon ein Image, dann ein schönes –, und weil da nun dieses Image ist, siehst du plötzlich ganz häßlich daneben aus. Du schaffst dir ein wunderschönes Image – daß du ein Heiliger bist –, und dann erwischst du dich dabei, wie du Dinge tust, die nicht gerade heilig sind. Nun fühlst du dich schuldig. Das Image ist deins, und vor diesem Image fängt dein Tun an zu stinken…

Was ich hier sage, was Saraha zum König sagt, ist, daß du das Image völlig loslassen mußt. Sobald du das Image fallenläßt und dir das Image aus dem Kopf schlägst, verschwinden im gleichen Moment „Richtig“ und „Falsch.“ Wer ist dann ein Heiliger und wer ein Sünder? Dann gibt es keinen Maßstab mehr dafür. Dann entspannst du dich plötzlich. Das Vergleichen verschwindetp… und das Urteilen verschwindet. Das Vergleichen verschwindet… und mit ihm das Ego – das Ego des Sünders und das Ego des Heiligen. Ohne ein Ideal kann ein Ego überhaupt nicht existieren. Es existiert kraft des Ideals, via das Ideal. Das Ideal ist ein Muß für das Ego.

Entweder denkst du, daß du ein Sünder bist – du erzeugst ein Ego, eine Identität; oder du denkst, daß du ein Heiliger bist – und erzeugst auch damit wieder ein Ego. Beides kann nur durch ein Ideal entstehen. Wenn es kein Ideal gibt, wer bist du dann? Ein Heiliger oder ein Sünder? Gut oder schlecht? Häßlich oder schön? Wer bist du? Du bist einfach du selbst, ohne Beurteilung, ohne Rechtfertigung, ohne Tadel. Du bist einfach da in deiner Realität: das ist es, was ich immer mit Sein bezeichne.

Von jetzt an wirst du immer und immer wieder desillusioniert werden, denn du hast dein Image nicht mehr ganz so fest im Griff. Sobald man sein Image nicht mehr ganz so fest im Griff hat, bekommt man es mit der Angst zu tun. Das Ideal schafft eine Illusion, und sobald ich dir das Ideal wegnehme, fühlst du dich desillusioniert. Sei total desillusioniert und baue die Illusion nicht wieder auf – die Illusion des Ideals. Und du wirst sehen, wie wunderbar still dein Leben wird, wie leicht du die Dinge annehmen kannst, die dir widerfahren, welch ein Segen dich umfängt, scheinbar grundlos, einfach nur so. Du bekommst ihn einfach umsonst. Du brauchst nichts zu tun. Du bist für Gott akzeptabel, so wie du bist. Dies ist meine ganze Botschaft, und dies ist die ganze Botschaft von Tantra: Du wirst so akzeptiert, wie du bist.

Du aber lehnst dich immerzu ab. Das Ideal ermöglicht es dir, abzulehnen. Das Ideal macht es möglich, daß du lieblos zu dir selber bist, grausam, aggressiv – dein eigener Folterknecht wirst.

Mein Bestreben hier ist, euch zu helfen, geistig zu gesunden. Dieser Idealismus erzeugt Geisteskrankheit. Er hat die ganze Welt zu einem Irrenhaus gemacht. Und du sagst: *...daß ich immer so schnell desillusioniert von mir bin. Ich kann einfach nicht nach den Idealen leben, die du uns täglich vorhältst.* Wovon redest du? Was für Ideale? Ich sage nicht: Ihr sollt dies-und-das tun. Ich sage nicht: Ihr sollt so-und-so sein. Ich sage einfach: Was immer du bist, das sei!

Du glaubst, daß du anders sein solltest als du bist. Ich möchte dir alle Vorstellungen davon rauben, wie du sein solltest, und dir zeigen, daß du schon zu Hause bist; du brauchst nie irgendwo anders hinzugehen, du brauchst überhaupt nirgendwo hinzugehen. Es ist schon passiert – Gott überschüttet dich bereits mit seiner Liebe. *Samadhi* hat sich bereits ereignet. Wo immer du bist, bist du im *nirvana*. Dies ist Erleuchtung: dieser Moment, ohne Ideale, ohne Wünsche, ohne Ziele; dieser Moment – vollkommen entspannt in ihm, hier und jetzt – ist der Moment Gottes, der Moment der Wahrheit. Aber du hörst mir zu und fängst an, mir nachzuplappern. Du hörst mir zu und wiederholst die Worte. Du kannst ihrem Sinn nicht folgen; du folgst dem Buchstaben, nicht dem Geist.

Ich habe gehört ...

Es war einmal ein zäher alter Kapitän, der kaufte sich in einem fremden Hafen einen jungen Papagei – man hatte ihm versichert, daß der Vogel außerordentlich lernfähig sei – und hing den Käfig in der Brücke auf. Auf der Rückreise durch den Golf von Biscaya zog am Himmel eine furchterregend schwarze Wolke auf, und der Kapitän sagte: „Verflucht dunkel geworden plötzlich!"

Bald darauf stürzten sintflutartige Regenfälle auf das Schiff nieder, und der Kapitän sagte zum Schiffsjungen: „Jetzt pißt der Teufel!" Der Sturm wurde immer heftiger, das Schiff fing an zu schlingern und schlug leck, und ein Matrose schrie „Was kann uns retten?"

Er bekam die Antwort: „Pumpen, ihr Scheißkerle! Pumpt, ihr verhurten Bettler, pumpt!"

Das Schiff ging mit Mann und Maus unter; allein ein triefend nasser, fluchender, völlig geschaffter Papagei überlebte und landete nach einigen Abenteuern schließlich bei einer ältlichen Jungfer. Die erwartete gerade den Besuch des Pfarrers und warf vorsichtshalber ein Tuch über den Käfig. Als der Vikar eintrat, wurde er begrüßt mit: „Verflucht dunkel geworden plötzlich!" Die Dame erbleichte und stellte den Käfig sofort unter den Kaltwasserhahn. Der Papagei kreischte: „Jetzt pißt der Teufel!"

„Aber nein doch, Fräulein Fromms!", lenkte der Vikar ein. „Seien sie doch nicht so grausam gegen Gottes Geschöpfe. Bringen sie ihn lieber am Sonntag mit in die Kirche, das wird ihm bestimmt gut tun." Gesagt, getan. Der Papagei benahm sich wie ein Engel, sang sogar die Hymnen mit. Der Pfarrer, hocherfreut über seinen Erfolg, erklomm die Kanzel zur Predigt. „Brüder und Schwestern im Herrn, heute wollen wir uns der Frage widmen: Was kann uns retten?" Da schrillte laut und deutlich die Stimme des Papageien durch das ganze Kirchenschiff: „Pumpen, ihr Scheißkerle! Pumpt, ihr verhurten Bettler, pumpt!"

Werdet nicht zu Papageien. Ihr könnt natürlich nachplappern, was ich sage, aber darum geht es überhaupt nicht. Versteht lieber, was ich sage. Wenn ihr es nur nachplappert, wird es schwierig für euch. Die kleinste Veränderung des Tonfalls, die Betonung, die kleinste Veränderung eines einzigen Kommas, eines Punktes – und alles ist verloren. Hört auf den Sinn. Und es gibt verschiedene Möglichkeiten des Zuhörens. Die eine ist, vom Verstand her zuzuhören – dann lernt ihr auswendig. Und man hat euch beigebracht, vom Verstand her zuzuhören, denn alle eure Schulen, Hochschulen, Universitäten bringen euch das Pauken bei. Sie geben euch einen falschen Begriff – daß ein gutes Gedächtnis gleich Wissen sei. Ein gutes Gedächtnis ist aber kein Wissen, es ist einfaches Nachplappern. Du kennst den Buchstaben, du kennst das Wort, aber es ist leer – im Innern wird kein Sinn, keine Bedeutung da sein. Und das Wort ist gefährlich, wenn es keinen Sinn birgt.

Es gibt eine andere Möglichkeit zuzuhören, nämlich vom Herzen her. Höre vom Herzen her. Höre nicht wie bei einer Diskussion zu, sondern so als ob du ein Lied hörtest. Höre nicht wie bei einer philosophischen Vorlesung zu, sondern so als ob du ein Gedicht hörtest. Höre so zu, wie du einer Musik lauschst. Schau mir so zu, wie du einem Tänzer zuschaust. Fühle mich so, wie du einen Geliebten fühlst. Dann dient dir der Buchstabe einfach als Zwischenträger, und du weißt, daß er nicht das Eigentliche ist. Der Träger wird wieder vergessen, aber der Sinn zieht in dein Herz ein und bleibt dort. Und er wird dein Wesen ändern, er wird deine Sicht des Lebens ändern.

Wie konnte sich Tantra aus dem Buddhismus herausentwickeln – der doch, soweit ich weiß, den Sex als Hindernis für die Meditation ansieht?

Das ist mit der ersten Frage verwandt.

Was Buddha gesagt hat, muß mißverstanden worden sein. Ja, er hat gesagt, daß man über den Sex hinausgehen muß, damit man in Meditation gehen kann. Nun haben die Leute, die ihn hörten, gedacht, er sei gegen Sex; natürlich – er hat ja gesagt, daß man über den Sex hinausgehen muß. Sie haben gedacht: „Dann muß Sex ein Hindernis sein, denn weshalb sollten wir sonst über den Sex hinausgehen müssen?" Sie kämpften gegen den Sex, anstatt über ihn hinauszugehen; der Akzent verschob sich. Sie kämpften gegen den Sex, und so entwickelte sich der Buddhismus zu einer der asketischsten Religionen der Welt.

Könnt ihr nicht diese wunderbare Anmut in den Statuen oder Gemälden von Buddha sehen? Wie sollte solch eine Anmut aus der Askese kommen? Wie sollte dieses schöne Wesen, dieses anmutige Gesicht, diese Liebe, dieses Mitgefühl aus der Askese kommen? Asketen sind Leute, die sich selber quälen; und wenn ein Mensch sich selber quält, quält er bald mit

Wonne auch andere Menschen. Wenn ein Mensch unglücklich ist, kann er es nicht ertragen, wenn andere glücklich sind, er versucht, auch das Glück der anderen zu zerstören.

Genau das tun eure sogenannten *mahatmas*: sie können es nicht ertragen, wenn ihr glücklich seid, also sagen sie: „Da stimmt doch was nicht, wo Glück ist, da ist auch Sünde."

Ihr könnt es auch bei euch selber beobachten, denn eure sogenannten *mahatmas* und Heiligen haben euch jahrhundertelang so konditioniert, daß ihr Schuldgefühle bekommt, sobald ihr glücklich seid. Solange ihr unglücklich seid, ist alles in Ordnung. Aber wenn ihr euch so richtig freut, fühlt ihr euch sofort ein bißchen unwohl, denn eigentlich, so glaubt ihr, ist das nicht ganz richtig. Habt ihr das noch nie bei euch beobachtet? Woher kommt das? Glück… und nicht in Ordnung? Aber Unglück ist okay! In die Blutbahn der Menschheit ist etwas Lebensfeindliches eingedrungen, irgend etwas, das das Leben verneint und ablehnt. Und das kam durch diese sogenannten Asketen. Diese Asketen sind neurotische Leute: sie sind Masochisten, sie quälen sich selbst. Ihre einzige Freude besteht darin, immer mehr Unglück zu verbreiten.

Buddha ist kein Masochist – er kann es gar nicht sein. Buddha sieht so schön aus, so voller Freude, so glücklich, so ungeheuer glückselig. Die Leute, die ihn hörten, müssen ihn irgendwie mißverstanden haben. Ja, er sagt, transzendiere den Sex. Man muß über ihn hinausgehen, weil Sex nur die erste Sprosse der Leiter ist. Aber er sagt nicht, er sei gegen den Sex. Ihn hinter sich zu lassen bedeutet nicht zwangsläufig, gegen ihn zu sein. Tatsächlich ist das Gegenteil der Fall. Wenn du gegen den Sex bist, kannst du ihn niemals transzendieren. Wenn du etwas hinter dir lassen willst, mußt du erst hindurchgehen.

Ihr müßt den Sex verstehen, ihr müßt euch mit dem Sex vertraut machen. Irgendwo ist irgend etwas nicht richtig interpretiert worden. Saraha ist der richtige Interpret Buddhas. Und Saraha muß beobachtet haben, in welches Unglück sich

Tausende von Menschen gestürzt haben, die Buddha gefolgt sind: anstatt über den Sex hinauszugehen, sind sie besessen vom Sex. Wenn man ständig gegen eine Sache kämpft, wird man besessen von ihr.

Ihr könnt es beobachten: einer, der das Fasten zur Ideologie macht, denkt ständig und zwanghaft ans Essen. Mahatma Gandhi war vom Essen besessen, er dachte pausenlos ans Essen – was man essen darf und was nicht. Als ob es das einzig Wichtige im Leben wäre – was man essen darf und was nicht. Die einfachen Leute sind nicht so von diesem Gedanken besessen; sie denken nicht so viel darüber nach. Fastet nur mal drei Tage lang und beobachtet, was in eurem Kopf vorgeht. Man denkt pausenlos ans Essen. Es ist gut, wenn jemand erreichen will, daß das Essen nicht zum Lebensinhalt wird, aber Fasten ist der falsche Weg, denn das Fasten erzeugt Zwangsvorstellungen vom Essen. Wie kann das der Weg sein, über das Essen hinauszugehen? Wenn du wirklich über das Essen hinausgehen willst, mußt du richtig essen. Du mußt die richtigen Sachen essen, du mußt zur richtigen Zeit und auf die richtige Art und Weise essen. Du mußt herausfinden, was deinem Körper bekommt, was nahrhaft ist.

Falsches Essen erzeugt Unzufriedenheit, und euer Hunger wird nicht gestillt, weil Hunger etwas Nahrhaftes braucht. Denkt daran, Hunger muß nahrhaft gestillt, nicht einfach betäubt werden! Und wenn ihr hungrig seid kommt es nicht so sehr auf den Geschmack an. Die Hauptsache ist, ob das, was man ißt, dem Körper gut bekommt, ob es dem Körper die nötige Energie gibt. Wenn es ihm die nötige Energie gibt, dann ist es okay. Wenn nahrhaftes Essen obendrein noch gut schmeckt, umso besser – man wird ausgesprochen zufrieden sein.

Und vergeßt nicht, ich bin nicht dagegen, daß Essen gut schmeckt, ich bin total dafür. Aber Geschmack allein ist noch nicht nahrhaft. Und es ist unintelligent und dumm, einfach zu essen, ohne daß es auch schmeckt. Wenn man beides haben kann, warum nicht? Ein intelligenter Mensch sucht sich nahrhaftes Essen, das gut schmeckt. Das ist kein besonders großes Problem. Der Mensch kann auf den Mond fliegen – und kann kein nahrhaftes Essen finden? Der Mensch kann Wunder vollbringen – und kann seinen Hunger nicht stillen? Das scheint eine schiefe Situation. Nein, der Mensch hat noch nicht genauer hingeschaut.

Es gibt Menschen, die vom Fasten überzeugt sind – sie machen ihren Körper kaputt. Und es gibt Menschen, die ständig jeden Mist in sich hineinstopfen – auch sie machen ihren Körper kaputt. Sie sitzen im selben Boot: beide „fasten", und beide sind pausenlos von Zwangsvorstellungen besessen. Der eine ist besessen von Übertreibung, der andere ist besessen von Verzicht. Die Transzendenz liegt in der Mitte.

Genauso ist es mit dem Sex, genauso ist es mit allem im Leben. Saraha mußte gemerkt haben, daß die Leute, die sagten, Buddha hätte gesagt, der Sex müsse transzendiert werden, den Sex keineswegs transzendierten; daß sie im Gegenteil immer besessener vom ihm wurden und immer tiefer in seinem Morast versanken.

Es war einmal eine junge Nonne. Sie hatte ein gewisses Problem und ging damit zur Schwester Oberin. Nach langem Herumdrucksen gestand sie endlich, daß sie schwanger war. „Wer war es? Wer war dieser gottlose, verruchte Kerl?" fragte die Schwester Oberin.

„Oh, Mutter Oberin, ich würde doch keine fleischlichen Sünden mit einem Mann begehen", rief die Nonne.

„Na, eine Frau kann doch wohl nicht der Vater sein, oder?" sagte die Schwester Oberin, die allmählich die Geduld verlor.

„Nein, natürlich nicht, ehrwürdige Mutter, es wurde vom Allerhöchsten gezeugt."

„Allerhöchsten – was soll der Unsinn?"

„Ja, ehrwürdige Mutter, er kam zu mir herunter mitten in der Nacht, während ich schlief, und als ich ihn fragte, wer er sei, sagte er: ‚Christus – der Auferstandene!‘, und als Beweis zeigte er mir seine Initialen auf seiner Strickweste: C&A.

Wenn man etwas nicht lassen kann, findet man immer einen Weg. Man findet immer eine Hintertür. Der Verstand ist gerissen. Wenn man etwas verdrängt, findet der schlaue Verstand einen Weg. Deshalb träumt ihr vom Sex. Eure Heiligen träumen fortwährend vom Sex; es bleibt ihnen nichts anderes übrig. Tagsüber können sie den Sex leugnen, aber nachts... Wenn sie wach sind, können sie ihn unterdrücken, aber wenn sie schlafen... dann nimmt der Sex im Traum phantastische, schillernde Farben an; er wird richtig psychedelisch. Und am nächsten Morgen haben sie ein schlechtes Gewissen, und weil sie sich schuldig fühlen, verdrängen sie den Sex noch mehr. Und wenn sie ihn noch mehr verdrängen, haben sie in der nächsten Nacht einen noch viel schöneren Sex-Traum – oder einen noch schrecklicheren, ihrer Meinung nach; es ist eine reine Frage der Interpretation.

Ein aufsässiges fünfzehnjähriges Mädchen wurde zu einem Psychologen geschickt. Er stellte ihr eine Reihe von sehr persönlichen Fragen und war davon überzeugt, daß Sex die Ursache ihrer Probleme war. Er fragte sie: „Leidest du unter Erotik- oder Sex-Träumen?"
„Ganz bestimmt nicht!"
„Bist du sicher?"
„Ziemlich sicher", sagte das Mädchen, „ich leide nicht darunter – ich genieße sie."

Es hängt von einem selbst ab, ob man sie schön oder schrecklich findet. In der Nacht sind sie schön, am Morgen werden sie schrecklich. In der Nacht genießt du sie, am Morgen leidest du. Und schon ist ein Teufelskreis entstanden, und euer sogenannter Heiliger bewegt sich in diesem Teufelskreis: tagsüber leidet er, nachts genießt er, tagsüber leidet er, nachts genießt er – und er ist hin und hergerissen zwischen beidem. Und wenn ihr ganz tief in euch hineinschaut, könnt ihr es leicht finden. Was immer man verdrängt, bleibt wo es ist, man kann es nicht loswerden. Was unterdrückt wird, bleibt, nur was ausgedrückt wird, kann verschwinden. Was du ausdrückst, löst sich auf, was du unterdrückst, bleibt – und es bleibt nicht nur, es gewinnt immer mehr Macht über dich. Mit den Jahren wird es immer mächtiger.

Saraha muß sich angeschaut haben, was nach zweihundert Jahren Buddha passiert war – falsche Interpretationen, und die Leute waren fast besessen vom Sex. Aus dieser Besessenheit der buddhistischen Nonnen und Mönche wurde Tantra als Rebellion geboren – eine Rebellion gegen den Buddhismus, nicht gegen Buddha. Durch diese Rebellion hat Saraha den Geist Buddhas zurückgeholt. Ja, man muß den Sex transzendieren, aber das Transzendieren kommt durch Verstehen.

Tantra glaubt ans Verstehen. Verstehe eine Sache total, und du hast dich aus ihren Klauen befreit. Alles nicht richtig Verstandene wird als Katzenjammer bleiben.

Du hast also recht. *Du fragst: Wie konnte sich Tantra aus dem Buddhismus heraus entwickeln – der doch, soweit ich weiß, den Sex als Hindernis für Meditation ansieht?*

Genau aus diesem Grund. Tantra ist eine Rebellion gegen den Buddhismus, aber für Buddha.

Sie richtet sich gegen die Anhänger, aber nicht gegen den Meister. Die Anhänger hielten den Buchstaben hoch, und Saraha bringt den Geist zurück.

Saraha ist eine Reinkarnation der gleichen Erleuchtung wie Buddhas. Saraha ist ein Buddha.

„Die Flitterwochen sind vorbei" bedeutet, daß die Fantasiephase deiner Liebe erledigt ist. „Flitterwochen" ist eine Fantasie: es ist eine Projektion, keine Wirklichkeit. Flitterwochen sind ein Traum, den ihr projiziert. „Die Flitterwochen sind vorbei" bedeutet, daß der Traum zu Ende ist und die Ehe jetzt beginnt.

Je traumhafter die Flitterwochen, desto größer die Ernüchterung. Darum klappen Liebesehen nicht. Ehen funktionieren, aber nicht Liebesehen. Eine Liebesehe kann nicht klappen. Ihr Scheitern ist vorprogrammiert. Eine Liebesehe ist eine Fantasie, und eine Fantasie kann niemals über die Realität siegen. Es gibt nur eine Möglichkeit, in seiner Fantasie zu bleiben und immer in den Flitterwochen zu schwelgen, nämlich die, daß du mit deinem Geliebten niemals wirklich zusammenkommst. Dann ist es möglich: Es kann dein Leben lang so bleiben – aber komm nie mit deinem Liebhaber, komm nie mit deinem Geliebten zusammen.

Die großen Liebenden der Weltgeschichte waren immer die, die nicht zusammenkommen durften: Laila und Majnun, Shiri und Farihad, Romeo und Julia – das sind die großen Liebenden. Man ließ sie nicht zusammenkommen: die Gesellschaft legte ihnen so viele Steine in den Weg, daß sie über die Phase der Flitterwochen nie hinausgekommen sind. Es ist das gleiche wie mit dem Essen: wenn du etwas nicht essen darfst, lebst du von der Fantasie. Wenn du es essen darfst, verschwindet die Fantasie.

Eine Liebesheirat kann nicht funktionieren. Was meine ich mit „nicht funktionieren"? Jedenfalls kann sie in dem Sinne, wie die Leute es gern hätten, nicht funktionieren.

Eine Ehe funktioniert, aber dann ist keine Liebe da. Deshalb haben sich früher alle Gesellschaften für die Ehe und gegen die Liebe entschieden. Die indische Gesellschaft ist eine der ältesten Gesellschaften der Welt. Sie existiert seit mindestens fünftausend Jahren oder länger. Aus dieser langen Erfahrung heraus hat Indien sich für die Ehe ohne Liebe entschieden – denn eine Ehe ohne Liebe kann funktionieren. Weil sie keine Flitterwochen kennt, ist sie von Anfang an sehr realistisch, praktisch. Sie läßt keine Träumereien zu.

In Indien dürfen die Partner selber nicht wählen. Der Junge darf sich das Mädchen nicht aussuchen, das Mädchen darf sich den Jungen nicht aussuchen; die Eltern suchen aus. Sie sind natürlich realistischer, praktischer. Und natürlich können sie sich auch nicht verlieben. Sie denken an ganz andere Dinge: Finanzen, Prestige, Ansehen, Familie. Sie denken an tausend Dinge, nur nicht an das eine – die Liebe. Die Liebe wird überhaupt nicht ins Spiel gebracht. Sie gehen zum Astrologen; sie befragen den Astrologen über alles mögliche, bloß nicht über die Liebe. Die Liebe darf keine Zutat der Ehe werden. Zwei fremde Menschen – Mann und Frau, von den Eltern, von der Gesellschaft zusammengesteckt – werden sich selbst überlassen. Und natürlich, wenn du mit einem Menschen zusammenlebst, entsteht eine gewisse Vertrautheit. Aber diese Vertrautheit, die du mit ihm hast, ist die Vertrautheit, die du mit deiner Schwester hast; es ist keine Liebe. Du wurdest in eine bestimmte Familie hineingeboren, du hast dir weder deine Schwester ausgesucht noch hast du dir deinen Bruder ausgesucht: du hast sie dir nicht ausgesucht. Es ist ein Zufall, daß ihr dieselben Eltern habt. Also gibt es eine gewisse Sympathie. Wenn man lange zusammenlebt, tausend Dinge miteinander teilt, fängt man sich an zu mögen – oder auch nicht – jedenfalls ist es niemals Liebe und niemals Haß. Es geht nie ins Extrem, es ist sehr ausgeglichen.

Mit der Ehe, der arrangierten Ehe, ist es das gleiche. Mann und Frau leben zusammen, und nach und nach fangen sie an, Sympathie füreinander zu haben.

Die Gesellschaft regelt noch etwas anderes: die Gesellschaft gestattet keinen außerehelichen Sex, also bleibt dem Mann gar nichts anderes übrig, er muß mit seiner Frau schlafen und die Frau muß mit ihrem Mann schlafen. Wenn man dir nur ein ganz bestimmtes Essen erlaubt, nur dies eine und kein anderes, wie lange kannst du warten? Du mußt es essen. Das ist der Trick der Gesellschaft. Wenn außerehelicher Sex erlaubt ist, dann ist die Wahrscheinlichkeit groß, daß der Mann nicht mit seiner Frau schlafen will und die Frau nicht mit ihrem Mann schlafen will. Aus schierem Hunger, und weil sie keine andere Wahl haben, schlafen sie miteinander. Aus lauter Verzweiflung verbünden sie sich miteinander. Dann werden die Kinder geboren... und noch mehr Fesseln: religiöse, soziale Fesseln. Dann die Kinder und die Verantwortung... und so kommt die Familie ins Rollen.

Eine Liebesehe muß scheitern, denn die Liebesehe ist ein poetisches Phänomen: ihr verliebt euch und ihr fangt an, von der Frau oder dem Mann zu träumen, und eure Träume steigern sich, bis sie einen Höhepunkt, einen Gipfel der Träume erreicht haben. Diese Träume dauern so lange an, bis ihr mit der Frau, dem Mann zusammenkommt. Dann vereinigt ihr euch, und ihr seid gesättigt. Langsam lösen sich diese Träume auf, und nun seht ihr zum ersten Mal den anderen, so wie er oder sie wirklich ist.

Wenn du deine Frau so siehst, wie sie ist, wenn du deinen Mann so siehst, wie er ist, sind die Flitterwochen vorbei. Das ist mit dem Satz: „Die Flitterwochen sind vorbei" gemeint. Und das passiert nicht nur in der Ehe, es passiert in allen möglichen Beziehungen. Es passiert hier bei mir. Du kommst zu mir, und du kannst Flitterwochen haben, kannst über mich zu fantasieren anfangen. Ich habe daran keinen Anteil, ich habe nichts damit zu tun. Das ist eine Sache, die du ganz alleine machst. Aber du fängst an zu fantasieren, zu begehren: dies wird passieren und das wird passieren und Osho wird dies tun und Osho wird das tun. Und eines Tages dann werden die Flitterwochen vorbei sein. Tatsächlich warte ich immer gern ab, bis die Flitterwochen zu Ende sind, dann erst fange ich an zu arbeiten, niemals zuvor, denn ich will mit euren Fantasien nichts zu tun haben. Ich fange erst dann an zu arbeiten, wenn ich sehe, daß die Flitterwochen vorüber sind und ihr wieder zurück auf dem Boden seid. Erst dann kann etwas geschehen. Ja, ich gebe Sannyas immer gern erst, wenn die Flitterwochen vorbei sind. Während der Flitterwochen Sannyas zu geben, ist gefährlich, sehr gefährlich, denn sobald dann die Flitterwochen vorbei sind, richtet sich euer Gefühl plötzlich gegen mich, rebelliert ihr gegen Sannyas, wehrt ihr euch in jeder Hinsicht. Es ist besser, zu warten.

In gleich welcher Beziehung – einer Freundschaft, in einer Meister-Schüler-Beziehung – in jeder Art von Beziehung steckt ein Stück Einbildung. Diese Einbildung ist einfach eure Vorstellungswelt: verdrängte Wünsche fliegen zu Träumen auf. In einer besseren Welt, mit mehr Einsicht, wird die Ehe verschwinden, und mit der Ehe werden auch die Flitterwochen verschwinden.

Nun hört genau zu:

Gewisse Gesellschaften, zum Beispiel die hinduistische Gesellschaft, haben die Flitterwochen getötet, indem sie die Liebe töteten – und bei ihnen gibt es nur die Ehe. In Amerika töten sie die Ehe und retten die Liebe – die Flitterwochen, nur noch die Flitterwochen existieren, keine Ehe. Die Ehe verschwindet.

Aber für mich stecken beide unter einer Decke. Flitterwochen kann es nur geben, wo eine gewisse Repression herrscht, ansonsten gäbe es da nichts zu projizieren. Und wenn es etwas zu projizieren gibt, scheitert die Liebe immer und immer wieder. Dann treten die gesellschaftlichen Moralapostel auf und richten die Ehe ein – weil Liebe scheitert. Sie macht die Menschen verrückt, sie hilft ihnen nicht, ihr Leben zu leben. Sie macht sie selbstmörderisch. Sie macht sie neurotisch, schizophren, hysterisch. Also muß der Moralapostel auftreten, der Priester und der Politiker, und die Ehe einrichten, denn die Liebe ist zu gefährlich. Und so hat die Gesellschaft seit jeher zwischen diesen beiden Polen geschwankt.

Manchmal, wenn die Leute die Ehe satt haben – so wie sie sie in Amerika satt haben – und dann fällt ihnen die Liebe wieder ein. Wenn die Leute die Liebe satt haben – früher oder später passiert das sowieso und oft genug schon vor der Ehe –, dann tendieren sie zur Ehe. Beide sind Pole im gleichen Spiel. Mir scheint, wir brauchen eine andere Art von Gesellschaft, wo Ehe und Romanze verschwinden. Die Ehe verschwindet, weil es unmoralisch ist, zwei Menschen per Gesetz zum Zusammenleben zu zwingen. Zwei Menschen zu zwingen, miteinander zu leben, wenn sie nicht wollen, ist gegen die Natur und gegen Gott.

Neunundneunzig Prozent aller sozialen Krankheiten werden verschwinden, wenn man die Menschen nicht zwingt.

Hört euch das an:
Ein Mann ging zu seinem Anwalt und sagte. „Ich bin sehr reich, Geld ist also kein Problem, aber ich möchte meine Frau loswerden, diese Nutte, ohne daß ich wegen Mord vor Gericht komme. Sagen Sie mir, was ich tun kann."
„Kaufen Sie ihr temperamentvolles Pferd, vielleicht wirft es sie ab." Einen Monat später kam der Mann zurück und sagte, seine Frau sei jetzt die beste Reiterin im ganzen Bezirk...
„Versuchen Sie es doch einmal so", sagte der Anwalt, „kaufen Sie ihr ein Mini-Auto und schicken Sie sie damit in die Berge." Der Mann befolgte den Rat, aber sie fuhr wie der Rennfahrer Sterling Moss persönlich und brachte alle Leute in Gefahr, außer sich selbst. Der Ehemann beklagte sich bei seinem Anwalt, er sehe keinen Ausweg mehr...
„Dann kaufen Sie ihr einen großen Jaguar."
Nach einer Woche kam der Mann zurück und strahlte vor Freude. „Sagen Sie mir, was ich Ihnen schulde", sagte er, „es hat geklappt."
„Wie war es denn?"
„Tja, als sie bei der Fütterung die Käfigtür aufmachte, biß der Jaguar ihr den Kopf ab!"

Die Ehe schafft Tausende von Kompliziertheiten und löst nichts. Ja, sie funktioniert – sie funktioniert insofern, als sie die Menschen zu Sklaven macht. Sie funktioniert, weil sie die Individualität der Menschen zerstört. Könnt ihr es nicht überall sehen? Ein unverheirateter Mann besitzt eine gewisse Individualität; ein verheirateter Mann verliert mehr und mehr seine Individualität. Er wird zur Type. Die unverheiratete Frau ist lebhaft und unternehmungslustig. Die verheiratete Frau wird stumpf, uninteressiert, gelangweilt. Es ist häßlich – Menschen in die Langeweile zu treiben. Die Menschen haben ein Recht darauf, glücklich zu sein; die Menschen sollten genießen und feiern. Es ist häßlich!

Die Ehe muß verschwinden. Aber wenn ihr euch für Fantasie und Liebe entscheidet, wird sie damit nicht verschwinden, denn immer wieder geratet ihr in die gleiche Falle. Weil diese Liebe nie funktioniert – jedenfalls nicht in der Weise, wie die Ehe funktioniert – finanziell, sicherheitsmäßig, für die Kinder, für die Gesellschaft, für dieses und jenes. Die Liebe funktioniert nie so gut, wie die Ehe funktioniert.

Liebe schafft also zwangsläufig andere Probleme. Und Liebe existiert aufgrund unterdrückter Wünsche. Wenn die Ehe verschwindet und Wünsche nicht unterdrückt werden, wird die Liebe automatisch verschwinden.

Eine wirkliche Gesellschaft von Menschen wird nichts von Ehe wissen und wird nichts von Flitterwochen wissen. Sie wird nur von Freude wissen und vom zwischenmenschlichen Teilen. Solange ihr miteinander teilen könnt, gut. Wenn ihr nicht teilen könnt, alles Gute. Die Ehe verschwindet, und mit ihr verschwindet die häßliche Scheidung. Die Ehe verschwindet und mit ihr verschwindet die Fantasie der Flitterwochen.

Wenn ihr frei seid zu lieben, euch zu treffen, mit anderen zusammenzusein, werden die Flitterwochen verschwinden. Laila und Majnun, Romeo und Julia werden nicht möglich sein – niemand stellt sich in den Weg. Du kannst mit jeder Frau eine Beziehung eingehen, du kannst mit jedem Mann eine Beziehung eingehen. Wen immer du begehrst, und wer immer dich begehrt – kein anderer verbarrikadiert den Weg. Wozu soll das Fantasieren dann gut sein? Essen ist in Hülle und Fülle vorhanden, und doch steht, was immer da ist, ein Polizist, ein Standesbeamter oder ein Priester dazwischen und macht dir angst und bange: „Wenn du diese Speise hier ißt, fährst du zur Hölle. Nur wenn du dagegen jene ißt, kommst du in den Himmel" – aber genau jene Speise willst du nicht essen.

Alles, was dir Freude macht, führt in die Hölle, und alles, was dich unglücklich macht, führt in den Himmel. Wenn niemand mehr zwischen dir und deinem Verlangen steht, wenn das Verlangen frei ist, gibt es nichts mehr zu verdrängen. Ohne Repression verschwinden die Flitterwochen. Die Flitterwochen sind eine Begleiterscheinung der Ehe. Sie sind wie Köder. Beim Angeln benutzt man Köder.

Die Flitterwochen sind ein Köder: er zieht dich in die Ehe. Deshalb bestehen die Frauen auch so sehr darauf zu heiraten – weil sie Bescheid wissen. Sie sind realistischer, sie sind praktischer als Männer. Die Männer sind Träumer wie eh und je, sie denken an den Mond und an die Sterne, und die Frauen lachen nur über ihre albernen Sehnsüchte.

Die Frau weiß Bescheid – sie steht mit beiden Beinen fest auf der Erde; sie weiß, daß nach zehn, zwölf, fünfzehn Tagen, nach zwei oder drei Wochen die Flitterwochen vorbei sind. Was dann? Sie besteht auf Heirat.

Ein Mann – er war verliebt – fragt seine Liebste in der Nacht: „Na? Wie wär's mit ein bißchen Liebe, oder was?"
Und die Frau sagt: „Heiraten oder nichts."
Er fragt noch einmal: „Liebe oder was?"
Und sie sagt: „Heiraten oder nichts."

Auf die Liebe ist Verlaß. Sie kommt und geht; sie ist eine Laune, eine Stimmung. Wenn die Liebe anhält, bedeutet das einfach, es ist immer noch Repression da. Dann, in einer anderen Gesellschaft, wird Freude herrschen. „Liebe" wird kein so wichtiges Wort sein wie „Spaß", „Fest". Zwei Menschen möchten ihre Energien austauschen; wenn beide es möchten, wird es kein Hindernis geben. Es wird nur eine Einschränkung geben: wenn einer von beiden nicht will, dann ist es aus. Dann geht es gar nicht erst los. Alle anderen Einschränkungen sollten wegfallen.

Und heute hat die Wissenschaft es möglich gemacht, das Problem der Kinder ganz einfach zu lösen. Früher hatten es die Menschen nicht so gut. Ihr habt es besser. Das Kinderproblem kann gelöst werden. Du kannst mit einer Frau bis an den Tag zusammen sein, wo du denkst: „Jetzt haben wir lange genug zusammengelebt, und meine Liebe, meine Freude zusammen mit dieser Frau nimmt immer mehr zu, meine Freude mit diesem Mann nimmt immer mehr zu, und an Trennung ist gar nicht mehr zu denken." Dann habt ihr euren Seelengefährten gefunden. Wenn ihr das eines Tages spürt, könnt ihr Kinder bekommen, ansonsten ist es nicht nötig, Kinder zu haben.

Und in einer besseren Gesellschaft sollten die Kinder der Kommune gehören. Die Familie muß verschwinden. Es sollte Kommunen von Menschen geben, die zusammenleben wollen... eine Kommune von Malern und Malerinnen zum Beispiel – sie leben zusammen und genießen ihr Zusammensein; eine Kommune von Dichtern, eine Kommune von Schreinern, eine Kommune von Goldschmieden, Kommunen mit lauter verschiedenen Menschen, die zusammenleben statt in Familien.

Die Familie hat sich als Katastrophe erwiesen. Es ist besser, wenn viele Menschen zusammenleben, denen alles gemeinsam gehört und die ihre Liebe miteinander teilen. Aber es sollte keine Einschränkungen geben.

Die Liebe sollte niemals zur Pflicht werden – nur dann kann sie Freude bringen. Sobald sie zur Pflicht wird, bedrückt sie euch und stirbt. Und sie schafft tausend Probleme, die nicht direkt gelöst werden können. Das ist die ganze Situation auf der Welt. Ihr könnt zum Psychoanalytiker gehen, ihr könnt zu einem Meister gehen, ihr könnt meditieren, ihr könnt euch auf den Kopf stellen – aber euer Grundproblem wird dadurch nicht berührt.

Euer Grundproblem bleibt irgendwie mit eurer Sexenergie verbunden, und ihr versucht ständig, es woanders anzupacken. Ihr zupft an den Blättern herum, beschneidet die Blätter, aber ihr haut nie die Wurzel durch. Die Leute sind unglücklich, weil sie einander satt haben. Die Leute sind traurig, weil sie ihre gegenseitige Gesellschaft nicht genießen können. Die Leute sind einfach überfordert: sie erfüllen ihre Pflichten, die Liebe fehlt.

Ehe und Flitterwochen kommen beide im selben Paket; sie müssen beide verschwinden. Nur dann kann es eine nicht-repressive Menschheit geben, eine voll expressive Menschheit, einen voll expressiven Menschen, der nichts anderes kennt als Freude, und der sich nur nach der Freude richtet. Freude sollte zum Maßstab werden: nur darum geht es beim Tantra. Freude sollte zum Maßstab werden.

Ich liebe Ma Prem Savya, ich möchte, daß sie mit mir zusammen ist, bis ich sterbe. Ist das ein guter letzter Wunsch?

Die Frage kommt von Prem Aniket.

Zunächst: kein Wunsch ist der letzte Wunsch, solange du noch lebst. Kein Wunsch ist jemals der letzte, wenn du noch am Leben bist. Wer weiß schon, was der nächste Augenblick bringt? Und wie willst du es anstellen, den nächsten Augenblick zu kennen? Wie lange kennst du Savya schon? Ein paar

Wochen. Vor dieser Zeit hast du nicht einmal von ihr geträumt. Wenn das passieren kann, dann kann es auch wieder passieren. In drei Wochen begegnest du vielleicht einer anderen Frau. Bevor du nicht tot bist, gibt es keinen letzten Wunsch. Jeder Wunsch erzeugt bereits den nächsten: Wünschen ist ein Dauerprozeß. Nur zwei Dinge können dem Wünschen ein Ende machen, der Tod oder die Erleuchtung. Und ganz gewiß ist keins von beidem bisher passiert, Aniket; weder ist der Tod passiert, noch die Erleuchtung.

Es ist gut, das Wünschen zu verstehen. Jeder Wunsch ruft neue Wünsche hervor. Ein Wunsch erzeugt zehn Wünsche. Es ist genau wie mit einem kleinen Samenkorn, aus dem ein hoher Baum wächst, mit Tausenden von Ästen und Millionen Blättern. Aus einem Wunsch, dem Samen, erwachsen viele Wünsche.

Du kannst nichts über die Zukunft sagen – solltest du auch nicht. Die Zukunft bleibt offen. Das ist einer der größten Kraftakte des Menschen – lächerlich, aber der Mensch hört nicht auf damit. Der eine ist: er will die Vergangenheit reformieren, was nicht möglich ist. Was immer geschehen ist, ist geschehen, es gibt keine Möglichkeit, sie umzubauen; du kannst sie nicht einmal hier und da ausbessern.

Du kannst sie nicht besser machen, du kannst sie nicht schlechter machen. Sie entzieht sich dir einfach. Sie ist geschehen, sie ist Wirklichkeit geworden; und was einmal geworden ist, daran kann man nicht einmal rühren. Die Vergangenheit ist erledigt; sie ist abgeschlossen, so wie sie ist. Du kannst nicht zurückgehen und du kannst sie nicht umarrangieren. Das ist gut so. Denn sonst, wenn ihr die Vergangenheit umarrangieren könntet, wenn ihr zurückgehen könntet, würdet ihr verrückt.

Dann würdet ihr nie wieder in die Gegenwart zurückkehren – die Vergangenheit ist so lang! Es ist gut, daß die Türen zur Vergangenheit verschlossen sind. Aber der Mensch, der dumme Menschenverstand, will ständig reformieren, umformulieren, hier und da noch was tun. Geht es euch nicht manchmal so, daß du irgendwas nicht gesagt hast, und nun überlegst du, was nun besser gewesen wäre; oder du hast irgendwas nicht getan – was wäre besser gewesen? Und nun versucht ihr in eurer Fantasie, es zu sagen oder es zu tun. Aber ihr verschwendet einfach nur eure Zeit – da ist nichts mehr zu machen, es ist euren Händen entglitten.

Die Vergangenheit läßt sich nicht reformieren, die Zukunft läßt sich nicht voraussagen. Auch das versucht der Mensch immer wieder – er möchte die Zukunft voraussagen. Die Zukunft ist das, was noch nicht geschehen ist. Die Zukunft bleibt offen: Offenheit, genau das ist Zukunft.

Die Zukunft ist nicht vorherbestimmt; sie ist noch nicht Wirklichkeit, sie ist nur wahrscheinlich. Nichts ist sicher, was die Zukunft betrifft. Nichts ist gewiß, was die Zukunft betrifft. Aber der Mensch ist töricht. Er geht zu Astrologen, befragt das I Ging, die Tarotkarten, den Handleser. In seiner Dummheit versucht der Mensch herauszufinden, was die Zukunft bringen wird. Wenn man es aber im voraus wissen kann, ist es keine Zukunft mehr, sondern schon Vergangenheit. Man kann nur die Vergangenheit kennen, die Zukunft bleibt unbekannt. Das ist die unverbrüchliche Eigenschaft von Zukunft: Unbekanntheit. Alles ist möglich, aber nichts ist sicher – genau das heißt Zukunft. Alles ist passiert, nichts kann mehr passieren – genau das heißt Vergangenheit. Und die Gegenwart ist nur ein Übergang zwischen dem Wirklichen und dem Möglichen, dem Abgeschlossenen und dem Offenen, dem Toten und dem Lebendigen.

Und nun fragst du: Ist das ein guter letzter Wunsch?

Du hättest gerne, daß dies dein letzter Wunsch wäre; aber dann müßtest du Selbstmord begehen, entweder tatsächlich oder metaphorisch. Ohne Selbstmord ginge es nicht, wenn es denn wirklich dein letzter Wunsch sein soll. Entweder wirfst du dich vor einen Zug oder du springst ins Meer oder in einen Abgrund – bringst dich also wirklich um – dann mag dies dein letzter Wunsch sein. Oder du begehst einen psychologischen Selbstmord – den schon viele begangen haben. Flirte nie wieder mit einer anderen Frau. Schließe die Augen und habe Angst. Klammere dich an die Frau, die du liebst und weiche nicht vom rechten Weg ab. Denke nicht einmal daran, träume nicht einmal davon... das ist psychologischer Selbstmord. Aber mit beiden Möglichkeiten wirst du nicht leben können, denn dein Leben hätte keine Zukunft mehr. Wenn du wirklich leben willst... und natürlich willst du leben, deswegen ja deine Frage: du möchtest mit Savya leben... wenn du also leben willst, mußt du spontan leben.

Denke nicht in Begriffen wie „letzter Wunsch". Und warum auch, warum möchtest du denn, daß er der letzte sei? Warum kannst du nicht eines Tages deine Energie mit einer anderen Frau teilen? Warum willst du denn so geizig sein? Warum so unmenschlich? Sind andere Frauen nicht genauso göttlich wie Savya? Zeigt Gott sich denn nicht in vielen, vielen Gestalten, ist er nicht rings um dich her, in Millionen von Formen? Warum klammerst du dich an eine Form? Warum dieses Klammern?

Du klammerst dich, weil du verdrängst, weil du deine Wünsche verdrängt hast. Dann findest du eines Tages eine Frau, die liebevoll zu dir ist, und schon klammerst du. Du hast Angst, sie zu verlieren, denn du kennst diese langen Nächte, in denen du alleine warst. Wenn diese Frau dich jetzt verläßt, bist du schon wieder allein. Nun hat diese Frau aber selber Angst vor ihrer Einsamkeit – sie klammert sich an dich. Sie hat Angst, daß du dich eines Tages einer anderen zuwenden könntest, daß du sie dann vielleicht nicht mehr anschaust und sie sich alleingelassen fühlt: „Die einsamen Nächte waren lang genug, es reicht. Jetzt haben wir einander gefunden. Wir sollten uns aneinander klammern. Wir sollten einander besitzen und wir sollten einander kontrollieren, damit keiner ausbrechen kann."

Aber schaut, was bei der Kontrolle herauskommt: die

Menschen langweilen sich. Du willst einen Geliebten, keinen Wachposten; du willst einen Geliebten, keinen Gefängniswärter. Du willst fließen, nicht eingesperrt sein. Schau dir diesen widersprüchlichen Wunsch einmal an: du willst leben und lieben, aber was immer du tust, erschwert deine Liebe, zerstört deine Liebe, errichtet Barrieren im Fluß. Du möchtest leben und lieben, und du möchtest fröhlich und lebendig sein, aber was immer du tust, verstößt dagegen, ist dagegen.

Warum sollte es dein letzter Wunsch sein? Ich sage nicht, daß dies nicht dein letzter Wunsch sein sollte, versteh mich nicht falsch. Ich sage nicht, das sollte nicht dein letzter Wunsch sein. Ich sage einfach nur, warum sollte es dein letzter Wunsch sein? Wenn es so kommen sollte, daß ihr zusammen bleibt, wenn es so kommen sollte, daß du niemals eine schönere Frau, eine liebevollere Frau findest – gut, dann hast du Glück gehabt! Wenn es so sein sollte, daß Savya keinen Mann findet, der liebevoller und lebendiger ist als du – Glück gehabt! Aber wenn sie einen liebevolleren Mann findet, der ihr mehr Freude schenken kann, der sie zu höheren Gipfeln der Ekstase führen kann – was dann? Sollte sie sich weiter an dich klammern? – damit würde sie sich ja gegen ihre eigenen Gefühle wenden. Warum sollte sie sich an dich klammern?

Und wenn sie sich trotzdem an dich klammert, wird sie es dir niemals verzeihen können, denn deinetwegen hat sie sich diesen ekstatischen Mann entgehen lassen; sie wird immer böse auf dich sein. Eben darum sind Ehefrauen so böse, sind Ehemänner so böse. Diese Wut hat einen ganz natürlichen Ursprung. Die Wut rührt nicht von Lappalien her; es geht nicht darum, ob der Tee heiß genug ist oder nicht. Wenn du einen Mann liebst oder wenn du eine Frau liebst, dann ist es dir egal, ob der Tee heiß ist. Wenn die Liebe heiß ist, ist alles heiß. Wenn die Liebe abgekühlt ist, fühlt sich alles kalt an. Es geht nicht darum, ob deine Pantoffeln da stehen, wo sie hingehören, wenn du aufstehen willst. Wenn du eine Frau liebst, was kümmern dich die Pantoffeln?

Wenn aber die Liebe verschwindet, verschwindet die Hitze. Dann wirst du böse, und es ist eine Wut, die du nicht ausdrücken kannst – und die Gesellschaft erlaubt sie nicht. Es ist eine Wut, die du dir nicht eingestehen kannst. Vielleicht hast du sie so gründlich unterdrückt, daß sie dir nicht einmal bewußt wird, sie bleibt in deinem Unterbewußtsein – du bist böse, weil es an dieser Frau liegt, daß andere Frauen für dich nun nicht mehr zu haben sind. Weil du diese Frau ständig am Halse hast und sie dich dauernd beobachtet. Weil dieser Mann dich ständig beobachtet und dir keine Luft läßt und dir nicht erlaubt, dein Leben auf deine Art zu leben, so wie du es jetzt leben willst.

Die Versprechen, die ihr euch einmal gegeben habt, sind zu Gefängnissen geworden. Ihr seid wütend, und die Wut hat keinen bestimmten Grund, es ist eine allgemeine Wut. Deshalb könnt ihr auch nicht einmal sagen, wo sie sitzt, warum sie da ist, was sie ist! Dann ist jeder Vorwand recht, und sie springt an – der Tee ist nicht heiß genug, das Essen ist nicht so, wie du es gerne hättest.

Dieses Klammern führt zu Wut, und warum sollten wir wütend sein, wenn es gar nicht nötig ist. Warum? Wozu? Zu welchem Zweck? Wenn Savya einem schönen Mann begegnet und sie plötzlich meint, den richtigen Mann gefunden zu haben, was soll sie dann tun? Sie soll an dir festhalten? Sie soll dich nicht betrügen?

Das sind häßliche Worte – „betrügen"… Vielmehr ist es so, daß sie, wenn sie bei dir bleibt, ihr eigenes Wesen betrügt, daß sie, wenn sie bei dir bleibt, ihre Liebe betrügt, sie ihre Freude betrügt, sie Gott betrügt. Gott hat sie von einer anderen Tür her gerufen! Sie betrügt Gott, wenn sie seinem Ruf nicht folgt! Und sie wird dich nie mehr lieben können – das ist unmöglich; Gott hat sie von woanders her gerufen. Die Augen eines anderen sind zu Tür und Fenster geworden. Eine andere göttliche Form ist lebendig und anziehend geworden. Was kann sie jetzt machen? Sie kann diese Person meiden, aber wie sollte sie dir verzeihen können? Nun bricht die Wut hervor. Jede Kleinigkeit wird sie wütend machen, und die Wut zerstört eure Liebe. Es hat schon damit angefangen.

Merke dir, Liebe ist wie ein Lufthauch, wie eine Brise. Sieh nur... im Moment geht kein Wind, die Bäume sind still. Was können sie machen? Sie können die Brise nicht selbst hervorzaubern. Wenn sie kommt, dann kommt sie. Wenn sie kommt, werden die Bäume vor Freude tanzen. Wenn sie geht, ist sie eben nicht mehr da, dann müssen die Bäume warten. Liebe ist wie eine Brise. Wenn sie kommt, dann kommt sie. Keiner weiß, aus welcher Richtung, von welchem Menschen, von wem. Das ist die Befreiung des Tantra. Tantra ist eine gefährliche Philosophie, es ist eine gefährliche Religion. Bis jetzt ist es noch nicht im Großen ausprobiert worden – nur ein paar Individuen experimentieren mit Tantra, nur hier und da ein paar wenige. Und sie haben es sehr schwer, denn die Gesellschaft ist gegen sie... Die Allgemeinheit denkt: das ist absolute Sünde.

Aber Tantra sagt: Sünde ist, wenn du mit einer Frau zusammenlebst, mit der die Liebe nicht mehr fließt, mit der es keine Freude mehr macht. Es ist Vergewaltigung, wenn du mit einer Frau schläfst, die du nicht liebst. Es ist Vergewaltigung, wenn du mit einem Mann schläfst, den du nicht liebst; es ist Prostitution.

Dies ist die tantrische Lebenseinstellung. Tantra glaubt an die Freude, denn Tantra sagt: Freude ist Gott. Bekenne dich zur Freude und opfere alles für die Freude. Laß Freude deinen einzigen Gott sein und opfere alles – was immer es kostet. Bleibe im Fluß.

Du sagst: *Ich liebe Ma Prem Savya, ich möchte , daß sie mit mir zusammen ist, bis ich sterbe...*

Willst du denn schon bald sterben? Wer weiß, wie lange du leben wirst? Und warum denkst du denn überhaupt an die Zukunft? Wer an die Zukunft denkt, verpaßt die Gegenwart. Du glaubst, da großartige Gedanken zu denken. Du hast solche Geschichten bei albernen Dichtern gelesen. Fast alle Dichter sind albern; sie haben keine wirkliche Lebenserfahrung, sie träumen nur.

Sieh mal, du hältst es für große Liebe, daß du mit ihr bis zu deinem Tod zusammen sein willst. Das ist keine große Liebe, du hast nur Angst. Genauer gesagt kommst du im Moment überhaupt nicht in ihren Genuß, deshalb schweifst du hinaus in die Zukunft. Im Augenblick stehst du mit leeren Händen da, also willst du irgendwie drankommen. Wenn nicht heute, dann vielleicht morgen, übermorgen – darum kommt Angst auf. Du möchtest nur deshalb mit ihr dein ganzes Leben zusammen sein, damit du es irgendwie doch noch schaffst. Aber warum nicht jetzt? Wenn sie je zu haben ist, dann ist sie jetzt zu haben. Im Augenblick weißt du nicht, wie du leben sollst, deshalb denkst du an die Zukunft. Und Zeit ist eine große Illusion. Nur das Jetzt existiert. Morgen wird wieder heute sein. Übermorgen wird auch wieder heute sein. In einem Jahr wird wieder heute sein. Es wird immer heute sein.

Gott ist immer in der Gegenwart. Wenn du leben willst, dann lebe jetzt. Warum denn an die Zukunft denken? Entzünde deine Liebe, lasse sie zur Flamme werden, die dich verschlingt – jetzt.

Und jetzt denkst du: *bis ich sterbe…*.

Wer kann das sagen? Ich werde jedenfalls nichts dazu sagen, denn ich möchte gern, daß du frei bleibst. Und ich möchte auch, daß Savya frei bleibt. Begegnet euch als zwei freie Individuen, begegnet euch als zwei Freiheiten. Und laßt diese Begegnung geschehen, solange die Freiheit noch da ist. Wenn euer Zusammensein eure Freiheit einengt, dann trennt euch – dann ist es Zeit, Lebewohl zu sagen. Seid dankbar für jeden Tag, den ihr mit der Frau oder mit dem Mann verbracht habt. Seid ungeheuer dankbar, daß euch der andere diese Tage geschenkt hat. Seid dankbar für die Erfahrung. Was könnt ihr schon machen? Mit Tränen in den Augen, mit Dankbarkeit, mit Liebe, mit Freundschaft, mit Mitgefühl –

trennt euch. Die Brise ist umgeschlagen. Was könnt ihr schon machen? Fühlt euch hilflos, aber trennt euch. Klammert euch nicht aneinander, oder ihr werdet euch gegenseitig zerstören. Wenn du den anderen wirklich liebst, wirst du ihm in dem Augenblick die Freiheit geben, da die Liebe verschwindet. Das ist das Mindeste, was du deiner Liebe schuldest... den anderen freizugeben, damit die Liebe irgendwo anders, auf irgendeiner anderen Wiese blühen und gedeihen kann. Das ist das Mindeste, was du für den anderen tun kannst: daß die Liebe – wenn sie zwischen euch nicht mehr da ist – irgendwo anders, mit irgendeinem anderen blühen und gedeihen darf. Liebe ist Gott – es ist nicht wichtig, wo sie sich ereignet, zwischen wem sie sich ereignet – zwischen A und B oder C und D oder E und G. Es spielt keine Rolle, wo sie sich ereignet.

Wenn sie passiert, ist es gut. Die Welt ist so lieblos geworden, weil wir uns an Menschen klammern, die wir nicht mehr lieben. Die Welt wird voller Liebe sein, wenn die Menschen sich nicht mehr aneinander klammern werden und frei bleiben.

Seid frei in eurer Liebe. Begegnet euch in Freiheit, und wenn es keine Freiheit mehr gibt, dann nehmt das als Zeichen dafür, daß die Liebe verschwunden ist. Denn Liebe kann Freiheit nicht zerstören. Liebe und Freiheit sind zweierlei Namen für dasselbe Phänomen. Die Liebe kann die Freiheit nicht zerstören. Wenn die Freiheit zerstört wird, dann ist etwas anderes da, was sich als Liebe ausgibt – Eifersucht, Haß, Macht, Sicherheit, Schutz, Prestige, gesellschaftliches Renommee: irgend etwas anderes hat sich eingeschlichen. Bevor es sich breitmacht und euch verdirbt und allzu sehr vergiftet – macht, daß ihr fortkommt.

Osho, ich möchte Sannyas nehmen und trage mich schon seit Jahren mit dem Gedanken. Aber ich fürchte, daß ich dadurch in einige Schwierigkeiten geraten werde. Was soll ich tun?

Ich kann dir nur versprechen, daß du in Schwierigkeiten geraten wirst. Ich kann nicht sagen, daß du nicht in Schwierigkeiten geraten wirst. Sannyas ist ein Instrument, um Chaos in dein Leben zu bringen.

Aber es gibt zwei Arten von Schwierigkeiten: destruktive Schwierigkeiten und kreative Schwierigkeiten. Meide die destruktiven Schwierigkeiten, denn sie zerstören einfach nur. Es gibt kreative Schwierigkeiten, die fruchtbar sind, die dich auf eine höhere Bewußtseinsebene bringen. Schwierigkeiten hast du so schon genug. Ich werde dir ganz bestimmt nicht noch mehr von der Art bescheren.

Es geschah...

Eine Frau saß in einem Eisenbahnabteil, als ein Mann mit einer Horde schmutziger und frecher Kinder hereinkam. Es dauerte nicht lange bis er einem der Kinder eine fürchterliche Tracht Prügel verabreichte.

„Hören Sie mal", sagte die Frau, „wenn Sie nicht aufhören, das Kind zu schlagen, werde ich Sie in Schwierigkeiten bringen."

„Was werden Sie?" „Ich sagte: Ich werde Sie in Schwierigkeiten bringen!" schrie die Frau.

„Hören Sie mal zu, meine Dame: meine Frau ist mit einem Schwarzen durchgebrannt und hat noch den letzten Pfennig mitgenommen; ich bin gerade auf dem Weg, um meine Kinder bei einer Verwandten unterzubringen, die säuft. Das Mädchen in der Ecke da ist fünfzehn Jahre alt und im achten Monat schwanger, das Kind da drüben hat in die Hose geschissen, das Baby hat seine Flasche aus dem Fenster geschmissen, das Balg, das ich gerade verdroschen habe, hat unsere Fahrkarten gefressen. Und weil ich nicht zur Arbeit gegangen bin, hat man mich rausgeschmissen. Und Sie wollen mich in Schwierigkeiten bringen? Da bin ich aber neugierig."

Nein, ich werde dir nicht noch mehr Schwierigkeiten von der Art bescheren, in denen du schon dein ganzes Leben lang steckst. Ich werde dich mit ganz neuen Schwierigkeiten bekanntmachen. Nur Mut! Und du hast lange gewartet. Hast du gesagt, daß du schon seit Jahren daran denkst?

Da war dieses Fußballspiel zwischen den Mäusen und den Insekten. In der Halbzeit stand es 6:6 unentschieden, und am Ende stand es 11:10 für die Mäuse. Also gingen die Insekten zur Höhle des Tausendfüßlers und sagten: "Warum hast du denn nicht mitgespielt?"
"Weil ich mir die Schuhe angezogen habe", sagte der Tausendfüßler.

Wie lange willst du noch deine Schuhe anziehen? Das Spiel wird bald vorbei sein! Mach bitte etwas schneller.

Osho, kann ich denn den Sprung nicht selber machen, allein? Ist ein Meister absolut nötig?

Pitt und Kalle arbeiten auf dem Gerüst. Da kommt ein Mann vorbei, der auf der Suche nach Talenten für sein Varieté-Theater ist. Als er unter dem Gerüst durchgeht, sieht er Pitt ganz oben auf dem Gerüst, wie er einen dreifachen Salto schlägt, dann einen Salto rückwärts und dann nochmal einen doppelten Salto, wonach er sicher auf seinen Füßen landet. Der Mann staunt und denkt, das ist ja ungeheuer, und so steigt er zu Pitt hoch und sagt: "Hättest du Lust, mit deiner Nummer in meinem Varieté aufzutreten?"

„Ja, in Ordnung."

„Wieviel willst du dafür?"

„Dreihundert."

„Dreihundert?"

„Ja, hundertfünfzig für mich und hundertfünfzig für Kalle. Der hat mir nämlich mit dem Hammer auf den Fuß gehauen."

Alleine schaffst du es nicht. Du brauchst einen Meister, der dich hämmert. Der Weg ist so unvertraut, der Weg führt in einen Abgrund. Selbst wenn dir jemand einen wirklich harten Stoß versetzte, würdest du trotzdem nicht springen. Du brauchst Hammerschläge.

Was ist nirvana?

Folgende Geschichte handelt vom *nirvana…* eine alte buddhistische Geschichte.

Eine außergewöhnlich schöne junge Frau, Enyadatta, kannte kein größeres Vergnügen, als sich im Spiegel zu betrachten. Sie war ein bißchen verrückt, so wie alle Menschen. Als sie eines Morgens in den Spiegel schaute, hatte die Person im Spiegel keinen Kopf mehr. Enyadatta wurde völlig hysterisch, rannte hin und her und schrie: „Mein Kopf ist weg, wo ist mein Kopf? Wer hat meinen Kopf? Ich sterbe, wenn ich ihn nicht wiederfinde!"

Obwohl jedermann Enyadatta versicherte, daß ihr Kopf auf ihren Schultern saß, wollte sie es nicht glauben. Jedes Mal, wenn sie ihn den Spiegel schaute, war ihr Kopf nicht da, und so setzte sie ihre hektische Suche fort, weinte und rief um Hilfe. Besorgt um ihre geistige Gesundheit, schleppten Enyadattas Freunde und Verwandte sie nach Hause und fesselten sie an eine Säule, damit sie sich nichts antun konnte. Enyadattas Freunde versicherten ihr immer wieder, daß ihr Kopf immer noch auf ihren Schultern war, und allmählich begann sie sich zu fragen, ob man ihr nicht doch die Wahrheit sagte. Plötzlich gab ihr einer der Freunde einen heftigen Klaps auf den Kopf. Sie schrie vor Schmerz und ihr Freund rief: „Das ist dein Kopf! Da ist er!" Enyadatta begriff sofort, daß sie sich irgendwie eingeredet hatte, sie habe keinen Kopf, obwohl sie doch tatsächlich immer einen hatte.

Genauso ist es mit dem *nirvana*.

Du bist immer im *nirvana* gewesen. Du bist nie aus dem *nirvana* herausgekommen. Du hast dich nie von ihm entfernt. *Nirvana* ist in dir; du bist in ihm. Es findet bereits statt, du mußt nur ein bißchen wacher werden. Du brauchst einen Klaps auf den Kopf.

Der Kopf ist da. Du kannst ihn nicht sehen, weil du in die falsche Richtung schaust, oder in den falschen Spiegel. Du kannst ihn nicht sehen, weil dir die Klarheit fehlt, ihn zu sehen.

Im übrigen ist *nirvana* kein Ziel irgendwo, ist nicht das Leben nach dem Tode, sondern ist hier-jetzt. *Nirvana* ist der Stoff, aus dem du gemacht bist. Es ist in jeder Zelle, es ist in jeder Faser deines Daseins. Es ist du. Es gehört nur ein Erinnern dazu.

Nur ein Erinnern...

Über Osho

In der Regel leben wir alle in der Welt der Zeit – Vergangenes zurückrufend, Zukünftiges vorausnehmend; nur in seltenen Augenblicken rühren wir an die zeitlose Dimension der Gegenwart: in Momenten von großer Schönheit oder plötzlicher Gefahr, in Begegnungen mit geliebten Menschen oder wenn das Unverhoffte an unsere Tür klopft.

Nur sehr wenige Menschen treten aus der Zeit und dem Reich unserer Vorstellungen heraus und beginnen ein Leben in der Welt des Zeitlosen. Und von diesen wenigen haben nur die wenigsten versucht, uns ihre Erfahrungen mitzuteilen: Menschen wie Laotse, Buddha, Bodhidharma – oder in unserem Jahrhundert Gurdjieff, Raman Maharshi und J. Krishnamurti. Regelmäßig werden sie von ihren Zeitgenossen für verrückt erklärt, als Ekzentriker oder arme Irre verschrien. Nach ihrem Tode avancieren sie dann zu „Philosophen", werden zur Legende, blutlos abstrakten Wesen, allenfalls tauglich als Archetypen für unsere kollektive Sehnsucht, über all das kleinlich Platte und Sinnlose unseres Alltags hinauszuwachsen.

Osho wurde am 11. Dezember 1931 im indischen Bundesstaat Madhya Pradesh geboren. Von frühester Kindheit an bewies er einen rebellischen, unabhängigen Geist und erforschte seine eigene Wahrheit, statt sich von dem Wissen und Glauben anderer Leute beeinflussen zu lassen.

Nach seiner Erleuchtung im Alter von einundzwanzig Jahren schloß Osho sein Universitätsstudium ab und lehrte danach mehrere Jahre lang Philosophie an der Universität von Jabalpur. Zwischendurch bereiste er ganz Indien, sprach zu riesigen Menschenmengen, traf sich mit Vertretern der gebildeten Schichten und forderte das gesamte religiöse und politische Establishment seines Landes in öffentlichen Debatten heraus, wobei er mit brillanter Rhetorik die heiligsten

Glaubenswerte der indischen Kultur angriff. Er las unersättlich alles, was ihm Aufschluß über Ursprung und Zusammenhänge der heute geltenden Glaubenssysteme und Ideologien gab, kurz, er studierte die kollektive Psychologie des modernen Menschen.

Ende der sechziger Jahre entwickelte Osho seine einzigartigen dynamischen Meditationstechniken. Der heutige Mensch, sagt er, ist so befrachtet mit längst überholten Weltbildern und Traditionen und so belastet durch die Ängste des modernen Lebens, daß er einen tiefen Reinigungsprozeß durchmachen muß, ehe er in den Zustand der völlig entspannten, von allen Gedanken befreiten Meditation gelangen kann.

In den frühen siebziger Jahren wurden erstmals westliche Therapeuten, Künstler und Intellektuelle auf Osho aufmerksam. Ab 1974 wuchs in Poona eine Kommune um ihn heran, und der Besucherstrom wurde zur Flut. Osho sprach zweimal täglich, Tag für Tag. Mit den Jahren hat er praktisch jeden einzelnen Aspekt der Entwicklungsgeschichte des menschlichen Bewußtseins durchleuchtet. In seiner brillanten, humorvollen, ebenso lockeren wie universal informierten modernen Sprache hat er speziell für uns Heutige herausgeschält, worauf es bei der spirituellen Suche ankommt – nicht aus der Warte des spekulierenden Intellektuellen, sondern aus ureigener Anschauung und Erfahrung.

Er gehört keiner Tradition an. „Ich bin der Anfang eines vollkommen neuen religiösen Bewußtseins", sagt er. „Bitte bringt mich nicht mit der Vergangenheit in Verbindung – sie ist es nicht einmal wert, erinnert zu werden."

Seine „Talks" zu Schülern und Suchern aus aller Welt füllen über sechshundert Bücher, in über dreißig Sprachen übersetzt. Er sagt über sein Gesamtwerk: „Meine Botschaft ist eine Wissenschaft der Transformation. Nur wer bereit ist, sich als das aufzulösen, was er ist, um in etwas Neues hineingeboren zu werden – so neu, daß es vorläufig nicht einmal vorstellbar ist... nur diese wenigen Mutigen werden bereit sein, mir zuzuhören; denn schon das Zuhören wird riskant sein. Indem ihr zuhört, habt ihr schon den ersten Schritt getan, um neugeboren zu werden. Es ist also keine Philosophie, aus der ihr euch einfach ein Mäntelchen machen könnt, mit dem ihr herumstolziert. Es ist keine Doktrin, in der ihr Trost für quälende Fragen finden könnt. Nein, meine Botschaft ist nicht irgendeine verbale Mitteilung. Sie ist weitaus riskanter. Sie ist nichts Geringeres als Tod und Wiedergeburt."

Osho verließ am 19. Januar 1990 seinen Körper, als Folge einer Vergiftung, die ihm durch US-Regierungsvertreter beigebracht wurde, nachdem man ihn 1985 unter dem Vorwand formaler Einwanderungsverstöße inhaftiert und mehrere Tage lang inkognito versteckt gehalten hatte.

Seine Kommune in Poona ist heute Treffpunkt und spirituelle Heimat von Hunderttausenden aus fast jedem Land der Erde. Inspiriert von der Vision Oshos, ist dieser Ort eine Art Labor oder Experimentierfeld, um den neuen Menschen entstehen zu lassen, einen Menschen, der mit sich und seiner Umgebung in Harmonie lebt, frei von all den Ideologien und Glaubenssystemen, die heute die Menschheit zerreißen.

Die Osho Commune International

Die Osho Commune International ist nach wie vor das größte spirituelle Wachstums-Zentrum der Welt. Internationale Besucher strömen zu Tausenden herbei, um sich hier inmitten von üppigem Grün und gepflegten Anlagen zu entspannen, an Meditationen, Therapien, körperlichen Regenerationsprozessen und kreativen Progammen teilzunehmen – oder einfach den Geschmack eines „Buddhafeldes" kennenzulernen.

Die *Osho Multiversity* der Kommune bietet Hunderte von Workshops, Gruppen und Trainings an, geordnet nach neun verschiedenen Fakultäten: *Osho School for Centering; Osho School of Creative Arts; Osho International Academy of Healing Arts; Osho Meditation Academy; Osho School of Mysticism; Osho Institute of Tibetan Pulsing; Osho Center for Transformation; Osho School of Zen Martial Arts; Osho Academy of Zen Sports and Fitness.*

All diese so verschiedenartigen Programme sind dazu da, jedem auf seine Art die Chance zu bieten, das „Aha-Erlebnis" der Meditation zu erfahren – jenen Trick, einfach nur unbeteiligter Zeuge der eigenen Gedanken, Emotionen und Handlungen zu sein, ohne zu urteilen oder sich zu identifizieren.

Anders als in alten östlichen Traditionen ist Meditation in Oshos Kommune keine isolierte Disziplin, sondern untrennbar mit dem Alltag verbunden – Teil der Arbeit, des Umgangs mit anderen, der Lebensprozesse schlechthin. Die Folge davon ist, daß die Menschen hier sich nicht von der Welt abkehren, sondern vielmehr ihren Geist der Wachheit und des Feierns in die Welt hinaustragen, in tiefer Achtung vor dem Leben.

Weitere Titel von Osho, dem zeitgenössischen Inter-
preten aller großen spirituellen und philosophischen
Überlieferungen der Welt:

BUDDHA •   DAS HERZ SUTRA
                  DM 36,00 · SFR 36,20· ÖS 281,-
                  DER WEG DES BUDDHA
                  OSHO SPRICHT ÜBER BUDDHAS
                  HAUPTWERK „DAS DHAMMAPADA"
                  DM 49,80 · SFR 49,70· ÖS 389,-

HERAKLIT •   DIE VERBORGENE HARMONIE
                  DM 29,80 · SFR 30,10 · ÖS 233,-

JESUS •   ICH ABER SAGE EUCH
                  DM 39,80 · SFR 39,80 · ÖS 311,-
                  DIE VERBOTENE WAHRHEIT
                  DM 19,80 · SFR 20,40 · ÖS 155,-
                  KOMM UND FOLGE... ZU DIR
                  DM 24,80 · SFR 25,30 · ÖS 194,-

MEDITATION •   MEDITATION –
                  DIE ERSTE UND LETZTE FREIHEIT
                  DM 39,80 · SFR 39,80 · ÖS 311,-
                  DAS ORANGENE BUCH
                  DM 14,80 · SFR 15,30 · ÖS 116,-
                  DAS BUCH DER GEHEIMNISSE
                  DM 24,80 · SFR 25,30 · ÖS 194,-

NIETZSCHE •   ZARATHUSTRA –
                  EIN GOTT DER TANZEN KANN
                  DM 39,80 · SFR 38,80 · ÖS311,-

TANTRA •   **DIE TANTRISCHE VISION**
DM 24,80 · SFR 25,30 · ÖS 194,-
TANTRA, SPIRITUALITÄT UND SEX
DM 12,80 · SFR 13,30 · ÖS 100,-
TANTRA – DIE HÖCHSTE EINSICHT
DM 14,80 · SFR 15,30 · ÖS 116,-

SUFIS •   **NICHT BEVOR DU STIRBST**
DM 24,80 · SFR 25,30 · ÖS 194,-

(EINE AUSWAHL)

Ein Verzeichnis aller lieferbaren Titel von Osho, auch der Originale in englischer Sprache, ist erhältlich bei:

OSHO VERLAG
Venloer Straße 5-7,
D-50672 Köln

Tel. 0221·57 40 743, .
Fax 0221·52 39 30

Fordern Sie unseren kostenlosen Gesamtkatalog an.

Für weitere Informationen über Osho:

Osho Commune International
17 Koregaon Park, Poona 411001 MS, Indien
Tel. 0091·212·628561, Fax 0091·212·624181